WOLFTRAUD DE CONCINI
BRETAGNE/NORMANDIE

W
WALTER-REISEFÜHRER

WOLFTRAUD DE CONCINI

Bretagne
Normandie

WALTER-VERLAG
OLTEN UND FREIBURG IM BREISGAU

TEXT UND FOTOS: WOLFTRAUD DE CONCINI
KARTEN: HUBER & OBERLÄNDER, MÜNCHEN

Das Umschlagbild stammt von Klaus D. Francke, Hamburg, und zeigt den Mont-Saint-Michel.

2. Auflage 1985

Alle Rechte vorbehalten
© Walter-Verlag AG Olten, 1983
Gesamtherstellung
in den grafischen Betrieben des Walter-Verlags
Printed in Switzerland

ISBN 3-530-13631-X

INHALT

9   *Vorwort*

11 *Bretagne – Spitzenhauben und Starrsinn*
    Heimat harter Männer 11 – Das «Armor» der Kelten 14 – Cäsar und die Veneter 16 – Aus «Armor» wird die Bretagne 18 – Seit dem Mittelalter geeint und unabhängig 22 – Nach Herzogin Anne: die französische Bretagne 27 – Verlacht und vernachlässigt 29 – Der bretonische Sagenkreis 32 – Wirklich seltsame Heilige 33 – Die bretonische Sprache 37

39 *Nantes – Bretagne, die keine mehr ist*
    Wunsch nach Wiedervereinigung 39 – Zum Herzen der Herzogin Anne 40 – In der Kathedrale 41 – Vom Schloß zur Innenstadt 43 – Erinnerungen an die Herzogin von Berry 50

52 *In der Hauptstadt der Bretagne: Rennes*
    Im Wettstreit mit Nantes siegreich 52 – Pariser «grandeur» im Stadtbild 53 – Kirchen und Museen 60

64 *Jahrhundertealtes Grenzgebiet: die östliche Bretagne*
    Mutig und stolz: Madame de Sévigné 64 – Reichtum durch Tuchwirkereien: Vitré 66 – Alte Grenzfeste: Fougères 69 – Von Dol zur Kanalküste 71 – Die Piratenstadt Saint-Malo 75 – Combourg und Chateaubriand 82 – Bretonische Träume in «Brocéliande» 86

87 *Granitbrüche und Islandfischer: Côtes-du-Nord*
    Irreführende bretonische Bauwerke 87 – Dinan und Bertrand Du Guesclin 89 – An der Smaragdküste 93 – Der Totentanz von Kermaria 95 – Im Zeichen von Pierre Loti: Paimpol 97 – Zwei Pole in Tréguier: Ernest Renan und Saint Yves 99 – Naive Deckenmalereien in Saint-Gonéry 102 – Von Guingamp ins Landesinnere 106

109   *Heimat der Megalithbauten: das Morbihan*
Wechselhafte Geschichte in Pontivy 109 – Josselin und die Rohans 111 – Ein berühmter «Pardon» 114 – Bretonisches Talent für Bildhauerei: Guéhenno und Ploërmel 117 – Charme in Granit: Rochefort-en-Terre 119 – Abstecher in die Grande Brière 121 – Die Salinen um Batz-sur-Mer 125 – Burg Suscinio: königliches Liebesnest 127 – Literaturwürdiges Liebespaar: Abälard und Heloïse 129 – Meilenstein bretonischer Geschichte: Vannes 133 – Dolmen, Menhire und Alignements um Carnac 136 – Quiberon und die Belle-Ile 141 – Beschauliches Städtchen: Auray 143 – Der Anna-Kult in Sainte-Anne-d'Auray 146 – Port-Louis und Lorient 147 – Eine geheimnisvolle Venus 148 – Ein populärer Held: der Marquis de Pont-Calleck 149 – Kunst in Kernascléden und Le Faouët 150 – Treffpunkt bretonischer Musikanten: Gourin 153

154   *Zwischen Calvaires und Gauguin: das Finistère*
Keltisches Selbstbewußtsein vor 200 Jahren 154 – Erfüllung des Bretagneklischees 155 – Die Calvaires: Zeugen bretonisch-bäuerlicher Kultur 157 – Alte Handelsstadt: Morlaix 163 – Saint-Pol und Roscoff 165 – Sehenswertes Schloß: Kerjean 167 – Ein Irrer bringt Glück: Le Folgoët 168 – Die einsame «Küste der Legenden» 170 – Ouessant, die westlichste Insel Frankreichs 173 – Mit dem Etikett des Militärischen behaftet: Brest 174 – Wieder Calvaires und Abteien 177 – Auf der Halbinsel von Crozon: Landévennec und Camaret 179 – Gallorömische Spuren am Menez-Hom 180 – Locronan: von der Tuchweberei zum Tourismus 184 – Sainte-Anne-la-Palud und sein «Pardon» 188 – Rätsel um die versunkene Stadt Ys 189 – «... geduldig wie die Götter»: auf der Ile de Sein 193 – Kunst und Politik zwischen Plogoff und Saint-Tugen 197 – Im Bigoudenland um Pont-l'Abbé 198 – Max Jacobs «liebliches Quimper» 203 – Jacques Prévert und bretonische Crêpes 207 – Paul Gauguin und die Malerschule von Pont-Aven 208

213   *Normandie – Realismus mit Humor*
Unter Gelächter geboren 213 – Wie viele Normandien? 215 – Die Seine als bronzezeitliche «Zinnstraße» 220 – Kelten, Römer und Franken 221 – Die Normannen: aus Plünderern werden Herzöge 223 – Eine Dynastie ungestümer Herrscher 224 – Wilhelm: vom

Bastard zum «Eroberer» 227 – Wikingische Spuren im normannischen Alltag 228 – Die normannische Baukunst 230 – Anschluß an Frankreich 231 – Erfolge zur See 234 – Neu erwachtes Nationalbewußtsein 236 – Von Künstlern und Literaten entdeckt 237 – Die «fette» Normandie 240

242 *Rouen: Tradition und Moderne*
Alte Stadt mit jugendlicher Lebhaftigkeit 242 – Der Prozeß um Jeanne d'Arc 248 – Um den Vieux-Marché 251 – Die Kathedrale: von Monet verewigt 256 – Kirche und Aître von Saint-Maclou 264 – Saint-Ouen: größer als Notre-Dame 267 – Museen in Rouen 268

274 *Abteien und Seebäder: das Seine-Maritime*
Erinnerungen an Emma Bovary in Ry 274 – Auf den Spuren von Michelet und Maurois 276 – Auf der «Straße der Abteien» 277 – Mittelalterliches Großkloster: Jumièges 281 – Reges religiöses Zentrum: Saint-Wandrille 284 – Kleine germanische Namenskunde 287 – Im Pays de Caux: Caudebec 289 – Victor Hugos Drama in Villequier 290 – Aus Ruinen neu erstanden: Le Havre 291 – An der Alabasterküste 295 – Etretat und seine Klippen 298 – Fécamp und seine Abtei 300 – Künstlerfriedhof in Varengeville 305 – Wagemutiger Reeder: Jehan d'Ango 306 – Aufs Meer ausgerichtet: Dieppe 308 – Schloß Miromesnil: Maupassants Geburtsort? 311 – Le Tréport und Eu: noble Vergangenheit 312 – Im Pays de Bray 314

318 *Sanft und grün: das Eure*
Ehemaliges Grenzland 318 – Wo Monet sich niederließ: Giverny 320 – Stille Provinzstadt: Vernon 321 – Die Burgen Gaillon und Gaillard 324 – An Seine und Andelle 326 – Ecouis und Louviers 329 – Wechselvolle Geschichte: Evreux 332 – Berühmte Kirchenfenster 335 – Einstige Grenzfeste: Verneuil 336 – Im Pays d'Ouche: Jean de La Varende und die Physiker Broglie 337 – Kunstreiches Bernay 340 – Die Adelsfamilie Harcourt und ihre Schlösser 343 – Die glorreiche Abtei Bec-Hellouin 346 – Corneville: Normandie im Operettentakt 350

352 *Stille Provinz: das Orne*
Wiege des Trappistenordens 352 – Heimat der heiligen Therese: Alençon 355 – Im Naturschutzpark Normandie-Maine 361 – Argentan und seine Spitzen 363 – Die Schlösser O und Le Bourg-Saint-Léonard 365 – Das «Versailles der Pferde»: der Haras-du-Pin 366

369 *Inbegriff der Normandie: das Calvados*
Fernand Léger in Lisores 369 – Normannische Gastronomie 371 – Saint-Pierre-sur-Dives und Crèvecœur-en-Auge 374 – Normannischer Manoir: Coupesarte 375 – Lisieux: der große Kult um die kleine Therese 378 – André Gide, Schriftsteller und Dorfbürgermeister 381 – Baudelaires «liebster Traum»: Honfleur 383 – Nostalgie und mondäne Gesellschaft: Deauville und Trouville 385 – Wie ein Phönix aus der Asche: Caen 388 – Burg und Museen 392 – Die Männer- und die Frauenabtei 396 – Gang durch die Stadt 397 – Der Geburtsort des «Eroberers»: Falaise 402 – Fahrt durch die Suisse Normande 404 – 6. Juni 1944: der längste Tag 407 – Der Bildteppich von Bayeux 410 – Die Kathedrale von Bayeux 415 – Wieder an der Kanalküste 417 – Museen in Balleroy, Littry und Cérisy-la-Forêt 419 – Berühmt für seine Butter: Isigny 421

422 *Parisferne Normandie: die Manche*
Schon der Bretagne ähnlich 422 – An der Ostküste des Cotentin 423 – Heimat traditionsreicher Viehzucht 429 – Cherbourg und die Hague-Halbinsel 430 – Valognes, das «normannische Versailles» 433 – Barbey d'Aurevilly in Saint-Sauveur 434 – Meisterwerke der Baukunst in Coutances und Hambye 436 – In Granville 438 – Altes Handwerk in Villedieu 439 – Auf den «Mont» ausgerichtet: Mortain und Avranches 442

446 *Der Mont-Saint-Michel*
Bischof Auberts Traum 446 – Verwickelte Baugeschichte 449 – Niemals bezwungene Zitadelle 452 – Aus bretonischem Stein auf normannischem Boden 454

455 *Anhang*
Literaturhinweise 455 – Zeittafeln 457 – Register 459

VORWORT

Es mag willkürlich erscheinen, die beiden nordfranzösischen Atlantikregionen Bretagne und Normandie in einem Reiseführer zusammenzufassen. Die Bretonen, die als starrköpfig und traditionsbewußt gelten, haben im Wesen nicht viel gemeinsam mit den lebendigeren, aufgeschlossenen Normannen.
Doch gemeinsam ist beiden Gebieten die Landschaft: die steilen Felsklippen an der meist windigen Küste, die weiten, offenen Horizonte im Landesinneren. Gemeinsam ist ihnen auch ihre skeptisch-mißtrauische Haltung gegenüber der Zentralregierung in Paris, die ihre Erwartungen und Hoffnungen schon zu oft enttäuscht, die dem keltischen Erbe in der Bretagne und dem wikingischen Erbe in der Normandie eigentlich nie ganz Rechnung getragen hat. Und gemeinsamer kultureller Besitz ist ihnen der weltberühmte Mont-Saint-Michel. Diese Hochburg des europäischen Tourismus liegt, aus bretonischem Granit erbaut, auf eben normannischem Boden, an der Nahtstelle zwischen den beiden Regionen – Grund genug, zwei so unterschiedliche Gebiete in einem Band zu behandeln.
In beiden Gegenden trifft man auf Zeugen jahrhundertealter Kultur: auf geheimnisvolle Megalithbauten und originelle Kalvarienberge in der Bretagne, in der Normandie auf romanische und gotische Kirchen und Klöster – Meilensteine für die Geschichte der europäischen Architektur. Und in beiden Regionen begegnet man Landschaften und Menschen, die

entscheidende Anregungen für Kunst und Literatur geliefert haben: Claude Monet legte mit seinen in der Normandie gemalten Bildern den Grundstein zur Entwicklung des Impressionismus und der modernen Kunst überhaupt, Paul Gauguin fand schon in der Bretagne, bevor er sich in die Südsee zurückzog, die wilde, «primitive» Welt, die sein Werk geprägt hat. Und die beiden normannischen Schriftsteller Gustave Flaubert und Guy de Maupassant schöpften ihr Leben lang aus den in der Heimat gewonnenen Eindrücken und Erfahrungen.

«Ich bin Bretone», sagt man in der Bretagne mit trotzigem Nachdruck. «Ich bin Normanne», sagen die Nachbarn mit unbefangenem Selbstbewußtsein. Es war Ziel der Autorin, den Leser nicht nur zu den zahllosen Sehenswürdigkeiten dieser Gebiete zu führen, sondern auch den Gründen dieser unterschiedlichen Haltung nachzugehen und zu versuchen, das Wesen der Landschaft wie der Menschen verständlich zu machen – in diesen Gebieten, die zu einem immer beliebteren Reiseziel von Individualisten werden.

BRETAGNE – SPITZENHAUBEN UND STARRSINN

Heimat harter Männer – Das «Armor» der Kelten – Cäsar und die Veneter – Aus «Armor» wird die Bretagne – Seit dem Mittelalter geeint und unabhängig – Nach Herzogin Anne: die französische Bretagne – Verlacht und vernachlässigt – Der bretonische Sagenkreis – Wirklich seltsame Heilige – Die bretonische Sprache

Heimat harter Männer

Die Frauen mit den hohen, originellen Spitzenhauben fehlen auf keinem Reiseprospekt der Bretagne. Sie sind so etwas wie das Aushängeschild der bretonischen Halbinsel geworden und so recht geeignet, im Betrachter das Bild einer malerischen, ein wenig nostalgischen Spitzenhauben-Bretagne aufkommen zu lassen. Doch das Bild täuscht. Wer einmal versucht hat, die spitzenhaubengeschmückten Frauen außerhalb der touristischen Veranstaltungen zu fotografieren, beim morgendlichen Einkauf oder nach dem sonntäglichen Kirchgang, der weiß, daß zarte Spitzenhauben nicht immer mit zartem, sanftem Wesen gleichzusetzen sind: Die Bretoninnen wollen nicht zum touristischen Souvenirfotoobjekt herabgesetzt werden. Bei Aufmärschen gegen geplante Atomkraftwerke, bei Demonstrationen gegen die französische Agrarpolitik treten bretonische Frauen jeden Alters in den vordersten Reihen auf. Auch auf sie trifft der Satz zu, mit dem

die Bretonen stolz ihr eigenes Wesen umreißen: *«Ni zo bepred Bretoned / Bretoned tud kaled»* – «Wir sind immer Bretonen / Bretonen, harte Männer.»
Zu harten, starrköpfigen Menschen sind sie im Laufe einer langen Geschichte geworden, in der sie sich immer zur Wehr setzen mußten, um ihr Gebiet, ihre Bräuche, ihre Sprache zu verteidigen: von den römischen Eroberern während Cäsars gallischem Feldzug bis auf den heutigen Tag. Cäsar ging mit konkreten, wirksamen Waffen vor, um ganz Gallien zu unterwerfen und dem Römischen Reich einzuverleiben. Die Regierung in Paris bedient sich heute subtilerer Waffen, um aus den Bretonen «gute», gehorsame Franzosen zu machen. Doch diese ihre Waffen sind nicht immer unbedingt wirksam und psychologisch erfolgreich. Daß die französische Regierung nach dem Zweiten Weltkrieg die Stadt Nantes, die in der bretonischen Geschichte eine so große Rolle gespielt hatte, von der Bretagne abtrennte, sehen die Bretonen als Affront an. Daß ihre bretonische Sprache, die in vielen Teilen der Halbinsel noch lebendig ist, bis heute nicht offiziell, staatlich anerkannt ist, schürt ihr bretonisches Nationalbewußtsein nur noch mehr. So kleben sie ihren Autos Schildchen mit dem BZH auf (= *Breizh,* «Bretagne»), stellen neben den französischsprachigen Ortstafeln andere mit den bretonischen Ortsnamen auf, besprayen die Mauern mit Slogans gegen Projekte, die die Eigenart der bretonischen Welt gefährden könnten. Die Bretonen lassen sich nichts aufzwingen. Jeder Mensch, jedes Dorf will für sich selbst entscheiden. Es ist sicher auf diesen ihren eigensinnigen, ausgeprägten Individualismus zu-

13 Frau mit der hohen Spitzenhaube des Bigoudenlandes, im Südwesten der Bretagne

rückzuführen, daß sie sich zwar jahrhundertelang und bis zu Beginn der Neuzeit unabhängig halten konnten, daß ihnen aber nie die Gründung eines großen, politisch oder kulturell tonangebenden Reiches gelungen ist. Ihre Landesfahne tragen die Bretonen heute bei Festen und Prozessionen darum nicht weniger stolz vor sich her – diese einprägsame Fahne mit den neun schwarz-weißen Querstreifen, die die früheren Diözesen symbolisieren. Eine passendere Fahne als in diesen Nichtfarben Schwarz und Weiß hätte man als Emblem und Sinnbild der Bretagne kaum finden können. Sie ist karg und wesentlich in Form und Farben, wie die Bretagne schmucklos und ohne großen Aufwand ist: in ihrer herben Landschaft, ihren schlichten Granitbauten, in ihren Menschen, die aus Sorge ums Überleben keine Zeit für Überflüssiges hatten.

So bekommen auch die selbstbewußt getragenen Spitzenhauben auf einmal einen anderen Sinn. Sie haben nichts mehr mit nostalgischem Folklorecharme zu tun, sondern werden – wie der bretonische Schriftsteller *Pierre-Jakez Hélias* einmal geschrieben hat – zu «Symbolen einer Denk- und Lebensart».

Das «Armor» der Kelten

Knapp drei Millionen Einwohner in den vier Départements Ille-et-Vilaine (Hauptstadt Rennes), Morbihan (Vannes), Côtes-du-Nord (Saint-Brieuc) und Finistère (Quimper): das ist die Bretagne heute, eine der 22 Verwaltungsregionen des französischen Staates. Ihre durchschnittliche Bevölkerungsdichte kommt der von ganz Frankreich sehr nahe, und doch gibt es in der Besiedlung der Bretagne starke, augenfällige Kontraste: In einem nur 20 Kilometer breiten Küstenstreifen, der vielleicht ein Fünftel der Oberfläche ausmacht, leben drei

Fünftel der Bevölkerung, und Städte mit mehr als 20 000 Einwohnern sind – abgesehen von Rennes und Fougères – ausschließlich in diesem schmalen Landstrich längs des Meeres anzutreffen. Zwar liefert die Bretagne rund 20 Prozent der französischen Milch, 40 Prozent des Schweinefleisches, 75 Prozent des Blumenkohls und 60 Prozent der Artischocken, und 20 Prozent der aktiven Bevölkerung sind in der Landwirtschaft beschäftigt. Aber aus der Bretagne kommt auch fast die Hälfte der französischen Fischereierzeugnisse, fast die Hälfte der französischen Matrosen wird hier angeheuert. Im Grunde blickt die Bretagne bis heute eher aufs Meer als ins Landesinnere. «Armor», nämlich «Land am Meer», war der sehr treffende Name, den die im letzten Jahrtausend vor Christus eingewanderten Kelten ihrer neuen Heimat gaben.

Wie die Halbinsel bei den Völkern hieß, die sich vor den Kelten hier niedergelassen hatten, ist unbekannt. Auch über ihre Herkunft kann man nur Vermutungen anstellen: daß sie vielleicht aus dem Mittelmeergebiet stammten, daß sie wahrscheinlich über die Iberische Halbinsel in die heutige Bretagne gelangt waren. Unumstritten ist, daß es sich um einen gut organisierten Volksstamm mit hochentwickelten technischen Fähigkeiten gehandelt haben muß – die Bauten, die sie auf bretonischem Boden hinterlassen haben, beweisen es: die *Megalithbauten* der Dolmen und Menhire.

Diese Baumeister riesenhafter Grabstätten und religiöser Denkmäler, die die Bretagne etwa 4000 Jahre vor Christus erreicht haben dürften, waren nicht die ersten Siedler. Aber mit ihnen wird die Geschichte erstmals deutlich greifbar, hinterläßt Spuren und Zeugen, die bis heute unsere Bewunderung wecken. In vielen anderen Gebieten Europas – auf Malta und Gozo, auf Sardinien, Korsika und den Balearen, in Portugal, Irland, England und Dänemark, in den Niederlanden und in

Nord- und Mitteldeutschland – gibt es solche Großsteinbauten. Doch nirgends sind sie so zahlreich, nirgends scheinen sie so alt zu sein wie in der Bretagne. Die Bretagne als religiöses Zentrum unserer Urzeit? Solange die Wissenschaft nicht alle Schleier lüftet, die diese Bauten umhüllen, ist auch diese faszinierende These nicht zu widerlegen.

Im Laufe des ersten Jahrtausends, wahrscheinlich um das 6. Jahrhundert vor Christus, erreichten die Kelten die bretonische Halbinsel. Doch sie besiedelten nicht nur diese Gegend. Sie bewohnten ein weites Gebiet, das vom Atlantik bis ans Schwarze Meer reichte und von der Nordsee bis ans Mittelmeer. Sie waren durch eine gemeinsame Sprache, Religion und Kultur verbunden, hätten lange vor unserer Zeit eine Art «vereintes Europa» bilden können. Aber ihr individuelles Wesen, ihr Hang zur Unabhängigkeit verbot es ihnen. Sie bildeten kleine, selbständige, übersichtliche Staaten – fünf in der Bretagne: Die *Riedones* hatten ihre Hauptstadt in *Condate Redonum* (dem heutigen Rennes), die *Namnetes* in *Condevicnum* (Nantes), die *Osismes* in *Vorganium* oder *Vorgium* (Carhaix), die *Coriosolites* in *Fanum Martis* (Corseul), während sich die mächtigen *Venetes* um *Darioritum* (Vannes) niedergelassen hatten. Und es waren vor allem diese Veneter, die sich Cäsar bei seinem gallischen Feldzug in den Weg stellten und seine hochfliegenden Eroberungspläne bremsten – wenn auch nur für kurze Zeit.

Cäsar und die Veneter

Die Veneter waren tüchtige Seefahrer, und mit einem Dreieckshandel waren sie reich und mächtig geworden. Sie verfrachteten leicht verderbliche Lebensmittel und Salz von der

Bretagne nach Großbritannien (und der in 24 Stunden zu überquerende Ärmelkanal war eine Lappalie für sie), tauschten die Waren dort gegen Zinn ein, das sie – als zur Bronzeherstellung sehr gefragtes Metall – in den Häfen des Kontinents mit Gewinn verkauften. Diese Veneter nun wagen, als Cäsar ganz Gallien schon beschwichtigt glaubt, im Jahr 56 vor Christus einen Aufstand. Sie nehmen römische Proviantmeister und Militärtribunen fest, wollen die Römer zur Rückgabe der ihnen gestellten Geiseln erpressen. Bevor Cäsar in seinem «Gallischen Krieg» nun weitschweifig die Schiffe und die befestigten Küstenstädte der Veneter beschreibt, bevor er dann recht lakonisch den Sieg der Römer und die harten römischen Vergeltungsmaßnahmen anführt, singt er eine Lobeshymne auf die armorikanischen Veneter: Sie «übertreffen an Erfahrung im Seewesen alle übrigen» – wodurch der spätere Seesieg der Römer über einen so seetüchtigen Volksstamm in ein noch schöneres, glänzenderes Licht gerückt wird. Gegen 220 feindliche Schiffe setzten sich die Römer – mit einer nagelneuen Flotte, die Cäsar in Eile hatte bauen lassen – erfolgreich zur Wehr.

Bei der Beschreibung der Vorgeschichte dieser Schlacht am Golf von Morbihan, mit der die Römer den Krieg gegen die Veneter beenden konnten, führt Cäsar, ein immer aufmerksamer, präziser Beobachter, auch ein scheinbar belangloses Detail an. *«Auxilia ex Britannia, quae contra eas regiones posita est, arcessunt»*, schreibt er: «Hilfstruppen riefen sie aus dem gegenüberliegenden Britannien herbei.» Britisch-keltische Soldaten betreten im Jahr 56 vor Christus die armorikanische Halbinsel, um gallisch-keltischen Aufständischen im Krieg gegen die römischen Eroberer zur Seite zu stehen. Im Grunde beginnt mit diesem Ereignis die Geschichte der bretonischen (= britischen) Bretagne – und nicht erst Jahrhunderte später, als von den britischen Inseln her eine massive Einwanderungswelle auf die armorikanische Halbinsel einsetzt.

Aus «Armor» wird die Bretagne

Daß die keltischen Veneter die keltischen Briten gegen die Römer zu Hilfe riefen, beweist mit Sicherheit zumindest eines: Die interkeltischen Beziehungen diesseits und jenseits des Ärmelkanals waren auch während der Römerzeit nicht eingeschlafen, hatten auf wirtschaftlichem und kulturell-religiösem Bereich wohl ununterbrochen fortbestanden. Es war daher nur logisch, daß britische Volksstämme, vom 5./6. Jahrhundert an auf ihrer Insel immer stärker von zugewanderten Jüten und Sachsen bedrängt, jenseits des Ärmelkanals Zuflucht suchten. Wahrscheinlich wurden sie von ihren keltischen «Brüdern» auf der armorikanischen Halbinsel nicht überall gutwillig aufgenommen (wie Flüchtlinge selbst derselben Sprache eben nicht immer herzlich willkommen sind). Doch die gleiche, keltische Sprache, die auch auf der armorikanischen Halbinsel teilweise der Romanisierung widerstanden hatte, die gleiche Religion mit den Druidenpriestern und dem Naturkult, die gleiche Achtung für die dichtenden, singenden Barden, die gleiche, die inneren, geheimnisvollen Kräfte ausdrückende Kunst erleichterten immerhin das Verständnis zwischen zugereisten Flüchtlingen und Einheimischen. Und Landschaften, wie sie ganz ähnlich auf der britischen Insel wie auf der bretonischen Halbinsel anzutreffen sind, halfen den Briten beim Eingewöhnen und Heimischwerden. Um sich noch rascher heimisch zu fühlen, übertrugen sie den Namen des südwestbritischen Inselgebiets Domnonea auf den nordarmorikanischen Küstenstreifen und nannten ihn *Domnonea*. Aus Heimweh nach ihrem aufgegebenen Cornwall («Kernew» im Keltischen) gründeten sie auf der von ihnen neu besiedelten Halbinsel die *Cornouaille* (keltisch «Kerne»). Die Parallelen sind verblüffend, und es braucht daher nicht zu verwundern, daß aus «Armor» schließlich ein «Kleinbritannien» wurde: eben die Bretagne.

Bei ihrer Suche nach neuen Siedlungsplätzen wurden die britischen Kelten meist von Priestern angeführt. Die logische Form des gemeinschaftlichen Lebens war daher die Pfarre (bretonisch «plou»). Von den ursprünglichen Pfarren spaltete sich später oft eine neue, kleinere Pfarre («tre») ab, manchmal ließen sich die Siedler im Umkreis eines neugegründeten Klosters («lan») nieder, «loc» war der einem Heiligen geweihte Ort, «ker» ein Weiler. So entstehen Orte mit so verwirrenden Namen wie Plouguerneau, Ploudalmezeau, Ploubazlanac, Plogoff und Ploërmel; Trébeurden, Tréguier, Trémaouézan und Tréveneuc; Lanrivain, Landévennec, Lanvézéac und Landivisiau; Locmariaquer, Locminé, Locquénolé, Locronan und Loctudy; Keramanac'h, Kergournadec'h, Kernascléden, Kerguérézec und Kervézennec. (Eine Fahrt durch die Bretagne fordert schon allein wegen dieser schwierigen Namen einige Aufmerksamkeit, wenn man statt in Pleumeur an der Nordküste nicht in Ploëmeur an der Südküste landen möchte!) Diese sonderbaren, in unseren Ohren so fremd klingenden Namen nun gibt es westlich einer Linie, die von der Rancemündung bei Saint-Malo schräg durch die Halbinsel bis Vannes verläuft, zu Hunderten, während sie östlich dieser Linie fast schlagartig aufhören. Sprachwissenschaftliche Unter-

20/21 Weite, offene Himmel charakterisieren die bretonische Landschaft – hier zwischen Pont-Aven und Le Pouldu

suchungen beweisen somit, wo die Ostgrenze des britisch-bretonischen Besiedlungsgebiets und wo lange die Grenze zwischen der bretonischen und der französischen Sprache verlief. Das bretonische Gebiet wird in drei kleine Königreiche aufgeteilt, über die wir so gut wie nichts wissen (einzig *Gradlon*, der König von Cornouaille, hat in der Legende Spuren hinterlassen). Im Osten schließt sich das fränkische Reich an. Die Grenze bleibt ruhig und unumstritten, solange man sich auf beiden Seiten stillschweigend an einen Nichtangriffs- und Nichteinmischungspakt hält. Dann aber macht den bretonischen Königen das fränkische Territorium Appetit, die fränkischen Könige schielen nach den Steuern und Abgaben, die sie den Bretonen abverlangen könnten. Doch die Bretonen erreichen nichts gegen die übermächtigen Franken, da es ihnen an innerer politischer Einheit fehlt. Die Franken können den Bretonen wenig anhaben, da sie auf der waldigen, unwegsamen Halbinsel leicht in Fallen und Hinterhalte gelockt werden können. Pippin der Kleine schafft zwischen den bretonischen Kleinstaaten und dem fränkischen Großreich einen Pufferstaat: die «Mark Bretagne», der eine Zeitlang auch *Roland*, der später bei Roncesvalle gefallene Paladin Karls des Großen, als Graf vorsteht.

Seit dem Mittelalter geeint und unabhängig

Beim Tod von Karl dem Großen unterstehen die Bretonen erstmals einem gemeinsamen Führer: *Morvan*. Als dieser Morvan sich weigert, dem neuen Frankenkaiser Ludwig dem Frommen den Treueeid zu leisten und Tribute zu entrichten, fällt das fränkische Heer in die Bretagne ein. Morvan wird getötet. Aber der Widerstand ist keineswegs gebrochen, flammt

immer wieder von neuem auf. In *Nominoë* glaubt Kaiser Ludwig den rechten Mann gefunden zu haben, um die widerspenstigen Bretonen in Schach zu halten: Er ist Bretone und genießt damit das Vertrauen seiner Landsleute, ist aber auch ein treuer, folgsamer Untertan des Frankenkaisers – solange Ludwig der Fromme Kaiser ist. Als nach dessen Tod das riesige Erbe zerfällt und Westfrankreich an Karl den Kahlen kommt, vergißt Nominoë seinen Treueid, besinnt sich auf sein bretonisches Blut und lehnt sich auf. Im Jahr 845 kommt es zu einer Schlacht bei *Redon*, in der die Bretonen siegen. Karl der Kahle muß resignieren und den Friedensvertrag unterzeichnen. Die Bretagne ist geeint und unabhängig.
Aber sie ist Nominoë nicht groß genug. Er unterwirft die Mark Bretagne mit den Gebieten um Rennes und Nantes, greift dann noch weiter nach Osten vor, stirbt aber 851 bei diesen erfolgreichen Eroberungszügen plötzlich. Sein Sohn *Erispoë* ist nicht weniger hartnäckig als der Vater. Er zwingt Karl dem Kahlen den königlichen Titel und die Anerkennung der eben annektierten Gebiete um Rennes und Nantes ab. Erispoë wird schon bald von seinem machthungrigen Cousin *Salomon* ermordet, Salomon seinerseits vom eigenen Schwiegersohn. Das recht aufgeplusterte bretonische Reich wird dann von *Alain «dem Großen»* gefestigt, von den inzwischen mächtig gewordenen benachbarten Normannen zuerst in die späteren Grenzen zurückgedrängt, dann angegriffen, überfallen und geplündert. Alains Enkel, *Alain Barbetorte*, besiegt und verjagt im Jahr 938 die Normannen endgültig. Der Bretagne stehen nun 600 Jahre als unabhängiges Herzogtum bevor.
In der Landesherrschaft wechseln sich verschiedene mächtige einheimische Familien ab – bis 1341, als *Johann III.* ohne Erben stirbt, der bretonische Erbfolgekrieg ausbricht. Der von den Franzosen unterstützte Karl von Blois, ein angeheirateter

Neffe des verstorbenen Herzogs, und der von den Engländern sekundierte Johann von Montfort, ein Halbbruder Johanns III., machen sich die Herzogskrone streitig – und werden dabei zu Schachfiguren in einem größeren, politisch bedeutungsvolleren Spiel, das über ihren Köpfen ausgetragen wird: 1339 war der englisch-französische Krieg um die französische Königskrone ausgebrochen, der als «Hundertjähriger Krieg» in die Geschichte eingegangen ist. Die Kontrahenten nutzen die Gelegenheit, um die durch innere Zwistigkeiten geschwächte Bretagne, diese strategisch sehr wichtige Halbinsel, in ihren Einflußbereich zu bringen. Nach etlichen Jahren der Unentschiedenheit findet am 29. September 1364 in *Auray* die entscheidende Schlacht statt. Johann von Montfort und sein Heer, über deren Köpfen die schwarzweiße, hermelingeschmückte bretonische Fahne weht, kämpfen gegen Karl von Blois und seine Soldaten, die ebenfalls mit der schwarzweißen, hermelingeschmückten bretonischen Fahne in den Kampf ziehen. Und obwohl Karl mit dem Bretonen Bernard Duguesclin ein Feldherr zur Seite steht, der wenige Jahre später so erfolgreiche Kampagnen gegen die auf den Kontinent vorgedrungenen Engländer führt, geht die Schlacht zugunsten von Johann von Montfort aus. Karl wird getötet, Duguesclin gefangengenommen. Die Bretagne kommt an das Haus Montfort: Es ist ein Sieg der vom niedrigen Adel und von den Bauern getragenen, bretonischsprachigen Bretagne über die Partei der Blois, hinter denen der hohe Adel und die Geistlichkeit der französischsprachigen Bretagne stehen.

Doch da ist immer noch der englisch-französische Konflikt im Gange, die Bretagne könnte leicht zu einem Ball im großen Mächtespiel werden und will sich den Rücken stärken. So unterzeichnet der neue Herzog ein Geheimabkommen mit England. Die französische Reaktion ist prompt: König Karl V.

läßt von einem Heer, das wieder von Bernard Duguesclin befehligt wird, diesem in französischen Diensten stehenden Bretonen, die Bretagne besetzen. Der französische König glaubt schon, nun endlich der Bretagne Herr geworden zu sein – als das eintritt, was schon zu Cäsars Zeiten beim Gallieraufstand unter Vercingetorix eingetreten war. Angesichts der gemeinsamen Gefahr vergessen die Bretonen ihre persönlichen Interessen und nachbarlichen Feindseligkeiten, ihre Intrigen und Ränkespiele, und geeint trotzen sie der äußeren, französischen Gefahr. Herzog *Johann IV.*, der nach England geflüchtet war, wird bei seiner Rückkehr in die Heimat von der ganzen Bevölkerung begeistert als Befreier begrüßt. Die Bretagne bleibt unabhängiges Herzogtum.

Damit sie ihre Unabhängigkeit auch künftig bewahren kann, kümmern sich die auf Johann IV. folgenden Herzöge sehr aufmerksam um einen guten Zustand ihrer Verteidigungsanlagen. In Brest an der äußersten Westspitze und in Saint-Malo an der Nordküste, wo die Engländer einfallen könnten, in Saint-Aubin-du-Cormier an der Ostgrenze und in der herzoglichen Hauptstadt Nantes im Südosten, wo die Franzosen nahe sind, werden Festungen, Wehrtürme und Stadtmauern gebaut und erneuert. Durch eine geschickte, etwas wetterwendische Politik halten sich die bretonischen Landesherren aus den englisch-französischen Händeln heraus. Auch auf wirtschaftlichem Gebiet erlebt die Bretagne im 15. Jahrhundert einen vorher nie gekannten Aufschwung, ihre Schiffe verfrachten Loireweine, bretonisches Salz und bretonische Tuchwaren in viele Länder Europas. Ein goldenes Zeitalter scheint für den bretonischen Staat angebrochen zu sein. Doch 1488 stirbt Herzog *Franz II.*, hinterläßt als einzigen Erben ein elfjähriges Mädchen: **Anne de Bretagne**, die fast legendäre, bis heute von den Bretonen hochverehrte «Duchesse Anne».

Nach Herzogin Anne: die französische Bretagne

Sie ist intelligent, aber nur leidlich hübsch, sie hat ein offenes, einnehmendes Wesen, aber einen leichten Gehfehler. Doch an Verehrern, die um ihre Hand (und ihr Herzogtum) anhalten, fehlt es nicht. Ein Rohan, ein Prinz von Wales machen ihr (und dem Herzogtum) den Hof. 1490 geht sie eine Ehe per Prokuration mit Maximilian von Österreich, dem künftigen Kaiser, ein. Eine wirkliche Ehe schließt sie erst ein Jahr später mit dem französischen König *Karl VIII.*, der nicht gewillt war, Anne (und das Herzogtum) seinem habsburgischen Rivalen zu überlassen. Sie wird französische Königin, bleibt aber Herzogin der Bretagne. Als Karl VIII. 1498 stirbt, heiratet sie wenige Monate darauf in der Schloßkapelle von Nantes dessen Cousin und Nachfolger auf dem französischen Thron, *Ludwig XII.* Anne de Bretagne wird zum zweitenmal französische Königin, bleibt aber weiter Herzogin der Bretagne.

1514 stirbt Anne. Ihre Tochter Claudia heiratet den späteren französischen König Franz I., übergibt ihm das Herzogtum Bretagne. Der bretonische Staatsrat, durch großzügige Bestechungsgelder und Privilegien günstig gestimmt, billigt 1532 den endgültigen Anschluß der Bretagne an Frankreich.

Früher haben die bretonischen Historiker an der danach folgenden Geschichte der Bretagne als französische Provinz kein gutes Haar lassen wollen. Heute geben sie immerhin zu, daß die wirtschaftliche Blüte gerade in diese Zeit fällt: in die 200 Jahre zwischen dem ausgehenden 15. und dem ausgehenden 17. Jahrhundert. Nie zuvor hat die Bretagne einen solchen Wohlstand gekannt. Die Landwirtschaft, die Textilindustrie

26   Knoblauchverkäufer an der Straße bei Dol-de-Bretagne

und vor allem das Fischerei- und Schiffahrtswesen sind die tragenden Pfeiler dieses Aufschwungs. Doch auch jetzt zeigen sich immer wieder die typisch bretonischen Bremsen und Grenzen: Als die Seefahrer und Fischer anderer Länder sich zu Verbänden zusammenschließen, beharren die Bretonen auf ihren traditionellen, individualistischen Arbeitsmethoden, geraten daher angesichts der fortschrittlicher organisierten Konkurrenz bald ins Hintertreffen. Einzig die Bewohner von Saint-Malo machen eine Ausnahme. Sie sind abenteuerlustig und unternehmungsfreudig, wagen sich mit ihren Schiffen auch über die bekannten heimischen Horizonte hinaus: Jacques Cartier entdeckt 1534 Kanada. Daß gerade die Bevölkerung von Saint-Malo sich durch so viel Kühnheit auszeichnet, ist rasch erklärt: Der Großteil der *Malouins* waren zugewanderte Normannen – und die hatten schon seit Jahrhunderten mehr Initiative gezeigt als die bedächtigeren, ruhigeren Bretonen.

Doch auch das bedächtige Temperament der Bretonen explodiert manchmal – dann allerdings besonders heftig. Als der Sonnenkönig Ludwig XIV., der sich für seine glänzende Hofhaltung immer wieder nach guten Einkünften umsehen mußte, den Bretonen neue Gebühren auferlegt, bricht 1675 eine Revolte aus: der «Stempelpapier-Aufstand». Was als spontaner, unorganisierter Protest beginnt, wird bald zu einem im ganzen Land aufflammenden Aufstand sozialen Charakters: zu einem Aufruhr vor allem der Bauern gegen die sie ausbeutenden Adeligen und Klöster. In einem *Code paysan*, in dem die revoltierenden Bretonen verlangen, das Klassensystem abzuschaffen, nehmen sie schon viele Forderungen der Französischen Revolution voraus. Aber für derlei Gleichheitsansprüche ist die Zeit noch nicht reif. Der Aufstand wird auf Befehl des Königs so hart niedergeschlagen, daß selbst der mit der

Repression beauftragte Herzog von Chaulnes schockiert ist: «Ich fürchte, daß diese Pronvinz wie ein feindliches Land behandelt wird.»
Dann beginnt sich gegen Ende des 18. Jahrhunderts die Französische Revolution anzukündigen, in der die sonst so bedächtigen Bretonen zu Wortführern werden. Es ist ein bretonischer Abgeordneter aus dem Provinzstädtchen Lesneven, der am 4. August 1789 in Paris den Verzicht auf die Adelsprivilegien verlangt. Es sind bretonische Abgeordnete, die sich zum *«Club breton»* zusammenschließen, aus dem bald darauf der radikale, intransigente Jakobinerklub hervorgeht. Als die Vorrechte des Adels und des Klerus wirklich abgeschafft sind und der König geköpft worden ist, besinnen sich die Bretonen auf den königs- und kirchentreuen Teil ihrer Seele. Die gegenrevolutionäre Bewegung *«pour Dieu et pour le Roi»*, die sich – nach dem Kampfnamen *chat-huant* (Waldkauz) ihres Anführers Jean Cottereau – als *Chouannerie* bezeichnet, findet auch in der Bretagne viele Anhänger, bis sie 1805 mit der Hinrichtung des bretonischen *Chouan* Georges Cadoudal endgültig erstickt wird.

Verlacht und vernachlässigt

Im 19. Jahrhundert verliert die Bretagne immer mehr den Anschluß an das neue Industriezeitalter. Als Folge davon setzt eine massive Abwanderung ein, die Paris mit seinen heute 400 000 ansässigen Bretonen zur größten bretonischen Stadt gemacht hat. Diese armen, arbeitsuchenden Bretonen werden zur Zielscheibe französischer Arroganz. In Zeitungen und Zeitschriften werden sie karikiert und lächerlich gemacht, und die französische Presse trägt eine nicht geringe Schuld daran, daß es bis jetzt nicht leicht ist, Bretone zu sein.

Die Künstler beginnen im 19. Jahrhundert eine andere Bretagne zu entdecken – eine Bretagne mit großen menschlichen und kulturellen Werten. Der Bretone *François-René de Chateaubriand* wird zu einem Wegbereiter der französischen Romantik, die Nichtbretonen Victor Hugo, Gustave Flaubert, Honoré de Balzac holen sich hier Anregungen, die um *Paul Gauguin* entstandene Malerschule von Pont-Aven beeinflußt die Entwicklung der modernen Kunst entscheidend.

Die Bretonen selbst fangen ebenfalls an, sich um eine Aufwertung ihrer einheimischen Kultur zu kümmern. Doch was – mit der Veröffentlichung bretonischer Märchen und Legenden, mit der Herausgabe bretonischsprachiger Bücher, mit der Bearbeitung bretonischer Wörterbücher – als friedliche Renaissance der bretonischen Kultur beginnt, nimmt bald die Töne einer separatistischen Bewegung an. Es werden bretonische Parteien und Verbände unterschiedlichster Schattierungen und mit unterschiedlichsten Zielen gegründet, und 1932, 400 Jahre nach dem Anschluß der Bretagne an Frankreich, wird in *Rennes* ein Attentat auf ein Denkmal verübt, auf dem eine bittende Bretagne vor dem französischen König kniete: Die bretonische Autonomistenpartei *«Breiz Atao»* («Bretagne immer») hatte dieses Zeichen symbolischer Unterwürfigkeit in die Luft gesprengt. Wenn die Bretonen auch nach dem Krieg durch Bombenanschläge von sich reden machten, dann darf man selbst darin nicht nur eine parisfeindliche, antifranzösische Haltung sehen (während der beiden Weltkriege haben die Bretonen ausreichend Beispiele für ihre Vaterlandstreue geliefert). Sie wollten und wollen auf sich und ihre Schwierigkeiten aufmerksam machen, wollen – wenn auch auf besonders heftige Weise – um mehr Verständnis bitten. Denn bis heute haben die Bretonen mit drückenden Problemen zu kämpfen: mit einem rückständigen Fischereiwesen, das sie

Mehrere tausend Jahre alt: ein Dolmen bei Carnac

der ausländischen Konkurrenz aussetzt; mit niedrigen Agrarpreisen, die sie zu Demonstrationen für einen marktgerechteren Absatz ihrer Erzeugnisse treiben; mit dem Alkoholismus, der – typisches Phänomen sozialer Konflikte und Minderwertigkeitsgefühle – nirgends in Frankreich so viele Opfer fordert wie in der Bretagne; mit einer massiven Abwanderung gerade der jüngeren Arbeitskräfte.
Von der französischen Regierung fühlen sie sich immer noch vernachlässigt, suchen vielleicht gerade deshalb die Beziehung zu anderen keltischen Völkern oder zu anderen Minderheiten in Europa zu stärken: zu den Iren und den Schotten, aber

auch zu den Basken, die ähnliche Probleme auf ähnliche Art und Weise zu lösen versuchen. Aber in jüngster Zeit hat sich in der Bretagne doch ein neues, robusteres Selbstbewußtsein gebildet. Bretonische Kulturvereinigungen kümmern sich um die Herausgabe von Zeitschriften und Büchern in bretonischer Sprache, Schallplatten mit bretonischen Liedern überhäufen den Markt, und der Nichtbretone Alan Stivell hat mit seinen Bearbeitungen bretonischer Musik den Weg in die größten Music-Halls Europas gefunden. Wenn ein Bretone sich daher heute mit den Worten «*Je suis breton*» vorstellt, dann kommt darin eigensinniger Trotz ebenso zum Ausdruck wie nur schlecht verhohlener Stolz.

Der bretonische Sagenkreis

Die «*matière de Bretagne*», der bretonische Sagenkreis, ist dank *Chrétien de Troyes* und *Wolfram von Eschenbach* vom Ende des 12. Jahrhunderts an in die mittelalterliche Weltliteratur eingegangen. Ursprünglich waren diese Sagen um König Artus und seine Tafelrunde, um Tristan und Isolde, um Lancelot, Parzival, die Fee Morgane, den Zauberer Merlin und seine Freundin Viviane auf der britischen Insel entstanden, waren von keltischen Sängern verbreitet und auf der bretonischen Halbinsel ausgemalt und neu angesiedelt worden. Einige der Stätten, an denen sich diese Geschichten höfischer Ritter- und Minnedichtung abspielen, sind bis heute zu orten: König Artus hält Hof in Nantes, wo ihn auch Parzival erreicht; Marke, der seinen Neffen Tristan auf die so fatal endende Brautwerbung um Isolde nach Irland schickt, ist König der Cornouaille; der Zauberer Merlin und Viviane leben in Brocéliande, dem heutigen Wald von Paimpont.

Aber nicht nur diese Themen und Gestalten, in denen historische Ereignisse und Personen aus verschiedenen Zeiten und Ländern mit viel Mystik und Phantasie verschmelzen, sind in der Bretagne heimisch. Da wird von fürchterlichen Überschwemmungen erzählt und von versunkenen Städten, von lasterhaften Königstöchtern, von grausamen, krankhaften Frauen- und Kindermördern – und immer wieder von *Ankou*, dem Tod, dem Übergang von einer Form des Seins in eine andere. Religiöse Anschauungen und Motive des Heiden- wie des Christentums, Naturkatastrophen und geschichtliche Begebenheiten bilden das tragende Gerüst dieser Erzählungen, die in jeder Gegend, in jedem Dorf neu und originell gestaltet werden.

Wirklich seltsame Heilige

Denn der Mittelpunkt bretonischen Lebens bleibt – und das sollte man sich immer wieder vor Augen halten, um gewisse, «kirchtumspolitische» Reaktionen zu verstehen – die sichere, klar abgesteckte Dorfgemeinschaft, die Pfarre. Fast jede dieser Pfarren hat, um auch darin ihre eigenwillig-bretonische Originalität zu zeigen, einen eigenen Heiligen. Gewiß: auch die großen Heiligen der katholischen Kirche werden in der Bretagne verehrt. Aber wirkliches Vertrauen haben die Bretonen nur zu «ihren» Heiligen: 7777 sind es einer etwas übertriebenen Überlieferung nach (eine Multiplikation der magischen Zahl 7), fast 500 immerhin in Wirklichkeit. Offiziell vom Vatikan kanonisiert sind die wenigsten. Der heilige *Yves Héloury*, der sich im 13. Jahrhundert in Tréguier als unparteilicher Richter und unanfechtbarer Vertreter der Armen ausgezeichnet hatte, ist unter ihnen der bekannteste. Die übrigen werden von der Kirche geduldet: Saint Cornély und Saint

Herbot als Beschützer der Rinder, Saint Josse und Saint Uzec als Behüter der Fruchtbarkeit der Kühe, Saint Eloi und Saint Alar als Patron der Pferde – und dann die übrigen mit so seltsamen Namen wie Aelwodus, Branwalatr, Conhoiarn, Fidweten, Goazec, Halory, Izaouen, Kirio, Mériadec, Riwallon, Tivizian, Tutwen und Winnoc. (Es ist sicher nicht gerecht, daß diese bretonischen Heiligennamen heute nicht immer als Taufnamen zugelassen werden – aber man kann es den Standesbeamten vielleicht auch nicht verübeln, wenn sie sich weigern, ein Kind unter einem so zungenbrecherischen Namen zu registrieren.) Diese Heiligen werden in großer Not, aber auch bei allerlei Leiden und Wehwehchen angerufen, und sie werden – falls ihr Eingriff nicht die gewünschte Wirkung erreicht – mit Züchtigungen und Vergeltungen bedroht. Ein so persönlich-fanatisches Verhältnis zu den Heiligen kennt man sonst eigentlich nur in mediterranen Ländern, in Spanien und in Süditalien. Die Bretagne ist immer wieder «anders».
Große Verehrung genießen die «sieben Heiligen der Bretagne»: Brieg, Corentin, Malo, Patern, Pol-Aurélien, Samson und Tugdual, diese legendären «Väter des Vaterlandes», die als erste auf die Bischofssitze von Saint-Brieuc, Quimper, Saint-Malo, Vannes, Saint-Pol-de-Léon, Dol und Tréguier berufen wurden. Doch ein besonders eifernder Kult gilt der *heiligen Anna,* der Mutter Mariens. Die Legende erklärt diese Beliebtheit damit, daß Anna eine gebürtige Bretonin gewesen sei, die sich als Witwe ins Heilige Land begeben, dort nochmals geheiratet und die Gottesmutter Maria zur Welt gebracht habe. Wissenschaftliche Nachforschungen sind zu an-

34 Steile, von der Brandung gepeitschte Felsen an der Pointe du Toulinguet in der westlichen Bretagne

deren Schlußfolgerungen gekommen: In Irland wurde in frühkeltischer, vorchristlicher Zeit eine Göttin namens Ana als Fruchtbarkeitsgöttin gefeiert, als Mutter der Erde und des Totenreiches. Die Verehrung dieser Göttin hatte sicher auch in der Bretagne Widerhall gefunden, wurde auf die heilige Anna übertragen. (Und so läßt sich vielleicht auch die leidenschaftliche, fast heiligenmäßige Bewunderung erklären, die die Herzogin Anne de Bretagne in ihrer Heimat nach wie vor genießt: Wegen der Namensgleichheit wurden in der Volksüberlieferung die Züge von Ana, der keltischen Gottesmutter, und Anna, der Großmutter Christi, vermischt und idealisierend auf sie übertragen.)

Von der Verehrung für die heilige Anna zeugen zwei der populärsten *Pardons,* die noch jetzt in der Bretagne stattfinden: das Heiligenfest in *Sainte-Anne-d'Auray* (Morbihan) am 25. und 26. Juli und die Prozessionen in *Sainte-Anne-la-Palud* (Finistère) am letzten Augustwochenende. Einen solchen Pardon – die Übersetzung «Wallfahrt» ist nicht ganz befriedigend – mit seinem Gemisch aus Gläubigkeit und Rummel sollte man in eine Bretagnereise unbedingt einplanen (sehenswert sind außer den beiden der heiligen Anna gewidmeten Festen auch zwei weitere Pardons im Finistère: in *Rumengol* am Dreifaltigkeitssonntag und in *Le Folgoët* am 7. und 8. September; kleinere Pardons finden im Sommer immer irgendwo auf dem Land statt). Nicht nur, daß man bei dieser Gelegenheit die aus der Truhe geholten bretonischen Trachten bewundern kann. Man bekommt dabei auch einen Eindruck von der tiefen, schlichten Frömmigkeit, die im bretonischen Wesen bis heute verwurzelt ist.

Die bretonische Sprache

Das Bretonische ist – wie das Kymrische in Wales, das Irische und das Schottisch-Gälische – eine keltische Sprache: eine Fusion des gallischen Substrats, das sich trotz der jahrhundertelangen Römerherrschaft auf dieser westfranzösischen Halbinsel erhalten hatte, mit der keltischen Sprache der im 5. bis 7. Jahrhundert eingewanderten Briten. Am weitesten verbreitet war das Bretonische im 9. Jahrhundert. Damals bildete eine Linie vom Mont-Saint-Michel über Rennes bis zur Loiremündung die Ostgrenze des bretonischen Sprachgebietes. Heute verläuft die Grenze zwischen der bretonischen und der französischen Sprache ungefähr zwischen Saint-Brieuc im Norden und Vannes im Süden. Die Zahl der bretonisch Sprechenden geht ständig zurück. Es sind nach neueren Schätzungen noch etwa 700 000 Menschen in der westlichen Bretagne (offizielle Statistiken darüber gibt es nicht).
Der französische Staat tut zur Zeit wenig für die Erhaltung der bretonischen Sprache. Lehrstühle für keltische Sprachen an den Universitäten *Rennes* und *Brest* und eine vage Schulgesetzgebung reichen nicht aus, um den Bestand dieser Sprache auch in Zukunft zu gewährleisten. Darüber hinaus hat die französische Regierung in der Vergangenheit alles getan, um das Bretonische zurückzudrängen und abzuwerten – um der Sprache das soziale Prestige zu nehmen, das sie früher einmal genossen hat.
Eine leider wahre Episode ist bezeichnend für die psychologische Guerilla, die von offizieller französischer Seite gegen das Bretonische geführt wurde: Wer – und das bis vor wenigen Jahrzehnten – in der Schule dabei «ertappt» wurde, seine bretonische Mutter- und Umgangssprache zu sprechen, bekam ein Hufeisen oder einen Holzschuh um den Hals gehängt.

Und dieses «Schandmal» wurde er erst wieder los, wenn er einen Mitschüler ebenfalls beim Bretonischsprechen erwischen und dem Lehrer verpetzen konnte. Unter solchen Umständen braucht man sich nicht zu wundern, daß die bretonischsprachigen Bretonen jegliches Vertrauen in ihre Muttersprache verloren hatten, daß sie glaubten – und zu so paradoxen Fällen soll es in abgelegenen Winkeln gekommen sein –, das Telefon funktioniere nur auf französisch.

Das Tauziehen um das Bretonische und seine Anerkennung wenigstens als zweite Landessprache geht weiter, aber in jüngster Zeit macht sich eine neue, unerwartete Entwicklung bemerkbar. Während sich die älteren Bretonen auf dem Lande ihres «Patois» schämen, das kein Patois ist, sind junge Leute in den Städten daran gegangen, Bretonisch zu lernen und es als Träger altüberlieferter kultureller Werte zu neuem Leben zu erwecken – wobei sie keine tote, versteinerte Sprache zu erwecken brauchen. Obwohl nur in relativ wenigen literarischen Zeugnissen überliefert, obwohl in seiner Orthographie nicht eindeutig festgelegt, ist das Bretonische doch eine lebendige, in allen Bereichen anwendbare Sprache geblieben. Auch moderne technische Begriffe können mühelos aufgenommen werden: das Flugzeug zum Beispiel wird zum *«karr-nij»* (= Fahrzeug zum Fliegen), das Telefon zum *«pell-gomzer»* (= Fernsprecher). Diese Elastizität hatte im übrigen schon im vergangenen Jahrhundert *Emile Masson,* ein bretonischer Sozialist, erkannt: «Die bretonische Sprache kann, wie alle anderen Sprachen, alle Ideen übertragen, einschließlich der revolutionärsten.»

NANTES – BRETAGNE, DIE KEINE MEHR IST

*Wunsch nach Wiedervereinigung – Zum Herzen der Herzogin
Anne – In der Kathedrale – Vom Schloß zur Innenstadt –
Erinnerungen an die Herzogin von Berry*

Wunsch nach Wiedervereinigung

Bei der ersten Begegnung mit der Bretagne trifft man auf eine seltsame Formel – sofern man die Bretagnereise in **Nantes** beginnt. Zwar gehört diese bedeutendste Hafenstadt Westfrankreichs offiziell nicht mehr zur Bretagne. Sie und das Département Loire-Atlantique wurden nach dem Zweiten Weltkrieg von ihr abgetrennt, die Bretagne damit um fast eine Million Einwohner verkleinert. Aber für die Bretonen hat Nantes darum nichts von seiner Bedeutung in der Geschichte des unabhängigen Herzogtums Bretagne und damit von seiner gefühlsbeladenen Symbolik verloren.

Die Formel, die man auf viele Mauern aufgemalt sieht, ist: 44 = BZH. Wenn einem nun einfällt, daß 44 die Kennzahl des Départements Loire-Atlantique mit Hauptstadt Nantes ist, daß BZH für den bretonischen Namen der Bretagne, *«Breizh»*, steht, dann wird einem der Sinn dieser Aufschriften klar: Man möchte die französische Regierung durch rot und schwarz aufgepinselte Parolen zur Änderung der heutigen Regionalgrenzen veranlassen, möchte eine Wiedervereinigung der ganzen, historischen Bretagne erreichen. Wahrscheinlich wird die Bretagne auch in Zukunft verstümmelt bleiben, Nantes und sein Hafen werden weiterhin das wirtschaftliche Leben des Pays de la Loire antreiben. Aber eine Reise durch die Bretagne sollte man trotzdem in Nantes beginnen: hier in der Bretagne, die keine mehr ist.

Zum Herzen der Herzogin Anne

Wir wollen gleich einen Sprung mitten in die bretonische Geschichte machen, zu ihrem Herzen – zum Herzen der Herzogin *Anne de Bretagne,* der «bonne Duchesse». Als zweifache französische Königin wurde Anne in Saint-Denis in Paris beigesetzt. Aber ihr Herz sollte, so hatte sie testamentarisch verfügt, in das bretonische Nantes zurückkehren, wo sie 1477 geboren war. Doch die Asche des herzoglich-königlichen Herzens wurde in den Wirren der französischen Revolution verstreut, und im Musée Dobrée in Nantes befindet sich, schön ausgeleuchtet und von den Besuchern gebührend bewundert, nur noch die leere, goldene Schatulle. Sie trägt diese Aufschrift: «In diesem kleinen Gefäß / aus feinem und reinem Gold / ruht das größte Herz / das je eine Dame auf der Welt hatte. / Anne war ihr Name / in Frankreich zweimal Königin / königliche und unumschränkte / Herzogin der Bretonen.»
Diese schlichte, schöne Schatulle war im März 1514, zwei Monate nach Annes Tod, in Nantes beigesetzt worden: im Grabmal ihrer Eltern in der jetzt nicht mehr bestehenden Karmeliterkirche. Doch die Schatulle kam im Zuge der Revolution nach Paris und wäre in der dortigen Münze fast zu Goldbarren geschmolzen worden, wurde aber im letzten Augenblick gerettet. Das *Grabmal* von Annes Eltern dagegen wurde 1817, nachdem es die Revolutionsjahre, in Einzelstücke zerlegt, in

einem Versteck überstanden hatte, in die *Kathedrale* von Nantes überführt, wo es sich heute im rechten Querschiff befindet.

In der Kathedrale

Annes Vater, Franz II., der letzte Herzog einer unabhängigen Bretagne, war zweimal verheiratet gewesen: zuerst mit Margarete von Bretagne, dann mit Margarete von Foix, Annes Mutter. Seine erste Frau war in der Karmeliterkirche begraben worden, seine zweite in der Kathedrale, er selbst auf seinen Wunsch in der Karmeliterkirche neben seiner ersten Frau. Doch dann wurde Anne 1491 französische Königin, wurde 1499 zum zweitenmal französische Königin und fühlte sich allein schon ihres Ranges wegen verpflichtet, ihren Eltern eine würdige Grabstätte errichten zu lassen. Mit päpstlicher Erlaubnis überführte sie den Leichnam ihrer Mutter aus der Kathedrale in die Karmeliterkirche, ließ dort 1507 das Grabmal errichten. *Jean Perréal,* ein in Italien und somit im Renaissancestil geschulter Maler, lieferte den Gesamtentwurf: die zwei liegenden herzoglichen Gestalten mit fromm gefalteten Händen und nobel idealisierten Gesichtszügen in weißem Marmor auf einer schwarzen Marmorplatte. Was dieses an sich banale und im Aufbau sehr konventionelle Werk zu einem Meisterwerk macht, sind die drei Engel mit den ganz sanft und weich fallenden Gewändern zu Häupten des Herzogpaars und die Figuren der vier Kardinaltugenden an den Ecken des Grabmals: die Gerechtigkeit mit Waage und Schwert, die Besonnenheit mit Uhr und Zaum, die gepanzerte Tapferkeit und die Weisheit – auf der Vorderseite eine junge Frau mit Spiegel, Zirkel und Schlange, auf der Rückseite ein alter, langbärtiger Mann. Einige Kunsthistoriker wollen in diesem bejahrten Mann ein Selbstporträt von *Michel Colombe* sehen, dem Bildhauer, dem die Figuren der Engel und der Tugenden zugeschrieben werden. Und es könnte sich wirklich um ein Selbstbildnis handeln: Colombe, der etwa um 1430 wahrscheinlich in der Bretagne geboren war und der den Höhepunkt seines künstlerischen Schaffens in Nantes erreichte, war zur Zeit der Arbeiten am herzoglichen Grabmal mit Sicherheit über 70 Jahre alt.

Über der Bewunderung für dieses Grabmal von Herzog Franz II. und seiner Frau wird oft ein anderes, künstlerisch allerdings weniger wertvolles Grabmonument im gegenüberliegenden Querschiff übersehen – das für den aus Nantes gebürtigen Militärkommandanten *Louis Juchault de Lamoricière*. Er hatte 1847, während des französisch-algerischen Kriegs, den algerischen Emir Abd-el-Kader gefangengenommen, wurde dann nach Rom berufen, um das päpstliche Heer neu zu organisieren und auf den Kampf mit den italienischen Truppen vorzubereiten. Da er 1865 starb, brauchte er nicht mehr mit anzusehen, wie das von ihm reformierte Heer unterlag und der Kirchenstaat 1870 dem Königreich Italien einverleibt wurde.

Die Kathedrale von Nantes, ein heller, gotischer Bau, steht auf den Resten von drei Vorgängerbauten des 6., des 10. und des 11. Jahrhunderts. Von 1434 bis ins 19. Jahrhundert wurde an ihr gearbeitet, 1971 waren die Weltkriegsschäden beseitigt, am 28. Januar 1972 wurde bei einem heftigen Brand das Dachgestühl zerstört und die Kirche wieder eine Baustelle. 1959 hatte sie im südlichen Querschiff ein neues, von *Francis Chapuis* entworfenes Fenster erhalten. Mit 25,31 Metern Höhe und 5,30 Metern Breite ist es das größte Kathedralenfenster Frankreichs – und es bringt eine Synthese der Opfer, die Nantes' Bevölkerung von der Römerzeit bis in die Gegenwart für die Ideale des Glaubens und der Freiheit gebracht hat. Da sind die Heiligen Donatien und Rogatien, die im 3. oder 4. Jahrhundert als christliche Märtyrer sterben, und der heilige Gohard, Bischof von Nantes, der 843 während einer Messe in der Kathedrale von plündernden Normannen enthauptet wird, dann aber, den Kopf unter dem Arm, seelenruhig die Kirche verläßt und sich auf der Loire nach Angers einschifft. Da sind die Opfer der Französischen Revolution: Royalisten oder auch nur der Königstreue Verdächtigte, die der Abgeordnete *Jean-Baptiste Carrier* auf grausamste, sadistischste Weise in Massen in der Loire ertränken ließ. Und da sind die fünfzig Geiseln, die nach dem tödlichen Attentat auf den deutschen Feldkommandanten von Nantes, Oberst Hotz, am 22. Oktober 1941 von den Nazis hingerichtet wurden.

Vom Schloß zur Innenstadt

Geschichte, die über die Grenzen von Nantes und die Bretagne hinausgeht, dann im *Schloß*. Hier erließ, wie man auf einer Gedenktafel im Innenhof lesen kann, König Heinrich IV. am 13. April 1598 das *Toleranzedikt von Nantes*. Er, der einstige Hugenotte, war fünf Jahre zuvor zum Katholizismus übergetreten. Mit den 95 Artikeln des Edikts versprach er die freie Religionsausübung, um die jahrzehntelangen Religionskämpfe endlich zu beenden. Doch der Druck des Vatikans war so stark, der Protest einiger französischer Provinzparlamente so heftig, daß das Edikt 1685 von Ludwig XIV. widerrufen wurde und fast 200 000 Hugenotten Frankreich verließen.
Anne de Bretagne – man kommt von ihr so schnell nicht los! – hatte 1499 im Schloß von Nantes ihre zweite königliche Ehe mit Ludwig XII. geschlossen. Sie versah die Schloßbauten, die

ihr Vater, Herzog Franz II., 1466 begonnen hatte, mit spätgotischen Lukarnen und Dekorationen. An diese so populäre Herzogin erinnert auch der *Ziehbrunnen* im Innenhof, vor dem «Turm zur goldenen Krone»: In der eleganten, schmiedeeisernen Bekrönung des Brunnens, die einst vergoldet war (daher der Name des Turms), verknüpfen sich Lilien, die Blumen aus dem französischen Königswappen, mit stilisierten Knotenstricken, die Anne zu ihrem persönlichen Emblem erwählt hatte. Sie war – in liebender Ehrerbietung für ihren Vater Franz – dem heiligen Franz von Assisi und dem Franziskanerorden sehr zugetan, verflocht daher ihre königlichen Insignien mit dem schlichten Knotenstrick dieser die Armut predigenden Bettelmönche.

Im Schloß von Nantes sind heute drei Museen untergebracht: Das *Musée d'Art décoratif* mit Handarbeiten, Stilmöbeln und Keramiken, das *Musée d'Art populaire régional* als sehenswertes volkskundliches Museum der Bretagne und der benachbarten Vendée und das *Musée des Salorges*, ein interessantes Marinemuseum. Modelle von Schiffen und Booten, Seefahrtskarten und reizvolle Galionsfiguren erzählen hier von der glänzenden einheimischen Schiffahrt. Denn neben der Geschichte von Nantes als herzoglich-bretonischer Hauptstadt gibt es auch eine Geschichte von Nantes als Hafen-, Geschäfts- und Negerhandelsstadt. Wenn die einheimischen Geschichtsschreiber die Tragweite dieses «Handels mit Ebenholz», wie sie den Sklavenhandel umschrieben, auch bagatellisieren möchten: Zu beachtlichem Wohlstand und damit auch zu seinem vornehmen, eleganten Stadtbild kam Nantes hauptsächlich durch den – bis 1827 offiziell autorisierten –

45 Galionsfigur im Musée Salorge von Nantes

Handel mit Negersklaven. Er kannte keine Absatzkrisen und garantierte 200 Prozent Gewinn. Im Laufe des 18. Jahrhunderts sollen die Schiffsunternehmer aus Nantes (darunter etliche Nichtbretonen, vor allem Iren und Normannen, aber auch Spanier, Portugiesen, Italiener und Holländer auf der Suche nach raschem Verdienst) 400 000 bis 500 000 Schwarze von der afrikanischen Westküste auf die Antillen verfrachtet haben – in einem einträglichen Dreieckshandel, der in Nantes begann und dort 15 bis 18 Monate später wieder endete. Die Schiffe, die in Nantes in See stachen, waren mit bedruckten Baumwollstoffen beladen, mit Galanteriewaren, aber auch mit Waffen, Tabak und Branntwein. An der Goldküste, in der Bucht von Benin warteten auf sie einheimische Makler, die am Strand Hunderte von Afrikanern zusammengetrieben hatten. Die Baumwollware wurde gegen Menschenware getauscht (zwei Stück Baumwollstoff gegen einen erwachsenen Neger), manchmal kauften die Kapitäne auch Gold, Elfenbein und Ambra ein. Mit 300, 400, 600 zusammengeketteten, zusammengedrängten Negern an Bord traten sie die Weiterfahrt zu den Antillen an. Auf großen Sklavenmärkten verkauften sie die Neger gegen Rohrzucker, Kaffee und Baumwolle, kehrten damit nach Nantes zurück. Am *Quai de la Fosse*, auf der *Ile Feydeau* (damals noch wirklich eine Insel) bauten sie Stadthäuser, deren noble Fassaden und schmiedeeisernen Balkonbrüstungen, deren Karyatiden und Atlanten, deren mit Masken, Girlanden und Putti verzierten Portale und Fenster von erheblichem Reichtum zeugen. Geschaffen wurden diese Figuren und Ornamente, die heute abblättern und

46 Die Fassaden der Bürgerhäuser von Nantes – hier an der Place Saint-Pierre – zeugen von einstigem Wohlstand

verwahrlosen und nur noch einen Abglanz ihrer einstigen Würde geben können, von denselben Handwerkern, die auch die Galionsfiguren schnitzten. Es waren keine genialen Künstler, aber sie gingen – hier in Stein, dort in Holz – mit viel origineller, phantasievoller Erfindungsgabe an die Arbeit. Wer die große Kunst sucht, muß in Nantes ins *Musée des Beaux-Arts* gehen. Er sieht dort Perugino, Tintoretto, Moroni und Rubens – und drei Bilder von Georges de La Tour, diesem bedeutenden Künstler des 16. Jahrhunderts, der mit seinen an Caravaggio erinnernden Helldunkel-Effekten und dem strengen formalen Aufbau fasziniert. Gut vertreten ist das französische 19. Jahrhundert (u. a. mit Dominique Ingres, Eugène Delacroix, Gustave Courbets *«Ährenleserinnen»*, den Impressionisten Boudin, Sisley und Monet), und weit über den Rahmen und die Ansprüche eines Provinzmuseums geht die Abteilung mit Werken des 20. Jahrhunderts hinaus.

Das Kunstmuseum ist ein guter Ausgangspunkt zu einem Gang durch die Stadt. Auf der nahen, verkehrsreichen Place Maréchal Foch steht das einzige *Denkmal für Ludwig XVI.*, das die Stürme der Revolution und die Enthauptung und Ächtung des Königs unbeschadet überstanden hat. An der Kathedrale und am Schloß vorbei geht man in die Altstadt, die sich mit schmalen Gassen um die Kirche Sainte-Croix (17. Jahrhundert) drängt: in der Rue Sainte-Croix, der Rue de la Juiverie und der Rue de la Bâcherie sind noch einige Fachwerkhäuser aus dem 15. und 16. Jahrhundert übriggeblieben. Aber ringsum triumphiert auch hier an Straßen und Plätzen das 18. Jahrhundert, dem sich weiter im Westen das 19. Jahr-

48 *Nostalgie, Eleganz und Kitsch: die Passage Pommeraye in Nantes*

hundert anschließt. Der Finanzier Graslin hatte dieses Stadtviertel parzelliert, um ein Geschäfts- und Vergnügungszentrum anlegen zu lassen, und der Architekt *Mathurin Crucy* drückte diesem Stadtteil zwischen der Place Royale, der Place Graslin und dem Cours Cambronne um die Wende vom 18. zum 19. Jahrhundert einen klassizistischen Stempel auf. Als sein Meisterwerk gilt das 1788 vollendete *Théâtre Graslin* mit der korinthischen Säulenvorhalle am gleichnamigen Platz. Nach dem Überschwang des Barock und der Verspieltheit des Rokoko blickte man plötzlich auf die «edle Einfalt, stille Größe» der griechischen Tempelbauten, die dem sachlichen Sinn der bürgerlichen Auftraggeber besser entsprachen.

Mitten in dieser Welt der klaren Ratio dann ein Ort, der zum Träumen und Vor-sich-hin-Phantasieren wie geschaffen ist: die 1843 eröffnete *Passage Pommeraye*. Mit ihrem Glasdach, den kannelierten Säulen, den Stuckdekorationen und den unschuldig-lasterhaften Puttistatuen ist sie eine seltsame, surrealistische Mischung aus Technik, Klassik und Kitsch: in ihrer Irrationalität eine der faszinierendsten Bauten von Nantes.

Erinnerungen an die Herzogin von Berry

Wir hatten unseren Nantesbesuch im Musée Dobrée begonnen, vor der leeren Schatulle des Herzens der Herzogin Anne. Zum Schluß wollen wir noch einmal in das Museum zurückkehren, zur *Herzogin von Berry*, an die im zweiten Stock Briefe, Bilder und Dokumente erinnern. Nachdem ihr Mann, Charles-Ferdinand, Herzog von Berry, 1820 ermordet worden war und ihr Schwiegervater, König Karl X., nach der Julirevolution von 1830 hatte abdanken müssen, setzten die bourbonentreuen Legitimisten alle Hoffnungen in Marie Caroline,

Herzogin von Berry und Mutter des Thronfolgers Henri. Auf dem Königsthron aber saß inzwischen Ludwig Philipp. Doch Marie Caroline, eine geborene Prinzessin beider Sizilien, gab nicht so schnell auf und setzte all ihren Einfluß und Charme ein, um Anhänger für ihre Sache zu gewinnen (zu deren Befürwortern auch der bretonische Schriftsteller und Politiker Chateaubriand gehörte). Seit einer Reise, die sie 1828 in die traditionell königstreue Vendée und nach Nantes unternommen hatte, wußte sie, daß sie hier auf viele Sympathisanten zählen konnte. Und obwohl sie 1830 Frankreich hatte verlassen müssen, wagte sie sich 1832 wieder nach Nantes, um den Widerstand gegen den «Bürgerkönig» zu schüren. Doch in der Mansarde eines schloßnahen Hauses wurde sie von der Polizei entdeckt und eingekerkert. Als sie während der Haft das Kind eines neapolitanischen Grafen zur Welt brachte, verlor sie ihren Nimbus – verlor damit ihre Anhänger unter den Legitimisten und ihre Bedrohung für König Ludwig Philipp, der sie daraufhin freiließ.

Marie Caroline, die Herzogin von Berry, wird von der Bevölkerung kaum weniger verehrt als Anne, die Herzogin von Bretagne. An Tatkraft und energischer Hartnäckigkeit stand die hübsche, feingliedrige Italienerin der sympathischen, festen Bretonin sicher nicht nach. In beiden verbanden sich mutiges Wesen und weibliche Schwächen, beide wurden zu romantisch verschönten Heldinnen verklärt – und beide wurden sie verraten. Marie Caroline für 30 Heller von einem Spitzel in Nantes, Anne nach ihrem Tod vom französischen Königshaus, das die von ihr gewollte Erbfolge in der Bretagne nicht respektierte. Dem König war ein locker mit dem französischen Reich verbundenes Herzogtum Bretagne, wie Anne es gewünscht hatte, nicht genug. Er machte die Bretagne zum unlösbaren Bestandteil des französischen Staates.

IN DER HAUPTSTADT DER BRETAGNE: RENNES

Im Wettstreit mit Nantes siegreich – Pariser «grandeur» im Stadtbild – Kirchen und Museen

Im Wettstreit mit Nantes siegreich

1554 gründet König Heinrich II. das Parlament der Bretagne. Seit dem umstrittenen Anschluß des früheren Herzogtums an Frankreich sind 22 Jahre vergangen, die heißesten Proteste gegen diese Annexion haben sich gelegt. So möchte Paris seinen neuen Untertanen mit einer Geste des Vertrauens entgegenkommen – des halben Vertrauens eigentlich nur: Dem Parlament, bei dem es sich um die oberste Gerichtsbehörde handelt, gehören 16 Bretonen und 16 Nichtbretonen an, und ein Nichtbretone ist auch Präsident. In Paris weiß man nicht recht, wie weit man den eigensinnigen Bretonen trauen kann.
Außerdem ist noch eine heikle Frage offen: die des Standorts dieses Parlaments. Nantes und Rennes bewerben sich um die prestigeträchtige Institution. Nantes kann seine größere Einwohnerzahl (40 000 gegen 25 000) in die Waagschale werfen, seine lebendigere, entwicklungsfähigere Wirtschaft, seine Vergangenheit als Regierungssitz der bretonischen Herzöge. **Rennes** hat außer seiner loyalen Königs- und Paristreue wenig dagegen zu bieten. Der König entscheidet sich 1561 dennoch für Rennes – oder richtiger: er entscheidet gegen Nantes. Denn die Pro-Rennes-Wahl war im Grunde ein kleiner königlicher

Racheakt an Nantes, dessen aufrührerisches, unternehmungslustiges Bürgertum ihm suspekt und nicht devot genug war. Nantes behält vorerst noch die Rechnungskammer, verliert aber auch dieses Verwaltungsamt 1589 zugunsten von Rennes. In einem vom Gouverneur der Bretagne, Philipp Herzog von Mercœur, angeführten und aus persönlichem Machtstreben ausgefochtenen antiköniglichen Widerstand war Rennes auf der königstreuen Seite geblieben, Nantes dagegen nicht.

So verdankt Rennes seinen Aufstieg zur Hauptstadt der Bretagne nicht eigentlich seiner Bedeutung, sondern seiner den französischen Königen mehrmals demonstrierten Anhänglichkeit. Als Gegengabe kommt etwas Pariser Luft nach Rennes, ein Hauch von dem «grand goût» und der «grandeur», wie sie um den königlichen Hof in Paris und Versailles wehen. Rund 150 Jahre lang geben in der französischen Hauptstadt geschulte und protegierte Architekten und Stadtplaner in Rennes den Ton an: Das Parlamentsgebäude (das heutige *Palais de Justice* mitten in der Stadt), zu dem 1618 der Grundstein gelegt wird, geht auf einen Entwurf von Germain Gautier, einem Schwager des späteren Hofbaumeisters François Mansart, zurück, und es wird unter der Oberaufsicht von *Salomon de Brosse* begonnen, der in Paris nach italienischem Vorbild das Palais du Luxembourg gebaut hat. Die Malereien in den prunkvollen Innenräumen werden von *Noël Coypel* und *Jean Jouvenet* ausgeführt, die beide in engster Verbindung zum königlichen Hof stehen.

Pariser «grandeur» im Stadtbild

Als im Dezember 1720 im Stadtzentrum von Rennes ein verheerender Brand ausbricht, 945 Wohnhäuser zerstört und

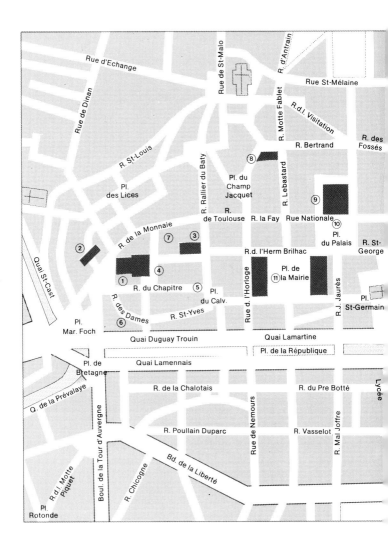

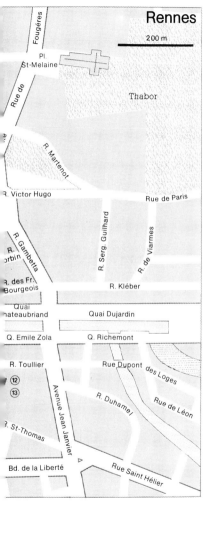

1 Kathedrale
2 Porte Mordelaise
3 St-Sauveur
4 Rue de la Psallette
5 Rue du Chapitre
6 Rue des Dames
7 Rue de la Monnaie
8 Place du Champ Jacquet
9 Palais de Justice
10 Place du Palais
11 Hôtel de Ville
12 Musée de Bretagne
13 Musée des Beaux-Arts

8000 Menschen (mehr als ein Fünftel der damaligen Bevölkerung!) obdachlos werden, bleibt das Palais de Justice – Steinbau inmitten flammenfangender Fachwerkhäuser – verschont. Als Verantwortlicher für den Wiederaufbau wird Jacques Gabriel in die Stadt berufen, der in und um Paris erfolgreiche Abkömmling einer bedeutenden Architektenfamilie. Das ungeordnete, aber anheimelnde Gewirr der mittelalterlichen Gassen wird durch breite Straßen und weite Plätze ersetzt. Die Rekonstruktion der Stadt nimmt mehr als 30 Jahre in Anspruch. Sehr schnell geht sie allerdings rund um das repräsentative Parlamentsgebäude vor sich. Die *Place du Palais* davor bildet mit ihren etwas prätentiös-steifen Palastbauten schon 1726 den würdigen, feierlichen Rahmen zur Enthüllung eines Denkmals für Ludwig XIV., eines bronzenen Reiterstandbilds des perückengeschmückten, nacktarmigen und -beinigen Sonnenkönigs in römischer Rüstung auf einem hohen Steinsockel. Ludwig XIV. war schon tot, als das Denkmal nach einer jahrzehntelangen Vorgeschichte eingeweiht wurde: Am 3. April 1675 war in der Stadt eine Revolte ausgebrochen. 2000 Menschen erstürmten einige Büros im Parlamentsgebäude, um ihrem Zorn über die vom Sonnenkönig und seinem geschickten Finanzminister Jean-Baptiste Colbert auferlegten Stempelgebühren Luft zu machen. Die königlichen Truppen erstickten den Aufstand, der rasch auf die ganze Bretagne übergegriffen hatte, mit grausamen Vergeltungsmaßnahmen. Das bretonische Parlament wurde für fast 20 Jahre von Rennes nach Vannes verbannt, und die bretonisch-französischen Beziehungen, die sich zuvor leidlich gut entwickelt hatten, waren aufs neue getrübt. Um die Atmosphäre wieder zu entspannen, gab Ludwig XIV. dem Bildhauer *Antoine Coysevox*, der ihn und seinen Hofstaat in Porträts schon so oft verherrlicht hatte, den Auftrag, ihm ein Denkmal zu entwerfen, das auf bretonischem Boden aufgestellt werden sollte. Wieder wetteiferten Nantes und Rennes um die königliche Gunst, wieder machte Rennes das Rennen. Das Standbild, das schon seit 30 Jahren fertig war, wurde 1726 auf der Place du Palais in Rennes enthüllt: königliches Versöhnungszeichen und Herrschaftssymbol zugleich. Die Bronze des Denkmals wurde während der Revolution eingeschmolzen, der Sockel zerschlagen. Aber zwei Reliefs, die ihn schmückten und die vom großen Können des Bildhauers Coysevox zeugen, sind heute im Musée des Beaux-Arts ausgestellt.

Wenn man die Fäden des politischen Spiels, das die architektonisch-städtebauliche Struktur von Rennes so stark beeinflußt hat, ein wenig entwirrt, kann man einem Besuch der Stadt und ihrer etwas strengen, steifen Paläste in der Innenstadt auch ein bißchen Geschmack abgewinnen. Mehr Gefallen findet man sicher auf den ersten Blick an dem Teil der Altstadt, der den schrecklichen Brand von 1720 überstanden hat und in jüngster Zeit durch angemessene Restaurierungen schön herausgeputzt worden ist. Ein Vergnügen für sich ist der Anblick der aneinandergelehnten Häuser an der dreieckigen *Place du Champ Jacquet*. Die Fachwerkbalken fügen sich zu immer neuen, immer wieder effektvollen Mustern von außergewöhnlichem grafischem Reiz. Die nahe Rue du Pont-aux-Foulons erinnert an die Tuchwarenerzeugung, die Rennes vom 15. Jahrhundert an beträchtlichen Wohlstand einbrachte: in dieser Straße lagen die Werkstätten der Walker (französisch «foulons»). Die Textilindustrie hatte erheblich mit zur wirtschaftlichen Stabilität von Rennes und seinem

58/59 Fachwerkhäuser an der Place du Champ-Jacquet in der Altstadt von Rennes

Hinterland beigetragen, so daß im 16. Jahrhundert in der einheimischen Münzanstalt (und in der von Nantes) rund 35 Prozent des französischen Silbers geprägt werden konnten. Und durch die Rue de la Monnaie, in der sich die Münze befand, erreicht man den malerischsten Teil von *Alt-Rennes*: das Gebiet um Rue Saint-Guilleaume, Rue Saint-Sauveur, Rue de la Psallette, Rue du Chapitre, Rue Saint-Yves und Rue des Dames. Sie alle haben Fachwerkhäuser aus dem 16. und 17. Jahrhundert, während sich in der Rue des Portes Mordelaises die *Porte Mordelaise* auftut. Sie gehörte zur Ringmauer des 15. Jahrhunderts und wird bis heute als «Triumphpforte» der bretonischen Herzöge gepriesen; denn durch sie betraten die bretonischen Herrscher die Stadt, um sich in der nahen Kathedrale krönen zu lassen.

Kirchen und Museen

Die heutige *Kathedrale* hat allerdings nichts mehr mit dem gotischen Bauwerk zu tun, das im Mittelalter die festlichen Einzüge der Herzöge gesehen hatte. Deren Fassade war gegen Ende des 15. Jahrhunderts eingestürzt, dann in 150jähriger Arbeit durch die jetzige, schwerfällige Zweiturmfassade ersetzt worden. Als 1754 der ganze Bau wieder einzustürzen drohte, wurde er – bis auf die beiden Fassadentürme – vorsorglich abgerissen. An seiner Stelle entstand zwischen 1786 und 1844 die neue Kirche, die außer einem holzgeschnitzten, vergoldeten Altar in einer Kapelle des rechten Seitenschiffs nichts Sehenswertes bietet. Die genaue Entstehungszeit dieses gotischen Marienaltars ist unbekannt. Aber er zeigt im perfekten Aufbau und in den phantasievollen Details alle Merkmale, die um 1500 für die flämischen Schnitzarbeiten aus

Antwerpen charakteristisch waren. Und die herrlichen, unfrommen Kaufmanns-, Handwerker- und Bauerngesichter, die der Künstler sogar den Heiligen gegeben hat, machen die Enttäuschung über das trotz Stuck- und Golddekorationen kühle Kathedraleninnere wett. Nicht weniger enttäuschend ist ein Besuch der *Basilika Saint-Sauveur*, die schon im 12. Jahrhundert bestanden hatte, in ihrer heutigen Form aber aus dem frühen 18. Jahrhundert stammt. Eine schöne Arbeit des 13./14. Jahrhunderts ist einzig die bemalte Holzstatue der vielverehrten «Gottesmutter der Wunder und Tugenden», die Rennes 1357 vor den englischen Truppen gerettet haben soll.

Vieles aus der Vergangenheit von Rennes ist verlorengegangen – einiges aber hat Kriege, Katastrophen und Revolutionen überstanden und ist im *Musée de Bretagne* am Quai Emile Zola zu sehen. Fundgegenstände aus der Vor- und Frühgeschichte, faszinierende mittelalterliche Steinmetzarbeiten, Dokumente über Anne de Bretagne und das Ende des Herzogtums, naive Heiligenfiguren aus Holz aus dem 16./17. Jahrhundert und volkskundliche Sammlungen des 19. Jahrhunderts sind die Höhepunkte dieses äußerst lebendigen, intelligent aufgebauten Museums, das einen Einblick in die Entwicklung der Bretagne bis in die Gegenwart gibt – wirklich bis in die heutige Gegenwart: in Dias und Filmen werden die jetzigen wirtschaftlich-sozialen Probleme des bretonischen Lebens einleuchtend dargelegt.

Im ersten Stock des gleichen Gebäudes hat das *Musée des Beaux-Arts* seinen Sitz. Die Einleitung zum Museum ist «bretonisch»: mit den beiden Reliefs vom erwähnten Reiterdenkmal Ludwigs XIV. Und in einem der letzten Säle wird es noch einmal ganz bretonisch: mit der Schule von Pont-Aven, mit Werken von Paul Gauguin, Emile Bernard und Paul Sérusier, denen die Begegnung mit der bretonischen Landschaft und

ihren Menschen so viel gegeben hat. Dazwischen wird das Museum international: Carracci, Tintoretto, Bassano und Veronese, Jordaens, Rembrandt und Rubens (um nur die ganz berühmten Namen zu nennen), und dann ein Werk, das allein dem Museum einen ständigen Besucherzustrom garantiert: die «Geburt» von *Georges de La Tour*. Caravaggio-Nachklang in der Farbgebung, in den Licht-Schatten-Effekten und doch so typisch französisch in der rationalen Verarbeitung des Themas, in der statisch beherrschten, fast abstrakten Struktur.

Angesichts der intellektuellen Klarheit dieses Gemäldes kommt einem eine Frau in den Sinn, die nur wenige Jahrzehnte später auf literarischem Gebiet eine ähnlich klare, scharfe Beobachtungsgabe zeigte, aber impulsiver zum Ausdruck brachte: die mit einem bretonischen Adeligen verheiratete *Madame de Sévigné* (1626–1696), die oft auf dem Schloß Les Rochers in der östlichen Bretagne gelebt hat.

Mit der Aussicht auf die Begegnung mit dieser außergewöhnlichen Frau können wir Rennes getrost verlassen: Die Stadt ist zwar – besonders dank der großen, lebendigen Universität – das geistige und kulturelle Zentrum der Bretagne und beherbergt fast ein Viertel der Bevölkerung des gesamten Départements Ille-et-Vilaine, nämlich rund 230 000 Menschen. Doch eigentlich Bretonisches hat sie nur wenig zu bieten. Da gibt es ringsum Interessanteres, Originelleres, um etwas vom bretonischen Wesen zu erfassen.

62   Granitkapitell des 12. Jahrhunderts im Musée de Bretagne von Rennes

JAHRHUNDERTEALTES GRENZGEBIET: DIE ÖSTLICHE BRETAGNE

Mutig und stolz: Madame de Sévigné – Reichtum durch Tuchwirkereien: Vitré – Alte Grenzfeste: Fougères – Von Dol zur Kanalküste – Die Piratenstadt Saint-Malo – Combourg und Chateaubriand – Bretonische Träume in «Brocéliande»

Mutig und stolz: Madame de Sévigné

Madame de Sévigné – und so kommen wir nach einer 40-Kilometer-Fahrt von Rennes nach Osten zu ihr – hatte aufrichtig versucht, das neue, bretonische Milieu zu verstehen, mit dem sie, die 18jährige Marie du Rabutin-Chantal, durch ihre Heirat mit dem viel älteren Henri Marquis de Sévigné in Berührung gekommen war. Als ihr Mann in einem Duell (um eine andere Frau) ums Leben gekommen war, hängte sie sich mit fast krankhafter Liebe an ihre beiden Kinder, und als ihre Tochter Françoise nach ihrer Heirat in die Provence übersiedelt war, begann sie mit ihr 1671 einen intensiven Briefwechsel, dessen «Lettres» sie weltberühmt machten. Sie kam oft auf den bretonischen *Landsitz Les Rochers* bei Vitré, mußte sich manchmal monatelang hierher in die Provinz zurückziehen, weil das Leben in Paris für sie zu teuer geworden war: Erst der Mann und dann die Kinder hatten durch verschwenderische Ausgaben dem Familienvermögen arg zugesetzt.

Madame de Sévigné berichtet ihrer Tochter – in dem ihr eigenen, spontan-ironischen und doch zugleich sachlich-abgeklärten Stil – viel vom Leben in der Provinz, auf dem Lande. Gewiß, dem bretonischen Landadel, in den sie eingeheiratet hatte, fehlten die feinen, gewählten Manieren und der Esprit der Pariser Gesellschaft, in der sie durch ihre Schönheit, ihre Fröhlichkeit und ihren Geist zu einem vielumschwärmten Mittelpunkt geworden war. Doch sie fühlte sich wohl unter den aufrichtigen Bretonen, war nur manchmal leicht schokkiert angesichts des deftigen, lärmenden bretonischen Lebensgenusses: «... und dann wurde getrunken, getrunken – Gott weiß wie!», berichtet sie von einem Fest, schreibt ein anderes Mal: «Durch den Körper der Bretonen fließt ebensoviel Wein wie Wasser unter den Brücken.» Während der erbarmungslosen Repression des Stempelpapier-Aufstands 1675 nimmt sie echten, aufrichtigen Anteil am Leiden der einheimischen Bevölkerung, identifiziert sich mit den Bretonen: «Wirklich, sie leben wie in einem eroberten Land, trotz unserer wohlwollenden Heirat mit Karl VIII. und Ludwig XII.» Und ein anderes Mal klagt sie: «Sie können sicher sein, daß es keine Bretagne mehr gibt – und das ist schade.» Vieles auf Schloß Les Rochers, einem dieser typisch bretonischen Landsitze aus Granit und Schiefer, der um 1500 seine heutige Form bekommen hatte, erinnert noch an Madame de Sévigné: der große Park, der in den Namen seiner Alleen und Schlupfwinkel voller Anklänge an die Pariser *précieux* steckt, ihr Turmzimmer mit Blick auf den Garten, den sie mit allergrößtem Vergnügen selbst pflegte und dessen Sonnenuhr sie mit einer selbstgewählten Inschrift versehen ließ: *Ultimam time* («Fürchte die letzte Stunde»).

Man spürt es hier in der östlichen Bretagne, daß die Städte und Dörfer jahrhundertelang den Überfällen und Übergriffen ausgesetzt waren, wie sie in einem Grenzgebiet immer an der Tagesordnung sind. Vitré und Fougères sind alte Grenzfesten, die im Laufe ihrer Geschichte x-mal belagert und erobert worden sind, haben aber die vielen Angriffe beide so gut überstanden, daß sie zu den touristischen Pflichtetappen dieser Gegend gehören.

Reichtum durch Tuchwirkereien: Vitré

Vitré war vom 15. Jahrhundert an ein bedeutendes bretonisches Zentrum der Textilindustrie. Hanfgewebe, Tuchwaren und Baumwollstrümpfe gingen von hier nach England, Deutschland und Spanien, ja bis nach Amerika und Indien. Sein unternehmungsfreudiges Bürgertum war zu solchem Reichtum gelangt, daß es selbst den an Glanz und Prunk gewöhnten König Heinrich IV. beeindruckte. Als er 1593 in der Stadt empfangen worden war, rief er aus: «Wenn ich nicht König wäre, möchte ich Bürger von Vitré sein!» Der Handel und aufgeschlossene, der französischen Kultur und Politik zugetane Burgherren brachten neue künstlerische Ideen in die Stadt. Ein reizvoll verzierter Erker im Burginnenhof, ein Renaissanceportal an der sonst spätgotischen Kirche Notre-Dame und eine kostbare Emailarbeit (in der Kirchensakristei) von Jean-Baptiste Pénicaud, dem Angehörigen einer berühmten Emailmalerdynastie aus Limoges, zeigen, wie rasch hier die Renaissance Widerhall gefunden hatte – und darin ist Vitré eigentlich «unbretonisch» in dieser sonst meist ganz auf sich zurückgezogenen Bretagne, in der es zu großen Stilretardierungen kam. Handel und neue Burgherren, die Coligny, die als Hugenottenführer in die Geschichte eingingen, brach-

67 Renaissanceerker im Innenhof der Burg von Vitré

ten im 16. Jahrhundert aber auch die neuen religiösen Reformideen in die Stadt, und Vitré war einer der wenigen Orte der Bretagne, in denen der Protestantismus Anhänger fand. Angeblich sollen die religiösen Kontrahenten hier aber sehr fair miteinander umgegangen sein, sollen sich auf Wortgefechte beschränkt haben: Von einem Pult, das sich an der südlichen Außenflanke der Kirche Notre-Dame befindet, sollen die katholischen Geistlichen heftige Streitgespräche mit den protestantischen Predigern ausgetragen haben.

Die *Burg* von Vitré hatte schon im 11. Jahrhundert bestanden, war dann aber im 13. bis 15. Jahrhundert, als die bretonischen Herzöge um ihre Ostgrenze bangten, als kräftige, mehrtürmige Feste wiederaufgebaut worden. In unserer Zeit versucht man, die wohlgemeinten, aber etwas zu phantasievollen, da romantisch gotisierenden Restaurierungen des vorigen Jahrhunderts wiedergutzumachen und der Burg ein glaubwürdigeres mittelalterliches Aussehen zu geben. Einer echteren, weniger verfälschten Atmosphäre begegnet man in den *Altstadtstraßen,* besonders in der Rue Baudrairie und der Rue d'Embas, die mit ihren Fachwerkbauten und dem Kopfsteinpflaster noch ein Bild davon geben, wie diese Städtchen vor 400, 500 Jahren ausgesehen haben.

Alte Grenzfeste: Fougères

In Vitré dominiert die Burg nicht – in **Fougères** beherrscht sie eindeutig das Stadtbild. Mit ihren Wehrmauern, ihren Wallgräben, ihren dreizehn Türmen verschiedener Form und

Die mächtigen Befestigungsanlagen von Fougères

Höhe wirkt sie mächtig und uneinnehmbar – und wurde doch in einem besonders entscheidenden Moment eingenommen: 1488, als Franz II. sein bretonisches Herzogtum gegen die einfallende französische Armee, die auf die Unterstützung vieler frankophiler Anhänger zählen kann, zu verteidigen sucht. Doch Fougères hält dem Ansturm der Truppen, die vom 28jährigen General Louis de La Trémoille, einem vielversprechenden Feldherrn, befehligt werden, nicht stand. Ein wichtiges Glied in der Kette zur Verteidigung bretonischer Besitzungen und Freiheiten ist zerbrochen, und am 28. Juli 1488 stehen sich bei Saint-Aubin-du-Cormier, 20 Kilometer südwestlich von Fougères, 15 000 französische und 12 000 bretonische Soldaten gegenüber. Am Abend sind 6000 Bretonen gefallen, und nach einem Gastmahl läßt La Trémoille auch noch viele ihrer Anführer töten. Herzog Franz II. stirbt wenige Wochen später – angeblich aus Gram über diese Niederlage, mit der ihm eine Vertragsklausel aufgezwungen wird: Seine einzige Tochter und Erbin Anne darf sich nur mit Genehmigung des französischen Königs verheiraten. Die weitere Geschichte ist bekannt.

Honoré de Balzac hielt sich 1828 in Fougères auf, um hier Lokalstudien zu seinem Roman «Les Chouans» zu treiben. *Victor Hugo,* der durch seine lebenslange Freundin Juliette Drouet mit deren Geburtsstadt Fougères verbunden war, bereitete dort 1836 seinen Roman «1793» über die Revolte der Chouans vor. Tatsächlich hatte die Chouannerie, die ab 1793 für die Rückkehr der Monarchie und die Wiedereinsetzung des Klerus kämpfte, in und um Fougères zahlreiche Sympathisanten gefunden. Der in der Stadt geborene Armand Tuffin, Marquis de La Rouërie, der zusammen mit Joseph de Lafayette am amerikanischen Unabhängigkeitskrieg teilgenommen hatte, war einer der leidenschaftlichsten Anführer dieses

Restaurationsversuches zum unrechten Zeitpunkt, und auf seinem Schloß bei Artain, auf dem Weg von Fougères nach Dol, trafen sich die bretonischen Verschwörer zu geheimen Versammlungen.

Von Dol zur Kanalküste

In *Dol-de-Bretagne* wird man mit einem Abschnitt der frühmittelalterlichen bretonischen Geschichte konfrontiert: mit der Zeit der Besiedlung der armorikanischen Halbinsel durch die aus England verjagten Briten. Die Flüchtlingsgruppen waren meist von Geistlichen angeführt, von Mönchen oder von Bischöfen – von Persönlichkeiten jedenfalls, die aufgrund ihrer Bildung und ihrer Autorität das Vertrauen ihrer heimatvertriebenen Landsleute genossen. Einer dieser Führer war Samson, der um 550 im Gebiet von Dol ein Kloster gründete und bald zum Bischof erhoben wurde. Diesen Bischofssitz nun machten die ersten bretonischen Könige zur Hauptkirche einer eigenen, bretonischen Kirchenprovinz. Sie hatten sich politisch aus fränkischer Abhängigkeit befreit, wollten auch auf kirchlichem Gebiet unabhängig sein. Die Päpste waren bemüht, es im Streit zwischen dem mächtigen Frankenreich und dem an Macht gewinnenden bretonischen Reich mit keiner Seite zu verderben: Sie ersetzten drei fränkische Bischöfe, um die Bretonen zu beschwichtigen, durch bretonische Geistliche – aber offiziell erkannten sie, um die Franken nicht zu verärgern, die bis ins 12. Jahrhundert bestehende Metropolitankirche von Dol niemals an.

Die *Dolois* hatten es sich aber trotzdem nicht nehmen lassen, ihrem Metropoliten, der in den Augen des Papstes keiner war, eine würdige Wirkungsstätte zu errichten. Auf den Resten einer romanischen Kirche, die die Normannen niedergebrannt hatten, bauten sie im 13. Jahrhundert eine helle, klarlinige gotische Kathedrale, die durch ein riesiges Chorfenster aus dem 13. Jahrhundert erleuchtet wird: Seine Medaillons beziehen sich auch auf das Leben des heiligen Samson und der weiteren sechs ersten bretonischen Bischöfe. Bischof in Dol war um 1500 Thomas James (die britisch-bretonische Bretagne zog offensichtlich immer wieder auch Briten an), dessen Grabmal sich im linken Querschiff befindet (die Bischofsfigur ist in der Revolution verschwunden). Die aus Italien stammenden Bildhauer Antoine und Jean Juste hatten hier im frühesten 16. Jahrhundert mit der mittelalterlichen Tradition gebrochen und die ganze weltlich-heidnische Renaissancesymbolik auf ein bischöflich-christliches Grabmal übertragen. Ihre Vasen und Schnecken, ihr Blatt- und Rankenwerk, ihre Satyren und Putti wurden später in bretonischen Stein- und Holzarbeiten unzählige Male nachgeahmt.

Eine schöne Sammlung holzgeschnitzter Heiligenstatuen hat das *Musée de la Trésorerie* gleich neben der Kathedrale. Die naiven, rührend menschlichen Gesichter der Figuren geben einen Vorgeschmack auf die zahllosen Plastiken dieser «seltsamen Heiligen», die einem in den bretonischen Dorfkirchen immer wieder begegnen. Einen Vorgeschmack von dem, was die Bretagne dann – besonders im Morbihan, bei Carnac – an Megalithbauten zu bieten hat, bekommt man auch zwei Kilometer südlich von Dol, beim Weiler Carfantin. Hier steht einer der formschönsten Menhire der Bretagne: der 9,5 Meter hohe *Menhir de Champ-Dolent* aus rosa Granit. Der Name, der gern von *campus doloris* abgeleitet wird, von einer «Stätte des Schmerzes», dürfte in Wirklichkeit eher auf einen *campus dolensis* zurückgehen, ein «Feld von Dol». Aber mit solch simplen, nüchternen Erklärungen gibt sich die Volksphantasie nicht zufrieden: Sie weiß von einer grausamen Schlacht, die zwei verfeindete Brüder in Urzeiten hier ausgetragen haben und die Schmerz und Schrecken verbreitete – bis sie durch einen überirdischen Eingriff beendet wurde. Ein riesiger Felsblock fiel vom Himmel, drang tief in den Erdboden ein und trennte die gegnerischen Truppen. So wird auch das Rätsel um die Entstehung dieses mächtigen Menhirs plausibel geklärt.

Legendenbeladen ist auch der *Mont Dol* nördlich von Dol. Die keltischen Druiden brachten hier Opfer dar, die Römer verehrten an dieser Stelle eine Dianastatue, die ersten christlichen Missionare zogen sich zu Meditation und Gebet auf den Berg zurück. Der Berg – das ist nur eine bescheidene Anhöhe von 65 Metern, aber er bietet eine exzellente Aussicht. Man überschaut die ganze Bucht des Mont-Saint-Michel, erkennt die unverwechselbare Silhouette des weltberühmten Klosterbergs. Eindrucksvoll ist auch der Blick auf den «Marais de Dol», den 15 000 Hektar großen, in jahrhundertelanger, geduldiger Arbeit trockengelegten «Sumpf von Dol». Bis zum vierten, vielleicht sogar bis zum achten nachchristlichen Jahrhundert dehnte sich in diesem Gebiet ein riesiger Wald aus, der auch die Bucht des Mont-Saint-Michel bedeckte. Als das Meer dann plötzlich anstieg, als vielleicht eine fürchterliche Flutkatastrophe das Land überschwemmte, war aus dem Mont Dol – wie aus dem Mont-Saint-Michel – eine Insel geworden. Das Wasser zog sich allmählich wieder zurück, ein übriges taten die Menschen. Sie begannen im zwölften Jahrhundert, das weite Küstengebiet trockenzulegen – und sind noch heute damit beschäftigt. In hartnäckiger Arbeit gewannen sie fruchtbares Ackerland, auf dem Gemüse und Getreide gedeihen, rangen dem Meer auch Polder ab, die satte Weideflächen bieten.

Aus der Gegend von Dol kommen heute Kartoffeln und *Artischocken* – die berühmten bretonischen Artischocken, die für Feinschmecker immer ein Genuß sind, für französische Regierungsbeamte manchmal ein Problem, wenn die Bretonen das zuviel produzierte und zu schlecht bezahlte Gemüse in Pariser Straßen abladen und den Verkehr blockieren. Weil wir gerade beim Essen sind: Als Delikatesse gelten auch *die bretonischen Austern,* «huîtres plates», die zu einer besonderen Spezialität werden, wenn sie ihr vierjähriges Leben in Riec-sur-Bélon in der südlichen Bretagne beenden und als «Bélon-Austern» auf den Tisch kommen. Ein bekanntes Austernzuchtzentrum ist aber auch *Cancale* an der Westküste der Bucht des Mont-Saint-Michel. Seit eine geheimnisvolle Krankheit 1920 die reichen Muschelbänke vor Cancale vernichtet hat, müssen die Jungtiere zur Aufzucht eingeführt werden: die delikaten, teuren «huîtres plates» von der bretonischen Südküste, die weniger geschätzten «huîtres creuses» auch aus Japan.

Außer mit den typisch bretonischen Meeresprodukten machen wir in Cancale, das am Hafen die besänftigend-anregende Atmosphäre eines Fischerstädtchens bewahrt hat, auch eine erste Bekanntschaft mit der typisch bretonischen Küstenlandschaft. An der *Pointe du Grouin* mit ihren zerklüfteten, wilden Felsen versteht man, wie es die Bretagne, die auf drei, insgesamt 600 Kilometer langen Seiten von Wasser umgeben wird, auf eine doppelt so lange Küstenlinie mit unzähligen Einschnitten und Einbuchtungen bringen kann. Das Meer frißt seit 280 Millionen Jahren, seit das armorikanische Granit- und Gneismassiv aus dem Wasser aufgetaucht ist, an der Küste der Halbinsel.

Die Piratenstadt Saint-Malo

Von der Pointe du Grouin führt eine aussichtsreiche Küstenstraße nach *Rothéneuf.* Über diesen ruhigen Badeort wäre nicht viel zu sagen, wenn sich ein einheimischer Geistlicher, Don Fouré, um die Jahrhundertwende nicht einer sonderbaren Freizeitbeschäftigung hingegeben hätte. Er hämmerte und meißelte 25 Jahre lang an den Felsen, die gegen das Meer abfallen, bis er auf einer Oberfläche von rund 500 Quadratmetern mehr als 300 Figuren herausgearbeitet hatte: Menschen und Monstren in naiver, bizarrer Ausgestaltung, die erheitern und zugleich ein leichtes Unbehagen verbreiten. Man fühlt sich in eine magische Welt versetzt, von Hunderten steinerner Augen angestarrt. Der Abbé Fouré hat hier die Geschichte der Rothéneuf erzählt, einer mächtigen Piratenfamilie, die im 16. und 17. Jahrhundert das Meer und die Küste beherrschte, sich dann aber durch innere Zwistigkeiten selbst zugrunderichtete. Der naive Bildhauer mag diese Geschichte erfunden haben – aber Anregungen für seine Schöpfungen konnte er hier an der Kanalküste und im nahen **Saint-Malo** genügend finden. Denn Saint-Malo wirbt bis heute mit dem klangvollen Titel einer «Korsarenstadt» für sich, rühmt sich, die Heimat unerschrockener, draufgängerischer Piraten gewesen zu sein, die bis ins 19. Jahrhundert die Weltmeere unsicher machten.
Die *Malouins* hatten im frühen 16. Jahrhundert begonnen, die Ozeane zu überqueren: zu Fischfang und auf der Suche nach neuen Territorien, die reiche Schätze versprachen. 1534 beauftragt König Franz I. *Jacques Cartier,* einen erfahrenen Seefahrer aus Saint-Malo, neue Länder zu entdecken, «wo es große Mengen Gold und andere Reichtümer geben soll». Cartier erreicht dreimal die kanadische Küste, nimmt das Land am Sankt-Lorenz-Strom für die französische Krone in Anspruch

(seine Schiffe heißen allerdings – zu Ehren des bretonischen Wappentiers – «Der große Hermelin» und «Der kleine Hermelin»). Von seiner dritten, 1541 unternommenen Fahrt bringt er Proben von Bodenschätzen mit, die er dort entdeckt hat. Er hofft, Gold und Diamanten gefunden zu haben – in Wirklichkeit hat er Kupfer und Glimmer in die Heimat gebracht. «Falsch wie ein Diamant aus Kanada» ist eine Redewendung, die lange in Umlauf bleibt, und nach diesem enttäuschenden Eklat warten die französischen Könige mehrere Jahrzehnte, bevor sie mit der Besiedlung Kanadas beginnen.

In Saint-Malo hatten sich auch normannische Seeleute niedergelassen, und die Normannen haben – so kann man es in einem Geschichtsbuch für bretonische Schulen aus einem bretonischen Verlag lesen – «seit jeher einen lebhafteren Unternehmungsgeist gezeigt als die Bretonen». Durch einen geschickt ausgeklügelten Handel wurde Saint-Malo im 17. Jahrhundert zum bedeutendsten französischen Hafen. Die einheimischen Seeleute fuhren auf Kabeljaufang nach Neufundland, tauschten diesen «Fastenfisch» in spanischen und italienischen Häfen gegen Gewürze, Obst, Olivenöl, Seife und Seide und vor allem gegen Alaun, ein in der Textilindustrie unerläßliches Beizmittel, das in päpstlichen Gruben bei Rom gewonnen wurde und einen ungewöhnlich hohen Marktwert hatte. Mit diesen Produkten kehrten die *Malouins* in die Heimat zurück, verkauften sie aber auch häufig in den normannischen, holländischen und hanseatischen Häfen.

Dann entdeckten die Seeleute aus Saint-Malo ein noch einträglicheres Gewerbe, bei dem ihnen ihr Draufgängertum und ihre Erfahrung zugute kamen: die Seeräuberei – die offiziell gebilligte und favorisierte Seeräuberei. Mit königlichen Kaperbriefen versehen, kaperten und beraubten sie die Handels-

und Kriegsschiffe anderer Länder. Einige zeichneten sich durch solche Tollkühnheit aus, daß sie zu fast legendären Helden wurden: *René Duguay-Trouin* (1673–1736) wird während der Kriege des Sonnenkönigs zu einem wahren Schrecken für englische und holländische Schiffe. Berühmt ist seine Blockade des Ärmelkanals 1707: Von den englischen Schiffen, die auf dem Weg nach Portugal sind, kommt nur ein einziges ungeschoren durch. *Robert Surcouf* (1773–1827) fügte der englischen Flotte schwere Schäden zu, und eine Glanzleistung an Verwegenheit war die Erbeutung des englischen Schiffes «Kent», das 38 Kanonen und 400 Mann Besatzung an Bord hatte. Er beteiligte sich auch am Negersklavenhandel und starb, in den Adelsstand erhoben, als einer der vermögendsten französischen Reeder.

Sein Glück auf dem Meer hatte im 18. Jahrhundert auch René-Auguste de Chateaubriand gemacht, der Vater des Schriftstellers und Politikers *François-René de Chateaubriand*. Seine Karriere beginnt er als 15jähriger Schiffsjunge auf einem Schoner, der von Saint-Malo nach Danzig fährt. Er geht acht Jahre lang auf Kabeljaufang nach Neufundland, verdingt sich als Korsar und als Sklavenhändler (was damals längst nicht so unehrenhaft war, wie es sich heute anhört). Mit 43 Jahren hat er so viel Geld zusammengespart, daß er sich seinen Traum erfüllen und für eine enorme Summe das Schloß Combourg samt Grafentitel kaufen kann. Der Sohn François-René wird 1768 in Saint-Malo geboren, wird hier am 11. Juli 1848 begraben: auf der *Insel Grand Bé*, die er sich selbst zur Grabstätte erwählt hatte. Schon 17 Jahre vor seinem Tod hatte er die Stadtverwaltung gebeten, ihm «einige Fuß Erde» auf der winzigen Insel zu verkaufen, hatte bestimmt, daß eine nackte Steinplatte und ein Steinkreuz ohne Inschrift sein Grab bezeichnen sollten. Chateaubriand fasziniert auch heute noch, und viele Touristen pilgern alljährlich zum Grand Bé, der bei Ebbe von Saint-Malo aus zu Fuß zu erreichen ist. Die Legende erzählt, daß die Felsinsel ein urzeitliches Hünengrab war; die Überlieferung berichtet, daß sich die keltischen Druiden hier bestatten ließen. Das bretonische Wort *bé* (oder *bez*) bedeutet «Grab» – was Chateaubriand sicher wußte, als er sich sein Grab auf diesem «Großen Grab» wählte.

Wer gerade zum ungünstigen Zeitpunkt nach Saint-Malo kommt und das Grab des sehr romantischen Romantikers wegen Flut nicht zu Fuß erreichen kann, hat immerhin die Möglichkeit, es bei einem Gang auf der *Stadtmauer* aus der Ferne zu betrachten. Bei dieser Wallwanderung beeindruckt nicht nur der Blick auf das Meer, sondern auch der nach innen, auf die Stadt mit ihren strengen Granithäusern, die sich die begüterten Reeder und Korsaren im 17. und 18. Jahrhundert hatten errichten lassen. Ihre hohen Dächer und ihre besonders hohen Schornsteine bewirken, daß die Stadt nach außen den Anblick einer «Zitadelle aus Granit» bietet, wie Chateaubriand schrieb. Doch das scheinbar intakte Stadtbild ist nichts anderes als das Ergebnis einer umfassenden, sorgfältigen Rekonstruktion: Die *Altstadt* brannte Anfang August 1944 zu drei Vierteln nieder, als die hier verschanzten deutschen Truppen von den Alliierten bombardiert wurden. Angesichts des peinlich genauen Wiederaufbaus im früheren Stil kommen einem Worte von Paul Valéry in den Sinn: «Die wirkliche Tradition in den großen Dingen besteht nicht darin, noch einmal zu machen, was die anderen gemacht haben, son-

79 *Auf der Stadtmauer von Saint-Malo; vorn das Denkmal für den Seefahrer René Duguay-Trouin*

dern wieder den Geist zu finden, der diese großen Dinge hervorgebracht hatte und der aus ihnen zu anderen Zeiten etwas ganz anderes gemacht hätte.» Die Besucher begeistern sich heute an dem so einheitlichen, geschlossenen Stadtbild von Saint-Malo. Die Zukunft wird zeigen, ob man die Stadt nicht zu einem Museum ihrer selbst gemacht hat.

Apropos Museum: in der Burg, die größtenteils aus dem 15. Jahrhundert stammt, ist auch ein *Musée municipal* untergebracht, in dem Erinnerungen an die Glanzzeiten der «Korsarenstadt» und an ihre berühmtesten Söhne wachgehalten werden. Denn außer Chateaubriand und den erwähnten Seefahrern wurden hier auch der Wissenschaftler *Pierre-Louis de Maupertuis* (1698–1759) geboren, ein führender Vertreter der französischen Aufklärung, der von Friedrich II. an die Berliner Akademie berufen wurde und viel zur Durchsetzung der Newtonschen Theorien getan hat, und der Schriftsteller *Félicité-Robert de Lamennais* (1782–1854), dessen «Paroles d'un croyant» das dahindämmernde Christentum im Europa des 19. Jahrhunderts wachrüttelte.

Diesen gleichen kämpferischen Geist zeigte auch die 1982 seliggesprochene *Jeanne Jugan,* die 1792 in Cancale geboren war, mit ihrer karitativen Tätigkeit aber in *Saint-Servan-sur-Mer* begann, das heute zum Stadtgebiet von Saint-Malo gehört. Sie ging betteln, um sich um alte, arme Leute kümmern zu können, und 1840 gründete sie eine Kongregation der «Kleinen Schwestern der Armen», die heute 6500 Nonnen in aller Welt umfaßt.

Im übrigen beginnt auch die Geschichte von Saint-Malo in Saint-Servan, wo im 6. Jahrhundert der heilige Maklow (= französisch «Maclou» oder bretonisch «Malo») zum Bischof berufen wird. Doch der Ort wird im 8. und 9. Jahrhundert von den Normannen geplündert und so arg heimgesucht, daß sich die Bevölkerung auf die (damalige) Insel zurückzieht, auf der dann Saint-Malo entstand. Saint-Servan ist heute ein großzügig angelegter Kur- und Badeort, der es allerdings an mondäner Eleganz keineswegs mit *Dinard* am gegenüberliegenden, westlichen Ufer der Rancemündung aufnehmen kann.

An der *Rance* machen sich – wie an all diesen tief eingeschnittenen, fjordartigen Mündungen der bretonischen Flüsse – die Gezeiten kilometerweit ins Land hinein bemerkbar. Die Einheimischen hatten diese Erscheinung schon im 12. Jahrhundert genutzt und ihre Radmühlen vom zurückfließenden Flutwasser antreiben lassen. Nach demselben, wenn auch auf die modernen Möglichkeiten einer hochentwickelten Technik übertragenen Prinzip arbeitet das Gezeitenkraftwerk, das 1966 an der Rancemündung gebaut wurde.

Vom Meer wollen wir noch einmal ins Landesinnere zurückkehren – ins «argoat», wie die Bretonen sagen: in das «Waldland». Die Bevölkerungsdichte lag hier schon immer unter der des Küstenstreifens, und im Lauf der letzten Jahrzehnte ist sie wegen der Landflucht noch weiter zurückgegangen, in weiten Gebieten auf weniger als fünfzig Menschen pro Quadratkilometer. Zurückgegangen sind auch die Wälder, die einst ausgedehnte Flächen der inneren Bretagne bedeckten und ihr ihren bretonischen Namen gegeben haben. Als größter Wald hat sich die Forêt de Paimpont rund 60 Kilometer westlich von Rennes erhalten. Man sollte nicht zu rasch dorthin fahren, sollte hier und da unterwegs die Nase noch in einzelne Abschnitte der bretonischen und französischen Geschichte stecken. Es sind zwar meist nur winzige Steinchen, die man in der Bretagne sammeln kann; denn die ganz großen Ereignisse haben sich anderswo abgespielt, die ganz wichtigen Entscheidungen wurden anderswo getroffen. Aber wenn man die bedeutendsten Fakten und Namen als Fixpunkte vor sich hat, fügen sich auch diese Steinchen zu einem immer vollständigeren Mosaik.

Combourg und Chateaubriand

Ein Besuch von Saint-Malo, der Geburtsstadt von Chateaubriand, ist unvollständig, wenn man ihn nicht durch einen Besuch von **Combourg** und seinem *Schloß* ergänzt. «Ich bin in Combourg geworden, was ich bin», schreibt er später in seinen «Mémoires d'outre-tombe», «hier habe ich die erste Anwandlung dieses Überdrusses zu spüren begonnen, der mich mein ganzes Leben lang begleitet hat, dieser Traurigkeit, die mir Qual und Glück war.» Und wenn man von den langen, schweigsamen Abenden liest, die er, seine Schwester Lucile und seine Eltern im Schloß Combourg verbrachten, vom Vater, der stundenlang wortlos im großen Saal auf und ab ging, von der Mutter und der Schwester, die François-René jeden Abend baten, sie in ihre Zimmer zu begleiten, unter die Betten, in die Kamine, hinter die Türen zu schauen – dann versteht man, daß hier alle Voraussetzungen gegeben waren, um einen empfänglichen, sensiblen Geist wie den jungen Chateaubriand für das ganze Leben zu prägen. Selbst als aus dem «armen, kleinen, unbekannten Bretonen, ohne Glanz, ohne Schönheit, ohne Talente», wie er sich selbst darstellte, der berühmte, in der Pariser Gesellschaft verehrte, von Frauen umschwärmte Schriftsteller und Politiker geworden war (er war 1821 Botschafter in Berlin, 1823 französischer Außenminister), konnte er diese bedrückende Atmosphäre an der Grenze des Irrealen, wie er sie auf Schloß Combourg erlebt hatte, nicht abschütteln. Der heutige Besucher sollte etwas wissen von Chateaubriands Leben, Träumen und Ängsten, damit er im Schloß nicht nur ein Bauwerk des 14./15. Jahrhunderts inmitten eines großen Parks sieht. Er sollte versuchen, diese «Stille, Dunkelheit und Steingesichter» zu spüren, die aus einem melancholischen jungen Mann den großen Schriftsteller gemacht haben, der in Frankreich die Romantik einleitete.

Über den Marktflecken Hédé mit Resten einer mittelalterlichen Burg erreicht man **Les Iffs.** Seine Dorfkirche ist ein Kleinod ländlicher Spätgotik; eine Überraschung sind die neun Kirchenfenster holländischer Schule aus dem 16. Jahrhundert. Sie und der Bau sind der Großzügigkeit der Grafen Laval zu verdanken, die mehrere Jahrhunderte lang Herren auf dem nahen **Schloß Montmuran** waren. Eine Jeanne de Laval wurde in der Schloßkapelle die zweite Frau des bretonischen Condottiere *Bertrand Du Guesclin,* dem wir in der Bretagne noch öfter begegnen werden: Er hatte im 14. Jahrhundert mehrmals französische Truppen gegen seine bretonischen Landsleute kommandiert. Ebenfalls in der Kapelle von Schloß Montmuran war der bis dahin unbekannte Bandenführer Du Guesclin 1354 zum Ritter geschlagen worden. Er hatte damit den ersten Schritt zum Titel und Rang des «Connétable de France» getan, zu dem er 1370 ernannt wurde. Von dem Schloß, in dem Du Guesclin offiziell seine militärische Karriere und seinen sozialen Aufstieg begann, sind nur noch zwei Türme mit einer Zugbrücke erhalten. Die Kapelle wurde durch einen spätgotischen Bau ersetzt, der bewohnte Mitteltrakt stammt aus dem 17./18. Jahrhundert.

84/85 Schloß Combourg ist voller Erinnerungen an den Dichter François-René de Chateaubriand

Bretonische Träume in «Brocéliande»

Aus der bretonischen Wirklichkeit, die um Du Guesclin zur Legende geworden ist, wollen wir jetzt einen Sprung in die echte bretonische Legenden- und Sagenwelt machen. In der **Forêt de Paimpont,** der früheren «Brocéliande», leben noch all die Gestalten um König Artus' Tafelrunde fort, die der Bretagne im Mittelalter literarischen Ruhm verschafft haben: *Bréchéliant / Dont Bretons vont souvent fablant / Une forest mult lunge et lée / Ki en Bretaigne est mult loée...,* heißt es in einem der unzähligen Artus-Romane, zu denen keltisch-bretonische Überlieferungen den Grundstock bildeten: «Brocéliande / Von der die Bretonen oft erzählen / Ein sehr langer und breiter Wald / Der in der Bretagne viel verherrlicht wird...»

Der einst viel größere Wald ist durch massive Abholzungen für Schiffswerften an der Küste und Schmieden im einst eisenverarbeitenden *Paimpont* auf rund 7000 Hektar zusammengeschrumpft. Seinen geheimnisvollen Reiz hat er darum nicht verloren. Das dichte Unterholz, die vierzehn Teiche und Seen geben noch die rechten Kulissen ab für verhexte Brunnen und verzauberte Quellen, für den See von Lancelot, den Geburtsort der Fee Viviane, das Grab des *Zauberers Merlin.* Am Westrand dieses Waldes liegt die Kirche von *Trehorenteuc.* Die Tafelrunde des Königs Artus, der heilige Graal – sie werden hier auf Wandmalereien und Kirchenfenstern dargestellt und in der Volksphantasie wachgehalten. Denn eines Tages wird der Zauberer Merlin seine goldene Harfe erklingen lassen, wird König Artus zurückrufen, und die Ritter des Königs werden die Bretonen – die der Halbinsel wie die der Insel – wieder zu ihrer einstigen Größe führen. Solche Träume sind in der rational nie ganz erfaßbaren Bretagne noch lebendig.

GRANITBRÜCHE UND ISLANDFISCHER: CÔTES-DU-NORD

Irreführende bretonische Bauwerke – Dinand und Bertrand Du Guesclin – An der Smaragdküste – Der Totentanz von Kermaria – Im Zeichen von Pierre Loti: Paimpol – Zwei Pole in Tréguier: Ernest Renan und Saint Yves – Naive Deckenmalereien in Saint-Gonéry – Von Guingamp ins Landesinnere

Irreführende bretonische Bauwerke

Corseul ist heute ein nichtssagendes Bauerndorf im bretonischen Departement *Côtes-du-Nord*, zehn Kilometer nordwestlich von Dinan. Zu keltischer Zeit war es der Hauptort des von den Coriosoliten bewohnten Gebiets, blieb auch ein bedeutender Verkehrsknotenpunkt, nachdem es – wie Cäsar sachlich kommentiert – «in die Gewalt und Botmäßigkeit des römischen Volkes gebracht worden» war. Münzen und Bruchstücke von Skulpturen, Keramiken, Schmuck und Arbeitsgeräten im *Rathaus* von Corseul und die Ruine eines *Marstempels* in der unmittelbaren Umgebung des Ortes sind heute die bescheidenen Überreste dieser einst blühenden gallorömischen Siedlung.

Ein beträchtliches Alter hat auch ein *Taufbecken* in der Kirche von Corseul. Die vier männlichen Figuren, auf denen es ruht, wirken so «primitiv», daß im vorigen Jahrhundert auch *Prosper Mérimée* unsicher wurde: Er wußte nicht, ob er diese

Granitarbeit für ein «Werk der Antike», für ein «byzantinisches Becken zur Taufe durch Untertauchen» oder für ein «Weihwasserbecken des 12. oder 13. Jahrhunderts» (was es wohl ist) halten sollte. Solche Zweifel selbst bei einer kultivierten Persönlichkeit wie Mérimée, der als Oberaufseher der französischen Baudenkmäler immerhin einige Erfahrungen gesammelt hatte, erstaunen in der Bretagne nicht. Man weiß hier von zahllosen Fällen, in denen Kunsthistoriker angesichts «typisch» romanischer oder «typisch» gotischer Stilelemente an einem Kirchturm, einem Portal, einem Altar zu kolossalen Fehlschlüssen gekommen sind – was nichts gegen die Kompetenz dieser Wissenschaftler sagt. Denn romanisch wurde in der auch darin seltsamen Bretagne nicht nur in der Romanik gebaut, gotisch nicht nur in der Gotik (in Ploudalmézeau bei Brest steht der jüngste gotische Kirchturm auf französischem Boden: er stammt von 1775!). Oft werden diese frappierenden Stilretardierungen der Bretagne in nicht gerade wohlwollender Absicht als Beweise für ihre kulturelle Abseitigkeit und Rückständigkeit zitiert, für ihr stockstures, jeder Neuerung abholdes Provinzlertum. Doch während man auf der einen Seite die absolut zeit- und stilgemäßen Werke in Städten wie Nantes, Rennes und Vitré nicht übersehen darf, sollte man auf der anderen Seite nicht vergessen, daß die Skulpturen und Bauten auf dem Land nicht von Künstlern geschaffen wurden, sondern von Handwerkern. Und diese Handwerker hatten keinerlei Veranlassung, sich von Formen und Linien zu entfernen oder zu lösen, die schon Generationen vor ihnen für gut befunden hatten. Da sie zu ihrem eignen Können, ihren eignen Ideen wenig Vertrauen hatten, ahmten sie die überlieferten Ideen nach: aus einem verständlichen Bedürfnis nach Sicherheit und Bestätigung. Daher diese über Jahrhunderte hinweg beharrlich weitergeführten romanischen

und gotischen Formen, als anderswo längst Renaissance und
Barock ins Land gezogen waren. Doch nicht allein diese stilistischen Verzögerungen haben die Kunsthistoriker bei der Interpretation von Kunstwerken und Bauten irregeführt. Auch
der **Granit** – in der Bretagne *das* Baumaterial – kann zu falschen Schlüssen verleiten. Er ist Wettereinflüssen gegenüber
zwar äußerst widerstandsfähig, aber er altert schnell, überzieht sich rasch mit Moosen und Flechten, die selbst neuen
Bauten bald diese schöne, würdevolle Patina des Alters geben.
Hierin liegt sicher eines der Geheimnisse der Faszination, die
von den bretonischen Häusern, Kirchen, Wegkreuzen und
Calvaires ausgeht – für dieses alte Gesicht der Bretagne.

Dinan und Bertrand Du Guesclin

Wenn man für Außendekorationen ein weicheres Gestein als
Granit benutzt, bleibt nach Jahrhunderten vieles nur noch in
Spuren und Andeutungen sichtbar – wie an der *Kirche Saint-Sauveur* in **Dinan**. Einige Figuren des romanischen Fassadenportals sind durch die Witterung fast bis zur Unkenntlichkeit
zersetzt worden. Geschichtsbewußte Franzosen besuchen diese Kirche mit dem seltsam asymmetrischen, halb romanischen und halb gotischen Innenraum gern. In einem Zenotaph im linken Querschiff ruht das Herz von **Bertrand Du Guesclin.**
Auf der heute nicht mehr erhaltenen Burg La Motte-Broons
bei Dinan war Du Guesclin im frühen 14. Jahrhundert geboren, als ältestes von zehn Kindern. Schon die Zuneigung seines Vaters hatte sich der angeblich sehr häßliche und darum
ungeliebte Jüngling mit Waffen erkämpfen müssen: Bei
einem Turnier in Rennes trat der Siebzehnjährige schon mit

all dem Draufgängertum auf, das ihn einer glänzenden militärischen Laufbahn entgegenführte. Die Liebe seiner ersten Frau gewann er durch ein Duell: Als Dinan 1359 von den Engländern belagert wurde, Bertrand Du Guesclins Bruder Olivier aber während einer vereinbarten Waffenruhe gefangengenommen worden war, forderte Du Guesclin den wortbrüchigen englischen Ritter zu einem Zweikampf. Der Bretone siegte, die Belagerung der Stadt wurde aufgehoben, und durch sein im Duell bewiesenes mutiges Geschick eroberte Du Guesclin zudem das Herz der hübschen, intelligenten Tiphaine Raguenel.

Grund genug also für die *Dinanais,* ihrem Befreier in der ehrwürdigsten Kirche der Stadt ein Ehrenmal zu setzen und den größten Platz der Innenstadt nach ihm zu benennen. «Mißbrauch von Du Guesclin», notiert *Gustave Flaubert,* der 1847 das Loiretal und die Bretagne bereist und darüber in «Par les champs et par les grèves» berichtet, «Statue, großes und kleines Porträt, Name eines Dampfschiffes, eines Platzes, eines Cafés». Angesichts der Feldzüge, die der Bretone Du Guesclin zwischen 1356 und 1373 in französisch-königlichem Auftrag gegen die um ihre Unabhängigkeit kämpfenden Bretonen geführt hat, mag es verwundern, daß er in seiner Heimat bis heute in so hohem Ansehen steht. Doch wegen seiner Tapferkeit gilt er – obwohl er sie gegen die eigenen Landsleute eingesetzt hat – geradezu als Verkörperung der bretonischen Tugenden. Aber die bretonische Geschichte wurde bisher überwiegend von Franzosen geschrieben. Und im Dienste der Franzosen war Du Guesclin wirklich ein wackerer Kämpfer und begabter Stratege gewesen, der mit seinen Kam-

Fachwerkhäuser in der Altstadt von Dinan

pagnen gegen Engländer und Spanier viel zur Festigung der französischen Macht beigetragen hatte. Er fiel für Frankreich 1380 bei der Belagerung von Châteauneuf-de-Randon, wurde neben den französischen Königen in der Pariser Kirche Saint-Denis beigesetzt. Die Herrscher wußten, wieviel sie ihm zu verdanken hatten. Er hatte sein ganzes Leben lang auf der Seite gekämpft, die ihm mehr Ruhm und Reichtum versprach, hatte die Appelle an seine patriotische, bretonische Gesinnung mit der Ungerührtheit des Karrieremenschen überhört.
Die *Burg* von Dinan, ein 34 Meter hoher, ovaler Turm, der auch als «Donjon der Herzogin Anne» bezeichnet wird, bestand zu Du Guesclins Zeiten noch nicht. Die bretonischen Herzöge hatten sich eben *nach* den schlechten Erfahrungen, die sie mit den unter Du Guesclins Befehl einmarschierten Truppen gemacht hatten, um eine bessere Sicherung ihrer Grenzen gekümmert, hatten die Burg von Dinan zwischen 1382 und 1387 errichten lassen.
Sehenswert ist in Dinan neben dieser Burg auch die ganze, von einer unregelmäßigen Ringmauer umschlossene *Innenstadt,* in der alles noch das rechte, auf den Menschen abgestimmte Maß zu haben scheint. In der Rue de l'Horloge, der Place des Merciers, der Place des Cordeliers und der Rue de la Lainerie sind Fackwerkbauten des 15. und 16. Jahrhunderts erhalten, die den vielgerühmten Charme dieser Stadt ausmachen. Sehr reizvoll sind auch die Rue du Jerzual und die Rue du Petit Fort, die zwischen alten Häusern zur Rance hinabführen. Früher herrschte hier ein reger Warenverkehr, als die Erzeugnisse der Weber aus Dinan an diesem *Flußhafen* auf Schiffe verfrachtet wurden. Heute legen Motorboote und Vergnügungsdampfer an, die zwischen Dinan und Saint-Malo oder Dinard auf der Rance verkehren. Denn auch die Besucher von Dinan zieht es immer wieder ans Meer. Wenn die

Küste dann noch einen so verführerischen Namen hat wie die «Côte d'Emeraude», die «Smaragdküste», dann kann man ihrem Ruf nur schwerlich widerstehen.

An der Smaragdküste

Eigentlich beginnt diese **Smaragdküste** schon im Departement Ille-et-Vilaine, an der Pointe du Grouin bei Cancale, und über Saint-Malo und Dinard verläuft sie in westlicher Richtung bis nach Le Val-André, berührt dabei vielbesuchte Seebäder wie *Saint-Lunaire*, *Saint-Briac-sur-Mer*, *Saint-Castle-Guildo* und *Sables-d'Or-les-Pins*, kleine Fischerhäfen wie Saint-Jacut-de-la-Mer und Erquy. Sie berührt auch das **Cap Fréhel**, das mit roten, grauen und schwarzen Felsen 70 Meter tief zum Meer abfällt und zu den eindrucksvollsten Orten der an sich schon eindrucksvollen bretonischen Felsenküste gehört. In der Nähe des Kaps dann die einzige bretonische Burg, die direkt am Meer liegt: eine im 10. Jahrhundert von einem Herrn von Guyon gebaute Festung, die zur Abwehr der Normanneneinfälle errichtet, dann im 13. und 14. Jahrhundert zum Château de la Roche-Guyon erweitert worden war. Seitdem Sébastien Vauban, der rührige Festungsbaumeister Ludwigs XIV., es im 17. Jahrhundert hatte restaurieren und befestigen lassen, ist es als **Fort de La Latte** bekannt. Man kann es besichtigen, man kann aber auch aus der Ferne bewundern, wie es sich mit seinem gedrungenen, mit dem Fels wie verwachsenen Donjon und den hohen, strengen Mauern vom Meer abhebt.

Es ist sehr bretonisch, dieses aus grauem Granit errichtete Fort de La Latte. Bretonisch ist die ewig windige, baumlose Heide, über die man die Festung und das Cap Fréhel erreicht.

Das Fort de La Latte an der Nordküste der Bretagne

Wer dazu noch ein typisch bretonisches Städtchen erleben möchte, sollte sich rund 60 Kilometer ins Landesinnere begeben, über *Lamballe,* wo es ein staatliches Gestüt zu besichtigen gibt, nach **Moncontour.** Der Ort ist im 11. Jahrhundert ganz aus Granit auf einem Hügel angelegt worden, gehörte zu den Hochburgen der Grafen von Penthièvre, die im 14. Jahrhundert in den bretonischen Erbfolgekrieg verwickelt waren. Besondere Verehrung genießt hier der heilige Mathurin, dem die Kirche geweiht ist. Er gilt als «Wundertäter, Erleuchter der Geister, Heiler der Kranken, Schrecken der Dämonen, Hoffnung der Arbeiter, Beschützer der Bretonen, Glanz der

Stadt Moncontour» – wie es in einer Litanei heißt, die zu seinem Pfingstpardon gebetet wird.

Saint-Mathurin galt früher auch als Heiler von Geisteskrankheiten, und ähnlich mirakulöse Kräfte werden den «sieben heiligen Heilern» zugeschrieben, die in der *Kapelle Notre-Dame du Haut* zwei Kilometer südlich von Moncontour Wunder versprechen: Die heilige Ujane (Eugénie) hilft bei Migräne, der heilige Lubin bei Rheuma, Mamert bei Koliken, Méen bei Wahnsinn, Hubert bei Tollwut und Yvertin bei Kopfschmerzen, während der heilige Houarniaule die Viehherden vor Wölfen schützt. Auch in anderen Orten der Bretagne begegnet man diesen sieben heiligen Heilern, die ganz der phantasievollen Seele der Bretonen entsprungen sind.

Saint-Brieuc, die Hauptstadt des Departements Côtes-du-Nord, kann sich dagegen rühmen, die Heimat eines echten, vom Vatikan anerkannten Heiligen zu sein. Im 12. Jahrhundert kam hier Guillaume Pinchon zur Welt, der 1220 zum Bischof erhoben wurde, 1234 starb und schon 1247 – als erster bretonischer Heiliger – kanonisiert wurde. Wer aber nicht unbedingt darauf aus ist, den im Mittelalter vielbegangenen, mehr als 500 Kilometer langen Pilgerweg des «Tro Breiz» nachzuvollziehen, der durch die ganze Bretagne führte und auch Saint-Brieuc berührte, kann sich den Besuch dieser Stadt, die in jüngster Zeit viele Industriebetriebe angezogen hat, getrost schenken.

Der Totentanz von Kermaria

Auf dem Weg von Saint-Brieuc nach Paimpol liegt das Dorf *Plouha,* ganz in seiner Nähe die Kapelle **Kermaria-an-Isquit** mit ihren Wandfresken, die allein schon deshalb berühmt sind, weil es Malereien in der Bretagne nur relativ selten gibt. In der Kapelle reihen sich an die fünfzig Figuren zu einem Totentanz, der gegen Ende des 15. Jahrhunderts entstanden sein dürfte. Die Erschütterungen nach der verheerenden Pest 1348 und auf sie folgende Buß- und Memento-mori-Tendenzen hatten in ganz Europa derlei Darstellungen angeregt. Der Todesreigen hier in Kermaria ist um so eindrucksvoller, als die Farben im Laufe der Zeit verblaßt sind. So bewegen sich helle, fast schemenhafte Gestalten auf einem dunklen Hintergrund – was die makabre Wirkung, die von den hüpfenden, sich drehenden, grinsend tanzenden und zum letzten Tanz einladenden Skeletten ausgeht, noch erhöht.

Westlich von Kermaria findet man wieder eines dieser Bauwerke, von denen sich viele Archäologen und Kunsthistoriker haben an der Nase herumführen lassen: Der kreisförmige «Tempel» von **Lanleff** ist aber weder ein Sonnenheiligtum der Druiden noch ein heidnischer Tempel, in dem Menschenopfer dargebracht wurden, er ist weder ein keltischer Friedhof noch ein frühchristliches Baptisterium – sondern eine romanische *Rundkapelle,* wahrscheinlich aus dem 12. Jahrhundert. Die Idee zu dieser originellen Rotunde könnte aus dem Orient stammen, könnte durch die Kreuzfahrer bis hierher gekommen sein. Denn die Grafen von Penthièvre, die dieses Gebiet der Bretagne beherrschten, waren aufgeschlossen und ehrgeizig genug, auch neue künstlerische Anregungen aufzunehmen. Ein Zeugnis für den kulturellen Weitblick dieser bedeutenden bretonischen Adelsfamilie ist die *Abtei Beauport* bei Paimpol, die Alain von Penthièvre 1202 gründete. Die Prämonstratensermönche holte er aus La Lucerne in der Normandie herbei, das Gestein für die Gewölberippen und die Schlußsteine aus Caen in der Normandie: Kein Wunder, daß der gesamte Klosterkomplex, der nur als Ruine erhalten ist, ganz im Zeichen der normannischen Gotik stand, die sich ab 1200 auch auf bretonischem Boden durchzusetzen begann. Die pflanzenüberrankten Mauerreste sind stimmungsvoller, als es vielleicht der vollständig erhaltene Bau hätte sein können.

Im Zeichen von Pierre Loti: Paimpol

Die evozierende Kraft der Literatur ist so stark, daß man den Schauplatz eines Romans oder Theaterstücks oft nicht mehr unbefangen betrachten kann. Das geht einem so in **Paimpol** und in den Nachbardörfern Ploubazlanec und Pors-Even, in denen *Pierre Loti* seinen 1886 erschienenen Erfolgsroman «Islandfischer» angesiedelt hat. Julien Viaud war 1850 in Rochefort an der Atlantikküste geboren, war als junger Mann in die Marine eingetreten. Er kam auch nach Tahiti, wurde dort von einer Eingeborenen auf den Namen «Loti» getauft. Neben dem Marineoffizier Viaud lebte nun jahrzehntelang der Schriftsteller Pierre Loti her, der aus seinen Erfahrungen zur See die Stoffe für seine Romane schöpfte. Auch in seinem «Islandfischer», diesem Roman um die Liebe zwischen Gaud und Yann, spielt das Meer die Hauptrolle, der Kampf der *Islandais,* «einer tapferen Seefahrerrasse, die vor allem im Gebiet von Paimpol und Tréguier verbreitet ist» (wie Loti schreibt), mit dem Meer, das am Ende fast immer siegt. Der Loti-Kult wird in Paimpol mit Ansichtskarten, Souvenirs und Namen von Cafés und Straßen eifrig gepflegt. Wenn man dazu noch auf den Friedhof im nahen Dorf *Ploubazlanec* geht, fällt es einem schwer, Phantasie und Wirklichkeit auseinanderzuhalten: An der «Mauer der Verschollenen» sind schlichte Holztafeln angebracht, die lakonisch von nicht mehr heimgekehrten Schiffen der einheimischen Islandfischer berichten.

«A la mémoire des marins disparus en Islande» – «Zur Erinnerung an die in Island verschollenen Seefahrer», beginnen sie alle, und dann folgen die Namen der Schiffe: 1865 gehen die «Chétif» mit 16 Mann Besatzung unter, die «Angélique» mit 15 Mann und die «Renomée» mit 12 Mann, 1866 die «Nelly» mit 14 Mann, die «Deux Elisa» mit 15 Mann, die «Tourville» mit 16 Mann, 1881 die «Paimpolais», die «Armoricaine» mit 22 Mann, die «Volontaire» mit 20 Mann und die «Saint-Pierre» mit 18 Mann. 1905 kommt die «Pierre Loti» (der Roman und sein Autor waren inzwischen berühmt geworden) mit 27 Mann Besatzung nicht mehr aus Island zurück, und 1899 war Guillaume Floury, «genannt der Große Yann, ein alter Gefährte von Pierre Loti», bei einem Rettungseinsatz umgekommen. So bleibt der Name des Schriftstellers und des Seefahrers Pierre Loti, von dem *Henri Rousseau* ein herrliches Porträt hinterlassen hat (heute im Kunsthaus Zürich), für immer mit den unvorstellbaren menschlichen Dramen verbunden, die sich hinter den lapidaren Angaben auf den Holztafeln in Ploubazlanec verbergen. Denn von den Seeleuten, die aus dem Gebiet um Paimpol auf Kabeljaufang ausfuhren, kamen alljährlich mehrere Dutzend nicht zurück. Das schwierige Manövrieren auf den fremden Meeren, das rauhe Klima, die harten Arbeitsbedingungen, der schlechte Zustand der Schiffe forderten jedes Jahr ihre Opfer.

Ein schönes Ausflugsziel von Paimpol aus ist die *Ile de Bréhat,* zwei Kilometer vor der *Pointe de l'Arcouest*. Auf der Überfahrt zu dieser mit mediterraner Vegetation und Heidelandschaften überzogenen Insel, die schon zu galloromischer Zeit besiedelt war, kommt man an zahllosen Felsklippen vorbei, die durch ihre rosa und rötliche Farbe auffallen: Wir sind an der *Küste des rosa Granits,* die sich bis nach Trégastel-Plage und Trébeurden im Westen hinzieht. Denn es ist ein Irrtum,

Granit immer mit der Farbe Grau gleichsetzen zu wollen. Grauer Granit überwiegt zwar in der Bretagne. Aber daneben kommt dieses Gestein, ein Gemisch aus Quarz, Glimmer und Feldspat, auch in anderen Farben vor: Es kann rosa sein, wenn es aus Saint-Suliac bei Saint-Malo oder aus Perros-Guirec eben an der «Küste der rosa Granits» stammt, gelb ist es in Rhuys im Morbihan oder in Scaër im südlichen Finistère, rötlich getönt in Pont-Croix im Finistère, silbrige Adern durchziehen Granit aus Bulat (Côtes-du-Nord). Doch ob gelb oder rosa, rötlich, silbrig oder grau in seinen unzähligen Schattierungen: der Granit bestimmt – neben dem ebenfalls einheimischen Schiefer – bis heute das Bild der bretonischen Orte.

Zwei Pole in Tréguier: Ernest Renan und Saint Yves

Als «wahnsinnigen Versuch, in Granit ein unmögliches Ideal zu verwirklichen», bezeichnet **Ernest Renan** (1823–1892) die gotische Kathedrale seiner Heimatstadt **Tréguier,** und er fuhr im gleichen Atemzug fort: «Die langen Stunden, die ich dort verbracht habe, waren der Grund für meine völlige Unfähigkeit in praktischen Dingen. Dieses architektonische Paradox hat aus mir einen träumerischen Menschen gemacht.» Die beste Einführung zum Verständnis dieser Stadt und ihrer von Religion durchtränkten Atmosphäre, «meiner alten, dunklen, von der Kathedrale erdrückten Stadt, ... wo man einen heftigen Protest gegen alles Platte und Banale spürte», gibt wirklich der Philologe, Historiker und Philosoph Renan, der seine Geburtsstadt so sehr liebte, aber von ihr nicht mit der gleichen Liebe belohnt wurde. Als man 1903 auf dem Platz vor der Kathedrale ein Denkmal zu seinen Ehren enthüllte, kam es zu heftigen Protesten verärgerter Katholiken; Anatole

France und die anderen Ehrengäste aus Paris mußten durch Polizeikordons vor dem Zorn der Demonstranten geschützt werden. Ernest Renan hatte – und das wußten sie – mit seinen Schriften die französische Literatur und Kultur in der zweiten Hälfte des 19. Jahrhunderts stark beeinflußt, und sein «Leben Jesu» wurde in viele Sprachen übersetzt. Er hatte sich aber auch – und das nahmen sie ihm übel – in seinen Schriften und Vorlesungen mit dem Katholizismus so kritisch auseinandergesetzt, daß er in Jesus nichts anderes sah als einen «unvergleichlichen Menschen». Das Christentum und seinen Glauben allerdings hatte Renan – und das wußten seine fanatischen Gegner vielleicht nicht – niemals verleugnet.

Die *Kathedrale* von Tréguier, aus deren Schatten Renan trotz der vielen außerhalb seiner Geburtsstadt verbrachten Jahre im Grunde nie ganz fortkam, ist ein gotisches Bauwerk des 14. und 15. Jahrhunderts, mit dem romanischen Hastings-Turm am nördlichen Querschiff und einem reizvollen *Kreuzgang* mit spätgotischen Arkaden. Gleich beim Eintritt in die Kirche trifft man auf eine holzgeschnitzte Drei-Figuren-Gruppe – eine typische, volkstümliche Darstellung des Heiligen, von dessen Ruf Tréguier bis heute lebt: Der **heilige Yves** sitzt, mit dem Richtertalar angetan, zwischen einem abgearbeiteten, unterwürfigen Armen und einem gepflegten, selbstsicheren Reichen. Und er wird die Rechte des Armen gegen die Übergriffe des Reichen verteidigen. Denn Yves Héloury, der 1253 auf dem Edelsitz Kermartin bei Tréguier zur Welt gekommen war und in Paris Jura studiert hatte, wird bis heute in der Bretagne als «Advokat der Armen» verehrt, als unermüdlicher, unbestechlicher Fechter für wirkliche Gerechtigkeit. Zum

101   Im gotischen Kreuzgang der Kathedrale von Tréguier

Pardon des heiligen Yves kommen daher alljährlich am 19. Mai auch Juristen aus vielen Ländern Europas nach Tréguier, nehmen an der Prozession teil, die in der Kathedrale beginnt und an der Kirche in Yves Hélourys Geburtsort Minihy-Tréguier endet. Dieses Heiligenfest wird aber nicht nur in Tréguier gefeiert: Überall auf der Welt, wo sich bretonische Gemeinschaften gebildet haben, in Paris, in New York, in anderen Großstädten, begehen sie am Sonntag um den 19. Mai das *Gouel Broadel Breiz* – das «Fest der bretonischen Nation» im Zeichen von «zant Ervoan», wie Saint Yves auf bretonisch heißt.

Der im Leben so bescheidene Heilige hätte sicher auch eine bescheidene Grabstätte gewünscht. Doch der bretonische Herzog Johann V. von Montfort ließ ihm aufgrund eines Gelübdes ein prächtiges Mausoleum errichten und sich selbst ganz in der Nähe eine bis heute in der Kathedrale von Tréguier erhaltene Grabkapelle. Die Gräber des Heiligen wie des Herzogs wurden in der Französischen Revolution zerstört, und das jetzige, neugotische *Mausoleum* des heiligen Yves ist ein Werk aus dem späten 19. Jahrhundert. Viel ansprechender und der Lebenshaltung des Heiligen angemessener als dieses kühle Marmorwerk sind da die zahllosen volkstümlichen Darstellungen von «Saint Yves zwischen dem Reichen und dem Armen», denen man – mit viel schlichter Frömmigkeit geschnitzt und viel Farbenfreude bemalt – in der Bretagne so oft begegnet.

Naive Deckenmalereien in Saint-Gonéry

Rührend naiv sind auch die Deckengemälde in der **Kapelle Saint-Gonéry** in *Plougrescant,* sieben Kilometer nördlich von Tréguier. Die Holzdecke der kleinen Dorfkirche ist mit Sze-

*In der Kapelle Saint-Gonéry nahe Tréguier:
naive Deckenmalereien erzählen von der Erschaffung der Welt*

nen des Alten und Neuen Testaments geschmückt, die vielleicht teilweise auf das 15. Jahrhundert zurückgehen, die aber ebensogut im 17. oder 18. Jahrhundert geschaffen oder kräftig retuschiert worden sein könnten. Der Maler war vermutlich ein Einheimischer, der mit der Darstellung der ihm vertrauten Tiere und Arbeitsgeräte viel besser zurechtkam als mit der Kleidung und der Anatomie der Menschen. Und besonders zeichnete ihn eine ausgeprägte Keuschheit aus: Adam ist gleich bei seiner Erschaffung in ein langes Gewand gehüllt, Eva entsteigt seinem Brustkorb schon bekleidet; bei der Vertreibung aus dem Paradies bedecken Adam und Eva mit schamhafter Geste die Geschlechtsteile, die unter den bodenlangen Kleidern sowieso nicht zu sehen wären. Nur nach dem Sündenfall sind unsere Ureltern «nackt»: von Kopf bis Fuß so dicht von rankenden Weinblättern bedeckt, daß man sie eigentlich nur durch Adams Kinnbart auseinanderhalten kann. Die unterschiedlichsten Vorlagen dürften Pate gestanden haben bei diesen Malereien, von denen der zeitlose, spontane Reiz des Simplen ausgeht.

Die nahe Küste ist hier in *Porz-Hir* bei Plougrescant, aber auch weiter im Westen um die renommierten Badeorte *Perros-Guirec, Ploumanac'h* und *Trégastel-Plage,* von riesigen, seltsam geformten Granitblöcken übersät, die man für eine Versammlung von versteinerten Hexen, Gnomen, Urzeittieren und Monstren halten könnte und die von den Einheimischen mit den sonderbarsten Namen belegt worden sind. Einen kaum weniger seltsamen Felsblock erreicht man von der Straße zwischen Trégastel-Plage und Trébeurden: Es ist der **Menhir de Saint-Duzec,** der durch aufgemeißelte christliche Symbole – der gekreuzigte Christus auf der Menhirspitze, die Werkzeuge der Passion auf einer Seite – «christianisiert» worden ist. Die grob und primitiv ausgeführten Reliefs gehen allerdings nicht, wie man bisher angenommen hatte, auf das 17. Jahrhundert zurück, sondern sie stammen von einem einheimischen Pfarrer des 19. Jahrhunderts. Er hatte den Menhir, dieses heidnische Kultzeichen, in den Bereich christlichen Verständnisses und christlicher Verehrung mit einbeziehen wollen.

105 Eine Darstellung des Todes an der Kirche von Bulat-Pestivien

Von Guingamp ins Landesinnere

Über Lannion, in dessen Nähe die *Kapelle Kerfons* mit einem geschnitzten Holzlettner von 1520 und das *Château de Tonquédec* als eindrucksvolle Ruine einer Festung des 15. Jahrhunderts zu besichtigen sind, kommt man nach **Guingamp.** Die *Kirche Notre-Dame-de-Bon-Secours,* in der eine schwarze Madonnenstatue verehrt wird, gilt als Meilenstein in der Entwicklung der bretonischen Baukunst. Als für den Wiederaufbau der 1535 teilweise eingestürzten gotischen Kirche ein Wettbewerb ausgeschrieben wurde, standen zwei Projekte zur Debatte. Das eine hatten die vielbeschäftigten Baumeister Beaumanoir aus Morlaix eingereicht, die sich im Laufe mehrerer Jahrzehnte auf Arbeiten im vielbewährten gotischen Stil spezialisiert hatten, besonders auf spitze Turmhelme und spitzgiebelige Chorummäntelungen. Der andere Entwurf stammte von Jean Le Moal, einem jungen Architekten, der für den Wiederaufbau Strukturen und Dekorationen im noch fast unbekannten Renaissancestil vorschlug. Es spricht für den Mut und die Aufgeschlossenheit der Bürger, daß sie dem avantgardistischen Projekt Le Moals den Vorzug gaben. So besteht die Kirche in Guingamp heute aus einer linken gotischen Hälfte aus dem 14. Jahrhundert und einer rechten Hälfte im Renaissancestil, der damit auf bretonischem Boden offiziell gebilligt wurde. Und den Einwohnern gefiel die neue Kunsttendenz mit ihren weltlichen Elementen so sehr, daß sie auch auf den Hauptplatz von Guingamp einen *Brunnen* in reinsten Renaissanceformen setzen ließen: die (im 18. Jahrhundert erneuerte) sehr effektvolle «Plomée» aus Granit und Blei.

Renaissance auch noch weiter im Landesinneren, im Dorf **Bulat-Pestivien,** 20 Kilometer südwestlich von Guingamp.

Die *Kapelle Notre-Dame-de-Bulat* war seit dem Mittelalter Ziel einer berühmten Wallfahrt, und die angebaute Sakristei wurde Mitte des 16. Jahrhunderts außen mit Renaissanceskulpturen verziert. Formen und Dekorationen, die anderswo festlich und sinnenfreudig wirken, wurden allerdings auf die typisch bretonische Kargheit reduziert und durch das typisch bretonische Motiv des immer gegenwärtigen Todes ergänzt.

In *Pestivien* steht ein stark mitgenommener Calvaire aus dem 16. Jahrhundert, und in *Lanrivain,* 15 Kilometer weiter südöstlich auf dem Weg nach Saint-Nicolas-du-Pélem, begegnet man einem weiteren dieser steinernen «Kalvarienberge». Er stammt ebenfalls aus dem 16. Jahrhundert, das Beinhaus daneben mit seinen reizvollen gotischen Fenstern aus dem 15. Jahrhundert. Doch *das* bretonische Gebiet der Calvaires ist das Finistère. So werden wir erst dort näher auf ihre Entstehungsgeschichte und ihre Merkmale eingehen.

Sehr bretonisch in seiner granitenen Abgeschiedenheit wirkt *Saint-Nicolas-du-Pélem*. Ein dem heiligen Nikolaus geweihter Brunnen an der Hauptstraße wurde im 17. Jahrhundert errichtet, geht aber sicher auf eine heilige Quelle zurück, an der schon die keltischen Druiden ihre Riten vollzogen hatten. Katholische Priester «christianisierten» diese Stätten uralter religiöser Zeremonien, indem sie sie mit einer Heiligenfigur versahen. Die Bevölkerung richtete nun an diese Brunnenheiligen Bitten um Heilung von Krankheiten, um den Schutz des Viehs, um eine Deutung der Zukunft – wie ihre Vorfahren in vorchristlicher Zeit zu den Quellgottheiten gebetet hatten.

Eine noch unverfälschte, sehr stimmungsvolle Landschaft umgibt den *Lac de Guerlédan* rund 15 Kilometer südlich von Saint-Nicolas-de-Pélem. Am Westende des Sees liegt die Ruine der *Abtei Bon-Repos,* die im 12. Jahrhundert von einem Herrn von Rohan gegründet worden war. Über dem Südufer des Sees ragt, nicht weit vom lebhaften Städtchen Mûr-de-Bretagne entfernt, die *Kapelle Sainte-Tréphine* auf, in ihrer Nähe sind Spuren alter Mauern zu erkennen. Auf einer Burg soll hier – so will es die immer rege bretonische Volksphantasie – im 6. Jahrhundert ein grausamer Herrscher namens Comorre gelebt haben, der nach seinen vier ersten Frauen auch noch Tréphine, seine fünfte, schwangere Frau, umbringen wollte. Tréphine flüchtete, brachte den Knaben Trémeur zur Welt, wurde aber von ihrem Mann eingeholt und enthauptet. Der eiligst herbeigerufene heilige Gildas, als Thaumaturg – Wundertäter – weithin bekannt, erweckte Tréphine wieder zum Leben, gab dem Neugeborenen übermenschliche Kräfte und den Befehl, die väterliche Burg samt ihrem Herrn zu zerstören, nahm den Jungen mit ins Kloster von Rhuys und machte einen frommen Mönch aus ihm. Tréphine und Trémeur sind heute zwei der fast 500 bretonischen Heiligen.

HEIMAT DER MEGALITHBAUTEN:
DAS MORBIHAN

Wechselhafte Geschichte in Pontivy – Josselin und die Rohans – Ein berühmter «Pardon» – Bretonisches Talent für Bildhauerei: Guéhenno und Ploërmel – Charme in Granit: Rochefort-en-Terre – Abstecher in die Grande Brière – Die Salinen um Batz-sur-Mer – Burg Suscinio: königliches Liebesnest – Literaturwürdiges Liebespaar: Abälard und Heloïse – Meilenstein bretonischer Geschichte: Vannes – Dolmen, Menhire und Alignements um Carnac – Quiberon und die Belle-Ile – Beschauliches Städtchen: Auray – Der Anna-Kult in Sainte-Anne-d'Auray – Port-Louis und Lorient – Eine geheimnisvolle Venus – Ein populärer Held: der Marquis de Pont-Calleck – Kunst in Kernascléden und Le Faouët – Treffpunkt bretonischer Musikanten: Gourin

Wechselhafte Geschichte in Pontivy

Auch an der Geschichte einer kleinen Stadt wie **Pontivy,** das – im nördlichen Morbihan gelegen – auf knapp 15 000 Einwohner kommt, kann man manchmal den Gesinnungswechsel ablesen, der in einem Volk vor sich gegangen ist. Im Januar 1790, sechs Monate nach dem Sturm auf die Bastille, treffen Abgeordnete des Anjou in Pontivy mit bretonischen Abgeordneten zusammen, entdecken ihre gemeinsame Begeisterung für die Revolution und tun plötzlich allen Partikularismus beiseite, «denn wir sind weder Bretonen noch Anjouins, sondern Franzosen». Napoleon beginnt sich für Pontivy zu interessieren, als er sich dessen günstiger Lage auf halbem Weg zwischen den bedeutenden Hafenstädten Nantes und Brest bewußt wird. Er läßt in der Stadt öffentliche Bauten aufführen, läßt den Fluß *Blavet* kanalisieren, macht Pontivy zum militärischen Mittelpunkt der Bretagne. Die ob soviel Aufmerksamkeit und Ehre gerührten Bürger taufen die Stadt um: Aus Pontivy wird Napoléonville. Doch nach Abdankung des Korsenkaisers 1814 wird aus Napoléonville wieder Pontivy. Während des Zweiten Kaiserreichs wird Pontivy 1852 erneut zu Napoléonville. Mit dem endgültigen Sturz des Kaisertums 1870 und dem Beginn der Dritten Republik kehrt die Stadt zu ihrem alten, weniger verfänglichen Namen Pontivy (= Brücke des Yves, des heiligen natürlich) zurück.

Inzwischen war auf einem Platz in der Nähe der spätgotischen Kirche Notre-Dame-de-Joie ein Denkmal errichtet worden, das die Erinnerung an die Frankreichbegeisterung der bretonischen Abgeordneten von 1790 für immer wachhalten sollte. Doch inzwischen hatten sich die französisch-bretonischen Beziehungen wieder grundlegend geändert. Aus einstimmiger, leidenschaftlich deklarierter Frankreichtreue war Mißtrauen gegenüber der französischen Zentralregierung geworden, die wachsenden Spannungen machten sich in Protestaktionen Luft: Am 18. Dezember 1938 verübte der bretonische Autonomistenverband «Gwen ha Du» («Schwarz und Weiß» – nach den Landesfarben) ein Attentat auf das Denkmal in Pontivy, das die Bretonen so frankreichbegeistert darstellte, und im Juli 1940 wurde hier sogar eine bretonische Autonomieregierung gebildet.

Auf der «französischen» Seite hatte zur Zeit des Herzogtums Bretagne schon immer die Adelsfamilie *Rohan* gestanden, zu deren Domäne auch Pontivy gehörte. Sie führte ihre Herkunft

auf Conan Mériadec, den ersten, legendären König der Bretagne, zurück, hatte vom 11. Jahrhundert an aber immer gegen die bretonischen Herzöge Partei ergriffen. Die Rohans selbst hätten gern den bretonischen Thron bestiegen. Doch als die Herrschaft an andere Familien fiel, wandten sie sich von der Bretagne ab und Frankreich zu, unterstützten sämtliche Versuche der französischen Könige, das bretonische Herzogtum in ihre Gewalt zu bringen. Von einer französischen Bretagne unter einem französischen, bretagnefernen Herrscher erhofften sich die Rohans mehr Spielraum zur Stärkung ihrer eigenen Macht, vielleicht auch den so erhofften, doch nie geglückten Aufstieg zu Herzögen der Bretagne. Denn daß sie stolz und ehrgeizig waren und sich mit dem zweiten Rang nicht zufriedengaben, sagten sie schon mit ihrer Devise: «Roi ne puis, Prince ne daigne, Rohan suis» – «König kann ich nicht sein, Fürst sein ist meiner unwürdig, ein Rohan bin ich».
Macht und Einfluß hatten sie allerdings auch ohne die ersehnte Herzogskrone, stellten sie in Pontivy in der *Burg* zur Schau, die sie 1485 bauen ließen. Jean de Rohan ließ eine trutzige, quadratische Festung mit vier gedrungenen Ecktürmen errichten, an der für überflüssige Dekorationen kein Platz war.

Josselin und die Rohans

Fast möchte man angesichts der rigorosen Schmucklosigkeit der Burg in Pontivy nicht glauben, daß derselbe Jean II. de Rohan seinem *Schloß* in **Josselin** zur selben Zeit einen so ganz anderen Charakter gab. Aber innerhalb nur weniger Jahre hatte sich die politische Lage in der Bretagne von Grund auf gewandelt. Der bretonische Herzog Franz II., gegen den Jean de Rohan mit seiner Festung in Pontivy Macht demonstriert

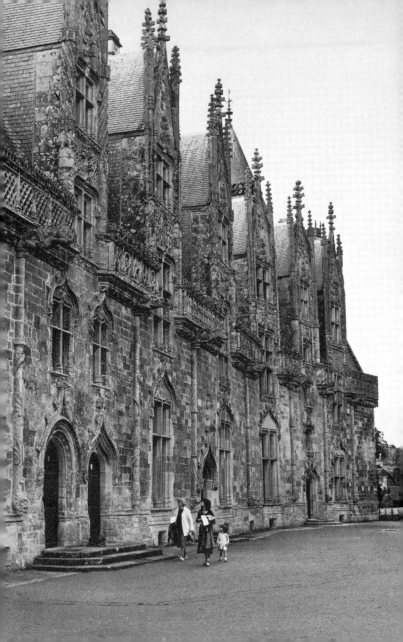

und der das Rohansche Schloß in Josselin angegriffen hatte, um die Besitzer für ihre ihm feindliche, frankreichfreundliche Gesinnung zu bestrafen, war 1488 gestorben. Ein den Rohans günstiger Wind wehte nun aus Frankreich, wo neben Karl VIII. auch Anne de Bretagne auf dem Königsthron saß. Da Anne in ihrem Ehevertrag die Rohans als mögliche Erben der bretonischen Herzogskrone eingesetzt hatte, wollte Jean de Rohan sich dieser in Aussicht gestellten Ehre würdig erweisen. So erging er sich beim kurz vor 1500 begonnenen Wiederaufbau des Schlosses Josselin in zwar verschlüsselten, aber doch offenkundigen architektonischen Huldigungen auf das französische Königspaar. In der fein gemeißelten Galerie, die die zehn spitzgiebeligen, fialengeschmückten Dachlukarnen der Schloßinnenfassade verbindet, sind die Rauten der Rohans mit den Lilien der französischen Könige und den Hermelinen der bretonischen Herzöge verflochten, werden mit dem gekrönten A und dem Knotenstrick als Embleme der Anne de Bretagne unlösbar verknüpft: eine spitzenzarte Granitarbeit als Symbol ersehnter Verstrickungen der Rohans mit der französischen und der bretonischen Krone, Beweihräucherung und doch etwas mehr in einer Zeit, in der man an die okkulten, magischen Kräfte von Zeichen glaubte. Aber die bannende Macht der Symbole reichte nicht aus: Die Rohans als mögliche Erben der bretonischen Krone wurden von den französischen Königen stillschweigend übergangen – was sie nicht daran hinderte, weiter im Dienst der französischen Krone nach Ruhm und Reichtum zu trachten.

Einen Auszug aus der glanzvollen Familiengeschichte der Ro-

112   Schloß Josselin mit seiner in der Spätgotik erneuerten nordöstlichen Fassade hans lernt man bei der Besichtigung des Schlosses in Josselin kennen, das sich übrigens nur gegen den Innenhof hin im verspielten, verzierten Flamboyant-Stil zeigt. Nach außen, zum Fluß *Oust* hin, ist es die wehrhafte Burg geblieben, zu der *Olivier de Clisson* sie gegen Ende des 14. Jahrhunderts ausgebaut hatte. Von Clisson ging das Bauwerk als Erbe an die Rohans über, mit denen ihn die gemeinsame Frankreichsympathie verband. Seine militärische Karriere hatte Clisson, der dem wackeren Du Guesclin an Mut und Verwegenheit nicht nachstand, allerdings als Franzosenfeind auf englischer Seite begonnen. Doch den Söldnerführern jener Zeit lag – wie wir schon bei Du Guesclin gesehen haben – mehr an Reichtum und Titeln als an Redlichkeit und Treue, und so ging Clisson später mit dem nicht gerade schmeichelhaften Beinamen eines «Schlächters der Engländer» in die französische Militärgeschichte ein.

Ein berühmter «Pardon»

Olivier de Clisson liegt mit seiner Frau Margarete von Rohan in Josselin begraben, in der spätgotischen *Kirche Notre-Dame-du-Roncier*. Weithin bekannt ist der *Pardon* dieser «Madonna vom Brombeerstrauch» alljährlich am 8. September, der mit einer Messe in der Kirche beginnt.

Eigentlich fangen diese Pardons zwar schon lange vor der Messe an: mit der Ankunft der ersten Busse, die die Pilger aus der näheren und weiteren Umgebung herbeibefördern, mit dem Entrollen der kostbar gestickten Fahnen der einzelnen Pfarren, mit dem Kauf der Kerzen, die vor der (neuen) Statue

115 Beim «Pardon» in Josselin am 8. September

der wundertätigen Madonna aufgestellt werden. Zwischen der Messe im Freien und der Prozession am Nachmittag bleibt genügend Zeit, um die mitgebrachten Brote zu verzehren, um sich im Stehen unter Männern ein Glas Cidre oder Wein zu gönnen, um den Schloßpark zu bestaunen, den «der Herr Herzog von Rohan freundlicherweise zur Besichtigung freigibt» – wie nach den frommen, schwermütigen Gesängen über Lautsprecher mitgeteilt wird. Die Rohans führen die Prozession an: Mit dem zweiten Rang gibt sich diese Adelsfamilie bis heute nicht zufrieden.

Daß bei einem solchen Pardon wie hier in Josselin, der durch seine aufrichtige, tiefe Gläubigkeit und die sehr ernsten, verschlossenen Gesichter der Frauen beeindruckt, auch bretonische Nationalgefühle geschürt und hochgespielt werden können, ist eine Kehrseite von derlei Heiligenfesten. Denn wenn in einem der Wallfahrtslieder «das betrübte, gedemütigte Frankreich, fern von Jesus und fern von seinen Gesetzen» der «immer kirchen- und papsttreuen Bretagne» gegenübergestellt wird, dann braucht man sich nicht zu wundern, daß solche Worte und Vorstellungen hängenbleiben und Nachhall finden.

Geschichtsschreibung ist manchmal eine heikle Sache, auch in der Bretagne – selbst wenn es dabei nur um den Bericht über eines der Scharmützel geht, wie sie während des Hundertjährigen französisch-englischen Krieges im 14./15. Jahrhundert zu Dutzenden auf bretonischem Boden ausgefochten worden sind. Am 26. März 1351 kommt es in Mi-Voie, auf halbem Wege zwischen Josselin und Ploërmel, zu einem am Tag zuvor ausgemachten Gefecht zwischen Franzosen und Engländern – oder richtiger: zwischen 30 Franzosen, in deren Reihen frankreichfreundliche Bretonen kämpfen, und 30 Engländern, unter denen englandfreundliche Bretonen sind.

John Bemborough und seine «Engländer» werden besiegt von Jean de Beaumanoir und seinen «Franzosen». Dieser Sieg wird bis heute als Triumph der Bretonen über die Engländer dargestellt. Daß auch auf der Gegenseite Bretonen fochten, die für ihren bretonischen Herzog und damit gegen Frankreich in den Kampf gezogen waren, wird dabei übergangen.

Bretonisches Talent für Bildhauerei: Guéhenno und Ploërmel

In **Guéhenno,** zwölf Kilometer südwestlich von Josselin, steht der einzige große Calvaire des Morbihan. Man rühmt gern, daß er – wie eine fast unleserliche Inschrift auf dem Sockel besagt – schon 1550 geschaffen worden ist, verschweigt aber, daß der gesamte Calvaire während der Revolution schwer beschädigt und daher um die Mitte des 19. Jahrhunderts von einem rührigen einheimischen Geistlichen ausgiebig restauriert worden ist: Von Anfang August bis Ende Oktober 1853 hat der Abbé Jacquot persönlich am Wiederaufbau des Calvaires gearbeitet. Er reparierte die zersplitterten Figuren, meißelte aber eigenhändig auch neue, die heute nicht ganz mühelos von den alten zu unterscheiden sind. Sicher von Don Jacquot stammen die Säulen mit dem Petrushahn und den Marterwerkzeugen sowie das Beinhaus hinter dem Calvaire. Die schönste Arbeit ist allerdings ein Basrelief des 16. Jahrhunderts am Sockel, das die Grablegung darstellt.

Dieser Abbé in Guéhenno hatte sich den Wiederaufbau des Calvaires in den Kopf gesetzt, war selbst zum Bildhauer geworden, war – wie die Resultate zeigen – nicht untalentiert. Überhaupt scheint den Bretonen eine angeborene Begabung für die Bildhauerei eigen zu sein: die formschönen Holzdek-

ken in Kirchen und Kapellen, die phantasievollen Schnitzbalken, die tausenderlei Heiligenstatuen in Stein und Holz, die aus den bretonischen Kirchen nicht wegzudenken sind, zeugen von dieser ihrer natürlichen Neigung.

Die *Kirche Saint-Armel* in **Ploërmel**, zwölf Kilometer westlich von Josselin, hat am Nordportal interessante Skulpturen und Ornamente in Granit, die in Thematik und Ausformung teils noch der Spätgotik verhaftet sind, teils schon die Renaissance spüren lassen. Aus Kersanton, einer sehr feinkörnigen Art des bretonischen Granits, besteht das Grabmal in der Kirche für Philippe de Montauban, einen Großkanzler der Bretagne, aus noch noblerem Marmor wurden die Grabstatuen der bretonischen Herzöge Johann II. und Johann III. geschaffen, die in Ploërmel begraben liegen: Noblesse oblige – und dem Granit bleibt immer der Makel des Bäuerlichen und Anspruchslosen, des eben Nicht-Städtischen und Nicht-Noblen haften.

Charme in Granit: Rochefort-en-Terre

Ganz aus Granit besteht **Rochefort-en-Terre,** rund 30 Kilometer südlich von Ploërmel. Blühende Geranien an allen Fenstern nehmen dem Städtchen etwas von seiner herben Strenge, setzen – rot vor grau – aparte Farbakzente. Aber die vielen Souvenirläden, die vielen Crêperies lassen Zweifel an der Echtheit dieses Granit-Geranien-Charmes aufkommen. Hier wird dem Touristen ein angeblich «typisch» bretonisch herausgeputzter Ort serviert, der typisch bretonisch nicht ist: So

118 Das reich verzierte Portal der Kirche Saint-Armel in Ploërmel

üppigen, geordneten Blumenschmuck wird man in anderen Orten der kargen Bretagne nur selten antreffen. Und tatsächlich sind die blühenden Geranien keine einheimische Erfindung: Ein amerikanischer Maler, der das Schloß von Rochefort gekauft und sich hier niedergelassen hatte, rief vor Jahrzehnten den ersten Wettbewerb um Blumenfenster ins Leben. So mag man diesen Ort, der seiner granitenen Schlichtheit einen weicheren, schmückenden Mantel umgelegt hat, genießen und in Farbe fotografieren. Nur sollte man Rochefort nicht für «typisch» bretonisch halten. Dafür ist es zu blühend, zu charmant.

Echt bretonisch ist dagegen der kleine Granitcalvaire vor der *Kirche Notre-Dame-de-la-Tronchaye.* Ihre Nordflanke im Flamboyant-Stil ist um 1500 auf Initiative von Jean IV. de Rieux-Rochefort umgebaut worden – womit wir wieder bei einem großen, einflußreichen Namen der bretonischen Geschichte sind. Die Rieux gehörten – wie die Rohans – zur franzosenfreundlichen Partei des bretonischen Adels, zu den mächtigen Familien, die die herzogliche Autorität ständig zu unterminieren suchten, um ihre eigene Macht zu stärken. Dennoch machte der bretonische Herzog Franz II. diesen Jean de Rieux-Rochefort zum Erzieher seiner einzigen Tochter Anne, die teilweise auf dem Schloß in Rochefort aufwuchs. Als Rieux-Rochefort sich der – bald annullierten – Heirat Annes mit Maximilian von Österreich widersetzte, wurden seine Schlösser in Rochefort, Rieux und Elven zerstört. Als er sich mit Anne wieder ausgesöhnt und ihre Heirat mit dem französischen König Karl VIII. ausgehandelt hatte, wurde er für die ihm angetane Schmach so reichlich entschädigt, daß er seine Schlösser wiederaufbauen und zudem die Kirche in Rochefort beachtlich verschönern konnte. Anne war sehr jung und wahrscheinlich schlecht beraten gewesen, als sie ihre Kaprizen an ihrem Erzieher ausgelassen hatte – oder sollte doch Gustave Flaubert nicht völlig unrecht gehabt haben, als er in der bretonischen Herzogin nichts anderes sah als «die kalte und heuchlerische Anne, die für mich eine der unerfreulichsten Gestalten des 16. Jahrhunderts ist»? Wenigstens der Kuriosität halber sei dieses harte Urteil des Schriftstellers angeführt, der sonst viel Verständnis und Feingefühl für die Bretonen und ihre Eigenarten zeigte.

Von Rochefort-en-Terre aus tun wir noch einmal einen Sprung über die bretonische Grenze hinaus: in die Brière hinunter. Sie ist heute – unter administrativem Gesichtspunkt – keine Bretagne mehr, weil sie zum Département Loire-Atlantique gehört, ist aber von der Atmosphäre her noch ganz bretonisch. Man erreicht diese stimmungsvolle Sumpflandschaft über *Redon:* Auf den Resten eines im 9. Jahrhundert gegründeten und von den Normannen zerstörten Klosters entstand hier im 11. bis 13. Jahrhundert die romanisch-gotische *Kirche Saint-Sauveur.* Eine greifbare Lektion in vergleichender Stilgeschichte erteilen ihre beiden Türme: Der gotische, heute von der Kirche getrennte Glockenturm des 14. Jahrhunderts steht neben dem gedrungenen romanischen Vierungsturm aus dem 12. Jahrhundert, der mit Blendarkaden, Rundbögen und originell abgerundeten Kanten viel raffinierter und ausgeklügelter gestaltet ist, als man es sonst von romanischen Bauwerken kennt.

Abstecher in die Grande Brière

Wenn man von Redon gegen die Brière weiterfährt, kommt man bei Missillac am *Château de La Bretesche* vorbei. Es ist in ein Luxushotel verwandelt worden, hat aber damit nichts eingebüßt von seiner Märchenschloß-Schönheit, die von einem

Bauerngehöft bei Saint-Lyphar in der Moorlandschaft der Brière

kleinen, romantischen See noch unterstrichen wird. Bauherr des im 15. Jahrhundert errichteten Adelssitzes war Jean de Laval, der Angehörige einer der reichsten und mächtigsten Familien, und zudem sind wir hier nicht mehr weit von der Loire mit ihren prunkvollen Schloßbauten entfernt: Diese Gründe allein erklären schon, warum La Bretesche so viel festlicher, gleich auf den ersten Blick bezaubernder wirkt als die schlichten bretonischen Edelsitze.

Zwischen der Vilaine- und der Loiremündung dehnt sich der **Parc Naturel Régional de Brière** aus: ein 1970 gegründeter,

40000 Hektar großer Naturschutzpark, der zu mehr als einem Drittel aus Mooren besteht. Das ausgedehnteste dieser Moore ist die 6700 Hektar große *Grande Brière* – das «große Sumpfgebiet». Eine frühere Lagune, an deren Eingang sich der von Ptolemäus erwähnte Römerhafen *Brivates Portus* befunden haben dürfte, verwandelte sich mit der Zeit in ein Torfmoor, dessen Nutzung schon vor 500 Jahren durch eine herzogliche Charta geregelt worden war. Damals wie heute ist die Grande Brière gemeinschaftlicher, unteilbarer Besitz von 21 Gemeinden. Früher fand der Torf großen Absatz, heute wird er nur noch an neun Tagen im August gestochen. Vom Torfabbau, von der Schilfrohrgewinnung, vom Fischfang läßt sich kaum noch leben. Viele *Briérons* haben Arbeit in Saint-Nazaire und seinen Industrie- und Hafenanlagen gefunden oder in *La Baule,* das mit seinem langen Sandstrand und seinen Luxushotels das mondänste Seebad der bretonischen Südküste ist. Ihren melancholischen Reiz hat die Brière darum nicht verloren. Die niedrigen, geduckten, schilfgedeckten Häuser werden auch jetzt noch fast jedes Jahr frisch gekalkt, und die *Briérons* befahren die zahllosen Kanäle des Gebietes bis heute mit Booten, die flache Böden haben und mit langen Holzstangen im seichten Wasser vorwärtsbewegt werden. Damit sich auch in Zukunft nichts an diesem Bild ändert, wacht die Parkverwaltung über die Erhaltung der Landschaft. Wer sich in diese stille, wie anachronistische Welt besser einleben möchte, kann sich auf einem *blin* durch die Kanäle fahren lassen, er kann im *Heimatmuseum* auf der Ile de Fédrun das Innere eines typischen Bauernhauses besichtigen, oder er kann sich mit dem 1923 erschienenen Roman «La Brière» des bretonischen Schriftstellers *Alphonse de Chateaubriant* (1877–1951) in diese Atmosphäre einlesen. Es mag sein, daß man in Büchern zu viel von Gespenstern und Hexen gelesen hat, die in einsamen

Mooren und Sümpfen herumgeistern: In der Brière hat man das Gefühl, sich in einer geheimnisvollen, fast etwas spukhaften Welt zu bewegen.

Außerhalb des Naturschutzparks der Brière liegt – wie Saint-Nazaire und La Baule – auch *Guérande*. Das Städtchen ist von einer vollständig erhaltenen Ringmauer aus dem 14./15. Jahrhundert umgeben, die durch die vier Stadttore hereinführenden Straßen laufen an der *Kirche Saint-Aubin* zusammen. Sie ist zwischen dem 12. und dem 16. Jahrhundert in überwiegend gotischem Stil erbaut worden. Noch auf die Romanik gehen drei der linken Säulen zurück. Die Folterszenen an den Kapitellen sind – trotz der vereinfachten Darstellung, wie sie der schwer zu bearbeitende Granit notwendig machte – so lebendig, verbinden religiöse Motive so spontan mit allerlei Szenen aus dem Alltag, daß sie mehr zum Lächeln bringen, als daß sie Angst vor Höllenqualen einjagen – was sie wahrscheinlich sollten in einer Zeit, in der sich die mit Bildern noch nicht überfütterten Menschen von Bildern beeindrucken ließen. Der jetzige marmorne Hauptaltar stammt aus dem frühen 19. Jahrhundert, hat daher ein Ereignis nicht gesehen, durch das Guérande in die bretonische Geschichte eingegangen ist. Vor dem früheren Hochaltar hatten der französische König Karl V. und der bretonische Herzog Johann IV. von Montfort am 12. April 1365 einen *Friedensvertrag* geschlossen: Die ganze Bretagne kam, da der von den Franzosen unterstützte Thronprätendent Karl von Blois in der Schlacht von Auray besiegt und getötet worden war, an die Montforts. Herzog Johann versprach, dem französischen König treu zu bleiben; der französische König versprach, die Bretagne in Ruhe zu lassen. Nach wenigen Jahren hatten beide ihr Versprechen gebrochen: Johann IV. hatte einen Geheimvertrag mit England unterzeichnet, Karl V. hatte französische Truppen in die Bretagne geschickt. Länger eingehalten wurde *der zweite Friedensvertrag* von Guérande, den Johann von Montfort am 13. Januar 1381 mit Karl VI., dem neuen, anscheinend versöhnlicheren französischen König, schloß.

Die Salinen um Batz-sur-Mer

Guérande kam zwischen dem 15. und dem 17. Jahrhundert zu Wohlstand, als es nicht nur die Bretagne, sondern auch andere europäische Länder mit seinem grobkörnigen *Salinen*salz versorgte, das sich vorzüglich zur Konservierung von Fleisch und Fisch eignete. Salz hatten im Gebiet zwischen Guérande und Batz-sur-Mer schon die Gallier während der Eisenzeit gewonnen; Salz wird auf den *marais salants* bis heute gewonnen – und an den Produktionsmethoden dürfte sich im Laufe der Jahrhunderte nur wenig geändert haben: Das Meerwasser wird bei Flut in Klär- und Sammelbecken geleitet, die immer kleiner und flacher werden. Da das sommerliche Klima trocken und sonnig genug ist (Batz liegt zwischen den zwei vielbesuchten Strandbädern *La Baule* und *Le Croisic!*), verdunstet das Meerwasser, und Salzkristalle bleiben zurück. Zwischen Juni und September sind auf einer rund 1800 Hektar großen Fläche 300 Arbeiter damit beschäftigt, das sich bildende Salz mit langstieligen, breiten Holzrechen abzuschöpfen und anzuhäufen. Zwischen 15 000 und 20 000 Tonnen Salz werden jährlich auf diese simple, aber mühselige Weise gewonnen. Doch diese archaischen Arbeitsmethoden sind nicht mehr konkurrenzfähig. Salz aus den mechanisierten Salinen der Camargue in Südfrankreich kostet nicht einmal den dritten Teil, im Welthandel wird Salz zum zwanzigsten Teil des Preises vermarktet, den das Produkt aus dem Gebiet um Batz kostet. Da

interessiert wenig, daß das hier gewonnene Meersalz mehr Kalzium und mehr Magnesiumchlorid enthält als andere Salze. Niedrigere Preise sind wichtiger als derlei diätetische Vorzüge. So wird nur allzu leicht verständlich, warum die Salinenarbeiter immer weniger werden und kaum noch Nachwuchs haben, warum immer mehr Salinen aufgegeben werden.

Einen interessanten Blick auf diese zersetzte Schachbrettlandschaft der *marais salants* bekommt man vom Turm der *Kirche Saint-Guénolé* in **Batz-sur-Mer.** Sehenswert in dem gotischen Bau aus dem 15. und 16. Jahrhundert sind einige originell verzierte Schlußsteine im linken Seitenschiff. Gleich neben der Kirche steht die malerische Ruine der *Kapelle Notre-Dame-du-Mûrier* – eine Ruine, die eigentlich keine ist: Die Kapelle war niemals fertig geworden, da das für sie bestimmte Baumaterial anderweitig verwendet wurde. So haben wir hier das eindrucksvolle Beispiel eines gotischen Rohbaus vor uns, dessen Spitzbogenstrukturen – da nichts von ihnen ablenkt – viel kühner und entschiedener wirken als an einem fertigen Bauwerk.

Burg Suscinio: Königliches Liebesnest

So reich die Bretagne an Gespenstergeschichten und grausamen Legenden um blutige Riten und krankhafte Kinds- und Frauenmorde ist – so arm ist sie an Liebesgeschichten: an diesen romantisierten, aufgebauschten Histörchen von Leiden-

126 Die unvollendete gotische Kapelle Notre-Dame-du-Mûrier in Batz-sur-Mer

schaft und Eifersucht, die einer historischen Gestalt oft mehr Nachruhm sichern als große politische oder kulturelle Leistungen. Doch zum Glück gibt es da in der Bretagne auch die Halbinsel von Rhuys – womit wir über *La Roche-Bernard* mit seinem lebhaften Flußhafen an der Vilaine aus der nicht mehr bretonischen Brière wieder ins bretonische Département Morbihan zurückkehren. Das Château de Suscinio und das ehemalige Kloster in Saint-Gildas-de-Rhuys sind Stätten, an denen auch in der Bretagne einmal von Liebe die Rede sein darf.

Im 13. Jahrhundert hatten die bretonischen Herzöge die **Burg Suscinio** als Sommersitz errichtet. Während des bretonischen Erbfolgekriegs wurde sie abwechselnd von Truppen der Blois und der Montfort besetzt, wurde dabei beschädigt und 1390 wiederaufgebaut. Unter den französischen Königen, die sie 1520 in ihren Besitz brachten, wurde sie zum Schauplatz königlicher Eskapaden: Die Herrscher trafen sich hier gern mit ihren Favoritinnen, allen voran Franz I., der Schwiegersohn von Anne de Bretagne, der nicht gerade ein Musterbeispiel ehelicher Treue war. Vor allem Françoise de Foix, verehelichte Gräfin von Chateaubriant, hielt er mit dieser Burg bei guter Laune – bis diese Geliebte durch eine zweite Geliebte ersetzt wurde und Françoise wieder zu ihrem angetrauten Ehemann zurückkehrte. Zur Ruine wurde die Burg während der Revolution, als die Steine ihrer Mauern für drei Franc pro Karre verkauft und abtransportiert wurden. Auch die leidenschaftliche Fürsprache von Prosper Mérimée, der sie 1840 besucht und für rettungswürdig befunden hatte, konnte ihr nichts mehr vom einstigen Prunk zurückgeben. Trotzdem ist sie eindrucksvoll geblieben.

Literaturwürdiges Liebespaar: Abälard und Heloïse

Wahrscheinlich aufrichtiger und tiefer als diese kapriziösen königlichen Leidenschaften war die Liebe, die den Philosophen und Theologen **Peter Abälard** (1079–1142) mit *Heloïse* verband. An dieses weltberühmte Liebespaar des Mittelalters, das seit dem vorigen Jahrhundert gemeinsam auf dem Pariser Friedhof Père-Lachaise begraben liegt, erinnert *Saint-Gildas-de-Rhuys*. Abälard hatte sich als Philosophieprofessor großen Ruhm erworben, hatte sich mit seinen kritischen, die Philosophie gegenüber der Theologie aufwertenden Schriften aber auch viele Feinde gemacht (berühmt ist seine lebenslange Auseinandersetzung mit Bernhard von Clairvaux, die später mit Abälards Niederlage und seiner Verurteilung auf dem Konzil von Sens endete). In Argenteuil, wo Abälard als Lehrer tätig war, lernte er die 22 Jahre jüngere, hübsche und intelligente Heloïse kennen, verliebte sich in sie, verführte sie und heiratete sie heimlich – ob sie ein Kind von ihm zur Welt brachte, ist umstritten. Doch Heloïses Familie rächte sich am Verführer des jungen Mädchens: Auf Initiative von Heloïses Onkel Fulbert, einem einflußreichen Hofkaplan, wurde Abälard entmannt. Er trat daraufhin 1118 in ein Kloster ein, Heloïse tat es ihm nach. Sieben Jahre später wurde Abälard vom bretonischen Herzog Conan IV. nach Saint-Gildas-de-Rhuys berufen, um das dortige, im 6. Jahrhundert gegründete Kloster zu reformieren. Die Mönche der einst blühenden Abtei ließen es an moralischer Strenge fehlen. «Ich lebe», schreibt Abälard in einem berühmt gewordenen Briefwechsel aus

130/131 Schloß Suscinio verfiel nach der Revolution zu einer Ruine

Saint-Gildas an Heloïse, «in einem barbarischen Land, dessen Sprache ich nicht verstehe und die mir ein Horror ist.» (Abälard war zwar ein Bretone aus Nantes, aber Bretonisch wurde dort nicht mehr gesprochen.) «Ich habe nur mit rauhen Männern zu tun... Meine Mönche haben keine andere Regel als die, überhaupt keine zu haben...» In diesem Ton geht es weiter mit Abälards Klagen, die ein nicht gerade schmeichelhaftes Licht auf das Klosterleben werfen. Und als Abälard straffer durchzugreifen versuchte, wurde er von den aufrührerischen Mönchen bedroht, wäre sogar vergiftet oder anders getötet worden, wenn ihm 1132 nicht die Flucht gelungen wäre.

Sicher war dieses Kloster «im Angesicht der wildbrüllenden Meereswogen am Ende der Welt», wie Abälard schreibt, nicht der rechte Platz für einen so hochgelehrten, an intellektuelle, spitzfindige Streitgespräche gewöhnten Scholastiker. Doch auch diese bitteren, enttäuschenden Erfahrungen in Saint-Gildas haben sicher mit zur menschlichen Formung Abälards beigetragen. So wurde er zum ersten Menschen des Mittelalters, der uns – in der «Historia calamitatum mearum»: der «Geschichte meiner Heimsuchungen» – eine Beschreibung seines individuellen Lebens und Fühlens hinterlassen hat: als Denkender wie als Liebender.

Von der Abtei, in der dieser große Gelehrte so unerfreuliche sieben Jahre verbracht hatte, ist nicht mehr viel erhalten. In den im 18. Jahrhundert umgebauten Klostergebäuden befindet sich ein Hotel, und auch die jetzige *Klosterkirche* geht größtenteils auf die Zeit um 1700–1705 zurück. Vom romanischen Bauwerk aus dem 11. und 12. Jahrhundert stammen noch Teile der Querschiffe und der Chor mit seinen angesetzten Apsiden, von deren Gesims herab uns seltsam stieläugige Tier- und Menschenköpfe anstarren.

Meilenstein bretonischer Geschichte: Vannes

Von **Vannes** aus, der heutigen 43 000-Einwohner-Hauptstadt des Département Morbihan, regierte König Nominoë im 9. Jahrhundert die erstmals in ihrer Geschichte geeinigte, unabhängige Bretagne. Doch in Vannes wurde auch zweimal in der langen Geschichte der armorikanischen Halbinsel der Schwanengesang auf die Unabhängigkeit ihrer Bevölkerung gesungen. Im Golf von Morbihan vor der Stadt, die damals Hauptort der Veneter war, besiegte Julius Cäsar im Jahr 56 vor Christus eben dieses seetüchtige Volk, das eine Auflehnung gegen ihn gewagt hatte: Die freiheitsliebenden armorikanischen Gallier mußten sich ins Römische Reich einfügen. Im August 1532 verkündigte das in Vannes versammelte bretonische Parlament die «immerwährende Vereinigung des Landes und Herzogtums Bretagne mit dem Reich und der Krone von Frankreich»: Die freiheitsliebenden Bretonen mußten sich ins französische Königreich einfügen.

Den Untergang der verderbten Welt, ihrer liederlichen Sitten, ihrer gottfernen Menschen kündigte im frühen 15. Jahrhundert in Vannes der spanische Dominikaner *Vicente Ferrer* (1350–1419) an. Frankreich und England bekämpften sich damals seit Jahrzehnten im Hundertjährigen Krieg, das Große Schisma zerriß die abendländische Kirche, die Menschen waren verwirrt und unsicher. Als der katalanische Mönch, der durch seine furchtlose Haltung entschieden zur Beilegung der Kirchenspaltung beitrug, 1417 von Herzog Johann V. ins Land gerufen wurde, setzte er hier seine Missionstätigkeit fort, die ihn schon in seiner spanischen Heimat bekannt gemacht hatte. Er ritt auf einem Esel durch die bretonischen Dörfer und rief die Gewissen mit flammenden Reden zu Buße und Einkehr auf, und seine Worte fanden überall unglaublichen Widerhall. Die Volksfrömmigkeit erlebte neuen Auftrieb, die Angst vor Tod und Hölle wurde durch die Predigten dieses «Engels der Apokalypse», wie Ferrer genannt wurde, angefacht. In Kirchen und Kapellen häuften sich Darstellungen des Totentanzes, der Höllenqualen, der apokalyptischen Schreckensszenen.

Der spanische Bußprediger starb 1419 in Vannes, sein Grab befindet sich in der *Kathedrale Saint-Pierre,* an der vom 13. bis 19. Jahrhundert gearbeitet wurde. Ein interessanter Renaissancebau von 1537 (und der wohl französisierte Name des Architekten Jean Danielo läßt auf einen Künstler italienischer Herkunft schließen) ist die seitliche Rundkapelle mit dem Grabmonument des 1458 heiliggesprochenen Vicente Ferrer. Auf einem Wandteppich, der 1615 in einem Atelier des Limousin angefertigt worden ist, werden einige Wunder des Heiligen und seine Kanonisierung durch Papst Kalixtus III. dargestellt. Das Schönste an dieser Tapisserie sind die erstaunten, erfreuten Männergesichter mit aufgezwirbeltem Schnurrbart und gepflegtem Kinnbart, durch die diese frommen Szenen wieder ganz in den lebendigen Alltag zurückgeholt werden.

Ein Stück echt bretonischer Geschichte dann am Reiterdenkmal auf der Place Maurice-Marchais vor dem Rathaus. Es zeigt den Connétable *Arthur de Richemont,* der sich während des Hundertjährigen Krieges durch unerschrockenen Kampfgeist ausgezeichnet hatte. Nicht weniger kämpferisch war er, als er im Alter von 64 Jahren Herzog der Bretagne wurde. Er verweigerte dem französischen König den Lehnseid und lehn-

135 In der Altstadt von Vannes, im Hintergrund das Hauptportal der Kathedrale

te es ab, zum Pair von Frankreich erhoben zu werden. Sein Herzogtum, so verkündete er stolz und lautstark, «berührt in nichts die französische Sache, noch ist es aus Frankreich hervorgegangen». Wahrscheinlich war der französische König Karl VII. nicht unfroh, als dieser dickköpfige Soldat schon wenige Monate nach seiner Thronbesteigung starb.

An der Nordseite des Platzes liegt das Lycée Jules-Simon. Seinen Namen trägt es nach dem aus Lorient gebürtigen Philosophen und Politiker *Jules Simon* (1814–1896), der hier zur Schule gegangen war. Zu den Schülern des Lyzeums hatte auch der im nahen Sarzeau geborene Romancier *Alain-René Lesage* (1668–1747) gehört: Sein Schelmenroman «Gil Blas de Santillane» in vier Büchern, an dem er mehr als zwanzig Jahre gearbeitet hatte, verschaffte ihm einen Platz unter den Unsterblichen der französischen Literatur.

Die *Altstadt* von Vannes, die im Osten noch von der alten Ringmauer mit drei Türmen umgeben wird, ist so handlich und überschaubar, daß man sie gemächlich und ziellos durchstreifen sollte. Das Château Gaillard in der Rue Noé, wo von 1456 bis 1532 das bretonische Parlament getagt hatte, beherbergt heute ein archäologisches Museum. Viele der ausgestellten Gegenstände, darunter jungsteinzeitliche Schmuckstücke aus Türkis, stammen aus den Megalithbauten am Golf von Morbihan. Dorthin wollen wir uns von Vannes aus begeben.

Dolmen, Menhire und Alignements um Carnac

Einen ersten Kontakt mit dieser Welt der *Tumuli* (Erd- oder Geröllgrabhügel), *Cairns* (Steingrabhügel), *Dolmen* (steinerne Grabkammern), *Menhire* (einzelner, aufrecht stehender Steinblöcke) und *Alignements* (in Reihen aufgestellter Gesteinsblöcke) kann man auf recht faszinierende Art auf der *Ile de Gavrinis,* der «Ziegeninsel», im Golf von Morbihan aufnehmen. Bei der viertelstündigen Überfahrt von Larmor-Baden her spürt man etwas von der Atmosphäre dieses «Mor-bihan», dieses «kleinen Meeres», wie die Bretonen den Golf im Gegensatz zum «Mor-braz», dem «großen Meer», dem Ozean, nennen. Rund 40 der zahllosen Inseln und Inselchen, von denen der 15 mal 20 Kilometer große Golf übersät ist, sind bewohnt, und das milde Klima macht die Ile d'Arz und die Ile aux Moines zu beliebten Fremdenverkehrsorten.

Der **Tumulus von Gavrinis,** der zwar schon im frühen 19. Jahrhundert entdeckt (und wahrscheinlich seiner Schätze beraubt) worden war, an dem aber erst 1797 systematische Ausgrabungsarbeiten begonnen haben, birgt einen 13 Meter langen Gang und eine vier mal drei Meter große Grabkammer. Das Reizvolle an diesem Herrschergrab sind die in die Steine eingeritzten Reliefs: Nüchternen Besuchern erscheinen sie als ins Gigantische vergrößerte Fingerabdrücke, archäologisch Vorgebildete sehen in ihnen sehr formelhafte, in symbolische Zeichen übertragene Darstellungen der Totengöttin, der «Großen Mutter» der Mittelmeerkulturen. Die konzentrischen Halbkreise, die spiralen- und mäanderförmigen Linien würden sich auch auf abstrakten Werken von Künstlern unserer Zeit nicht schlecht ausmachen.

Der Dolmen von Mané Lud, die «Table des Marchands» und der «Grand Menhir» sind die bekanntesten Megalithbauten bei *Locmariaquer.* Dieser Grand Menhir trägt seinen Namen zu Recht: Es handelt sich – soweit bisherige Forschungen ergeben haben – wirklich um *den* «großen Menhir» schlechthin,

138/139   Die Alignements von Kerlescan bei Carnac

den größten bekannten auf der Welt. Er liegt umgestürzt auf der Erde, in vier Stücke zersplittert. Und man mag angesichts dieser Trümmer darüber nachdenken, über welche technischen Fähigkeiten das Volk verfügt haben muß, das einen solchen Gesteinsblock von 20,30 Metern Höhe und schätzungsweise 347 Tonnen Gewicht aufgestellt hat: Gottessymbol oder astrologischer Beobachtungspunkt?

Gustave Flaubert, der im letzten Jahrhundert auch die *Alignements* von **Carnac**, die wohl berühmtesten der Welt, besichtigte, konnte diesen monotonen Steinreihen nichts abgewinnen. «Trotz unserer natürlichen Neigung, alles zu bewundern», schreibt er 1847 in «Par les champs et par les grèves», «sehen wir nichts als einen deftigen Spaß, den eine unbekannte Zeit dort zurückgelassen hat, damit die Geister der Archäologen sich daran üben und die Reisenden darüber staunen können... Wir verstanden daher bestens die Ironie dieser Granitblöcke, die sich seit den Druiden eins in ihren grünen Moosbart lachen beim Anblick all der Dummköpfe, die sie besichtigen kommen.» Der Strom der Besucher ist – Flaubert und seinem ironisch-abwertenden Urteil zum Trotz – noch immer nicht versiegt. Die Alignements um Carnac und der *Tumulus Saint-Michel* gehören zu den meistbesuchten bretonischen Touristenzielen – wovon auch der Ort Carnac und sein ausgedehnter Badestrand profitieren.

Das Rätsel um die Bedeutung dieser Alignements ist aber bis heute nicht gelöst worden. Astronomisch-mathematische Untersuchungen haben zu erstaunlichen, verführerischen Thesen geführt. Die 2953 unterschiedlich aneinandergereihten Steinblöcke von Ménec, Kermario und Kerlescan bei Carnac sind auf astronomische Wendepunkte des Jahres ausgerichtet: auf den Sonnenaufgang und -untergang zu Frühjahrsbeginn, zur Sommersonnenwende und zu anderen Daten, die – wie der

8. November (Aussaat), der 4. Februar (Keimen der Saat), der 6. Mai (Blüte) und der 8. August (Ernte) – mit dem Geburts- und Todeszyklus der Natur zusammenhängen. Die teilweise mehr als einen Kilometer langen Steinreihen um Carnac wären demnach astrologische Zeichen und Fruchtbarkeitssymbole zugleich. Auch die eindeutige Phallusform der Menhire deutet auf einen uralten Fruchtbarkeitskult hin – und eigenartig, aber sicher nicht zufällig ist ein Faktum: die Kirche von Carnac ist Saint Cornély geweiht, dem Schutzpatron der Rinder und damit auch der Stiere. Die Verbindung zu mediterranen Fruchtbarkeitsriten ist verlockend. Umgekehrt wieder wird der heilige Cornély, bei dem es sich um den römischen Papst Cornelius (251–253) handelt, in der volkstümlichen Überlieferung mit den Megalithbauten um Carnac in Beziehung gebracht. Als er (der in Wirklichkeit nur bis Civitavecchia gelangt war) auf der Flucht aus Rom die südliche Bretagne erreicht hatte, hier aber nicht mehr weiter wußte, verwandelte er die Tausende ihn verfolgenden römischen Soldaten in Tausend von Steinen: die Alignements von Carnac eben.

An der Nordseite der *Kirche Saint-Cornély,* die aus dem 17. Jahrhundert stammt, fällt ein Portalvorbau mit üppig geschwungenem Baldachin auf: 1792, drei Jahre nach Ausbruch der Französischen Revolution, gaben die *Carnacois* dem steinernen Aufsatz ihrer Kirche die Form einer Königskrone. Ihre royalistische Gesinnung ließen sie sich durch die Revolution nicht so schnell nehmen.

Quiberon und die Belle-Ile

Königstreue bewiesen auch die mehreren tausend französischen Emigranten, die am 25. Juni 1795 auf englischen Schiffen die Bucht von **Quiberon** erreicht hatten, um eine Invasion der Bretagne zu versuchen. Doch der Plan zu diesem Angriff war schon längst den Führern der republikanischen Armee zu Ohren gekommen. *Louis-Lazare Hoche,* der während der Revolution rasch Karriere gemacht hatte, mit 25 Jahren zum General ernannt worden war und sich später noch bei den Rhein-Mosel-Kampagnen auszeichnete, hatte Zeit genug gehabt, seine Truppen an Land zu postieren. Die Landung der Royalisten wurde zu einem kolossalen Fiasko: Rund 1400 Männer kamen ums Leben, viele andere wurden gefangengenommen und in Quiberon, Auray und Vannes hingerichtet. 1800 Soldaten gelang der Rückzug auf die Schiffe der englischen Flotte, von wo aus Karl Philipp Graf von Artois dem Massaker zugeschaut hatte. Er, der spätere König Karl X. (1824–1830), könnte durch diesen mißglückten Versuch zur Bekämpfung der Revolution in seiner antirevolutionären, hochkonservativen Haltung bestärkt worden sein.

Das Städtchen Quiberon, ein gern besuchter Badeort, liegt an der Spitze einer schmalen, langgestreckten Landzunge, einer einstigen Insel, deren Westküste zu Recht den Namen *«Côte sauvage»* trägt: Sie fällt mit Felsen, Riffen und Höhlen stellenweise wirklich wild gegen das Meer ab.

Eine «Côte sauvage» hat auch die **Belle-Ile,** die man von Quiberon aus in einer knappen Stunde Dampferfahrt erreicht. Die Franzosen nennen sie «Belle-Ile», «schöne Insel», die Bretonen bezeichnen sie als «Guerveur», «große Insel» – recht haben beide. Die Belle-Ile ist mit ihren 8500 Hektar Fläche die größte der bretonischen Inseln, und sie ist zweifellos schön mit ihrer zerrissenen Felsenküste, ihren Sandstränden, mit ihren mehr als vierzig, teils winzigen Orten, in denen 4500 Menschen leben (davon allein 2600 im Hauptstädtchen Le Palais).

Die Begeisterung von *Nicolas Fouquet,* dem französischen Finanzmann des 17. Jahrhunderts, für diese Belle-Ile dürfte allerdings mit zu seinem Sturz und seinem schmachvollen Ende im Kerker von Pinerolo beigetragen haben. Er erwirbt die Insel 1650, wird drei Jahre darauf Oberaufseher der französischen Finanzen, häuft in kurzer Zeit ein ungeheures Vermögen an. Doch als er die Insel mit immensen Kosten befestigen und mit 200 Kanonen bestücken läßt, beginnt Colbert, in König Ludwig XIV. Argwohn gegen Fouquets finanzielle Machenschaften zu schüren, beginnt ihn der Vergeudung von Staatsgeldern zu bezichtigen, macht ihn allein zum Sündenbock für alle Löcher in der Staatskasse, die durch die aufwendige Hofhaltung des Sonnenkönigs entstanden sind. Fouquet wird 1661 in Nantes verhaftet (von Charles d'Artagnan übrigens, dem Vorbild des Dumasschen Musketiers) und zu Gefängnis verurteilt. Colberts Weg zum Aufstieg ist frei.

Beschauliches Städtchen: Auray

Auray, das man auf der Rückfahrt von der Halbinsel von Quiberon und ihren Austernzuchtanlagen bei Plouharnel erreicht, ist ein ruhiges, angenehmes Städtchen mit rund 10 000 Einwohnern. Die schmale, alte Rue du Château führt zwischen Granithäusern an das Flüßchen *Loch* hinab, über eine vierbogige Steinbrücke kommt man in das *Quartier Saint-Goustan* mit schmalen Gassen und malerischen alten Häusern. Nichts in dieser Beschaulichkeit deutet darauf, daß Auray zweimal in seiner Geschichte Schauplatz blutiger Ereignisse war. An die 1364 ausgetragene Schlacht von Auray, in der sich so draufgängerische Soldatenführer wie Bertrand Du Guesclin und Olivier de Clisson gegenüberstanden und mit der der bretonische Erbfolgestreit zugunsten der Familie Montfort entschieden wurde, erinnert die *Chartreuse d'Auray* zwei Kilometer nördlich der Stadt: Sie ist aus einer Kapelle hervorgegangen, die der siegreiche Johann von Montfort auf dem Schlachtfeld hatte errichten lassen. Eine tempelförmige Kapelle auf dem nicht weit entfernten *Champ des Martyrs* bezeichnet dagegen die Stätte, an der 1795, nach der mißglückten Invasion der Bretagne in Quiberon, fast 1000 Royalisten und Chouans hingerichtet wurden.

Wäre diesen royalistischen Emigranten die Landung gelungen, dann hätten sie auf dem Festland Verstärkung durch die Chouans bekommen sollen. Ihr Anführer im Morbihan war *Georges Cadoudal,* ein damals 24jähriger Bauernsohn aus Auray, der sich kopfüber in den Kampf für König und Kirche gestürzt hatte. Auch als die Chouannerie schon keine Hoffnung mehr auf Erfolg hatte, gab er nicht auf, unternahm immer wieder Handstreiche gegen die «Bleus» – wie das republikanische Heer wegen seiner blauen Uniformen genannt wurde. Napoleon, ein geschickter Taktiker nicht nur auf dem Schlachtfeld, bot ihm an, ihn zu begnadigen, ihn zum General zu ernennen. Aber Cadoudal lehnt ab und setzt – mit dem heroischen Fanatismus des Idealisten – seinen aussichtslosen Kampf fort. Als er in Paris ein Attentat auf Napoleon verüben will, wird er verhaftet und zum Tode verurteilt. Sein Skelett – denn sein Leichnam war der medizinischen Fakultät zu Sezierversuchen zur Verfügung gestellt worden – ruht in einem Mausoleum neben seinem Geburtshaus in Kerléano, am südwestlichen Stadtrand von Auray.

145 Typisch bretonisches Wegkreuz aus Granit bei
*   Sainte-Anne-d'Auray*

Der Anna-Kult in Sainte-Anne-d'Auray

Sainte-Anne-d'Auray wäre ein recht unbedeutendes Dorf sechs Kilometer nordöstlich von Auray, wenn hier nicht vor mehr als 350 Jahren der fromme Bauer Yvon Nicolazic Visionen gehabt, die Stimme der heiligen Anna gehört und eines Tages eine kleine plumpe Statue dieser Heiligen gefunden hätte. 1625 wurde am Fundort dieser Plastik der Grundstein zur bedeutendsten bretonischen Wallfahrtsstätte gelegt, die alljährlich von Zehntausenden von Pilgern aufgesucht wird. Die mächtige *Basilika,* zwischen 1866 und 1872 in einem undefinierbaren Historismusstil neu gebaut, steht im Mittelpunkt eines Anna-Kults, der bis auf den heutigen Tag nichts an Intensität verloren hat. Sainte-Anne-d'Auray ist für die Bretonen etwas Ähnliches wie Mekka für die Moslems: einmal im Leben muß ein gläubiger Bretone zur heiligen Anna gepilgert sein.

Einen Eindruck von dem tiefen, schlichten Vertrauen, das die Bretonen dieser Heiligen entgegenbringen, geben die zahllosen Exvotos im *Trésor de la Basilique.* Naiv gemalte Bilder, auf denen meist Schiffe in Seenot dargestellt sind, und perfekte Nachbildungen von Segelschiffen bezeugen, bei welchen Gelegenheiten die heilige Anna in der seefahrenden, auf drei Seiten vom Meer umgebenen Bretagne am meisten angerufen wird – bis in die Gegenwart. Ein Schiffsmodell, das 1958 gestiftet worden ist, wird von folgendem Text begleitet: «Am 29. September 1952 wird der Thunfischkutter ‹Potr-Piwisi› aus Groix vor Penmarc'h von einem Sturm überrascht. Um 11 Uhr abends... dringt das Wasser durch alle Öffnungen ein. In diesem Moment rufen die Männer die heilige Anna an und geloben eine Wallfahrt. 34 Stunden lang treibt der Zweimaster allein im Sturm... Die heilige Anna führt die Männer wieder heim. Am 4. Oktober erreicht die ‹Potr-Piwisi› den Hafen. Am 27. Oktober kommen der Kapitän und die Besatzung der heiligen Anna danken, die sie gerettet hat...» Die Mutter der Madonna steht bei den Bretonen in allerhöchstem Ansehen. Ihr vertrauen sie die Heimat in allen Nöten und Schwierigkeiten an – wie sie ihr die 157 000 im Ersten Weltkrieg gefallenen Bretonen anvertraut haben, deren Denkmal in der Nähe der Basilika Sainte-Anne steht.

Port-Louis und Lorient

Port-Louis am östlichen Ufer der Blavetmündung mag bis vor einigen Jahrzehnten noch mit Neid und Eifersucht nach *Lorient* am anderen Ufer hinübergeschaut haben, das immer größer wurde, immer lebhafter, immer stärker industrialisiert. Heute sind die 3700 *Port-Louisiens* vielleicht froh, daß ihrem beschaulichen Städtchen die Entwicklung erspart geblieben ist, die Lorient zu einer Industrie- und Hafenstadt mit 72 000 Einwohnern gemacht hat. Denn als sich im frühen 17. Jahrhundert der Indienhandel als äußerst einträgliches Geschäft abzuzeichnen begann, hatte Richelieu in Port-Louis eine Gesellschaft gegründet, die das Monopol für den Fernosthandel besaß. Das Unternehmen wurde zu einem finanziellen Desaster – was den Sonnenkönigsminister Colbert nicht daran hinderte, sich wenige Jahre später an ein ähnliches Projekt zu wagen. Als Sitz dieser 1664 gegründeten «Compagnie des Indes» wählte er einen damals fast verlassenen Ort am anderen, westlichen Ufer der Blavetmündung. Alle Initiativen zum Handel mit «l'Orient», mit «dem Osten», gingen von nun an von hier aus: die Stadt Lorient war geboren, ist bis heute ein bedeutender Hafen geblieben. Eine schöne Stadt war Lorient wahrscheinlich auch früher nicht: Es war zu schnell gewachsen, hatte nie die Atmosphäre des Anheimelnden und Vertrauten bekommen können, die erst das Alter einem Ort verleiht. Eine schöne Stadt ist Lorient auch heute nicht: Es mußte nach den Bombenangriffen des Zweiten Weltkriegs, die es zu 85 Prozent zerstört hatten, zu schnell wiederaufgebaut werden. Und auf diese Stadt braucht das am anderen Ufer gelegene Port-Louis mit seiner Zitadelle aus dem 16. und seiner Wehrmauer aus dem 17. Jahrhundert wirklich nicht neidisch zu sein.

Eine geheimnisvolle Venus

Wer auf der Suche nach Originellem und Mysteriösem ist, sollte von Lorient aus über *Hennebont,* dem der Zweite Weltkrieg viel von seinem früheren Charme genommen hat, in Richtung Baud fahren. Kurz vor dem Städtchen zweigt eine Straße zur **Venus von Quinipily** ab. Außer den Megalithbauten um Carnac hat kein anderes Kunstwerk der Bretagne den Wissenschaftlern so viele Rätsel aufgegeben, hat keins die Volksphantasie so angeregt wie diese weibliche Steinstatue in starrer, hieratischer Haltung. Man hielt sie für eine ägyptische Göttin, eine kleinasiatische Kybele, eine römische Rhea – und wie um diese Magna Mater der Römer spielten sich im 17. Jahrhundert auch um diese nicht sehr venusgleiche Venus, die damals zwölf Kilometer weiter nördlich stand, allerlei orgiastische Riten ab. Die Kirchenbehörden waren schockiert über diese heidnischen Rückfälle ihrer christlichen Schäflein. Sie ließen die Statue umstürzen – und die Bevölkerung richtete sie wieder auf; sie ließen sie ins Wasser des Blavet werfen – die Bevölkerung fischte sie wieder heraus. Schließlich ließ ein Graf von Lannion sie 1696 in seinem Schloß in Quinipily aufstellen. Das Schloß ist längst verfallen, aber die Venus blickt von ihrem Podest immer noch starr und unbewegt auf die grüne, sanfte Landschaft ringsum.

Ein populärer Held: der Marquis de Pont-Calleck

Auf dem Weg von Baud nach Kernascléden kommt man nach Plouay am Wald von Pont-Calleck vorbei, dann am *Château de Pont-Calleck* am Ufer des gleichnamigen, winzigen Sees. Auf diesem Schloß wurde 1679 Clément de Guer-Malestroit, *Marquis de Pont-Calleck,* geboren, ein Angehöriger des armen, kleinen bretonischen Landadels, der sich seinen Lebensunterhalt unter anderem mit Tabakschmuggel verdiente und der keine Aussicht und wahrscheinlich auch keine Aspirationen hatte, in die Geschichte einzugehen. Doch er wird in eine Verschwörung hineingezogen, unterzeichnet 1718 zusammen mit sechzig Bretonen, Angehörigen des kleinen Landadels wie er, ein Protestschreiben gegen Paris. Es geht wieder einmal um neue, höhere Steuern, die der französische Staat aus den Bretonen herausquetschen will. Die Verschwörer nehmen Kontakte in Paris auf, wo das Regime auch in den höchsten Kreisen Gegner hat. Aber als die Verschwörung aufgedeckt wird, trifft der königliche Zorn nur die Kleinen, die keine Rückendeckung und keine einflußreichen Beziehungen haben. Unter ihnen ist der Marquis de Pont-Calleck, der am 16. März 1720 in Nantes hingerichtet wird. Die Empörung der bretonischen Landbevölkerung über dieses neue Exempel, das der französische König hat statuieren wollen, ist groß. Und aus dem Marquis von Pont-Calleck wird ein Held, wie er im Märchen nicht schöner hätte erfunden werden können. Man macht aus dem 41jährigen Mann einen 21jährigen Jüngling, auf den Lieder gedichtet werden, wie sie typisch sind für die Heldenidealisierung: «Ein neues Lied ist geschrieben worden... / Auf den jungen Marquis von Pont-Calleck / So schön, so fröhlich, so hochherzig...», beginnt eines dieser Chansons, das dann fortfährt: «Er liebte die Bretonen / Denn er war einer von ihnen.» Er war Bretone, und er wurde von den Franzosen getötet: Das genügte, um aus dem Marquis de Pont-Calleck einen legendären Helden zu machen.

Kunst in Kernascléden und Le Faouët

Im nahen **Kernascléden** ist man überrascht, mitten in schlichten, robusten Granithäusern eine *Kirche* mit den allerschönsten, allerüberflüssigsten Flamboyantverzierungen zu sehen. Ein Herzog von Rohan hatte sie zwischen 1430 und 1464 errichten lassen, und mit Sicherheit haben die Rohans, die als mächtige, kultivierte Adelsfamilie über den bretonischen Horizont hinausschauten, zur Ausschmückung des Kircheninneren auswärtige Künstler herbeigerufen. Die *Wandmalereien,* die gegen Ende des 15. Jahrhunderts entstanden sein dürften, stellen im Chorgewölbe Geschehnisse aus dem Leben Jesu und Mariens dar: Neben den harmonischen Farben muß man auch das formale Geschick bewundern, mit dem der Künstler die Szenen den unregelmäßig dreieckigen Flächen zwischen den Gewölberippen angepaßt hat. Obwohl diese Malereien im Chor zum Schönsten gehören, was die französische Kunst der ausgehenden Gotik zu bieten hat, sind die Fresken im Querschiff noch berühmter: im nördlichen Arm die sanften musizierenden Engel – im südlichen Arm, neben fast unleserlichen Resten eines Totentanzes, eine der eindrucksvollsten Darstellungen der Hölle. Die Verdammten kochen in einem riesigen Kessel, werden in einer Tonne wie durch den Fleischwolf gedreht, hängen aufgespießt an den Ästen eines hohen Baumes. Und dabei werden sie von den abscheulichsten, häßlichsten Teufeln gebissen, gefoltert, gequält. Grausamste Horrorgeschichten können kaum so eindringlich sein wie diese in jedem Detail abstoßende Szene, von der gerade dadurch eine makabre Anziehungskraft ausgeht.

Von Meisterwerken gotischer Malerei hier in Kernascléden zu einem Meisterwerk gotischer Holzschnitzkunst bei **Le Faouët,** in der *Kapelle Saint-Fiacre.* Durch das Portal in der von drei Türmen überragten Fassade betritt man den Innenraum, der ganz von einem mächtigen, farbigen, ab 1480 geschaffenen Holzlettner beherrscht wird: dem zeitlich ersten und sicher schönsten von zwölf in der Bretagne erhaltenen Lettnern. Von der mit gotischer Phantasie durchbrochenen Galerie hebt sich die Kreuzigungsgruppe ab mit dem bittend dem sterbenden Jesus zugewandten, guten Schächer zur Rechten Christi und dem trotzig sich aufbäumenden, bösen Schächer zu seiner Linken. Der gesamte Lettner ist über und über mit Figuren, Symbolen, Emblemen geschmückt und beladen (es fehlt nicht einmal der Knotenstrick der Anne de Bretagne!): gegen den Kirchenraum zu mit frommen Sujets und Gestalten, gegen den Chor hin mit Fabelmotiven und weltlich-alltäglichen Szenen, unter denen auch zwei Musiker sind: Sie spielen – wie es sich für bretonische Musiker gehört – den Dudelsack und die Bombarde, zwei Blasinstrumente, die auch heute noch bei bretonischen Festen erklingen.

Nur zehn Kilometer, aber 100 Jahre trennen den Lettner in Saint-Fiacre von dem in der *Kapelle Saint-Nicolas* bei *Priziac* – und man merkt diesen Unterschied. Während die Themen in Saint-Fiacre ganz in der gotisch-mittelalterlichen Tradition stehen, bricht hier in Saint-Nicolas die Renaissance in das

*Der gotische Holzlettner in der Kirche Saint-Fiacre
bei Le Faouët*

Mittelalter ein. Die in neun Bildern naiv und anschaulich erzählte Nikolauslegende wird immer wieder von nackten Karyatiden und Atlanten unterbrochen, die sich aber in ihrer Rolle des stummen Zierats zu langweilen scheinen. So strecken einige von ihnen verstohlen den Arm nach oben, um Obst aus den sehr renaissancehaften Fruchtkörben zu nehmen. Der Künstler muß sich bei der Arbeit köstlich amüsiert haben.
Als drittes Kleinod in der Umgebung von Le Faouët die *Kapelle Sainte-Barbe* am Nordrand des Ortes. Monumentale, elegante Freitreppen aus dem 18. Jahrhundert führen von ei-

ner aussichtsreichen, windigen, menschenleeren Anhöhe zu dem kleinen, zwischen 1489 und 1512 errichteten Bau hinab. Schön sind die Renaissancefenster aus dem frühen 16. Jahrhundert. Doch den besonderen Reiz von Sainte-Barbe macht ihre Lage in der feuchten, von Kastanienbäumen beschatteten, sehr romantischen Schlucht aus.

Treffpunkt bretonischer Musikanten: Gourin

Aber in Le Faouët wurden nicht nur Kapellen gebaut. Mitten im Agrarstädtchen steht die *Markthalle* aus dem 16. Jahrhundert. Ihre massive, hölzerne Struktur ist ein Meisterwerk der Zimmermannskunst, das mächtige, tief heruntergezogene Dach ist mit Schieferplatten gedeckt. Das Holz kam aus den ausgedehnten Wäldern, die einst das bretonische Landesinnere bedeckten, Schiefer wird in der Umgebung von Le Faouët bis heute gebrochen. Ein Zentrum der Schiefergewinnung war *Gourin,* 17 Kilometer nordwestlich von Le Faouët. Es ist eines dieser schläfrigen Landstädtchen, die nur an den Markttagen Leben bekommen. Reges Treiben herrscht hier auch am 1. Mai, wenn die bretonischen *Bagadou,* die immer in Paaren auftretenden Bombarden- und Dudelsackspieler, im Ort ihren alljährlichen Wettbewerb austragen, und am letzten Septembersonntag, wenn sich die bretonischen Musikanten zum traditionellen «Pardon des Sonneurs» treffen. Neuerdings besinnen sich junge Leute wieder auf die traditionellen bretonischen Instrumente, die schon fast ausgestorben waren. Die bretonische Musik, in der noch die Erinnerung an die keltische Vergangenheit anklingt, wird – wie die bretonische Sprache – zum Träger einer gefühlsbelasteten Renaissance der so lange verkannten und mißachteten bretonischen Kultur.

ZWISCHEN CALVAIRES UND GAUGUIN:
DAS FINISTÈRE

Keltisches Selbstbewußtsein vor 200 Jahren – Erfüllung des Bretagneklischees – Die Calvaires: Zeugen bretonischbäuerlicher Kultur – Alte Handelsstadt: Morlaix – Saint-Pol und Roscoff – Sehenswertes Schloß: Kerjean – Ein Irrer bringt Glück: Le Folgoët – Die einsame «Küste der Legenden» – Ouessant, die westlichste Insel Frankreichs – Mit dem Etikett des Militärischen behaftet: Brest – Wieder Calvaires und Abteien – Auf der Halbinsel von Crozon: Landévennec und Camaret – Gallorömische Spuren am Menez-Hom – Locronan: von der Tuchweberei zum Tourismus – Sainte-Anne-la-Palud und sein «Pardon» – Rätsel um die versunkene Stadt Ys – «... geduldig wie die Götter»: auf der Ile de Sein – Kunst und Politik zwischen Plogoff und Saint-Tugen – Im Bigoudenland um Pont-l'Abbé – Max Jacobs «liebliches Quimper» – Jacques Prévert und bretonische Crêpes – Paul Gauguin und die Malerschule von Pont-Aven

Keltisches Selbstbewußtsein vor 200 Jahren

Mit der Renaissance der bretonischen Sprache und Musik ist auf der armorikanischen Halbinsel in den letzten Jahren eine Art «Keltomanie» erwacht. Es werden Kongresse zur Erforschung der keltischen Sprachen veranstaltet, Festivals der keltischen Musik, der keltischen Folklore, interkeltische Meisterschaften im Ringkampf. Doch ein solches Phänomen ist nicht neu in der bretonischen Geschichte. Eine ähnliche Keltomanie war gegen Ende des 18. Jahrhunderts ausgebrochen; damals grenzte sie teilweise ans Absurde. Ihre eiferndsten Verfechter scheuten sich nicht, das Keltische als Ursprache der Menschheit zu bezeichnen, und *Théophile-Malo Corret*, als *La Tour d'Auvergne* (1743–1800) bekannt, stellte allen Ernstes Nachforschungen darüber an, ob Adam und Eva im Paradies bretonisch gesprochen hätten.

Exaltiert und rührend zugleich in seinem Drang zur schönen, großen Geste war dieser La Tour d'Auvergne aber nicht nur, wenn es um die bretonische Sprache ging. Seine zweite Passion waren die Waffen, das Schlachtengetümmel. Wegen seiner Verdienste im ersten Revolutionsjahr soll er mit 46 Jahren zum Hauptmann ernannt werden, lehnt aber ab. Als der letzte Sohn seines Keltischlehrers einberufen wird, meldet sich La Tour d'Auvergne an seiner Stelle, geht mit 54 Jahren als einfacher Soldat erneut an die Front, und bei der Napoleonischen Rheinkampagne im Jahr 1800 kommt er ums Leben.

Erfüllung des Bretagneklischees

In seiner Geburtsstadt *Carhaix-Plouger* steht seit dem 19. Jahrhundert ein Denkmal für diesen keltischen Kämpen. Aus dem Département Morbihan sind wir damit ins *Finistère* gekommen, ins *finis terrae* der Römer: ans Ende der Welt. Und in diesem westlichsten Département der Bretagne deckt sich das verbreitete Bretagneklischee endlich ganz mit der Wirklichkeit: Hier findet man die aufregenden Klippenküsten, die kaum aus dem Meer aufragenden Inseln, wo der Rhythmus des Lebens noch von den Gezeiten und vom Blinken des Leuchtturms bestimmt wird. Die spitzenhaubentragenden Frauen, die seit Generationen daran gewöhnt sind, Entscheidungen zu treffen und Verantwortungen zu übernehmen, während ihre Männer tage-, wochen-, monatelang auf Fischfang gehen. Im Finistère gibt es häufiger als anderswo die ganz aus Granit erbauten Orte, die wie in Granit gehauenen Kirchen und Kapellen, die aus Granit skulpturierten Calvaires.

Doch auch das ganz auf das Meer blickende Finistère hat ein «argoat», ein Landesinneres, das abwechslungsreicher und «gebirgiger» ist als das der übrigen Bretagne: Die *Montagnes Noires* zwischen Gourin und Carhaix steigen mit dem Roc Toulaëron auf 326 Meter an, die nördlicher verlaufende Hügelkette der *Monts d'Arrée* bringt es auf 384 Meter im Roc Trévezel, dem höchsten Gipfel der Bretagne. Der 1969 gegründete, 65 000 Hektar große *Parc Naturel Régional d'Armorique,* der auch einen Teil der Monts d'Arrée umfaßt, soll eine noch urtümliche Landschaft mit Wäldern, Felsblöcken und Schluchten, mit Teichen, Bächen, kleinen Seen und viel Romantik vor Verschandelung und Spekulation bewahren.

Eine Fahrt durch diese Gegend ist angenehm und erholsam. *Huelgoat*, ein ehemaliges Bergbaustädtchen am Südrand der Monts d'Arrée, hat sich zu einer ruhigen Sommerfrische entwickelt. Sieben Kilometer südwestlich davon liegt, von ein paar Bauernhäusern umgeben, die *Kapelle Saint-Herbot* aus dem 15. und 16. Jahrhundert. In das Innere führt eine Vorhalle, wie man sie an vielen bretonischen Kirchen besonders des Finistère antreffen kann: An den Seitenwänden je sechs Nischen mit den steinernen Apostelstatuen, darunter zwei steinerne Sitzbänke, auf denen sich früher nach der Messe der Kirchenvorstand versammelte. Denn mehr als die Gemeinde war seit jeher die Pfarre der religiöse, soziale und finanziellwirtschaftliche Mittelpunkt des bretonischen Lebens.

Die Calvaires: Zeugen bretonisch-bäuerlicher Kultur

Hinter den Monts d'Arrée, auf ihrer Nordseite, liegen mehrere der berühmtesten bretonischen **Calvaires.** Und wer nur einmal Fotos von diesen seltsamen, originellen Bauten gesehen hat, wird für anderes am Wege nicht mehr viel Interesse haben – nicht einmal, wenn es sich um eine so reizvolle Kirche handelt wie in *Commana*, wo ein üppiger, fröhlich und farbenfroh geschmückter Ste-Anne-Altar von 1682 beweist, daß die Bretonen auch heiter sein können.

Das unbedingt Wissenswerte über die Calvaires ist schnell gesagt. Um die Mitte des 15. Jahrhunderts beginnt die bretonische Landbevölkerung, vor ihren Kirchen diese plastisch-architektonischen Werke von sehr eindringlicher Wirkung aufzustellen: in der Mitte senkrecht aufragend der gekreuzigte, sterbende Christus als Symbol des Jenseitigen und Ewigen, auf dem waagrechten Sockel zu seinen Füßen Szenen aus dem Leben Christi und der Madonna als Illustration des Irdischen und Zeitlichen. Diese Grundstruktur, die trotz vielerlei Varianten immer beibehalten wird, bildet das Gerüst, an dem die bretonischen Steinmetzen ihrer Phantasie 200 Jahre lang freien Lauf lassen. Sie reichern die Geschichten mit rührenden, ironischen, erschreckenden Details an, finden für Dutzende von Gestalten Platz auf den gedrängt vollen Kreuzen und Sockeln. Man glaubt manchmal, die in Stein fotografierte Szene eines mittelalterlichen geistlichen Dramas, bei dem ganze Dörfer als Schauspieler mitgewirkt haben, vor sich zu sehen.

In den 200 Jahren, die zwischen den um 1450 entstandenen Calvaires in Rumengol und in Tronoën und dem 1650 beendeten Calvaire in Pleyben liegen, bleibt die Bretagne wieder einmal sich selbst treu. Sie meißelt unermüdlich an ihren stilistisch nicht einzuordnenden, plumpen, naiven und dabei doch so ausdrucksstarken Figuren, während anderswo die Gotik von der Renaissance abgelöst wird, die Renaissance vom Barock. Im Inneren ihrer Kirchen nehmen die Bretonen an Altären, Lettnern, Portalvorhallen die neuen, aus Frankreich, Holland, Italien eingeströmten Stilelemente bereitwillig auf. An den Calvaires tun sie so, als wären Kunst und Zeit stehengeblieben: die ewig bretonische Starrköpfigkeit, wenn es um etwas Ureigenes, Individuelles geht. Äußere Einflüsse, die durch den zunehmenden Handelsverkehr ins Land kommen, werden sofort «bretonisiert»: Sie werden vereinfacht in der Thematik, um die Anschaulichkeit und das Verständnis zu erleichtern, sie werden aber auch vereinfacht in der Darstellung, abgewandelt auf die Bedürfnisse des Arbeitens in Stein, in hartem, schwer zu modellierendem Granit. Daher die Simplifizierungen und Stilisierungen, die oft eine große Intensität des Ausdrucks ergeben, die es aber auch schwer machen, die Entstehungszeit dieser Bauten zu bestimmen. Aus der unverfälschten, unverbildeten Volksseele heraus sind zeitlose steinerne Zeichen des Glaubens gesetzt worden.

Warum die Bretonen gerade um 1450 mit dem Bau der Calvaires begonnen haben, ist ungewiß. Die langen, unsicheren Zeiten des Hundertjährigen Krieges, der 1453 zu Ende gegangen war, mochten an den Gewissen gerüttelt und zu einer stärkeren Ausrichtung auf die Religion geführt haben. Auffallend ist jedenfalls, daß der Boom des Calvairebaus um 1550–1580 eindeutig mit der beginnenden Gegenreformation zusammenfällt. Die Calvaires also als Veräußerlichung der bretonisch-bäuerlichen Kultur, als Symbol ihrer einzigartigen Originalität, aber auch als Propagandawerkzeug der katholischen Kirche. Nach 1650, als die Krisen- und Triumphzeiten der Kirche vorüber sind, werden keine Calvaires mehr gebaut.

Sie werden nur noch restauriert, repariert, verändert. Viele Figuren und Szenen an den Kalvarienbergen sind jünger, als man vermuten würde. Doch der Mantel des Antiken, der über der Bretagne zu liegen scheint, hüllt auch sie mit ein.

Nur in der Bretagne anzutreffen wie die Calvaires sind auch die *Pfarrensembles*: ganz dem Glauben und dem Gedanken an Tod und Jenseits gewidmete Gebäudekomplexe aus Kirche, Friedhof, Triumphpforte, Beinhaus und Calvaire. In *Sizun*, sieben Kilometer westlich von Commana, ist ein solches *Enclos paroissial* anzutreffen. Die Triumphpforte, die auf den Friedhof führt und das Reich der Lebenden von dem der Toten trennt, wirkt in ihrer feierlichen Monumentalität sehr weltlich, wird nur durch einen kleinen, aufgesetzten Calvaire «vergeistlicht». Die Karyatiden am Ossarium sind ein rührender Versuch, für feinen Marmor entworfene Renaissanceornamente in grobkörnigen Granit umzusetzen: Von der Renaissance bleibt dann – außer in den kannelierten Säulen – nicht mehr viel übrig.

Vollständig erhaltene Pfarrensembles findet man auch in *La Martyre*, in *La Roche-Maurice* und in *Lampaul-Guimiliau* im nördlichen Umkreis von Sizun. Noch berühmter sind aber die Ensembles und die Calvaires von Guimiliau und Saint-Thégonnec, auf etwa halbem Wege zwischen Sizun und Morlaix.

Dramatisch bewegt und fast verwirrend im Aufbau ist der Calvaire in **Guimiliau**. Auf seinem Sockel drängen sich mehr als 200 Personen – im Dorf leben heute an die 700 Menschen. Aber im 16. und 17. Jahrhundert war der Ort durch Flachsan-

160/161 Der Calvaire von Notre-Dame-de-Tronoën im südlichen Finistère ist einer der ältesten Zeugen dieser bretonischen Volkskunst

bau wohlhabend geworden, als das bretonische Leinen ein gefragter Markenartikel war. Und eben aus dem 16. Jahrhundert stammt der Calvaire, aus dem 17. Jahrhundert die *Kirche* im bretonischen Renaissancestil, der noch nicht ganz auf spätgotische Elemente verzichten will. Ein schönes Werk der Renaissance ist die südliche Vorhalle, der Barock triumphiert am holzgeschnitzten Baptisterium mit den gedrechselten Säulen und den gestikulierenden Heiligenstatuen im Kircheninneren. Das Flachrelief an der Orgeltribüne, das den Triumphzug Alexanders des Großen darstellt, scheint thematisch etwas weit hergeholt zu sein in dieser abgelegenen Dorfkirche. Doch sein Entstehungsdatum (1677) beweist, daß es sich um ein Werk nicht einmal sehr subtiler politischer Propaganda und Einschüchterung handelt. Zwei Jahre zuvor war es in den bäuerlichen Gegenden des Finistère zum Aufstand der «Rotmützen» gekommen, der großen, raschen Widerhall unter der Landbevölkerung gefunden hatte, der aber auf Anordnung König Ludwigs XIV. ebenso rasch niedergeschlagen worden war: Der Sonnenkönig als Triumphator wie der König der Mazedonier.

Einen schlichteren Calvaire als Guimiliau hat der Ort **Saint-Thégonnec**: Die Beweinung Christi ist trotz der groben Ausführung von menschlicher Eindringlichkeit. Die Hauptrolle spielt in diesem Enclos paroissial allerdings nicht der Calvaire von 1610, sondern das zwischen 1676 und 1682 gebaute, monumentale *Beinhaus*. Jean Le Bescond, ein Baumeister aus Carhaix, griff hier mit Geschick auf die Renaissanceformen zurück, die inzwischen in vielen bretonischen Orten heimisch geworden waren. Mehr Mut zu Neuem bewiesen François und Guillaume Lerrel, zwei Holzbildhauer aus dem nahen Landivisiau, die etwa zur gleichen Zeit im Kircheninneren eine Kanzel mit barocken Ornamenten überzogen.

Alte Handelsstadt: Morlaix

Die Kirchen im nördlichen Finistère sind auffallend reich und aufwendig mit prächtigen Altären, Kanzeln, Chorgestühl geschmückt, und auffallend ist auch, daß äußere Einflüsse hier relativ schnell aufgenommen werden. Das Geheimnis dieser kulturellen Aufgeschlossenheit ist in **Morlaix** und seiner Wirtschaftsgeschichte zu suchen.

Das heutige Provinzstädtchen mit seinen 20 000 Einwohnern war im 16. und 17. Jahrhundert, bevor ihm Brest und das aus dem Nichts geborene Lorient den Rang abliefen, der größte und lebhafteste Hafen der westlichen Bretagne. Von hier fuhren Schiffe in alle französischen Häfen, nach England, Holland, Deutschland und bis in die baltischen Länder, nach Spanien, Portugal, Italien und Amerika. Sie waren mit eingesalzenem Fisch beladen, noch mehr aber mit Leinen, das im Hinterland von Morlaix gewebt wurde. In die Stadt kamen dafür Olivenöl, Gewürze, Wein, Geld – aber auch Drucke, die den einheimischen Künstlern als Anregung und Vorlage dienen konnten, und Kunstwerke selbst. Ein eloquentes Beispiel ist eine sich öffnende Madonnenskulptur in der *Kirche Saint-Mathieu* in Morlaix: Als die Plastik vor einigen Jahren restauriert wurde, kamen auf dem Flügelinneren Malereien im schönsten Nürnberger «weichen Stil» zum Vorschein.

Die Opulenz der Bürger von Morlaix muß sich früher auch im Stadtbild gezeigt haben. Einige alte Häuser sind noch in der Innenstadt erhalten, das schönste ist das *Haus der Herzogin Anne* in der Rue du Mur, bei dem allerdings nicht sicher ist, ob es die Herzogin Anne wirklich gesehen hat. Die «bonne Duchesse» hatte sich 1505 in der Stadt aufgehalten, während sie als Achtzehnjährige, angeblich oft mit bretonischen Holzschuhen angetan, eine Wallfahrt durch ihr Stammland unter-

nahm, die zu einem politischen Triumphzug wurde. Das nach ihr benannte Haus dürfte später entstanden sein. Weniger auffällig als dieser mit teils frommen, teils grotesken Skulpturen geschmückte Fachwerkbau ist eine Besonderheit von Morlaix: Bürgerhäuser, die bis unter den Giebel hinauf mit kleinen Schieferplättchen verkleidet sind – was sie vor Feuchtigkeit schützt, ihnen aber auch ein apartes Aussehen verleiht.

Unter dem riesigen Eisenbahnviadukt aus dem vorigen Jahrhundert hindurch, das die Stadt im Norden überspannt und fast erdrückt, kommt man von Morlaix aus ans Meer: zum ruhigen Baden nach *Primel-Trégastel* oder zum Bewundern kostbarer alter Goldschmiedearbeiten nach *Saint-Jean-du-Doigt* östlich der Bucht von Morlaix (mit dem *doigt* ist ein Finger von Johannes dem Täufer gemeint, der in der dortigen Kirche aufbewahrt wird). Ein noch verlockenderes Ziel aber ist **Saint-Pol-de-Léon** am Westufer der Bucht. Die *Kathedrale* des Städtchens gehört zu den schönsten gotischen Kirchen des Landes, hat aber nur wenig Bretonisches an sich; Vorbild war die Kathedrale der normannischen Stadt Coutances, das Hauptschiff besteht aus normannischem Kalkstein, ein Normanne war der Baumeister, und aus der Normandie waren auch die Bauarbeiter herbeigeholt worden.

Saint-Pol und Roscoff

Nicht bretonisch, sondern normannisch ist eigentlich auch der vielgerühmte Turm der *Kreisker-Kapelle* in Saint-Pol. Er

Schieferverkleidete Hausfassade in Morlaix

ist dem Turm der Kirche Saint-Pierre in Caen nachgebildet, wollte diesem 1308 erbauten «König der normannischen Glockentürme» aber doch nicht ganz die Schau stehlen: Mit seinen 77 Metern ist er einen Meter niedriger als das normannische Vorbild. Doch die Bretonen haben diesem kühnen und zugleich zerbrechlich wirkenden Turm auf der gotischen Stadtkapelle aus dem 14. und 15. Jahrhundert Heimatrecht gewährt, haben ihn adoptiert. Er wurde zum Vorbild für Dutzende von bretonischen Kirchen, die sich rühmen wollten, einen Turm «à la Kreisker» mit seiner achteckigen, hohen Spitze zu besitzen. Diese durchsetzten, in der Konstruktion gewagten Kirchtürme wurden zu einem Zeichen bretonischen Prestiges, greifbares Symbol ihres Bürgerstolzes. Es muß die Bretonen daher sehr getroffen und verbittert haben, als König Ludwig XIV. bei der Unterdrückung des im ganzen Land aufgeflammten Aufstands von 1675 auch einige Glockentürme köpfen ließ. Sie fühlten sich in ihrer Ehre verletzt.

Einen originellen Kirchturm gibt es auch im benachbarten **Roscoff.** Seine verspielten Aufsätze, seine leichten Galerien nehmen der kleinen Stadt etwas von der Strenge, die von den massiven Granithäusern ausgeht. An der Kirchenmauer findet man Reliefs, auf denen Schiffe und Kanonen dargestellt sind. Die *Roscovites* waren seefahrende Händler und seefahrende Korsaren, und ganz auf das Meer sind sie bis heute ausgerichtet: mit einem Universitätslabor für ozeanographische Studien, mit einem medizinischen Zentrum für Meerwassertherapie, mit einem Hafen, in dem Muscheln, Hummer und Langusten ankommen und Frühgemüse abgehen, die in erster Linie nach England befördert werden. Schon in vergangenen Zeiten waren die «Johnies» aus Roscoff bekannt, die die im Hinterland angebauten Zwiebeln nach England exportierten. Mit dem Eintritt Großbritanniens in die EG ist eine alte, traditionelle Handelsbeziehung wieder aufgenommen und ausgebaut worden.

Einzig im Meer und in der Liebe zum Meer hatte im vergangenen Jahrhundert der bei Morlaix geborene Dichter *Tristan Corbière* (1845–1875) innere Ruhe gefunden. Er kam oft nach Roscoff, schrieb meist auf dem Meer seine Gedichte in dem zerrissenen, emphatischen Stil, der ihn auch im Kreis der «poètes maudits» um Paul Verlaine und Arthur Rimbaud zum Außenseiter machte.

Sehenswertes Schloß: Kerjean

Die Küste westlich von Roscoff wird unbewohnt und unfreundlich. Man tut daher gut daran, ihr eine Zeitlang den Rücken zu kehren, um Bekanntschaft mit einem der wenigen unbedingt sehenswerten Schlösser der Bretagne zu machen: mit dem **Château de Kerjean** bei Plouzévédé. Noble Renaissance-Elemente nehmen ihm den Festungscharakter, der sonst vielen bretonischen Adelssitzen eigen ist. Doch der graue Granit und der graue Schiefer sorgen dafür, daß die Eleganz sehr unterkühlt bleibt, daß sie sich nie in den Vordergrund drängt. Die Bretonen sagen diesem Schloß sicher zu Unrecht nach, daß es nach protzerischem Neureichtum rieche und nach Adel ohne Tradition. Neureich und ohne Familientradition war allerdings Louis Barbier gewesen, der den Bau um 1560 neu aufführen ließ. Das Geld dazu hatte er von seinem Onkel geerbt, einem Geistlichen – was ein bezeichnendes Licht auf den bretonischen Klerus des 16. Jahrhunderts wirft. Dieser Abbé Hamon Barbier, ein treuer Höfling König Franz I. und Rat am bretonischen Parlament, hatte im Laufe seiner geistlichen Karriere beachtliche materielle Schätze angehäuft. Er hatte zwischen Brest und Nantes so viele einträglliche Pfründen an sich gebracht, daß sich der Papst – angesichts der beim Tod Barbiers vakanten Benefizien – erkundigt haben soll, wie viele Pfarrer und Kanoniker der Bretagne gleichzeitig gestorben wären.

Ein Irrer bringt Glück: Le Folgoët

Le Folgoët (= «der Wald des Irren») ist nicht gerade ein sympathischer Name. Aber dem Ort im nördlichen Finistère, auf halbem Wege etwa zwischen Saint-Pol-de-Léon und Brest, hat er Glück gebracht. Ein Geistesgestörter, der um die Mitte des 14. Jahrhunderts im Wald in der Nähe einer Quelle lebte, war der Gottesmutter so ergeben, daß auf seinem Grab Lilien wuchsen, deren abfallende Blütenblätter sich zu den Worten «O Maria» formten. Über der Quelle wurde im 15. Jahrhundert eine Kirche errichtet, die zu den bretonischen Meisterwerken der Gotik gehört (der Turm ist dem der Kreisker-Kapelle in Saint-Pol abgeschaut), und die verschiedenen Pardons reißen das Dorf zwischen Mai und September immer wieder aus seiner Schläfrigkeit. Was an Feinheit und Eleganz aus dem bretonischen Kersanton-Gestein, einem basalthaltigen, feinkörnigen Granit, herauszuholen ist, zeigt der gotische Lettner mit sanft geschwungenen Wimpergen und hauchzarten Vierpässen – der einzige steinerne Lettner der Bretagne. Er war früher bemalt, braucht aber auch in seiner Monochromie die späteren, farbigen Holzschnitzwerke um nichts zu beneiden.

*169 Das Château de Kerjean, ein eleganter Bau
     der Renaissance*

Wer eine Ende-der-Welt-Landschaft erleben möchte: am Meer bei **Brignogan-Plage,** 15 Kilometer nördlich von Le Folgoët, hat er Gelegenheit dazu. Die Küste ist hier von massigen, abgerundeten Felsblöcken übersät, aus denen an der *Pointe de Pontusval* ein winziger, bescheidener Leuchtturm aufragt. Die kleinen Badestrände, die sich in diesem Steinchaos immer wieder auftun, sind ein Paradies für Individualisten, die den üppigen, farbig-sonnigen Mittelmeerstränden die manchmal desolate Melancholie des nördlichen Atlantiks vorziehen.

Die einsame «Küste der Legenden»

Die Nordwestküste des Finistère wird als *«Küste der Legenden»* bezeichnet. Die Dörfer werden kleiner, liegen weiter auseinander, die ohnehin schon nicht gesprächigen Bretonen sind hier noch schweigsamer. Von einer öden und einsamen Wirklichkeit umgeben, schufen sich die Bewohner eine irreale Welt, stiegen an den langen Winterabenden ins Reich der Märchen und Sagen ein. Die seltsam geformten Felsblöcke am Ufer des Ozeans, die einsamen Inseln vor der Küste, die überlieferten Schilderungen von fremden, gestrandeten Schiffen mit kostbaren Schätzen, die vagen Erinnerungen an Burgen und Klöster, die die Normannen zerstört haben, an sagenumwobene Städte, die im Meer versunken sind: das alles wurde zu Arbeitsmaterial für ihre Phantasie. Voltaire, der Vernunftgläubige, hat die Magie dieser Welt wie kaum ein zweiter erfaßt: *«O glückliche Zeit der Märchen, / der gütigen Dämonen, der vertrauten Geister, / der den Sterblichen hilfreichen Kobolde! / Auf all diese wundersamen Begebenheiten horchte man / im eigenen Manoir, neben einem großen Feuer; / der Vater und der Onkel, und die Mutter, und die Tochter, / und*

*die Nachbarn, und der ganze Hausstand / hörten dem Schloß-
kaplan zu, / der ihnen Zaubermärchen erzählte. / Die Dämonen
und die Feen sind jetzt verbannt; / die unter der Vernunft erstickten Grazien / übergeben unsere Herzen der Gefühllosig-
keit / ... / O, glaubt mir, der Irrtum hat seinen Wert.»* Den
Manoir de Kerouartz bei Lannilis könnte man sich als Schauplatz solcher Abende im Familienkreis vorstellen, am flak-
kernden Kaminfeuer, eingesponnen in die Welt der Feen und
Kobolde, der Zauberer und Dämonen. Der Herrensitz aus
dem späten 16. Jahrhundert wird noch ganz vom frugalen und
doch noblen, würdevollen Lebensstil geprägt, der den bretonischen Landadel immer ausgezeichnet hat. Der Perücken-
und Puderpomp der Hofhaltung in Versailles war hier nie
Vorbild.

Vor dieser «Küste der Legenden» ragen zahllose Klippen aus
den Fluten auf, viele andere werden bei Ebbe sichtbar, die
Strömungen sind heftig, und oft liegt dichter, plötzlicher Ne-
bel über dem Gebiet. Auffallend viele Leuchttürme – darunter
der Phare de la Vierge, mit seinen 75 Metern der höchste
von ganz Frankreich – geben den Seefahrern bei Dunkelheit
und Schlechtwetter Geleit. Doch die Überfahrt zur **Ile d'Ouessant** bedeutete in vergangenen Zeiten immer ein Abenteuer.
Der 23jährige François-René de Chateaubriand wäre bei
einem Schiffsunglück vor Ouessant beinahe umgekommen,
als er im Dezember 1791 aus Amerika, wohin er hatte emigrie-
ren wollen, nach Frankreich zurückkehrte. Mehr als 100 Jahre
später, am 16. Juni 1896, lief der englische Ozeandampfer
«Drummond Castle» mit 300 Passagieren und 100 Mann Besatzung an Bord vor Ouessant auf ein Riff auf. Drei Menschen wurden gerettet. Und die Öltanker, die hier havariert
und die west- und nordbretonischen Küsten verpestet haben,
sind eine Realität von heute.

Ouessant, die westlichste Insel Frankreichs

Dieses Leben inmitten einer gefährlichen, bedrohlichen Umwelt hat unter den heute rund 1400 Bewohnern der Ile d'Ouessant ein besonders stark ausgeprägtes Solidaritätsgefühl entstehen lassen. Die alten Trachten sind zwar so gut wie verschwunden, frühere, volkskundlich interessante Bräuche ausgestorben. Aber eine Fahrt zu dieser westlichsten Insel Frankreichs ist ein Erlebnis – und sei es nur wegen der Gänsehaut beim Anblick der wellengepeitschten Klippen.

Auch *Michel Le Nobletz* (1577–1652) mag gezittert haben, als er im frühen 17. Jahrhundert nach Ouessant übersetzte. Aber er war von eiferndem Willen und felsenfestem Glauben getragen. Er, der von seinen etablierten, träg gewordenen Amtsbrüdern wegen seiner Rufe nach Frömmigkeit und Armut verlacht und als «ar belec fol», «der verrückte Priester», verspottet wurde, wollte auch die Bevölkerung dieser verlassenen Insel vom verbreiteten Aberglauben abbringen und ihr den rechten Weg ins Paradies weisen. Le Nobletz, eine der großen Gestalten unter den bretonischen Missionaren der Gegenreformation, trug viel zu einer erneuerten katholischen Frömmigkeit im Lande bei. Dabei bediente er sich – wie auch sein Freund, der Jesuitenpater Julien Maunoir – geschickter Methoden mit frappierender Massenwirkung. Er predigte in bretonischer Sprache, und er erläuterte seine Predigten vor der meist leseunkundigen Zuhörerschaft mit bunten Bildern, die auf Schafshäute oder Holztafeln aufgemalt waren. Der pferdefüßige Teufel und der für die Verdammten schon angeheiz-

172 Bei Brigognan-Plage behauptet sich zwischen riesigen Granitblöcken ein winziger Leuchtturm

te Kochkessel fehlten selten unter diesen Szenen. Auch diese Gottesfurcht predigenden, aber Höllenangst einjagenden katholischen Missionare haben mit dazu beigetragen, daß aus den aufrührerischen, königsfeindlichen Bretonen des Jahres 1675 rasch wieder brave, obrigkeitshörige und autoritätsgläubige Untertanen wurden.

Mit dem Etikett des Militärischen behaftet: Brest

In *Le Conquet,* wo auch die Schiffe nach Ouessant anlegen, befindet sich in der Kirche das Grabmal von Michel Le Nobletz. Das recht theatralische Werk wird *Filippo Caffieri* zugeschrieben, einem italienischen Bildhauer, der in Frankreich ein neues Betätigungsfeld gefunden hatte: Er entwarf und schnitzte Galionen und Galionsfiguren für die königlichen Schiffe, die im Arsenal in **Brest** vom Stapel liefen. Der nimmermüde Jean-Baptiste Colbert hatte diese Stadt in der zweiten Hälfte des 17. Jahrhunderts zum bedeutendsten Kriegshafen des französischen Königreichs gemacht, dessen Glanz und Größe der Welt auch durch reich ausgeschmückte Schiffe verkündet werden sollten. Zwischen 1678 und 1704 waren in Brest mindestens 24 Bildhauer und 21 Vergolder tätig: in der Mehrheit aus Paris und – wie Caffieri – aus Italien herbeigerufene Künstler. An ihrem Vorbild schulten sich ganze Scharen einheimischer Holzschnitzer, bekamen wertvolle Anregungen für eigene Schöpfungen, und in den Kirchen des Finistère sind muskulöse, gewundene Holzgestalten mit griechischem Profil zu sehen, die dem Werk eines etwas verbäuer-

175   In einem Café in Brest

lichten Michelangelo entstiegen zu sein scheinen. Doch diese in Brest ausgeführten Arbeiten nahmen mit ihrer pompösen Rhetorik, wie sie den Galionsfiguren gut anstand, den Werken der einheimischen Künstler viel von dem spontanen Einfallsreichtum, der sie bis dahin ausgezeichnet hatte.

Brest, wo schon zur Römerzeit eine Festung bestanden hatte, war am Ende des Zweiten Weltkriegs totgesagt worden. Die Bombenangriffe schienen ihm für immer die Hoffnung auf neues Leben genommen zu haben. Aber die Stadt ist heute wieder der größte Kriegshafen Frankreichs (das *Arsenal* dürfen nur Franzosen besichtigen), ist mit ihren 175000 Einwohnern nach Rennes die zweitgrößte Stadt der Bretagne und Sitz der zweiten bretonischen Universität. Doch vom früheren Brest ist nichts erhalten – außer der zwischen Kriegshafen und Stadt aufragenden *Burg* und den durch Dioramas in der *Tour Tanguy* wachgehaltenen Erinnerungen an das unwiederbringlich verlorengegangene «Vieux Brest». «Außerhalb des Arsenals und des Zuchthauses», hat Flaubert im 19. Jahrhundert geschrieben, «wieder Kasernen, Wachtposten, Befestigungen, Wallgräben, Uniformen, Bajonette, Säbel und Trommeln»: So soldatisch-lärmend wirkt Brest zwar heute nicht mehr, aber das Etikett des Militärisch-Martialischen wird ihm wohl für immer haften bleiben.

Auf die ganz der Erdbeer- und Frühgemüsezucht verschriebene Halbinsel von Plougastel kommt man von Brest aus über den 880 Meter langen, zwischen 1926 und 1930 errichteten *Pont Albert-Louppe*. An den Brückenenden stehen je zwei Granitskulpturen des westbretonischen Bildhauers *René Quillivic*. Von diesen in den dreißiger Jahren geschaffenen Werken geht die gleiche, eindringliche Faszination des Schlichten aus, die auch die vor Jahrhunderten entstandenen Calvaires ausströmen.

Wieder Calvaires und Abteien

Etwas kühl und steif wirkt der Calvaire im nahen **Plougastel-Daoulas,** der dennoch zu den bedeutendsten, da größten und figurenreichsten Kalvarienbergen gezählt wird. Er ist zwischen 1602 und 1604 errichtet worden, als Votivbau nach der 1598 überstandenen Pest, hat aber unter recht umfassenden Restaurierungen nach dem Zweiten Weltkrieg gelitten – wie er unter seiner Lage leidet: Die wiederaufgebaute, anonyme Kirche, der kahle Platz sind nicht der rechte Rahmen, um den Calvaire zur Geltung zu bringen. Eindrucksvoll bleibt in jedem Fall – neben vielen stereotypen Gesten und Haltungen – die Szene mit Katel Gollets Höllenfahrt: Diese Geschichte um die schöne, sinnliche Sünderin, der nach einer Buhlschaft mit dem Teufel gerechte Strafe widerfährt (sie ist in noch drastischerer Ausgestaltung auch in Guimiliau zu sehen), sollte junge, wankelmütige Mädchen von sexuellen Fehltritten abschrecken.

Oft verbreiten die Calvaires und ihr Figurengedränge eine gewisse, leicht verwirrende Unruhe. Sehr wohltuend wirkt da die Stille der ehemaligen Abtei in **Daoulas.** Dem romanischen Kreuzgang neben der mehrmals umgebauten Kirche fehlt zwar ein Flügel, er ist ohne Dach. Aber zu Meditation und Nur-im-Flüsterton-Sprechen scheint er auch heute noch einzuladen, 800 Jahre nach seiner Entstehung. Ganz bretonisch in ihrer stilistisch-ikonographischen Zeitlosigkeit sind zwei Bildhauerarbeiten innerhalb des Klosterkomplexes: mitten im *Kreuzgang* eine achteckige *Brunnenschale* mit maskenhaften Gesichtern, die durch geometrische Motive voneinander getrennt werden – in einem stimmungsvollen Dickicht ganz in der Nähe eine Steinplastik, auf der Christus und die heilige Katharina von Siena über eine Quelle wachen. Die Entste-

Rätselhafte Brunnenschale im Kreuzgang des Klosters von Daoulas

hungsdaten – 1352 für die Brunnenschale, 1532 für die Quellskulptur – seien nur der Vollständigkeit halber angeführt. Die Arbeiten könnten genauso gut Jahrhunderte früher entstanden sein. Die Quellfiguren sind reizend in ihrer frommen, etwas derben Naivität – die in ihrer Ausdruckslosigkeit und Starre so ausdrucksvollen Gesichter an der Schale dagegen scheinen die Tür zu einer Welt geheimnisvoller, uralter heidnischer Magie zu öffnen.

Auf der Halbinsel von Crozon:
Landévennec und Camaret

Dicht am Dörfchen *Rumengol* vorbei, dessen zwischen 1433 und 1457 erbauter Calvaire wahrscheinlich der älteste der Bretagne und dessen Kirche das Ziel mehrerer großer Marienpardons ist, kommt man auf die Halbinsel von Crozon.

Gleich an ihrem Nordufer liegt die **Abtei Landévennec.** Sie war im 5. Jahrhundert vom heiligen Guénolé gegründet worden, in einem Gebiet, das ihm Gradlon, der legendäre König der Cornouaille, als Gegengabe für weise, fromme Ratschläge geschenkt hatte. Über ihre Entwicklung, ihre Bedeutung, ihre Geschichte ist nicht viel bekannt. Sie wurde 913 von den Normannen geplündert und von den Mönchen verlassen, wenige Jahrzehnte später wieder besiedelt und aufgebaut, um während der Revolution noch einmal geplündert, zerstört und für immer verlassen zu werden. Von dem sehr schön auf einer Landzunge gelegenen Klosterkomplex blieben nur die Grundmauern der romanischen Kirche aus dem 11. Jahrhundert erhalten. Einige Säulen tragen noch Kapitelle mit den beruhigenden Flechtbandmotiven, wie man sie aus irischen Handschriften kennt, und mitten in den Ruinen steht einsam ein Steinstandbild von Saint Guénolé. Die Bretonen haben diesen einheimischen Heiligen immer sehr verehrt, und mit allergrößter Begeisterung (deren sie manchmal fähig sind) begrüßten sie daher 1950 den Plan des Benediktinerordens, die Abtei Landévennec wenige hundert Meter oberhalb der Ruine neu erstehen zu lassen. Der Kirchturm, die Apsis, die 1958 bezogenen Klostergebäude sind aus Granit, wie es sich für einen bretonischen Bau gehört. Im linken Seitenschiff der modernen Kirche steht eine simple, farbige Holzstatue (vielleicht aus dem 16. Jahrhundert) des heiligen Guénolé, des ersten Klostergründers.

Die Halbinsel von Crozon wartet an ihrer Spitze mit steilen, hohen Felsküsten auf, die zu den berühmtesten Landschaftsbildern der Bretagne gehören. Auf der Landzunge von Roscanvel mit der *Pointe des Espagnoles,* wo die Spanier 1594 ein Fort errichtet haben, an der *Pointe du Toulinguet,* an der *Pointe de Pen-Hir* und am *Cap de la Chèvre* kann man den Umgang mit Einsamkeit und das Fürchten vor dem Meer lernen. In einer stillen Bucht inmitten dieser Welt aus Stein und magerem Gras liegt **Camaret-sur-Mer.** Trotz weltweiter Konkurrenz ist es ein bedeutender Langustenhafen geblieben, der immer noch größte Frankreichs. Doch Marokko und Mauretanien haben ihre Hoheitsgewässer ausgedehnt, und den *Camarétois* bleibt in diesen ihren traditionellen Langustenfanggebieten vor der nordwestafrikanischen Küste nicht mehr viel Raum. Wie Symbole des Niedergangs einer einst blühenden Tätigkeit wirken die Schiffsrümpfe, die im «Bootsfriedhof» von Camaret vermodern.

Auf einem langen natürlichen Damm, der den Hafen von Camaret vor Fluten schützt, steht neben einem früheren Festungsturm eine winzige Kirche, die *Chapelle Notre-Dame-de-Rocamadour* von 1527. Innen erinnern mehrere Exvotos – Schiffsmodelle, Ruder, Bojen und Anker – an die enge, gefahrvolle Verstrickung des Lebens der einheimischen Bevölkerung mit dem Meer.

Gallorömische Spuren am Menez-Hom

Am Eingang der Halbinsel von Crozon ragt, als westlichster Ausläufer der Montagnes Noires, der kahle *Menez-Hom* auf, mit seinen 330 Metern ein einzigartiger Aussichtspunkt. Daß sich auf diesem Berg wahrscheinlich eine gallorömische Kultstätte befunden hat, beweist ein kleiner *Bronzekopf,* den ein Bauer 1913 beim Pflügen am Hang des Menez-Hom entdeckte, der der Wissenschaft aber erst vor wenigen Jahren bekanntwurde. Der Mädchenkopf, heute im Musée de Bretagne in Rennes, ist von einheimischen Archäologen «Brigitte» getauft worden: Mit diesem Namen bezeichnen irische Texte des Mittelalters eine keltische Göttin, die mit der römischen Minerva gleichgesetzt werden kann.

Am Fuß des Menez-Hom liegt die *Kapelle Sainte-Marie* aus dem 16. Jahrhundert, ein wahrer Schaukasten bretonischer Holzschnitzkunst. An den drei Altären aus der Zeit um 1700, die die ganze Ostwand einnehmen, merkt man, wie stark die bombastischen, goldglänzenden Arbeiten der Schiffsbildhauer aus Brest bis in abgelegene Dorfkirchen nachgewirkt haben. Eigenständiger, bodenständiger wirken die geschnitzten Holzbalken in dieser Kapelle: Bibel- und Alltagsszenen in naiver Darstellung, die so naiv gar nicht ist. Der Entwerfer mußte bibelfest sein, um den Werken die gewünschte belehrende Wirkung zu geben, der Holzschnitzer beweist in Komposition und Ausführung Geschick und originellen Einfallsreichtum.

Ähnliche, etwas grober gestaltete Schnitzbalken findet man in der Kirche von **Pleyben,** einem etwas trägen Marktflecken im Landesinneren, den man über das Städtchen Chateaulin erreicht. Auffallender als diese fröhlich und farbig verzierten Balken im Inneren ist der viel imitierte, hohe Renaissance-

182/183 Im «Schiffsfriedhof» von Camaret-sur-Mer vermorschen alte Bootsrümpfe

turm, der mit seinen kuppelgekrönten Aufsätzen einen Hauch russisch-orthodoxen Kirchenbaus in die Bretagne bringt. Aufgesucht wird Pleyben allerdings vor allem wegen seines Pfarrensembles, zu dem neben einem Beinhaus aus dem 16. Jahrhundert in sehr maßvoller, eleganter Gotik auch der Calvaire gehört. Er wurde 1555 begonnen, ein Jahrhundert später restauriert, aber Stilunterschiede sind nicht zu erkennen: bretonische Anhänglichkeit am Überlieferten. Wahrscheinlich wurde bei der Restaurierung der Sockel zu einer Art Triumphpforte erhöht, was das bequeme Betrachten der einzelnen Szenen erheblich erschwert. Man bedauert das besonders bei der Grablegung Christi: Die an den Wangen der Frauen herabrollenden, erstarrten Tränen verstärken den Eindruck einer gelungenen Momentaufnahme von Trauer, die mit viel Fassung getragen wird.

Locronan: von der Tuchweberei zum Tourismus

Das Dorf *Cast* mit einer originellen «Hubertusjagd» in Stein auf dem Kirchvorplatz liegt am Weg von Pleyben nach **Locronan,** dem «Ort des heiligen Ronan» – wie der Name sagt. Vieles steht hier im Zeichen dieses Heiligen. Die *Chapelle du Pénity* birgt sein Grabmal, in der *Kirche* gibt es neben üppigen Barockaltären und einem farbschönen Fenster aus dem 15. Jahrhundert eine Kanzel (1707), auf der in zehn Medaillons das Leben des Wundertäters erzählt wird: Der zum Bischof erhobene Ronan verläßt das heimatliche Irland und wird von einem Engel in die Gegend von Locronan geleitet; er baut sich eine Einsiedlerklause, plaudert gern mit einem frommen Bauern – was dessen Frau Keban sehr verärgert; er zwingt einen Wolf, von einem erbeuteten Schaf abzulassen –

was den Neid und Haß Kebans auf Ronan noch steigert; er heilt Gelähmte; er beschwichtigt allein mit dem Kreuzeszeichen zwei wilde Doggen, die erboste Bauern auf ihn losgelassen hatten; er wird von Keban, die ihre Tochter getötet hat, des Mordes beschuldigt und zum Prozeß nach Quimper geführt; er erweckt Kebans Tochter vor König Gradlon zum Leben; in seiner Sterbestunde erscheint ihm ein Engel, ein teuflisches Monstrum wird in Ketten gelegt; der von zwei Rindern gezogene Karren mit dem Leichnam Ronans kehrt nach Locronan zurück; zwei Pilger knien vor dem Heiligen. Auch diese Lebensgeschichte ist ein typisches Beispiel der üblichen, klischeehaften Hagiographie mit Gefahren, Versuchungen, Siegen des märchenhaften Helden – wobei die Namen der Heiligen beliebig ausgetauscht werden könnten.

Über dem Grab des heiligen Ronan, der im 5. Jahrhundert gelebt haben soll (im irisch-schottisch-walisischen Raum sind um diese Zeit gegen zwanzig Heilige gleichen Namens nachgewiesen), wurde bald eine hölzerne Kapelle errichtet, dann eine Kirche, im 11. Jahrhundert ein Benediktinerkloster, im 15. Jahrhundert die heute bestehende Kirche, im frühen 16. Jahrhundert die Pénity-Kapelle. Ronan brachte dem Ort Pilgerzuströme und Berühmtheit. Doch was uns an Locronan besticht, ist sein einheitliches Ortsbild. Und das hat nur indirekt mit dem heiligen Ronan zu tun.

Dank der Privilegien, die die sehr Ronan-devoten bretonischen Herzöge dem Ort gewährten, wurde aus dem kleinen Dorf ein Markt, aus dem Markt eine Stadt. Als vom 15./16. Jahrhundert an immer mehr Segelschiffe die Meere befuhren und die Nachfrage nach Segeltuch wuchs, wurde Locronan – was man angesichts des heutigen 700-Seelen-Dorfes kaum vermuten würde – zu einem Wirtschaftszentrum von weltweiter Bedeutung. Die Stadt hatte 1400 Einwohner. 400

Webstühle waren in und um Locronan in Betrieb, zahllose Familien waren mit dem Weben von Segeltuch beschäftigt, das in Pouldavid bei Douarnenez auf Schiffe verladen und in viele Länder Europas befördert wurde: Als «olonas de pundabi» waren diese Segeltuche in Spanien bekannt (wobei «pundabi» eine sprachliche Deformation von «Pouldavid» ist), als «poldavid» in Flandern, als «boldavid» in England. Es kam Geld in die Stadt: wirtschaftliche Sicherheit und vielleicht ein gewisser Wohlstand für die Weber, Reichtum für die Kaufleute, die die stolzen, strengen Granithäuser am *Hauptplatz* bauten, die immer noch der vielfotografierte, vielgefilmte Stolz der Stadt sind. Doch die Konkurrenz anderer, neuer Textilzentren führte vom 18. Jahrhundert an zur Krise der Segeltuchindustrie in Locronan. Die Webstühle wurden immer weniger, die Einwohnerzahl ging zurück, das einst blühende Gewerbe schlief ein. Da kein Geld mehr da war, um die Wohnhäuser auszubauen und zu verschönern, behielten sie ihr Aussehen des 16. und 17. Jahrhunderts: unwillentlicher Ensembleschutz aus Armut.

Vom modernen Massentourismus ist Locronan zu neuem Leben erweckt worden. Zur Urlaubszeit und an Wochenenden nimmt der herbe, ganz in sich geschlossene Platz mit den Granithäusern, den Granitkirchen, dem Granitpflaster ein wenig Rummelplatzatmosphäre an, wird zu einem großen Souvenirbasar – allerdings mit recht geschmackvollen, von einheimischen Handwerkern hergestellten Souvenirs: Töpfer- und Lederarbeiten, Strickwaren, Stickereien, Holzschuhen – und natürlich *handgewebten Stoffen*. Auch diese Tradition ist wieder erwacht.

186   Am Hauptplatz des Städtchens Locronan

Ganz besonderer Andrang herrscht in Locronan zu den «Troménies»: zur «Kleinen Troménie», die vier, fünf Kilometer lang ist und jedes Jahr im Juli stattfindet, und zur «Großen Troménie», die mit ihren zwölf, dreizehn Kilometern alle sechs Jahre gegangen wird (1983, 1989 usw.). Diese volkstümlichen Prozessionen folgen angeblich dem Weg, den Ronan tagtäglich beziehungsweise allwöchentlich zurückzulegen pflegte.

Sainte-Anne-la-Palud und sein «Pardon»

Die Grande Troménie verläuft malerisch durch die sehr sanfte Hügellandschaft um Locronan, bis auf den fast 300 Meter hohen Berg von Locronan. Nicht weniger malerisch ist die Prozession, die sich in **Sainte-Anne-la-Palud** durch die herbe Dünenlandschaft zieht – bei dem allzu berühmten *Pardon* Ende August, der mittlerweile mehr Touristenattraktion als Ausdruck bretonischer Frömmigkeit ist. Gewiß: die wohlorganisierte Prozession ist reizvoll anzusehen, die Frauen und Männer in Trachten sind eine Freude für das Auge. Aber wenn Stoppelfelder am Ortsrand in kostenpflichtige Parkplätze verwandelt werden, dann ist das ein Zeichen, daß es mit der Besinnlichkeit und Einkehr, die einen solchen Pardon umgeben sollten, endgültig vorbei ist. Man bedauert diese Entwicklung gerade in Sainte-Anne-la-Palud, der traditionsreichsten Stätte der Anna-Verehrung in der Bretagne. Schon im 6. Jahrhundert war hier eine erste Kapelle errichtet worden, an der Stelle, an der Jesus angeblich seine in die heimatliche Bretagne zurückgekehrte, sterbende Großmutter Anna besucht hatte. Auf die erste Kapelle folgten mehrere andere – bis auf die heutige, im 19. Jahrhundert errichtete, in der die farbige Holzstatue der heiligen Anna (1548) verehrt wird.

Die erste Kapelle von Sainte-Anne-la-Palud soll um das 8./9. Jahrhundert vom Meer verschlungen worden sein. Wir stoßen hier wieder einmal auf die in der Bretagne so verbreitete Überlieferung von versunkenen Kirchen, Dörfern, Städten. Diese katastrophalen Ereignisse werden im Volk meist als gerechte, überirdische Strafe für den unsittlichen Lebenswandel der Bevölkerung, für den anmaßenden Größenwahn eines Herrschers interpretiert. Aber auch diese Sagen und Legenden haben einen historischen Kern. Von verheerenden Sturmfluten ist die Bretagne häufig heimgesucht worden, und die Epirogenese (Bewegung der Erdkruste) führt dazu, daß sich die Kontinente fast unmerklich heben und senken, daß in einigen Gegenden der Erde Neuland zutage tritt, während in anderen Land im Meer verschwindet – was in der Bretagne der Fall ist: Im Laufe der vergangenen zwei- bis dreitausend Jahre hat sich die Küste an vielen Stellen gesenkt, früheres Land ist (was versunkene Megalithbauten im Golf von Morbihan bezeugen) vom Meer überflutet worden – wie die Stadt *Ys*.

Rätsel um die versunkene Stadt Ys

Und damit sind wir wieder im Reich der Sagen: Man erzählt von einer reichen, blühenden Stadt, der Hauptstadt der von *König Gradlon* regierten Cornouaille. Doch seine schöne Tochter Dahut verliebt sich in den Teufel, der sich ihr als verführerischer, unwiderstehlicher Jüngling präsentiert. Sie soll ihm als Liebesbeweis die Hafentore öffnen, stiehlt ihrem Va-

190/191 Beim «Pardon» von Sainte-Anne-la-Palud werden noch die alten Trachten getragen

ter die Schlüssel, öffnet die Schleusen. Beim Anblick der heranrollenden Wellen ergreift König Gradlon die Flucht, nimmt seine Tochter mit aufs Pferd. Erst als er auf Befehl einer himmlischen Stimme (oder war es der heilige Guénolé?) seine verhexte Tochter in die Fluten stößt, beruhigt sich das Meer und zieht sich zurück. Doch das prächtige, glänzende Ys ist für immer verschwunden.

Generationen von Archäologen und Historikern haben sich den Kopf darüber zerbrochen, wo die Stadt Ys gelegen haben könnte. Die Baie des Trépassés an der Westspitze der Cornouaille, Penmarc'h an ihrer Südspitze, die Bucht von Douarnenez im Norden möchten sie für sich beanspruchen. Konkrete Beweise hat bisher niemand liefern können. Aber ein einheimischer Forscher stellte eine Karte der gallorömischen Funde auf bretonischem Boden zusammen, untersuchte den Verlauf der römischen Straßen im westlichen Teil der armorikanischen Halbinsel – und kam zu einer überraschenden Entdeckung: die Straßen schneiden sich im Meer, etwa vier Meilen nordwestlich der Stadt **Douarnenez** in der gleichnamigen Bucht. Fischer brachten hier 1965 aus 15 Metern Tiefe römische Ziegelscherben ans Tageslicht. Spuren der vielleicht doch nicht nur legendären Stadt Ys? Auch Sagen können der Wissenschaft nützliche Hinweise liefern. Und um den Hafen und Badeort Douarnenez, wo auch römische Statuen, Mauerreste und Becken zum Einsalzen von Nahrungsmitteln zum Vorschein gekommen sind, dürften die Archäologen noch viel Arbeit haben.

Cap Sizun heißt die Spitze der Halbinsel, die sich von Douarnenez nach Westen vorschiebt. An ihrem Nordufer liegt ein bedeutendes Vogelschutzgebiet, an ihrem Ende fällt die *Pointe du Raz* mit mehr als 70 Meter hohen, zerklüfteten Felsen gegen das Meer ab – als einer der klassischen, windgepeitschten Aussichtspunkte der bretonischen Küste. An der Pointe du Raz, dem «Sturmflutkap», steht die Kapelle Notre-Dame-des-Naufragés, «Unsere-Liebe-Frau-der-Schiffbrüchigen», nördlich davon öffnet sich die *Baie des Trépassés,* die «Bucht der Verstorbenen»; vor ihr, zwischen Festland und Ile de Sein, liegt der Raz de Sein mit seiner reißenden Strömung, den «niemand ohne Angst oder ohne Schmerz passiert» – wie es in einem Sprichwort heißt. Die Gefahren des Meeres, der Tod auf dem Meer sind hier immer gegenwärtige Realität.

«... geduldig wie die Götter»: auf der Ile de Sein

Man mag sich vorstellen, wie es sich unter solchen Bedingungen auf einer Insel wie der **Ile de Sein** lebt, die etwa zehn Kilometer vor der Pointe du Raz liegt: durchschnittlich anderthalb Meter über dem Meer und reichlich einen halben Quadratkilometer groß. Und doch leben hier 600 Menschen, die zäh und verbissen an ihrer Insel hängen, an den kleinen, zusammengedrängten Häusern mit den blauen Fensterläden, an den schmalen, tief eingeschnittenen Gassen, in denen sich der Wind nicht so leicht verfängt, an den Trockenmauern, mit denen sie ihre kargen Kartoffel- und Gemüsefelder vor dem Sturm schützen. Sie leben vom Fischfang und vom Tangsammeln. Aber da das nicht mehr ausreicht, gehen viele junge Leute zum Arbeiten aufs Festland. Zurück bleiben die Alten, die Kinder und die Frauen – die ganz schwarz gekleideten Frauen, die seit einer verheerenden Choleraepidemie vor 100 Jahren ihre früher weiße Haube gegen die schwarze Witwenhaube eingetauscht und seitdem die Trauerkleidung nicht mehr abgelegt haben. Sie leben fernab der Welt, diese *Sénans,* und haben sich doch in der jüngsten Geschichte Frankreichs durch großen, spontanen Patriotismus ausgezeichnet. Im Juni 1940 besetzen deutsche Truppen einen großen Teil Frankreichs, das von Marschall Henri-Philippe Pétain geführte Kabinett schließt am 22. Juni den Waffenstillstand. Und am selben Tag ruft General *Charles de Gaulle* von London aus seine Landsleute zum Widerstand gegen Pétain und die deutschen Besatzer auf. Der Leuchtturmwärter der Ile de Sein kaptiert die Botschaft, gibt sie an die Inselbewohner weiter, und am Tag darauf, einem Sonntag, appelliert der Pfarrer während der Messe: «Heute, meine Brüder, ruft Frankreich euch aus England. Antwortet auf seinen Ruf!» Zwischen dem 24. und dem 26. Juni verlassen fast 150 Männer die Insel, um de Gaulle in London zu erreichen, 114 kehren bei Kriegsende lebend heim.

1960 wird auf Sein ein Kriegerdenkmal errichtet: vor dem lothringischen Kreuz ein barhäuptiger Fischer, die Mütze in der Hand, zu seinen Füßen die bretonische Inschrift «Kentoc'h mervel»: «Lieber sterben». Ans Sterben, an die tägliche Begegnung mit dem Tod ist man hier seit Jahrhunderten gewöhnt, aber die Freiheit hat man immer mit allen Kräften verteidigt. *Tristan Corbière,* der bretonische Dichter des Meeres, hat im letzten Jahrhundert über die Ile de Sein geschrieben: «Dort leben und sterben felsfarbene Wesen, geduldig wie die Götter.» Knapper und eindringlicher könnte man die Inselbewohner und ihre Lebenshaltung kaum charakterisieren.

195 Auf der Ile de Sein, die der bretonischen Westküste vorgelagert ist

Kunst und Politik zwischen Plogoff und Saint-Tugen

Die Schiffe nach Sein fahren das ganze Jahr über in *Audierne* ab, dessen größte Attraktion sein lebhafter Fischerhafen ist. Kunstfreunde wird es eher nach **Pont-Croix** ziehen, zur *Kirche Notre-Dame-de-Roscudon* mit ihren auffallend hohen, durchsetzten Portalwimperg. Man hat hier einen Bautyp des 13. Jahrhunderts vor sich. Mit seinen zu gebündelten Säulen aufgelösten Pfeilern war er Vorbild für fast zwei Dutzend Kirchen im südlichen Finistère. Die Kunsthistoriker wollen in diesem Bauwerk auch englische Stilelemente sehen – was gut denkbar ist. Pont-Croix war im 13. und 14. Jahrhundert ein aktiver Seehafen, und daß auswärtige Einflüsse aufgenommen wurden, zeigt auch eine vergoldete Holzschnitzarbeit in der Kirche: Das im frühen 17. Jahrhundert geschaffene «Abendmahl», von dem die Spontaneität einer familiären Stammtischszene ausgeht, ist einem Stich des Holländers Hendrick Goltzius nachgebildet, der seinerseits ein Werk des flämischen Malers Pieter Coecke van Aelst wiedergegeben hatte. Wenn man weiß, daß Coecke eifrig Studien in Italien betrieben hatte, versteht man, auf welchen Umwegen Merkmale und Formen des italienischen Manierismus in eine westbretonische Dorfkirche gelangt sind.

Sehr malerisch ist die Dorfkirche von *Saint-Tugen,* wenige Kilometer westlich von Audierne. Vor der Kirche steht ein Calvaire ungewissen Alters, der im vorigen Jahrhundert stark ergänzt worden ist. Doch der Granit ist so schön verwittert, daß ein eigentlich grob und banal gearbeiteter Engel zu einem Geschöpf wird, in dem Jugend und Alter faszinierend verschmel-

196   Engel am Calvaire von Saint-Tugen

zen. Der Kirchenbau ist halb Gotik und halb Renaissance; die Altäre, die Kanzel, der Beichtstuhl zeigen die verschiedensten Spielarten des Barocks. Daß auf zwei Medaillons auch Ludwig XIV. und seine Frau abgebildet sind, braucht nicht zu wundern. Der König hatte es schon immer geliebt, sich darstellen zu lassen, wollte nach dem bretonischen Aufstand von 1675 auch in diesem widerspenstigen Landesteil allgegenwärtige Herrschaft demonstrieren. Der Altar mit den Herrscherporträts in Saint-Tugen entstand 1694: Ludwig XIV. hatte noch nicht vergessen, welchen Affront ihm knapp 20 Jahre zuvor die westbretonische Landbevölkerung angetan hatte, als sie während der Revolte der «Rotmützen» in verschiedenen «Bauernordnungen» die Abschaffung der Feudalrechte verlangt hatte. Und da bietet sich ein seltsamer Vergleich zur Gegenwart an: Wenn man Bilder von den Demonstrationen vor Augen hat, die Plogoff und seine 2300 Einwohner seit mehreren Jahren gegen die Anlage eines Atomkraftwerks in ihrem Gemeindegebiet an der Pointe du Raz machen, kann man sich vorstellen, mit welcher verbissenen Ernsthaftigkeit in der Bretagne protestiert wird: heute wie vor 300 Jahren.

Im Bigoudenland um Pont-l'Abbé

Ein solcher von vierzehn Pfarren unterzeichneter «Code paysan» war im Juli 1675 nach der Messe von der Außenkanzel der Kapelle Notre-Dame-de-Tréminou in Plomeur bei **Pont-l'Abbé** verlesen und gebilligt worden. Daß der französische

199 Nach der sonntäglichen Messe vor der Kirche von Pont-l'Abbé

König als Vergeltung die Spitzen mehrerer Glockentürme im Umkreis von Pont-l'Abbé – in Lambour, Lanvern, Languivoa, Combrit, Tréguennec – hatte abhauen lassen, ist eine historisch belegte Tatsache. Daß die Frauen des **Pays bigouden,** wie die Gegend um Pont-l'Abbé heißt, sich ihrerseits aus Protest gegen die geköpften Türme turmartige Hauben aufgesetzt hätten, als symbolischen Ersatz der zerstörten Kirchspitzen gewissermaßen, ist eine schön erfundene Geschichte um das Warum dieser seltsam geformten, hohen Spitzenhauben, die so nur im Bigoudenland anzutreffen sind.

«Kennen Sie Pont-l'Abbé? Nun, das ist die bretonischste Stadt der ganzen bretonischsprachigen Bretagne», läßt Guy de Maupassant in den «Contes de la bécasse» erzählen, «...dieser Gegend, die die Essenz der bretonischen Sitten, Sagen und Bräuche enthält». Dieser Gedanke von Pont-l'Abbé als Essenz bretonischen Seins befällt einen unwillkürlich, wenn man am sonntäglichen Gottesdienst in der *Kirche Notre-Dame-des-Carmes* teilnimmt, einer zwischen dem 14. und dem 16. Jahrhundert errichteten, ehemaligen Klosterkapelle. Die Welt scheint auf einmal nur noch aus diesen hohen, weißen bretonischen Spitzenhauben zu bestehen, aus diesen «coiffes bigoudennes», die noch viele ältere Frauen im Bigoudenland tragen.

Einen Überblick über die Entwicklung dieser Haube bekommt man in Pont-l'Abbé im *Musée Bigouden*. Die Sammlung wird auf bretonisch und französisch erklärt, mit einem Kommentar, den *Pierre-Jakez Hélias* zusammengestellt hat, der 1914 im Bigoudenland geborene Schriftsteller. Mit seinem vielgelobten, inzwischen auch verfilmten Erfolgsroman «Le Cheval d'Orgueil» («Das Pferd des Stolzes») hat er den französischen Lesern das Bild der Bretagne serviert, das sie bestätigt haben wollten: das einer Bretagne voller Folklore, voller

Die Kapelle Saint-Vio in der weiten, offenen Landschaft des Bigoudenlandes

schöner, alter, aussterbender Sitten und Bräuche. *Nur* das ist die Bretagne aber sicher nicht.

Um das Bild vom Bigoudenland als Essenz der Bretagne zu bekräftigen: An der Westküste liegt einsam und ganz flach gegen die Erde geduckt die *Chapelle Saint-Vio,* die in ihrer sehr ländlich-schlichten Gotik geradezu als Muster einer bretonischen Landkirche dienen könnte. Die **Chapelle Notre-Dame-de-Tronoën** und ihr vielbesuchter *Calvaire* bilden, mitten unter Dünen und Wiesen auf einer ehemals heidnischen Venuskultstätte gelegen, ein Ensemble, das schon die Titelfotos vie-

Bibelszenen am Calvaire von Notre-Dame-de-Tronoën

ler Bretagnebücher abgegeben hat. Die *Kapelle Notre-Dame-de-la-Joie* ist der Ausgangspunkt eines Seefahrerpardons, wie sie in der bretonischen Küstengegend vielerorts stattfinden: Ein als Exvoto für Rettung aus Seenot gestiftetes Schiffsmodell wird bei der Prozession feierlich mitgetragen. Die *Halbinsel von Penmarc'h* mit ihren Dörfern Saint-Guénolé, Kérity und Penmarc'h ist unendlich dicht mit den kleinen, weißen Spielzeughäusern übersät, die neben den unverputzten Granithäusern das Landschaftsbild der Bretagne prägen und ihm doch eine anmutige Note verleihen. Der *Manoir Kerazan* zwischen Pont-l'Abbé und Loctudy ist ein gutes, gepflegtes Beispiel für einen bretonischen Herrensitz, und Bilder des bretonischen Malers Auguste Goy, eines Ingres-Schülers, in seinen zum Museum umgestalteten Innenräumen geben Szenen des bretonischen Lebens der Vergangenheit wieder. In *Loctudy* schließlich steht die besterhaltene romanische Kirche der Bretagne, ein Bauwerk des frühen 12. Jahrhunderts.

Max Jacobs «liebliches Quimper»

So viele Sehenswürdigkeiten und Besonderheiten hat selbst **Quimper,** die Hauptstadt des Finistère, nicht zu bieten, und außerdem ist es – um noch einmal auf Flauberts Reisenotizen zurückzugreifen –, «obwohl Zentrum der wahren Bretagne, doch ganz anders als sie», mit einem «ganz französischen und verwaltungsmäßigen Aussehen». Flaubert bewunderte seine «Ulmenpromenade längs des Flußufers», und dieses Bild der sanften, grünen, schattigen Stadt am Fluß bleibt auch sein Leben lang in der Erinnerung von *Max Jacob* haften, der 1876 hier geboren war: «Liebliches Quimper, das Nest meiner Kindheit aus Efeu, Ulmen...», schrieb der Dichter, in dessen Werk keltische und jüdische Mystik, Humor und Phantasie sich zu einem Surrealismus ganz besonderer Art verbinden. Dem Leben und dem Werk Max Jacobs, der schon 1914 zum Katholizismus übergetreten war, aber 1944 als Jude ins Konzentrationslager Drancy eingeliefert wurde und dort auch starb, ist ein Saal im *Musée des Beaux-Arts* in Quimper gewidmet. Sehenswert sind in diesem Museum – neben einigen italienischen, holländischen und französischen «Klassikern» wie Carracci, Rubens, Fragonard, Boudin – besonders mehrere Werke von Paul Sérusier, Maurice Denis und Emile Bernard, drei Vertretern der Malerschule von Pont-Aven.

Weniger übersichtlich geordnet ist das *Musée breton* im ehemaligen Bischofspalais neben der Kathedrale. Besondere Akzente werden hier auf die gallorömische Vergangenheit der Bretagne gesetzt (unter anderem mit einem zur Römerzeit skulpturierten Menhir und einer Herkulesstatue), Holzschnitzarbeiten des 15. bis 17. Jahrhunderts, auf Kirchenfenster, von denen eins aus der Zeit um 1550–1560 die «Madonna und Saint Exupère» darstellt: Es gibt ein Werk des italienischen Renaissancemalers Bernardino Luini wieder und beweist, daß neue Motive und Tendenzen in der Glasmalkunst schneller aufgenommen worden waren als in der Bildhauerei und der Architektur.

Auswärtige Einflüsse waren auch nach Quimper gekommen, als ein aus der Provence zugewanderter Töpfer sich 1690 in der Stadt niedergelassen hatte. Er begründete eine bis in die Gegenwart lebendige Keramiktradition, die sich – nach anfänglichem Schwanken zwischen normannischen und chinesischen Vorbildern – mit der Zeit immer stärker bretonisiert hat: Genrebilder, von bretonischen Künstlern entworfen, vermitteln auch in farbenfreudiger Keramik das Bild einer bäuerlichen, simplen, frommen Bretagne. In den *Faïenceries* in Locmaria, einem früheren Vorort von Quimper, kann man zuschauen, wie diese Fayencen hergestellt werden, im ihnen angeschlossenen *Musée Henriot* bekommt man einen Überblick über Geschichte und Entwicklung der Keramiken aus Quimper.

Im übrigen ist Locmaria die eigentliche Wiege von Quimper, das bretonisch «Kemper» heißt. Hier, am Zusammenfluß (bretonisch «kemper») von Odet und Steir, hatten schon die Römer eine Siedlung gegründet. Aus ihr ging später die Hauptstadt des Königreiches Cornouaille hervor, von dessen Herrschern man kaum mehr weiß als legendär ausgemalte

Geschichten um den angeblich guten, angeblich bedeutenden König Gradlon. Er hatte einen weisen Ratgeber, den aus Britannien eingewanderten Mönch Corentin, der um 500 zum ersten Bischof von Quimper ernannt wurde. Ihm ist die *Kathedrale* geweiht – und damit wären wir endlich bei diesem hoch aufragenden, weithin sichtbaren Bauwerk, das der architektonische Mittelpunkt der 60 000-Einwohner-Stadt ist. Sie war zwischen dem 13. und dem 15. Jahrhundert in gotischem Stil errichtet worden, aber auch im 19. Jahrhundert wurde an ihr noch (oder wieder) gotisch gearbeitet. Von 1856 stammen die beiden Turmspitzen, eine getreue Nachbildung der 400 Jahre zuvor aufgestellten Spitze der Kirche in Pont-Croix – wobei man in Pont-Croix wieder architektonische Anleihe an Quimper genommen hatte: Beispiele dieses in der Bretagne so gern geübten Wechselspiels im gegenseitigen Abschauen, bei dem platte Imitation ganz und gar kein Makel war.

Obwohl die Kathedrale in Quimper in einem Zeitraum von 600 Jahren entstanden ist, wirkt sie außergewöhnlich einheitlich. Das Hauptschiff aus dem 15. Jahrhundert ist jünger als der Chor, die Mittelachse ist leicht abgeknickt. Man hat in dieser gekrümmten Mittelachse ein Symbol des am Kreuz sterbenden Christus mit zur Seite geneigtem Haupt sehen wollen, sollte aber derlei Interpretationsversuche nicht übertreiben. Wahrscheinlich hat man lediglich eine schon vorher bestehende Grabkapelle in den gotischen Chor mit einbezogen.

Eindeutig in der Symbolik ist dagegen der Montfortsche Löwe am Wimperg des Hauptportals, der das bretonische Banner trägt: Johann von Montfort war 60 Jahre vor der Entstehung dieses schön überschaubaren, da nicht überladenen Portals von 1425 Herr der Bretagne geworden. Politik und Religion wurden immer gern vermengt.

Politik und Religion mischen sich auch an einem anderen Kunstwerk in der Kathedrale, das man auf den ersten Blick für völlig unverfänglich hält: die Kanzel mit der Lebensgeschichte des *heiligen Corentin*. Die Paneele stammen von 1679 – aus der Zeit, in der der Jesuitenpater *Jules Maunoir* in der Diözese Quimper eine unglaublich intensive missionarische Aktivität entfaltet hat.

Besonders bemühte er sich um eine Auffrischung des Saint-Corentin-Kults. Die Bevölkerung sollte neues Vertrauen gewinnen zu diesem Heiligen, der ihre Vorfahren im 5. Jahrhundert sicher von der britischen Insel auf die bretonische Halbinsel geführt und dem sich auch der König Gradlon in Sorgen und Bedrängnissen anvertraut hatte. Sie sollte überhaupt neues Vertrauen gewinnen zu den Menschen, die sie – «von Gottes Gnaden» eingesetzt – fürsorglich leiteten. Und hier bekommt die fromme, simple Geschichte eine andere, politische Wendung, wird zu einer Aufforderung zu religiösem *und* politischem Gehorsam: gegenüber dem gottgesandten heiligen Corentin wie gegenüber dem gottgewollten König Ludwig XIV. Denn man darf nicht vergessen: der bretonische Aufstand von 1675 lag erst vier Jahre zurück, als den Einwohnern von Quimper die neue Kanzel mit der Lebensgeschichte von Corentin gestiftet wurde. Die *Quimpérois* hörten auf diese Aufforderung zu Gottes- und Königstreue – denn im Grunde suchten und sahen sie vielleicht in jedem Monarchen einen kleinen Abglanz ihres idealisierten Königs Gradlon. Sein Reiterstandbild ragt zwischen den beiden Kirchtürmen auf, und sie verehren ihn mit der gleichen Inbrunst, mit der sie zu «Santik Du» beten, zum «kleinen schwarzen Heiligen», der im 14. Jahrhundert unter ihnen gelebt hatte: ein bettelarmer Franziskanermönch, der sich nicht einmal ein Paar Holzschuhe leisten konnte und daher als Saint Jean Discalcéat (= Heiliger Johann Ohne-Schuh) in die bretonische Kirchengeschichte eingegangen ist. Seine Reliquien werden in einer Chorkapelle der Kathedrale aufbewahrt.

Jacques Prévert und bretonische Crêpes

Gradlon und Santik Du sind auch in einen Chansontext eingegangen, in dem der Dichter *Jacques Prévert* Geschichte und Wesen der Stadt Quimper meisterlich resümiert, in dem ihm eigenen, trockenen Stil: *«Ein Bischof und ein Präfekt, / zwei Flüsse, / drei Heilige, / vier Vororte, / ein Hügel, den man Berg nennt, / eine gotische Kathedrale mit zwei spitzen Türmen / wie große Mützen, / ein alter König zu Pferd, der von der Stadt Ys träumt, / ein kleiner, schwarzer, guter Mann, der keine Holzschuhe hat, / aber der euch hilft, eure wiederzufinden, / wenn ihr sie verloren habt, / große Fayenceteller, / pillig und rozell, / ein Dutzend Crêpes...»* Pillig heißen die Eisenpfannen, in denen die Crêpes in Butter ausgebacken werden, *rozell* die spachtelförmigen Geräte, mit denen der Crêpeteig breitgestrichen wird. Diese Crêpes aus Quimper nun scheinen es Prévert angetan zu haben, denn sie vermehren sich im Refrain seines Liedes, werden zu *«hundert Dutzend Crêpes»*, zu *«Crêpes, immer noch Crêpes, / Millionen von Crêpes / für die Gourmands der ganzen Welt»*.
Ob diese hauchdünnen Eierkuchen in Quimper mit besonderer Leidenschaft verzehrt werden, mag dahingestellt bleiben. Jedenfalls sind sie seit Jahrhunderten das Nationalgericht der Bretonen, waren ihnen ihr tägliches Brot. Und Crêperies sind heute, was man geradezu erriechen kann, über die ganze Bretagne verbreitet: noch urtümlich und einfach in den Dörfern, auf urtümlich zurechtgemacht in den Touristenorten. Die

Crêpes werden oft mit allerlei Zutaten angereichert, mit Marmelade, Honig, Schinken, Muscheln, Pilzen und dergleichen mehr – was für viele Bretonen in der Vergangenheit ein unerschwinglicher Luxus gewesen sein dürfte. Aber am besten schmecken sie auch heute, wie sie jahrhundertelang von der bäuerlichen Bevölkerung gegessen worden sind: als süsse *crêpes* aus Eiern, Milch und Weizenmehl oder als gesalzene *galettes* aus Eiern, Milch und Buchweizenmehl – mehr nicht.

Viel bleibt nun nicht mehr zu sehen an unbedingt Sehenswertem in dieser Gegend der Bretagne: *Concarneau* hat eine malerische, mauerumgebene, touristenüberlaufene Altstadt, die sich auf einer Insel im Hafenbecken zusammendrängt und ein schönes Beispiel einer Befestigungsanlage des 16. Jahrhunderts ist. *Quimperlé* hat sich trotz einiger Industrieanlagen noch den gemächlichen Rhythmus einer Marktstadt bewahrt, in der seit Jahrhunderten die landwirtschaftlichen Erzeugnisse des Hinterlandes umgesetzt werden. Von seiner Kirche Sainte-Croix aus dem 11. Jahrhundert sind nach einem Einsturz im vorigen Jahrhundert nur noch die Apsis und die Krypta erhalten, der übrige Bau ist eine Rekonstruktion.

Paul Gauguin
und die Malerschule von Pont-Aven

Doch da ist noch **Pont-Aven.** Die moderne Kunst hat hier eine entscheidende Wendung erfahren, mit der um **Paul Gauguin** entstandenen *«Schule von Pont-Aven»* – einer «melancholischen Schule, die bei großen Krügen Apfelwein eine elemen-

209   In der Kapelle Trémalo bei Pont-Aven

tare Kunst suchte», wie der Maler Maurice Denis, der ihr zeitweise nahestand, später bemerkte.

Man hat manchmal versucht, Gauguin eine bretonische Herkunft anzudichten, seine Reisen in die Bretagne als Rückkehr zu den Wurzeln zu deuten. Die Wahrheit ist sehr viel banaler: «In der Bretagne lebt man noch am billigsten», schreibt er 1885 an seine Frau, als er seine Stellung bei einem Börsenmakler verloren und beschlossen hat, sich jetzt, als 37jähriger, ganz der Malerei zu widmen. Im Jahr darauf kommt er dann tatsächlich in die Bretagne, mietet sich in der von Künstlern besuchten, da preiswerten Pension von Marie-Jeanne Gloanec in Pont-Aven ein, lernt hier *Emile Bernard* kennen, einen 18jährigen Maler und vorzüglichen Kunstkenner. Gauguin malt an die 20 Bilder, sehr impressionistische Bilder von Waldwegen, Bauernhäusern, Felsküsten. Die Pensionsinhaberin, die Frauen in Pont-Aven tragen auffallend große weiße Hauben, aber sie fallen ihm nicht auf. Nach einem mißglückten Versuch, auf Martinique Fuß zu fassen und dort sein Fernweh nach den Tropen zu befriedigen, kehrt er 1888 wieder nach Pont-Aven zurück, trifft wieder Emile Bernard. Bernard hat inzwischen das Bild «Bretonische Frauen auf der Wiese» gemalt: Vor einem gelbgrünen Hintergrund heben sich stark konturierte Frauengestalten ab, die Farben sind flächig aufgetragen, im Vordergrund «große Gestalten mit den monumentalen Hauben einer Schloßherrin» – wie der Künstler selbst schreibt. Und kurz darauf malt Gauguin seine «Vision nach der Predigt»: Vor einem roten Hintergrund heben sich stark konturierte Frauengestalten mit monumentalen Hauben ab. Emile Bernard wird ihn später des Plagiats bezichtigen, wird dem Judas im «Christus am Ölberg» Gauguins Züge geben. Doch Gauguin hat seinen Weg zum «Synthetismus» gefunden, zum Malen aus dem Gedächtnis, nicht mehr in der Natur wie Impressionisten, und zum «Cloisonnismus», diesem stark konturierten Malen mit den platt aufgetragenen Farben, das an mittelalterliche Glasgemälde erinnert, wie Gauguin sie in den Kirchen des Finistère oft gesehen haben könnte. Dann und wann wird er noch rückfällig, malt wieder in der Natur, malt wieder Waldwege, Bauernhäuser, Felsküsten. Der Durchbruch zu seiner «symbolischen» Malerei erfolgt 1889, nach seinem Aufenthalt in Arles, der mit dem bekannten heftigen Streit mit Van Gogh endet. Jetzt enstehen einige der berühmtesten Bilder von Gauguin: der «Grüne Christus», zu dem er von einem Calvaire in Nizon bei Pont-Aven angeregt wird, der «Gelbe Christus», auf dem er ein Holzkruzifix abbildet, das sich noch heute in der *Kapelle von Trémalo* am Ortsrand von Pont-Aven befindet. Mit ihrem tief herabgezogenen Dach, dem sehr ländlichen, kleinen Flamboyantportal, den naiven Holzstatuen, den rätselhaften Sokkelköpfen, den der heiligen Anna gestifteten Exvotos ist sie eine der stimmungsvollsten bretonischen Dorfkapellen – bei der Erinnerung an Gauguin, sein ruheloses, tragisches Leben, sein fanatisches Schaffen wird sie sicher die stimmungsvollste. In Pont-Aven und in *Le Pouldu,* wohin sich Gauguin und seine Freunde, von allzu neugierigen Touristen irritiert, zurückziehen, malt er 1889 fast 100 Bilder: von bretonischen Häusern mit den hochgezogenen Giebeln, von bretonischen Bäuerinnen mit weißen Hauben, von bretonischen Tangsammlerinnen mit schwarzen Hauben. Nach seinem ersten Tahitiaufenthalt kehrt er 1894 noch einmal in die südliche Bretagne zurück. Er malt unter anderem eine «Weihnachtsnacht» und ein «Verschneites Dorf», nimmt diese beiden Winterlandschaften nach Tahiti mit, als er 1895 Frankreich für immer verläßt. Als er 1903 auf den Marquesas-Inseln stirbt, steht das Bild mit dem verschneiten bretonischen Dorf auf seiner Staffelei.

Das Primitive, von der Kultur Unverfälschte, nach dem Gauguin sein Leben lang verzweifelt suchte, hatte er schon in der Bretagne gefunden, nicht erst in der Südsee. «Wenn meine Holzschuhe auf dem Granitboden widerhallen, höre ich den dumpfen, gewaltigen Ton, den ich in der Malerei suche», schrieb er einmal aus der Bretagne. Im Grunde ähnliche Empfindungen hatten hier zwei andere Maler der Schule von Pont-Aven – Paul Sérusier, der äußert: «Die moderne Kleidung ändert sich zu schnell. So habe ich meinen Figuren eine bretonische Tracht gegeben, die kein Alter hat», und Emile Bernard: «Ich werde nach und nach wieder ein Mensch des Mittelalters; ich werde nie anderes als die Bretagne lieben.»
Die Bretagne als Symbol des Einfachen und Zeitlosen. Daran hat sich bis heute nicht viel geändert.

NORMANDIE – REALISMUS MIT HUMOR

Unter Gelächter geboren – Wie viele Normandien? – Die Seine als bronzezeitliche «Zinnstraße» – Kelten, Römer und Franken – Die Normannen: aus Plünderern werden Herzöge – Eine Dynastie ungestümer Herrscher – Wilhelm: vom Bastard zum «Eroberer» – Wikingische Spuren im normannischen Alltag – Die normannische Baukunst – Anschluß an Frankreich – Erfolge zur See – Neu erwachtes Nationalbewußtsein – Von Künstlern und Literaten entdeckt – Die «fette» Normandie

Unter Gelächter geboren

«Je vais en France», sagen die Bauern des Vexin normand in der östlichen Normandie noch heute, wenn sie sich ins Vexin français begeben. Sie müssen dabei die Epte überqueren, einen bescheidenen Nebenfluß der Seine, der vor mehr als tausend Jahren zum Grenzfluß zwischen der Normandie und Frankreich geworden war.

Unabhängiges Herzogtum blieb die Normandie dann zwar nur 300 Jahre lang, von 911 bis 1204, wurde anschließend immer enger mit Frankreich verbunden. Aber zwischen der Normandie und (dem übrigen) Frankreich unterscheiden die Normannen noch immer gern – wobei die Autoaufkleber mit dem stilisierten Wikingerschiff und dem «N» (= Normandie) nur ein äußeres Zeichen sind, wahrscheinlich mehr Modeerscheinung als echter Ausdruck eines Wunsches oder gar Bedürfnisses nach Autonomie. Doch die Normannen sind sich der besonderen und besonders wichtigen Rolle, die sie in der Geschichte und Kulturgeschichte Europas gespielt haben, voll bewußt. Und mit stolzem Selbstgefühl unterstreichen sie ihre Abkunft vom vielgeschmähten und vielgerühmten Seefahrer- und Eroberervolk der Wikinger.

«En north alum, de north venum, / En north fumes nez, en north manum. / ...Justez ensemble north e man / e ensemble dites Northman»: Schon im 12. Jahrhundert hatte der anglonormannische Dichter und Chronist *Robert Wace* mit nachdrücklichem Stolz auf die nordische (= normannische) Herkunft seiner Landsleute verwiesen. Er hatte in seinem «Roman de Rou» eine Geschichte der normannischen Herzöge von Rollo (Rou) bis Henri I. Beauclerc geschrieben, hatte – in herzoglichem Auftrag und mit herzoglichen Privilegien bedacht – Lobpreisungen auf die normannischen Herzöge gesungen und ihre äußere Erscheinung gerühmt, als handelte es sich um Westernhelden *ante litteram*. Wilhelm Langschwert zum Beispiel, so schreibt Robert Wace, «...fu de haute estature. / Gros fu par li espaules, greile par la cheinture, / gambes out lunges dreites... / Bel nez e bele bouche, et bele parleure...». Das Image des blonden, breitschultrigen, langbeinigen Hünen war geboren, und dann und wann spiegeln sich die Normannen bis heute gern in diesem idealisierten Bild.

Robert Wace hat auch das historisch so bedeutungsvolle Ereignis beschrieben, das im Jahr 911 in *Saint-Clair-sur-Epte* über die Bühne gegangen war: das Abkommen zwischen dem französischen König Karl III., dem Einfältigen (der einfältig nicht war), und dem Normannenführer *Rollo* oder Rolf oder Rou. Der König gesteht dem Normannen *de iure* die Herrschaft über ein Gebiet zu, das dieser *de facto* schon fest in Händen hatte. Rollo, zum Herzog erhoben, schwört dem König Treue und verspricht, sich zum Christentum zu bekehren – was er im Jahr darauf durch seine Taufe in Rouen auch öffentlich bekundet. Der Vertrag wird mit einem Handschlag besiegelt: dem Franken wie dem Normannen ausreichend, da verpflichtend wie eine Unterschrift. Und nun fügt der Chronist Wace noch hinzu, was auf diesen Handschlag gefolgt sein soll (eine gewisse Skepsis ist angebracht: Wace berichtet mehr als 200 Jahre später darüber, als die normannischen Herzöge, inzwischen auch Könige von England, auf dem Höhepunkt ihrer Macht standen und den französischen Königen furchtlos die Stirn bieten und sie sogar lächerlich machen konnten). Im letzten Augenblick wollte man Rollo auch den damals üblichen Fußkuß abverlangen. Der Normannenführer weigerte sich, beauftragte einen seiner Gefolgsmänner damit. Der Krieger beugt sich, ergreift den königlichen Fuß, richtet sich, den Fuß in der Hand, auf: «Der König purzelte um», so schreibt der Chronist, «...zum großen Gelächter der Anwesenden und des Königs selbst.» Die Normandie wurde unter schallendem Gelächter geboren, zur Welt gebracht von draufgängerischen, mutigen Kämpfern.

Wie viele Normandien?

Knapp drei Millionen Einwohner, zwei Regionen, fünf Départements: die *Haute Normandie* mit den Départements Seine-Maritime (Hauptstadt Rouen) und Eure (Evreux), die *Basse Normandie* mit Calvados (Caen), Manche (Saint-Lô) und Orne (Alençon). Das ist unter politisch-administrativem Gesichtspunkt die Normandie heute – oder richtiger: das sind die beiden Normandien heute, die 1955 aus überwiegend wirtschaftspolitischen Erwägungen geschaffen worden sind.

Denn soviel auch die Rede sein mag von der normannischen Einheit, von der gemeinsamen Geschichte, vom gemeinsamen kulturellen Erbe – die wirtschaftlich-soziale Entwicklung in der Normandie wird heute getrennt vorangetrieben: in Rouen mit glänzenden Zukunftsaussichten und großen Plänen für die Obere Normandie, deren Bevölkerungsdichte beträchtlich über dem französischen Durchschnitt liegt, in Caen mit bescheideneren Projekten für die Untere Normandie, wo die Bevölkerungsdichte längst nicht den französischen Durchschnitt erreicht.

Noch deutlicher wird das Gefälle zwischen den beiden Schwesterregionen, wenn man sich die Zahl der in der Landwirtschaft Beschäftigten vor Augen hält. Es sind nur noch sieben Prozent der aktiven Bevölkerung in der Oberen Normandie, dagegen noch 20 Prozent im normannischen Nachbargebiet. Weitere statistische Angaben – über den Lebensstandard, Zu- und Abwanderung, Landflucht und Urbanisierung, über die Ergebnisse bei politischen Wahlen, das Verbundensein mit religiösen Überlieferungen, das Verwurzeltsein in überlieferten Bräuchen – würden ähnliche Bilder ergeben. In all dem, was man heute als «Fortschritt» bezeichnet und als dessen (positive wie negative) Auswirkungen erkennt, ist die Obere Normandie der Unteren voraus, die dagegen auf verschiedensten Lebensbereichen noch stark traditionelle Züge und Tendenzen zeigt.

Doch auch die Unterscheidung in eine Obere (östliche) und eine Untere (westliche) Normandie sagt im Grunde noch nicht genug, könnte in ihrer Verallgemeinerung sogar irreführend sein. Allein im Gebiet der unteren Seine, in einem relativ schmalen Streifen von Vernon über Rouen bis Le Havre, lebt mehr als ein Drittel der normannischen Bevölkerung, hier findet man die stärkste Industrialisierung, das dichteste Ver-

kehrsnetz. Die starke Besiedlung von heute ruft einen prophetisch klingenden Satz von Napoleon ins Gedächtnis: «Le Havre, Rouen und Paris», hatte er gesagt, «sind eine einzige Stadt, deren Straße die Seine ist.»
Beiderseits dieses Streifens zeigt die Obere Normandie sich dagegen noch von ihrer ländlichsten, traditionellsten Seite. Im nördlich der Seine gelegenen Pays de Caux, in den Ebenen des Eure südlich davon, trifft man noch die großen, weiten Ländereien an, die *ein* Image der Normandie ausmachen. Dann die mittlere Normandie um Caen, Lisieux, Alençon: eine landschaftlich äußerst abwechslungsreiche Gegend, wo die offenen, ausgedehnten Felder von der typischen, unruhigen Heckenlandschaft abgelöst werden, und mitten darin das Pays d'Auge um Lisieux, das mit seinen strohgedeckten Fachwerkhäusern, seinen Apfelbäumen und seinen weltberühmten Käsesorten als Herz und Inbegriff der Normandie gilt. Schließlich ganz im Westen der Teil der Normandie, der nicht nur geographisch am weitesten von Paris und seinem Einfluß entfernt liegt: die Gegend um Avranches, um Coutances, die Halbinsel des Cotentin, wo die fettesten Kühe gedeihen und die vielleicht beste Butter Frankreichs erzeugt wird.
Bliebe dann noch die linguistische Unterteilung. Fast genau auf halber Höhe zieht sich quer durch die Normandie eine Linie, eine «Isoglosse» der Sprachwissenschaftler, die Coutances, Bayeux, Caen, Lisieux, Bernay, Rouen und Dieppe im Norden von Avranches, Vire, Argentan, Alençon und Vernon im Süden trennt. Südlich dieser Linie sagt man *chat* und *jardin* wie in den «französischen» Nachbargebieten. Nördlich

218/219 Typisch normannisches Bauernhaus bei Saint-Julien-le-Faucon

der Isoglosse dagegen, wo der normannische Einfluß sich auch sprachlich stärker ausgewirkt hat, werden diese Wörter als *cat* und *gardin* ausgesprochen. Daß derlei sprachliche Erscheinungen mehr ausdrücken können als nur phonetische Unterschiede, beweist die Tatsache, daß Autonomiebestrebungen und antifranzösische Aufstände im Lauf der Jahrhunderte immer eher von der «*cat*-Normandie» ausgingen als von der südlichen Normandie. Auch die Mentalität und die Einstellung zum französischen Staat sind in der nördlichen Normandie «normannischer» geblieben.
So hätten wir also wie viele Normandien? Zwei, drei, vier? Aber auch diese Gebiete sind noch weiter aufgeteilt in die verschiedenen *pays,* von denen jedes eigene Merkmale und Besonderheiten hat. Viele dieser *pays* sind im Grunde nichts anderes als die *pagi* der Römer: Aus dem *pagus Rotomagensis* wurde – um nur einige Beispiele zu nennen – das Roumois südwestlich von Rouen, aus dem *pagus Veliocassinus* das Vexin, aus dem *pagus Caletensis* das Pays de Caux, aus dem *pagus Bajocassinus* das Bessin, aus dem *pagus Constantinus* das Coutançais. So wirkt die straffe Verwaltungsordnung der Römer bis heute nach.

Die Seine als bronzezeitliche «Zinnstraße»

Doch nicht mit den Römern beginnt die Geschichte des normannischen Gebiets. Schon in der Altsteinzeit, 100 000 Jahre vor unserer Zeitrechnung, dürften hier einzelne Volksstämme unbekannter Herkunft gesiedelt haben. Und einen festen Platz in der europäischen Vorgeschichte bekommt die «Normandie» (ich möchte es der Einfachheit halber bei diesem späteren Namen lassen) in der Bronzezeit. Um Bronze herzustellen, brauchte man Zinn – Zinn von den britischen Inseln. Die Normandie und besonders die britanniennahe Halbinsel des Cotentin wurden zu einer Handelsbrücke zwischen dem europäischen Kontinent und Großbritannien, die Seine wurde zu einer regelrechten «Zinnstraße», und auf normannischem Boden erwuchs eine rege Industrie, die Zinn und Kupfer zu Bronze verarbeitete. Daß allein im Département Manche mehr als 25 000 bronzezeitliche Gegenstände ans Tageslicht gekommen sind, ist ein Beweis mehr für das geschichtliche und kulturelle Gewicht der Normandie zu dieser Zeit. Das Meer, der Ärmelkanal stellten nie eine Barriere dar; denn in vergangenen Zeiten waren sie leichter und gefahrloser zu befahren und zu überqueren als das unwegsame Landesinnere. So stellten sich zwischen den Gebieten diesseits und jenseits des Kanals Verbindungen ein: wirtschaftliche, aber auch kulturelle, religiöse. Wenn Stonehenge in Südengland für seine Stätte des Sonnenkults berühmt ist, so sind ähnliche, wenn auch sporadische Zeugen dieser mysteriösen Megalithkultur auch auf der südlichen Seite des Ärmelkanals erhalten: in Menhiren und Dolmen, die besonders in und um das gegen Südengland vorgeschobene Cotentin zu finden sind. Die Bevölkerung der Normandie hat schon vor 4000 Jahren begonnen, gern nach Großbritannien zu blicken.

Kelten, Römer und Franken

Im letzten Jahrtausend vor Christus dringen die Kelten bis an die nordfranzösische Atlantikküste vor und lassen sich hier nieder: nicht irgendwo und aufs Geratewohl, sondern in natürlich abgegrenzten Landschaften. Ihren Namen mögen die *pays* der heutigen Normandie unter den Römern erhalten haben – ihre Unterteilung geht eindeutig auf das erstaunlich sichere Gefühl der Kelten für eine geographisch und damit wirtschaftlich geschlossene Einheit zurück. Ein recht ausgedehntes Gebiet auf der Halbinsel des Cotentin wird dabei von den *Unelli* besiedelt, die sich während der römischen Eroberung Galliens durch Freiheitswillen und hartnäckige Widersetzlichkeit auszeichneten.

An den Aufständen gegen Cäsar im Jahr 57 vor Christus gegen Publius Crassus sind immer auch «normannische» Kelten beteiligt. Und dann tritt *Viridorix* auf den Plan, der Führer der Unelli. Er organisiert den Widerstand gegen die Legionen von Cäsars Legaten Quintus Titurius Sabinus, bringt andere, benachbarte Stämme auf seine Seite. Doch der Feldzug scheitert blutig am Mont Castre westlich von Carentan, auf der Halbinsel des Cotentin.

Die Romanisierung, die Durchsetzung mit römischer Sprache und Kultur, geht dann recht reibungslos vor sich. Die Städte bekommen römische Namen, werden durch römische Straßen, die sich im heutigen Rouen kreuzen, verbunden. Thermen (wie in Valognes), Theater (wie in Lillebonne, dem römischen *Juliobona*), Mosaiken und Statuen zeugen davon, daß die römische Lebensweise auch hier Echo gefunden hatte. Das normannische Gebiet kommt anfangs zur *Provincia lugdunensis,* bildet nach der von Kaiser Diokletian im Jahr 280 vorgenommenen Verwaltungsreform die *Lugdunensis secunda* mit Rotomagus (Rouen) als Hauptstadt. Diese römische Provinz entsprach in ihrer Ausdehnung fast genau der heutigen Normandie.

Der Frieden scheint gesichert und dauerhaft, allmählich geht auch die Christianisierung voran – als in der zweiten Hälfte des 3. nachchristlichen Jahrhunderts auf dem Landweg die Franken bis in die Normandie vordringen, auf dem Seeweg die Sachsen, gegen die selbst der römische Verteidigungswall des *litus saxonicum* nichts ausrichten kann. Nach dem Untergang des Römischen Reichs wird der Frankenkönig Chlodwig Herr über das gesamte Gebiet nördlich der Loire. Chlodwig bekehrt sich und sein Volk zum Christentum, unter ihm und seinen Nachfolgern nimmt das religiöse Leben ungeheuren Aufschwung. Im 7. Jahrhundert werden in der östlichen Normandie innerhalb von nur knapp 20 Jahren vier große Abteien gegründet: St. Ouen in Rouen (im Jahre 641), Fontenelle, das spätere St. Wandrille (649), Jumièges (654) und Fécamp (660). Und gerade diese Klöster, Zentren geistigen wie wirtschaftlichen Lebens, werden besonders arg in Mitleidenschaft gezogen, als die Wikinger bei ihrem Eroberungssturm das Land um Ärmelkanal und Seine plündern und zerstören. «*A furore Normannorum, libera nos, Domine*» war ein Stoßgebet, das nach den ersten, bösen Erfahrungen mit den hünenhaften, kraftstrotzenden, lärmenden *northmen* (so klischeehaft beschreiben sie die Chroniken der Zeit) der Heiligenlitanei angefügt und täglich in den Kirchen wiederholt wurde.

Die Normannen: aus Plünderern werden Herzöge

Um 820 war das erste Wikingerschiff an der Seinemündung aufgetaucht, eines dieser wendigen, formschönen Boote, deren vollendete Linienführung bis heute bewundert wird und nicht wenigen modernen Designern Vorbild und Anregung ist. Ob die Normannen ihre skandinavische Heimat aus Abenteuerlust oder aus Notwendigkeit verlassen hatten, bleibt umstritten. Eines allerdings steht fest: Sie verstanden sich aufs Navigieren und aufs Kämpfen. Mit besonderer Kampfeslust fielen sie über Kirchen, Klöster und Klerus her.

Aber wahrscheinlich weniger – wie meist geschrieben wird – aus Haß auf Christen und Christentum, sondern vielmehr aus Raffgier: Die Klöster bargen die reichsten Schätze.

Dann steht im Jahr 911 dem Normannenführer Rollo, den Dänen und Norweger sich bis heute streitig machen, der französische König Karl der Einfältige gegenüber, bringt ihm bei Chartres eine heftige Niederlage bei. Der sieggewohnte Normanne wird in seiner Siegesgewißheit erschüttert, nimmt den Vermittlungsversuch des Bischofs von Rouen an, trifft sich mit Karl in Saint-Clair-sur-Epte. Ein Jahr später läßt sich Rollo in Rouen taufen. Und das Weihwasser scheint hier wirklich ein Wunder gewirkt zu haben: Aus den plündernden und verwüstenden, ihren nordischen Gottheiten zugetanen Kriegern werden pflichteifrige Christen und umsichtige Staatsmänner. Sie bauen die von ihren Vorfahren niedergebrannten Abteien neu und prächtiger auf, gründen Kirchen und Klöster, lassen dem Klerus reiche Schenkungen zukommen.

Eine Dynastie ungestümer Herrscher

Man kann allerdings nicht behaupten, daß die eben zu Herzögen erhobenen Normannen damit die Abenteuer- und Kampflust ihrer Vorväter ganz vergessen hätten: Von Rollo über Wilhelm Langschwert, Richard Ohnefurcht, Robert den Großzügigen, Wilhelm den Eroberer und Wilhelm den Roten bis hin zu Richard Löwenherz und Johann Ohneland (die Namen allein sind ein Programm) haben wir hier eine Dynastie von Herrschern vor uns, an deren ungestümen Taten und hef-

225 Normanne aus der Gegend von Les Andelys

tigen Reaktionen die heutigen Massenmedien mit ihrem Hunger auf Sensationen, Skandale und pikant-amüsante Histörchen ihre Freude gehabt hätten.

Da ist *Wilhelm Langschwert,* der uneheliche Sohn Rollos. Der französische König Ludwig, dem Langschwert auf den Thron verholfen hatte, sorgt dafür, daß er ermordet wird – was einem anonymen Kleriker vor 950 Anlaß ist, die «Klage über den Tod von Wilhelm Langschwert» zu verfassen, den ältesten normannischen Text. Wilhelms unehelicher Sohn *Richard Ohnefurcht* heiratet Emma, die Schwester des französischen Herzogs und späteren Königs Hugo Capet, des Stammvaters der Kapetinger, die die Normannen gut 200 Jahre später um ihr Land bringen sollten. Richards unehelicher Sohn *Richard II.* macht die Normandie zum bestorganisierten Staat in ganz Westeuropa, wenn auch nicht zum demokratischsten: Zur Angst vor dem Jahr 1000 kommen Naturkatastrophen und Pestilenzen, die Bevölkerung auf dem Lande leidet Hunger, schickt an den herzoglichen Hof eine Abordnung mit der Bitte um freie Ausbeutung von Wäldern, Weiden und Gewässern. Die herzogliche Antwort ist prompt und grausam: Die Wortführer werden verbrannt, geviertelt, gepfählt, den anderen werden Hände und Füße abgehackt, die Augen ausgestochen, die Zähne ausgerissen. Doch in die Geschichte geht Richard als «Vater der Mönche» ein: Er verhilft dem Kloster Fécamp zu kultureller Blüte, er verschönt, vergrößert, bereichert Saint-Wandrille, Fécamp, Saint-Ouen, den Mont-Saint-Michel, schickt auf eigene Kosten 700 normannische Pilger ins Heilige Land. Geschichte wurde größtenteils vom Klerus geschrieben, und die normannischen Herzöge waren klug genug, sich durch Wohltaten und Vergünstigungen die chronikverfassende Geistlichkeit gewogen zu stimmen und sich damit einen guten, positiven Nachruhm zu sichern.

Wilhelm: vom Bastard zum «Eroberer»

Und die Geschichtchen in der Geschichte gehen weiter: *Richard III.*, der ausnahmsweise eheliche Sohn von Richard II., wird noch im Jahr der Thronbesteigung (1027) von seinem Bruder ermordet – von Robert dem Großzügigen, der mit 17 Jahren Herzog und bald darauf Vater des Knaben *Wilhelm* wird, den er unehelich mit der Gerberstochter Arlette gezeugt hat. Robert kommt 1035 auf einem Kreuzzug ums Leben, hinterläßt seinem Sohn Guillaume «le Bâtard» ein reiches, schweres Erbe. Wilhelm wird um seiner unehelichen Herkunft willen angefeindet. Das Herzogtum Normandie ist begehrenswert genug, um auch andere Thronprätendenten auf den Plan zu rufen, und zudem gibt es hier und da im Lande noch Gruppen und Clans, die in der Taufe Rollos und seiner Nachfolger einen Verrat an den Göttern und Überlieferungen der Väter sehen. Ein Aufstand flammt auf, und am 10. August 1047 kämpfen bei Val-ès-Dunes südlich von Caen Normannen gegen Normannen. «Thor aïe» (Thor helfe uns) ist der Kriegsruf auf der einen, «Dex aïe» (Gott helfe uns) auf der anderen, fortschrittlich-integrierten Seite, die Wilhelm mit französischer Unterstützung anführt. «Le Bâtard» siegt, ist jetzt mit 19 Jahren unbestrittener Herrscher der Normandie. Drei Jahre später heiratet er Mathilde, die Tochter des Grafen von Flandern, die er erst übers Knie gelegt haben soll, bevor sie dem Bastarden ihr Ja-Wort gab. 19 Jahre später, am 14. Oktober 1066, schlägt er die entscheidende, siegreiche Schlacht gegen König Harold im südenglischen Hastings, läßt sich am Weihnachtstag desselben Jahres (das Vorbild Karls des Großen hat Schule gemacht) in Westminster zum englischen König krönen. In seinem «Romanzero» läßt *Heinrich Heine* zwei englische Mönche ihrem Abt die triste Kunde von der Nieder-

lage bei Hastings bringen: «...Es siegte der *Bankert, der schlechte* / ... / *Der lausigste Lump aus der Normandie* / *Wird Lord auf der Insel der Briten;* / *Ich sah einen Schneider aus Bayeux, er kam* / *Mit goldnen Sporen geritten.*»
Mit dem Sieg in Hastings ist der normannische Lehnsmann dem französischen Lehnsherrn über den Kopf gewachsen. Die Geschichte der Normandie ist von diesem Augenblick an ein wechselvoller Kampf um Geltung und Vormacht, ist auch eine Abfolge familiärer Konflikte und Zwistigkeiten, die das Land und seine Regierung schwächen, bis das normannische Herzogtum mit dem Fall der Festung Château Gaillard an das französische Herrscherhaus zurückkommt. 300 Jahre normannischer Geschichte gehen an der Seine zu Ende, an der Grenze gegen Frankreich, wo sie begonnen hatte. Von nun an fällt die Geschichte der Normandie mit der Frankreichs zusammen, dem sie zuerst noch als eigenes Herzogtum, dann ab 1469 als Provinz wieder angeschlossen wird. Doch 300 Jahre Geschichte können damit nicht einfach ausgelöscht werden – vor allem nicht, wenn es sich um eine so turbulente, ereignisreiche, entscheidende Geschichte handelt.

Wikingische Spuren im normannischen Alltag

Wenn man heute durch die Normandie fährt, wenn man ihre Dörfer besucht und über ihre Märkte geht, dann hat man beim Anblick der ein wenig protzig tuenden, aber auch ironisch augenzwinkernden, schlagfertigen Bewohner den Eindruck, daß die Normannen sich bis auf den heutigen Tag als *northmen* fühlen, als die rechtmäßigen Nachfahren stolzer, siegreicher Eroberer, die besonders durch Gewandtheit und Schlauheit so viel und so Großes erreicht hatten. *Guy de Mau-*

passant, selbst Normanne, hat sie einprägsam beschrieben in ihrer «malice finaude du Normand», in ihrer «gerissenen Schlauheit des Normannen». Und einige Novellen dieses Schriftstellers oder ein Roman des ebenfalls aus der Normandie stammenden *Gustave Flaubert,* vielleicht sogar «Madame Bovary», stellen für jeden Normandie-Reisenden immer noch eine gute Einführung in Land und Leute dar.

Man kann den Spuren der Normannen auch in den Ortsnamen nachgehen. Das altskandinavische Wort *bekkr,* «Bach», ist in Le Bec, Caudebec, Bolbec und Briquebec enthalten, *flodh,* «kleine Bucht», in Barfleur, Harfleur, Honfleur, *haugr,* «Anhöhe», in Les Hogues, La Hougue, *thorp,* «Dorf», in Torps, Le Torpt, Cametours und Clitourps, *toft,* «Haus», in Bouquetot, Criquetot, Yvetot – und man könnte diese Liste noch länger fortsetzen.

Sonst aber ging die Sprache der nordischen Eroberer bald verloren. Sie ging verloren, weil die Normannen erkannt hatten, daß das Französische höher entwickelt war als das Nordische, daß es geschmeidiger und leichter formbar war und damit eher zu literarischen Werken geeignet (die «Chansons de Roland», das älteste und künstlerisch wertvollste Epos aus dem karolingischen Sagenkreis, gilt bis heute als Werk eines normannischen Klerikers namens Turoldus oder Thérould). Die altnordische Sprache ging aber auch verloren durch die Verbindungen der eingewanderten Normannen, die nur wenige Frauen mitgebracht hatten, mit einheimischen, romanischsprachigen Frauen. Und dabei wäre noch auf eine Eigenheit der Normannen hinzuweisen. Sie hatten sich nach der Taufe Rollos zwar zu gehorsamen Christen bekehrt, aber in einem Punkt nahmen sie es mit den kirchlichen Geboten nicht so genau: Sie verbanden sich ihren Frauen gern *more danico,* «auf dänische Art» – nämlich ohne den Segen der Kirche. Wilhelm

Langschwert, Richard Ohnefurcht, Richard II., Wilhelm der Eroberer: sie sind alle un- oder außereheliche Kinder, Bastarde, was aber in den Augen ihrer Untertanen kein Schandfleck war. Mehr Achtung als in anderen Gegenden wird den unverheirateten Müttern in der Normandie im übrigen bis auf den heutigen Tag entgegengebracht, und von dieser toleranteren Haltung zeugen relativ viele Familiennamen, die auf weibliche Vornamen zurückgehen. Besonders sind Zunamen wie Jeanne, Marie, Charlotte oder Cathérine in der nördlichen Normandie anzutreffen, in den Gebieten also, die von den Normannen am dichtesten besiedelt worden und am stärksten ihrem Einfluß ausgesetzt waren (eben der scheinbar so geringfügige sprachliche Unterschied zwischen *chat* und *cat!*).

Die normannische Baukunst

Dann die große Leistung der Normannen auf dem Gebiet der Kunst: die Sakralbauwerke in romanischem Stil, der bis ins 19. Jahrhundert hinein als «normannisch» bezeichnet wurde – bis der normannische Archäologe *Charles Duhérissier de Gerville* ihn 1818 auf «romanisch» umtaufte und der Normanne *Arcisse de Caumont* sich 1840 als erster theoretisch mit diesem Stil und seinen Merkmalen auseinandersetzte (daß gerade zwei Normannen sich mit der Romanik beschäftigten, mag ein Zufall sein, könnte aber auch damit zusammenhängen, daß dieser Baustil in ihrer Heimat besonders auffallend und schön ausgeprägt war).

Für die Entwicklung der romanischen Baukunst stellen die Abteikirchen in Bernay, Lessay und Caen (Saint-Etienne und Sainte-Trinité), in Jumièges, Cerisy-la-Forêt und Saint-Martin-de-Boscherville einen Meilenstein dar, und berühmte Kathedralen und Abteikirchen auf englischem Boden (Canterbury, Winchester, Ely, Durham) sind nach der Eroberung Englands und der kulturell-religiösen Beeinflussung dieses Königreichs durch seine normannischen Herrscher entstanden. Was an diesen Bauten beeindruckt, ist die klare, reine Linienführung, ist das für eine romanische Kirche auffallend helle und überraschend senkrecht ansteigende Innere. Nicht ganz abwegig vielleicht – und immerhin vom großen Kunsthistoriker Nikolaus Pevsner ausgesprochen – ist der Vergleich dieser festen, kühnen Bauwerke mit dem entschiedenen, zielbewußt-energischen Charakter der normannischen Herzöge, unter deren Schirmherrschaft – wenn nicht gar auf deren Initiative wie in Caen – sie errichtet wurden. Und das Bemerkenswerteste vielleicht: mit der Zweiturmfassade, der Aufteilung des Schiffes in Joche, der Technik des *mur épais,* der durch Laufgänge aufgelockerten Mauer, mit den bis zum Deckengewölbe ansteigenden Pfeilern bereitet die normannische Romanik vor, was in der Gotik weiterentwickelt und als typisch herausgearbeitet wurde.

Anschluß an Frankreich

Die Blütezeit normannischer Kunst fällt mit der politischen Glanzzeit des normannischen Herzogtums zusammen, und das Jahr 1066, in dem Wilhelm England eroberte, bildet einen Fixpunkt. Die Normannen entwickeln diesseits und jenseits des Ärmelkanals einen ungeheuren Baueifer (und man sollte im übrigen nicht vergessen, daß es Normannen eben aus der Normandie waren, diese ewig unruhigen Wikingersöhne, die um die gleiche Zeit zu neuen Abenteuern nach Süditalien aufgebrochen waren und in Apulien und Sizilien bald Herren eines mächtigen Reichs wurden, das für seine normannischromanischen Kathedralen berühmt ist). Nach dem Verlust der Unabhängigkeit durch die Annexion an Frankreich im Jahre 1204 ist es auch mit einer eigenständigen, typisch normannischen Kunst zu Ende, und in den Chroniken dieser Zeit heißt es von vielen Adeligen und Würdenträgern: «Sie schließen keinen Frieden mit (dem französischen) König Philipp, sondern ziehen sich nach England zurück.» Durch die Auswanderung gehen der Normandie bedeutende geistige und wirtschaftliche Kräfte verloren (und *Marie de France,* die erste Schriftstellerin französischer Sprache und Autorin bekannter *lais,* verfaßte ihre Werke wahrscheinlich im englischen Exil statt in der normannischen Heimat). Auf diesen ersten Aderlaß folgten zur Zeit der Reformation um die Mitte des 16. Jahrhunderts ein zweiter und nach Aufhebung des Toleranzedikts von Nantes 1685 und nach der Verfolgung der Hugenotten ein dritter.

Während des *Hundertjährigen Krieges* zwischen Frankreich und England (1339–1453) wird die Normandie, die wie ein Puffer zwischen den beiden Kontrahenten liegt, oft zum Kriegsschauplatz. Normannische Adelige kämpfen auf der einen wie auf der anderen Seite, und als die Engländer 1415 die Normandie in ihre Hand bringen, erweisen sie sich als psychologisch geschickte Besatzer: Sie erwählen Rouen zur Hauptstadt (wo sich später auch der Prozeß gegen *Jeanne d'Arc* und ihre Verurteilung und Hinrichtung abspielten), sie gründen in Caen eine Universität als Gegenspielerin zu Paris, und sie lassen normannische Beamte in den verantwortungsreichsten Ämtern der Justiz und der Finanzverwaltung. Die Franzosen zeigen sich da weit weniger umsichtig: Nachdem

233 Veteranenfeier in Orbec

sie die Normandie mit dem Sieg von Formigny bei Bayeux am 15. April 1450 wiedergewonnen haben, schieben sie die Normannen nach und nach von der Bühne auf die Zuschauerplätze ab. Die Entscheidungen werden in Paris getroffen oder von Beamten, die in Paris gewählt worden waren. Am härtesten berührt den Nationalstolz der Normannen, daß der eben an die Macht gekommene König Ludwig XI. am 9. November 1469 bei einer Versammlung in Rouen den Siegelring der normannischen Herzöge brutal mit dem Hammer zerschlagen läßt. Die Normandie besteht nicht mehr als Herzogtum, sondern nur noch als französische Provinz, als eine unter vielen. Es dauert lange, bis die Normannen diese Demütigung bewältigen. Vergessen haben sie sie vielleicht bis heute noch nicht ganz.

Erfolge zur See

Ihrer Macht und jeglicher Entscheidungsgewalt im Lande beraubt, wenden sich die Normannen dem Meer zu, auf dem sie sich schon immer sicher und als Herren gefühlt hatten und auf dem es ihnen auch jetzt so leicht keiner nachtut. Schon 1402 hatte Jehan de Béthencourt, normannischer Adeliger aus dem Pays de Caux, die heimatliche Normandie verlassen, hatte die Kanarischen Inseln erreicht und sich selbst zu deren König ernannt. Allerdings war er wenige Jahre später, nachdem er sein «Königreich» an den König von Kastilien hatte verkaufen müssen, auf sein väterliches Schloß zurückgekehrt. Zu Beginn des 16. Jahrhunderts kommt Binot Paulmier aus Honfleur nach Brasilien. Landsleute von ihm erforschen kurz danach die Mündung des Sankt-Lorenz-Stroms in Nordamerika. Die Brüder Parmentier aus Dieppe erreichen 1528 Sumatra und Madagaskar, finanziert vom einheimischen Reeder

Jehan Ango. Zu Beginn des 17. Jahrhunderts gründet Samuel de Champlain, ebenfalls ein Reeder aus Dieppe, Quebec in Kanada und andere Handelsniederlassungen. 1635 gewinnt der normannische Adelige Pierre Belain d'Esnambuc die Inseln Martinique und Guadeloupe für die französische Krone, 1682 Robert Cavelier de la Salle aus Rouen das Gebiet von Louisiana.

Auf dem Meer haben die Normannen immer noch Erfolg, während im Lande eine Enttäuschung auf die andere folgt. Die auf die Reformation, die hier recht zahlreiche Anhänger gefunden hatte, folgenden *Religionskämpfe* fordern 150 000 Opfer. Die Ruhe religiöser Toleranz, die nach dem Erlaß des *Edikts von Nantes* 1598 eingetreten war, erweist sich als trügerisch, als das Edikt 1685 widerrufen wird und schätzungsweise 180 000 Hugenotten (bei einer Gesamtbevölkerung von damals 1,5 Millionen) das Land verlassen, um in England, Holland, Preußen und Amerika eine neue, weniger unduldsame Heimat zu suchen. Die 1315 gewährte «Charte aux Normands», die den Normannen gewisse Privilegien zugesteht, wird im Laufe der Jahrhunderte von den französischen Herrschern immer wieder verletzt. In Paris hat man vielleicht immer noch nicht verdaut, daß die Normandie unter ihren normannisch-wikingischen Herzögen zeitweise mächtiger war als das französische Königreich, und am Hof von Ludwig XIV. macht man sich über die «seigneurs de Cochonville» und die «gentilshommes de la crasse» lustig: Der gepuderte, parfümierte Sonnenkönig will in den Normannen nichts anderes sehen als «Herren von Schweinsstadt» und «Junker niedriger Herkunft».

Neu erwachtes Nationalbewußtsein

Die Normannen dagegen möchten ständig die längst vergangenen, glorreichen Zeiten des wikingischen Herzogtums heraufbeschwören. *«Fais voir à la posterité / Qu'il est encore des ducs Guillaume, / Fais voir que ton bras est plus fort / Qu'il n'était arrivant du Nord...»* heißt es in einem Epos «A la Normandie», das im 17.Jahrhundert in Umlauf ist, als die Tuchmacher aus der Gegend von Avranches sich gegen zu hohe Steuerlasten auflehnen, in ihrer monatelangen Revolte der *Nu-pieds* aber auch autonomistische, antifranzösische Tendenzen anklingen. Und als heroische «fille des Vikings» feiert ein normannischer Theaterdichter die Normannin *Charlotte Corday,* die 1793 den radikalen Revolutionsführer Jean-Paul Marat ermordet hat: in der Badewanne, wie Jacques-Louis David es auf seinem klassizistischen Gemälde dargestellt hat.
Die Revolution hat die Normandie abgeschafft, hat an ihrer Stelle die fünf – noch heute bestehenden – Départements errichtet. Doch gerade jetzt beginnen sich die Normannen besonders intensiv auf ihre normannische Vergangenheit zu besinnen – was sicher auch im Zuge der Zeit liegt. Die Romantik entdeckt die Geschichte, besonders die mittelalterliche Geschichte, die in der Normandie mit einem politisch-kulturellen Höhepunkt zusammenfällt. Pionier dieser Renaissance normannisch-patriotischen Heimatstolzes ist *Arcisse de Caumont* aus Bayeux. Mit seiner Statistik der normannischen Bauten macht er seinen Landsleuten bewußt, welch große Leistungen sie schon im Mittelalter vollbracht haben. Mit der von ihm gegründeten «Association normande» kämpft er für eine wirtschaftliche und kulturelle Dezentralisierung von Paris – nicht aus Nostalgie nach den vergangenen Zeiten, sondern aus der Überzeugung, daß der «Provinz» eine besondere

Rolle zusteht. Caumont gründet auch die französische Gesellschaft für Archäologie, ruft ein «Institut des Provinces» ins Leben, gibt Fachzeitschriften heraus, organisiert Kongresse auf internationaler Ebene. Er macht in Paris und im Ausland von seiner Heimat und ihren Bauwerken reden, und auf einmal wird man wieder auf diese nordfranzösische Randprovinz aufmerksam.

Von Künstlern und Literaten entdeckt

An der Atlantikküste entstehen die ersten Seebäder: Dieppe, Trouville und Deauville, lanciert von Adeligen und Literaten. Die Eisenbahn erreicht 1843 Rouen, 1847 Le Havre, kurz darauf auch die Atlantikbäder Dieppe und Le Tréport. Die Pariser entdecken auf einmal, wie nahe die Normandie, besonders die östliche, vor ihrer Tür liegt; wie gut es sich im Meer baden läßt, wie erholsam ihre Landschaft ist, wie pittoresk ihr ländliches Leben, wie interessant ihre romanischen und gotischen Bauwerke und ihre mittelalterlichen Ruinen und wie schön ihr Licht – dieses Licht an der Kanalküste, von dem Picasso später einmal sagte: *A Dieppe, la lumière est comme un écrin* (In Dieppe ist das Licht wie ein Schrein). Der normannische Maler Eugène Boudin macht den jungen *Claude Monet,* der seit seinem fünften Lebensjahr in Le Havre lebt, auf den Reiz dieses wie verschleierten, flimmernden und doch hellen, gleißenden Lichts aufmerksam, erweckt in ihm Begeisterung für das Malen *en plein air:* Der Impressionismus ist geboren und bekommt 1872 mit Monets Bild «Impression: Soleil levant» auch seinen Namen. Aus der Geschichte dieser revolutionären künstlerischen Bewegung ist die Normandie mit ihren Seineufern und ihren Küstenorten nicht wegzudenken.

Auch in der Literatur des 19. Jahrhunderts kann die Normandie mit namhaften Vertretern aufwarten: mit dem Dreigestirn *Jules-Amédée Barbey d'Aurevilly, Gustave Flaubert* und *Guy de Maupassant.* Der in Caen geborene Dichter *François de Malherbe* (1555?–1628), der aus Rouen gebürtige Dramatiker *Pierre Corneille* (1606–1684) waren eher Vertreter ihrer Zeit als ihrer normannischen Heimat, die sie beide später verließen (Corneille wurde übrigens nachgesagt, daß er in der privaten Unterhaltung äußerst langweilig gewesen sei und seinen normannischen Akzent niemals verloren habe). Aus der Normandie, aus ihrer Geschichte und aus der kühlen, distanziert-kritischen Beobachtung ihrer Menschen dagegen schöpften Barbey d'Aurevilly, Flaubert und Maupassant reiche, fruchtbare Anregungen für ihr Schaffen.

So erlebt die Normandie im 19. Jahrhundert eine Blütezeit wie 800 Jahre zuvor, zur Zeit Wilhelms des Eroberers. Und es ist vielleicht kein Zufall, daß man sich gerade jetzt wieder auf diesen Wikingerherzog besinnt, daß man ihm 1851 in seiner Geburtsstadt *Falaise* ein Denkmal setzt, in Anwesenheit von nicht weniger als 30000 Menschen. Aus dieser Zeit datiert ein neu erwachtes und bis heute noch bisweilen geschürtes Bewußtsein um eine normannische Identität. Es ist eine Renaissance, die auch kuriose, in ihrer eifernden Begeisterung für ihr Wikingerideal bewundernswerte Figuren und absurde, da unzeitgemäße Versuche der «Renormannisierung» der Normandie hervorbrachte. Man blickte dabei gern über den Ärmelkanal hinweg zu den «normannischen Brüdern» in England und erhitzte sich die Gemüter an der Idee der «fraternité normande».

239   Klippen an der Kanalküste bei Etretat

Die «fette» Normandie

Auch in der *Viehzucht* (und man darf diesen wichtigen Lebensbereich der Normandie neben Geschichte, Kunst und Literatur nicht übergehen) blicken die Normannen über den Kanal, legen 1884 nach angelsächsischem Vorbild das normannische *Herd Book* an: eine Art Adelsmatrikel zur Auswahl der besten Zuchttiere, die eine reinrassige Fortpflanzung der kräftigen, fahlrot-weiß gescheckten Milchkühe mit den braun umringten, sanften Augen garantieren. Diese Rinder haben mit zum vielverbreiteten Bild von der opulenten, satten Normandie beigetragen – zu einem Bild übrigens, das sich auch in Zahlen gefaßt als wirklichkeitsgetreu und stichhaltig erweist. Die Normandie nimmt 5,5 Prozent der gesamtfranzösischen Oberfläche ein, ihre Bewohner machen 5,7 Prozent der Gesamtbevölkerung aus – aber sie erzeugt 13 Prozent der Milch und ebenfalls rund 13 Prozent des in Frankreich produzierten Fleisches. Noch weit höher ist ihr Anteil im Bereich der *Pferdezucht* (und somit die Assoziation Normandie = Junkertum = Gestüte mehr als gerechtfertigt): 60 Prozent der französischen Reitpferde und gar 75 Prozent der Vollblutpferde stammen aus der Normandie. Kein Wunder daher, daß der Normanne *Théodore Géricault* (1791–1824) auf seinen Bildern auch gern Pferde darstellte, daß sein Gemälde «Les croupes» mit 24 Pferdehinterteilen schon im Todesjahr des Künstlers einen Rekordpreis erzielte.

Nach den Kühen, die das Bild von der fetten Normandie prägen, nach den Pferden, die ihr den Anstrich leicht snobistischer Noblesse geben, dann noch die *Äpfel,* die sie von ihrer schlichten, ländlichen Seite zeigen. Blühende Apfelbäume vor strohgedeckten Fachwerkhäusern: so stellen sich viele Franzosen die Normandie vor, und so wird sie in der Fremdenverkehrswerbung von den Normannen selbst gern vorgestellt. Und das nicht zu Unrecht. Immerhin werden hier alljährlich etliche Millionen Zentner Äpfel geerntet, aus denen ein Großteil des französischen Apfelweins, Cidre, und drei Viertel des französischen Apfelschnapses, Calvados, gewonnen werden. Den Cidre machte schon Gustave Flaubert – allerdings metaphorisch – für das dann und wann aufbrausende Temperament seiner Landsleute verantwortlich: «Wir Normannen haben alle etwas Cidre in den Adern; das ist ein leichtes, schäumendes Getränk, das manchmal den Korken hochgehen läßt.»

Die Äpfel haben den Normannen aber auch ein Sprichwort eingegeben, das ein wenig ihre im Grunde optimistische Einstellung zum Leben resümiert: *Pour une année où y a des pommes, y a pas des pommes; mais pour une année où y en a pas, y en a* (Auf ein Jahr, in dem es Äpfel gibt, kommt eins, in dem es keine Äpfel gibt; aber auf eins, in dem es keine gibt, kommt eins, in dem es welche gibt).

Womit wir wieder beim realistischen, nüchternen Geist der Normannen und ihrem trockenen Humor wären. Wie zu Zeiten ihres ersten Herzogs Rollo.

Zum Abschluß dieses knappen Versuches, die Realität der heutigen Normandie anhand ihrer kulturellen und geschichtlichen Vergangenheit verständlich zu machen, noch eine Bemerkung zur Invasion vom 6. Juni 1944 (von der später ausführlicher die Rede ist): An der normannischen Front stehen sich 1944, wie schon zuvor in der nordafrikanischen Wüste, der deutsche Generalfeldmarschall *Erwin Rommel* und der britische Feldmarschall *Bernard Lord Montgomery* gegenüber. Rommel wie Montgomery sind beide Abkömmlinge vor langer Zeit ausgewanderter normannischer Hugenottenfamilien – jetzt bekämpfen sie sich in der Heimat ihrer Vorfahren.

ROUEN: TRADITION UND MODERNE

*Alte Stadt mit jugendlicher Lebhaftigkeit – Der Prozeß
um Jeanne d'Arc – Um den Vieux-Marché – Die Kathedrale:
von Monet verewigt – Kirche und Aître von Saint-Maclou –
Saint-Ouen: größer als Notre-Dame – Museen in Rouen*

Alte Stadt mit jugendlicher Lebhaftigkeit

«... Und die alte normannische Stadt breitete sich wie eine maßlos große Metropole vor ihr aus, wie ein Babylon, das sie nun betrat»: Diesen Eindruck machte **Rouen** um die Mitte des vorigen Jahrhunderts auf *Emma Bovary,* die ruhelose Frau des Landarztes Charles Bovary, auf einer ihrer Fluchten, die sie – in *Gustave Flauberts* Roman – aus der für sie erdrückenden Enge des dörflichen Provinzmilieus in die normannische Hauptstadt unternahm. Mehr von der Entwicklung, die Rouen dann bevorstand und die bis heute nicht abgeschlossen ist, schien *Guy de Maupassant* vorauszuahnen. In seinem «Bel Ami» stellt er dem «gotischen Volk» der Kirchtürme das «arbeitsame und qualmende Volk» der Fabrikschornsteine gegenüber, unterscheidet die alte, historisch gewachsene Stadt am rechten Seineufer von der Arbeiterstadt links des Flusses. Diese Arbeitervorstadt *Saint-Sever* hat sich längst in ein hochmodern konzipiertes Geschäfts- und Verwaltungszentrum verwandelt; rings um Rouen sind Orte gewachsen und neu entstanden, die immer mehr mit der Stadt verschmelzen.

Die Demographen, mit Statistiken rasch bei der Hand, schätzen, daß der Städtekomplex «Groß-Rouen» es in den kommenden Jahren auf 800 000 bis 850 000 Einwohner bringen wird.

Doch wer sich wirklich als *Rouennais* betrachten möchte, als echter Abkömmling dieser alten, stolzen Handelsstadt, muß noch heute im rechtsseitigen Stadtteil geboren sein und leben: in dem Teil der Stadt, der die Spuren und Zeichen einer mehr als zweitausendjährigen Geschichte trägt, in den Kreisen, wo man bis heute, umgeben von «roten» oder zumindest «rosa» Vororten, bei politischen Wahlen rechts oder zentristisch stimmt. Tonangebend ist hier immer noch das Bürgertum, ein bei allem Traditionsbewußtsein allerdings sehr aufgeschlossenes, zugängliches Bürgertum. Es hat nach den Zerstörungen des Zweiten Weltkriegs entschlossen und ohne große Worte, eben so recht nach normannischer Art, die Ärmel hochgekrempelt: Aus einem leicht lethargisch dahinschlummernden Vorkriegs-Rouen wurde eine großzügige und moderne Stadt von jugendlicher Lebhaftigkeit. Diese Provinzstadt von 120 000 Einwohnern mit einem guten Dutzend reiseführerreifer Kirchen, mit einem halben Dutzend sehenswerter Museen, mit malerischen Altstadtgassen und geschichtsreichen Gebäuden und Palästen hätte aus einer *cité-musée* leicht zu einer musealen Stadt werden können, zu einem unbeweglichen, künstlich aufpolierten Vorzeigebild ihrer selbst. Glücklicherweise ist das nicht passiert.

Der Eindruck von der Nur-Kunststadt, den man angesichts der berühmten gotischen Kirchen wie der Kathedrale, Saint-Ouen und Saint-Maclou gewinnen könnte, wird am *Hafen* widerlegt. Auf dem Wasserweg 120 Kilometer vom Meer und 220 Kilometer von Paris entfernt, ist er nach Marseille, Le Havre und Dunkerque der viertgrößte Hafen Frankreichs, für

1 Kathedrale
2 St-Maclou
3 Aître St-Maclou
4 Rue Damiette
5 St-Ouen
6 Hôtel de Ville
7 Lycée Corneille
8 Fontaine Ste-Marie
9 Musée des Antiquités
10 Bahnhof
11 Musée des Beaux-Arts
12 Musée Le Secq des Tournelles
13 Palais de Justice
14 Gros Horloge
15 Place du Vieux Marché
16 Musée Jeanne d'Arc
17 Musée Corneille
18 Musée Flaubert

die Ausfuhr von Getreide sogar der bedeutendste (trotz aller Industrialisierung gerade im Gebiet um Rouen verleugnet die Normandie ihre landwirtschaftlichen Wurzeln nicht). Mit seinen Becken und Verladequais zieht sich der Hafen kilometerlang an einer Schleife der Seine hin, die das Triebrad der Wirtschaft von Rouen und seiner Umgebung darstellt. Schon der Wikingerführer Rollo hatte die günstige Lage der Stadt erkannt, hatte sie aus einem Stützpunkt für normannische Beutezüge zur Hauptstadt des 911 geborenen normannischen Herzogtums gemacht. Er ließ das Seinebett vertiefen, die Sümpfe aufschütten, die Inselchen unterhalb der Stadt mit dem Festland verbinden und die Ufer befestigen, um die Wirtschaft anzukurbeln. Er steht damit mitten in einer Tradition, die von der Bronzezeit mit dem Zinnhandel über die Römer bis in die Gegenwart reicht. Die Normannen aus Rouen verstehen sich seit Jahrhunderten aufs Handeln und Geschäftemachen. Böswillige sagen ihnen nach, daß ihnen kein Geräusch lieber sei als das Klingeln der Kasse. Auf jeden Fall reagieren sie heftig, wenn ihr Geld auf dem Spiel steht.

In erster Linie um wirtschaftliche Privilegien ging es den Normannen in der «Charte aux Normands», die sie 1315 dem französischen König Louis le Hutin abgehandelt hatten. Als König Karl IV. den Normannen 1382 entgegen den Abmachungen dieser Charte dennoch Abgaben abverlangt, als er auf Wein und Stoffe Sondergebühren erheben will, bricht in Rouen ein Aufstand aus. Anführer sind die großen Händler, Ausführer wohl eher die Handwerker und Arbeiter, die sich auch bei dieser Gelegenheit wieder auf ihr Wikingerblut besinnen – wie so oft, wenn es gegen Paris zu demonstrieren und protestieren gilt. Mit dem alten Wikingerschrei «Haro» stürmen sie durch die Straßen, und sie erwählen den Tuchhändler Jean Le Gras zum «König von Rouen» – zu einem Drei-Tage-

Fischhandlung in der Rue du Gros-Horloge in Rouen

König, der vor der aus Paris gesandten königlichen Armee schleunigst die Flucht ergreift. Der Aufstand wird niedergeschlagen. Die danach noch weniger parisfreundliche Stimmung in Rouen und der gesamten Normandie kommt den Engländern zugute, die sich während des Hundertjährigen Krieges nach und nach des Landes bemächtigen. 1419 nehmen sie Rouen ein – nach siebenmonatiger Belagerung, bei der nach heutigen Schätzungen 30000 bis 40000 Frauen, Kinder und Alte verhungert sind. Die neuen Eroberer werden zwar nicht mit offenen Armen empfangen, wissen aber die Sympathie der Normannen zu gewinnen.

Der Prozeß um Jeanne d'Arc

Einfühlungsvermögen in die Psychologie seiner eben gewonnenen Untertanen beweist vor allem der englische König Heinrich V. Er weiß, daß man die Normannen günstig stimmen kann, wenn man ihnen Privilegien einräumt und ihre Besonderheit anerkennt (was die französischen Könige oft versäumt hatten), wenn man die bedeutungsvolle Rolle unterstreicht und fördert, die die Normandie als Brücke zwischen dem Kontinent und den Britischen Inseln gespielt hat und wieder spielen könnte. Und auf dieser aus politischen Gründen konzilianten Linie fährt nach dem frühen Tod des Königs auch dessen jüngerer Bruder fort, der *Herzog John von Bedford.* Als Regent von Frankreich erwählt er Rouen zur Hauptstadt, verteilt die Verwaltungsbehörden auf Rouen und Caen. Vor allem aber ersetzt er die englischen Beamten allmählich wieder durch einheimische, normannische. Die Normandie soll das Gefühl haben, wieder selbst ihr Schicksal bestimmen zu können. Einheimische zieht der Herzog von Bedford auch zu dem Gerichtsverfahren heran, durch das er als «schwarzer Mann» in die Geschichte einging: den in Rouen abgehaltenen **Prozeß gegen Jeanne d'Arc.**

Bedford wollte, ja brauchte aus politischen Gründen den Tod der *Pucelle,* die im Namen Gottes einen großen Teil Frankreichs wieder von den Engländern befreit hatte, aber er wollte dafür nicht verantwortlich sein. Er erreicht, daß die in Compiègne in Gefangenschaft geratene Johanna gegen die enorme Summe von 10 000 Franc an die Engländer ausgeliefert wird, übergibt aber dann einem französischen Inquisitionsgericht diesen «Spitzel des Teufels, genannt *La Pucelle,* die sich falscher Zaubermittel und Hexereien bedient hat» – wie Bedford dem englischen König Heinrich VI. schreibt.

Der Prozeß wurde geführt, wie eben Inquisitionsprozesse zu jener Zeit geführt wurden: mit unendlicher Arroganz und Überheblichkeit der etablierten, mit dem politischen System verquickten Kirche, die keine «Abweichler» zuließ. Das frische, schlagfertige, ganz von ihrem Glauben und ihren Stimmen erfaßte neunzehnjährige Mädchen fand bei vielen der Beisitzer und Zuhörer sicher Verständnis und Bewunderung. Zur Ehrenrettung der Normannen sei gesagt, daß den Vorsitz ein Nichtnormanne führte: Pierre Cauchon, der Bischof von Beauvais, dem die Rechtsprechung in der Diözese Rouen eigentlich nicht zustand, der aber bei der Auslieferung Jeannes an die Engländer schon eine bedeutende, schäbige Vermittlerrolle gespielt hatte. Und zur Ehrenrettung der Normannen sei ebenfalls gesagt, daß einzig zwei Normannen, der Magister Nicolas de Houppeville und der Geistliche Jean Lohier, die Parteilichkeit des Gerichts beanstandeten.
Am 23. Dezember 1430 war Johanna nach Rouen gebracht und in einem Turm des Schlosses eingekerkert worden, am 21. Februar 1431 begannen die Verhöre, und am 23. Mai 1431 wurden ihr die Schuldartikel vorgelesen. Am Tag darauf wurde sie auf den Friedhof von Saint-Ouen geführt, wo traditionsgemäß die großen Volksversammlungen abgehalten wurden. Angesichts eines schon vorbereiteten Scheiterhaufens wurde sie ein letztes Mal ermahnt, ihren ketzerischen Überzeugungen abzuschwören. Und im letzten Augenblick schwört sie ab, unterzeichnet die kurze Abschwörungsformel und wird zu lebenslanger Haft «begnadigt». Die Engländer sind erbost, sie wollen Johannas Kopf, und Bischof Cauchon sorgt dafür, daß sie ihn bekommen. Drei Tage nach ihrem Widerruf wird Johanna im Kerker wieder in Männerkleidern angetroffen, auf die zu verzichten sie versprochen hatte (in der sie sich aber anscheinend besser gegen die Annäherungsversu-

che ihrer Bewacher verteidigen konnte). Sie gilt als rückfällig, wird am 29. Mai zum Tod durch Verbrennen verurteilt und am Tag darauf auf dem Vieux-Marché von Rouen hingerichtet. «O Rouen, du meine letzte Heimstatt» soll sie noch kurz vor ihrem Tod ausgerufen haben. Es sieht fast nach einer Ironie des Schicksals aus, daß Rouen zur letzten Heimstatt auch für den Herzog von Bedford werden sollte, zweifellos einer der Hauptverantwortlichen am Tod der *Pucelle*. Er stirbt am 14. September 1435 und wird auf seine letzte Bitte hin in der Kathedrale von Rouen beigesetzt: er hatte sich in der Normandie immer als Befreier gefühlt und nicht als feindlicher Besatzer.

Karl VII., der sich dank Johannas sendungsbewußtem Eingreifen in Reims hatte zum französischen König krönen lassen können, der aber während ihrer Gefangenschaft und ihres Prozesses keinen Finger für sie gerührt hatte, bringt Rouen 1449 aus englischer Besetzung wieder in seine Gewalt. Er läßt die Prozeßakten hervorholen und Johanna 1456 mit einem neuen Prozeß feierlich rehabilitieren (heiliggesprochen wird sie allerdings erst 1920, unter Papst Benedikt XV., dem viel an guten diplomatischen Beziehungen zwischen dem Vatikan und Frankreich lag).

Während der Johanna-Kult in Orléans, der von ihr befreiten Stadt, von Anfang an und über die Jahrhunderte hinweg lebendig ist, bleibt es in Rouen, dem Ort ihres Martyriums, im Grunde still um sie: Ob die *Rouennais* vielleicht bis auf den heutigen Tag der *Pucelle* gegenüber eine Art Schuldgefühl empfinden? Man stellt ihr im 19. Jahrhundert zwar Statuen auf: 1845 in der Eingangshalle des Rathauses, 1892 vor der neugotischen Kirche von Bonsecours auf einem Hügel im Südosten der Stadt. Aber man weiß immer noch nicht, wo sie eigentlich verbrannt worden ist, und bis gegen Ende des vorigen Jahrhunderts hält man die Place de la Pucelle, ganz in der Nähe der Place du Vieux-Marché, für ihre Todesstätte. Dann aber treten bei Ausgrabungen auf dem *Vieux-Marché* die Grundmauern des Prangers zutage, neben dem sich – wie Archivurkunden unwiderlegbar bezeugen – der Scheiterhaufen befunden hat (auf dem im übrigen vor und nach Johanna noch andere Menschen gestorben waren). Der Bildhauer Maxime Réal del Sarte schenkt der Stadt 1926 seine Statue «Johanna auf dem Scheiterhaufen», ein recht schmachtendes Marmorwerk – wie eben die mit der Ratio nicht zu erfassende und auszulotende Gestalt Johannas so oft verfälscht und romantisierend verkitscht worden ist. Diese Statue steht heute, mit immer frischen Blumensträußen zu Füßen der Heiligen, an der Außenwand der neuen, 1979 eingeweihten *Kirche Sainte-Jeanne d'Arc* auf dem Vieux-Marché. Und an diesem Platz, wo Geschichte und Moderne aufeinandertreffen, wollen wir unseren Rundgang durch Rouen beginnen.

Um den Vieux-Marché

Heiliges und Profanes halten sich heute das Gleichgewicht auf diesem revolutionär umgestalteten Platz, mit dessen neuem Gesicht sich die alteingesessenen *Rouennais* allerdings noch nicht ganz befreundet haben. Und doch ist es dem Architekten *Louis Arretche* gelungen, hier scheinbar Unvereinbares bruchlos zu verbinden: Sechs Fachwerkfassaden wurden in einem anderen, östlichen Stadtteil abgetragen, wurden zerlegt, restauriert, hierher transportiert, wieder zusammengesetzt und an der Westseite des Platzes neu aufgestellt, als eines unter vielen Beispielen für die umsichtige, planvolle Sorgfalt, mit der heute in ganz Rouen Denkmal- und Ensembleschutz betrieben wird. Die *Hallettes* mit ihren Gemüse-, Käse- und Fischständen und die der heiligen Johanna geweihte Kirche befinden sich (fast) unter einem gemeinsamen, weit ausschwingenden und stark rhythmisch gegliederten Dach, vereint auch durch das beiden gemeinsame Baumaterial: Beton, Holz, Ziegel und Glas. Und eben Glas, altes Glas, spielt die Hauptrolle in der modernen weiträumigen Kirche selbst. Die zwölf im frühen 16. Jahrhundert geschaffenen Glasfenster stammen aus der 1944 zerstörten Kirche Saint-Vincent, aus der sie glücklicherweise rechtzeitig entfernt worden waren. Neun der Fenster kommen aus einer einheimischen Werkstätte in Rouen, drei dagegen – «Leben Johannes' des Täufers», «Die Werke der Barmherzigkeit» und «Triumph der Jungfrau Maria» – aus dem Atelier der Familie Le Prince aus Beauvais. Jean und besonders *Engrand Le Prince,* die in Rouen tätig waren, erweisen sich als wahre Meister in der Behandlung der Farben und der dynamischen Komposition, und sie zeigen, daß die Le Prince zu Recht als eine der großen französischen Glasmalerdynastien des 16. Jahrhunderts gelten. Weder die Glasmaler aus Rouen noch die Le Prince haben darauf verzichtet, in diesen Fenstern auch eine kleine «hommage à Rouen» anzubringen: Die Le Prince lassen im Hintergrund die (kurz darauf umgestaltete) Fassade der Kathedrale aufragen, die einheimischen Künstler beleben den Hintergrund einer Szene mit den Kirchen Saint-Ouen und Saint-Maclou. Die Kathedrale und diese beiden Kirchen galten schon im 16. Jahrhundert als verewigungswürdige Bauwerke.

Wer nach der Kirche, der Statue, der wahrscheinlichen Todesstätte der Johanna noch mehr über sie sehen und erfahren möchte, hat dazu Gelegenheit im *Musée Jeanne d'Arc* an der Südseite des Vieux-Marché. In Manuskripten, Bildern, Drukken und Wachsfiguren findet hier das Bild einer sehr volkstümlichen, sehr popularisierten Johanna Bestätigung. Um gleich bei diesen kleinen Museen zu bleiben, die oft eindringlicher und einprägsamer wirken als die großen Sammlungen: In der Rue de la Pie, gleich neben dem Vieux-Marché, ist im Geburtshaus von Pierre Corneille das *Musée Corneille* untergebracht. Der große Dramatiker (1606–1684) gestaltete in diesem Haus, mit den Einträgen einer Advokatur beim normannischen Parlament versorgt und anfangs von Kardinal Richelieu, nach dessen Tod von Kardinal Mazzarin protegiert, seine Dramen um den Gewissenskonflikt heroischer Willensmenschen. Als er sich im Alter von 56 Jahren und auf dem Höhepunkt seines literarischen Ruhms entschloß, aus seiner Heimatstadt nach Paris zu ziehen, begann der um 33 Jahre jüngere Jean Racine, ihm den Rang abzulaufen: Tragik eines Tragikers, der sich, an den ruhigen Provinzrhythmus gewöhnt, im verwickelten Spiel des Pariser Salon- und Hoflebens nie ganz zurechtfand und mit seinen Dramen immer dem schmeichelte, der im heiklen politischen Machtkampf vor dem Regierungsantritt Ludwigs XIV. gerade auf der schwächeren Seite stand. Doch trotz einiger späterer Mißerfolge verbrachte Corneille – entgegen der Legende von seiner Armut – einen ruhigen, sorgenfreien, von einer königlichen Rente gesicherten Lebensabend.

Ein *Museum* auch im Geburtshaus von *Gustave Flaubert* am weiter westlich gelegenen Hôtel-Dieu – aber nicht das übliche Dichtergeburtshaus-Museum mit Schreibtisch, Tintenfaß und Federkiel, sondern ein Museum der Geschichte der Medizin: Man hat den Arztberuf des Vaters und den Ruhm des Sohns zum Anlaß genommen, um hier eine Sammlung chirurgischer Instrumente und Dokumente über die Spitäler im Rouen des 17. und 18. Jahrhunderts unterzubringen. Gustave Flaubert, 1821 geboren, lebte hier bis zu seinem 25. Lebensjahr, bevor er

sich nach dem Tod des Vaters und der Schwester mit seiner Mutter ins Landhaus in Croisset bei Rouen zurückzog, wo er fast alle seine Werke schrieb und 1880 starb.

Vom Vieux-Marché aus ist schon der Vierungsturm der Kathedrale zu sehen, allgegenwärtig in Rouen und unverkennbar mit seinem hohen Helm. Doch es wäre schade, Rouen mit dem Reiseführer in der Hand in Pflichtetappen zu «absolvieren». Die große, lebhafte Fußgängerzone, die das Stadtzentrum einnimmt, lädt zum ziellosen Dahinschlendern und Entdecken ein, denn überall liegt Interessantes am Wege.

Nicht zu übersehen ist vor allem der *Gros Horloge,* die «dicke Uhr», auf die die Bewohner von Rouen besonders stolz sind und die sie zum touristenprospektschmückenden Wahrzeichen ihrer Stadt erkoren haben: zwei reich vergoldete Zifferblätter auf den Schauseiten eines Renaissancebaus, der mit einem Torbogen die Rue du Gros-Horloge überspannt, neben sich den *Beffroi,* den zu besteigenden Stadtturm aus dem 14. Jahrhundert, und einen monumentalen *Barockbrunnen* mit allegorischen Nymphen und Flüssen, wie sie sich für das frühe 18. Jahrhundert gehörten.

Nur wenige Schritte sind es vom Gros Horloge zum *Palais de Justice,* bei dem sich die klassischen Reiseführer nicht einig sind, ob sie ihn als spätgotischen Bau mit Renaissanceanklängen oder als Werk der frühen Renaissance mit noch gotischen Nachklängen einstufen sollen. Schuld an dieser reizvollen Stilmischung ist der aus Rouen gebürtige Architekt *Roulland le Roux,* der in den ersten drei Jahrzehnten des 16. Jahrhunderts in seiner Heimatstadt tätig war und sich in dieser Übergangszeit zwischen Gotik und Renaissance sehr wohl gefühlt

254 Die Rue du Gros-Horloge im Stadtzentrum von Rouen

zu haben scheint. Besonders an der nördlichen, dem Hof zugekehrten Seite des Justizpalastes erkennt man, wie er sich damit vergnügt, einen ruhigen, harmonischen Renaissancebau mit gotischen Spitzbögen, Fialen und Wasserspeiern zu verzieren und aufzulockern. Dem in der Normandie noch neuen, fremden Renaissancestil gab er mit den bekannten, althergebrachten Elementen der Gotik einen Anstrich des Heimischen und Vertrauten.

Die Kathedrale: von Monet verewigt

Zur gleichen Zeit, zu der Roulland le Roux am Palais de Justice arbeitet, ist er in Rouen auch anderweitig tätig: nämlich in, vor und an der **Kathedrale**. *Im* Kircheninnern, in der Marienkapelle der Apsis, schafft er das *Grabdenkmal für die Kardinäle d'Amboise* im Stil der frühen Renaissance, den Georges I. d'Amboise, der ältere der beiden, aus Italien in die Normandie gebracht hatte: Er hatte Ludwig XII. vor dessen Krönung zum König auf einen Feldzug nach Oberitalien begleitet, und er begleitete ihn nach dessen Thronbesteigung und inzwischen zum Minister erhoben nochmals in die lombardischen Städte. Roulland le Roux stand zum Kardinal d'Amboise in guter Beziehung, und Anregungen des Kirchenfürsten dürften ihn veranlaßt haben, *vor* der Kathedrale in reinstem Renaissancestil das *Bureau des Finances* (heute Office de Tourisme) zu errichten. Le Roux' Name ist aber vor allem mit den Arbeiten *an* der Kathedrale verbunden, deren Leitung er 1508 übernommen hatte, als Nachfolger seines Onkels Jacques le Roux.

257   Vor dem Palais de Justice in Rouen

Und an der Kathedrale, der er nach jahrhundertelangen Bau- und Neubau- und Umbauarbeiten ihr endgültiges, heutiges Aussehen gegeben hat, ist er vor allem durch die Ausgestaltung der Hauptfassade bekannt. Im selben Jahr 1509, in dem er das Bureau des Finances in Renaissanceformen entwirft, beginnt er mit den Arbeiten am Fassadenmittelteil in schönstem *gotique flamboyant*. Importierte, südliche Renaissance und einheimische, nordische Gotik stehen sich hier in reiner Ausprägung gegenüber und zeugen vom Talent und Einfühlungsvermögen Roulland le Roux', der mit beiden Stilen so geschickt umzugehen wußte.

Diese *Fassade* mit ihrem unruhigen, ständig wechselnden Licht- und Schattenspiel bringt 350 Jahre später einen in der Normandie heimisch gewordenen Maler zur Verzweiflung: «Ich bin völlig entmutigt und unzufrieden mit dem, was ich hier gemacht habe», schreibt *Claude Monet* im April 1892 aus Rouen an den Kunsthändler Paul Durand-Ruel. «... Seit vier Tagen kann ich nicht arbeiten und beschließe, alles aufzugeben und nach Hause zu fahren.» Und ein Jahr später ist er wieder in Rouen: «... was nicht heißt, daß ich meine Kathedralen demnächst beendet hätte», schreibt er in einem Brief vom 28. März 1893, und zwei Tage darauf berichtet er: «Ich arbeite sehr viel, aber ich kann mir nicht vorstellen, an anderem zu arbeiten als an der Kathedrale. Es ist eine riesige Arbeit.» Fünfzig Versionen malt Monet von der Fassade der Kathedrale, beobachtet die Veränderungen, die der ständig wechselnde Einfluß von Licht, Wetter und Atmosphäre bewirkt, macht die Malerei – und das ist vielleicht seine revolutionärste Leistung – aus einer Raumkunst zu einer Zeitkunst. Eine ähnliche Wirkung wie auf Monet hatte die Kathedrale auch schon 50 Jahre zuvor auf *Flaubert* ausgeübt, der in «Madame Bovary» schreibt: «Das Licht, das schräg auf die Fassa-

de fiel, überzog die Risse der grauen Steine mit Gefunkel.»
Überhaupt war Flaubert ein aufmerksamer, kritischer Beobachter seiner Heimatstadt und ihrer Baudenkmäler, und als «delirierenden Kesselflicker» apostrophierte er den Architekten, der den Entwurf für die neue, 1876 vollendete Spitze des *Vierungsturms* der Kathedrale geliefert und ihn mit seinen 151 Metern zum höchsten Turm von ganz Frankreich gemacht hatte: eine Spitze aus Gußeisen, wie die damalige technikgläubige Zeit sie als angemessen empfand. Diese Arbeiten am blitzgetroffenen Vierungsturm waren im übrigen – von den jüngsten Restaurierungen nach den Bombenschäden des Zweiten Weltkriegs abgesehen – die letzten Arbeiten in der wechselvollen, jahrhundertelangen Baugeschichte der Kathedrale.

Wie so oft in der Normandie, beginnt ihre Geschichte mit den Wikingerherzögen, die den Anstoß zum Bau der Kathedrale geben. An der Stelle, wo wahrscheinlich seit dem 4. Jahrhundert mehrere Kapellen und Kirchen gestanden hatten, wird 1063 der große romanische Bau geweiht, in Anwesenheit von Wilhelm, der zu dieser Zeit noch «Guillaume le Bâtard» ist (zum «Eroberer» wurde er erst drei Jahre später mit der Schlacht von Hastings und der Eroberung Englands). Im Jahr 1200 brennt die Kirche völlig nieder, mit Ausnahme der Krypta, die sich heute, nach jahrzehntelangen Arbeiten, wieder in ihrem ursprünglichen, romanischen Gesicht präsentiert. Schon im Jahr nach dem verheerenden Brand beginnt man mit dem Wiederaufbau, der um die Mitte des 13. Jahrhunderts abgeschlossen ist – jetzt in gotischen Formen. Denn nach dem Anschluß an Frankreich 1204 war die Normandie auch auf dem Gebiet der Baukunst Ile-de-France-hörig geworden und hatte den neuen, höfischen Stil übernommen. An diesem noblen, linear und klar aufstrebenden Bau der frühen

Gotik wird nun 300 Jahre lang gearbeitet, bis er von Portalen, Seitenkapellen, Rosetten und neuen, höheren Fenstern im hoch- und spätgotischen Stil eingefaßt und ummäntelt wird. Vom ausgehenden 12. Jahrhundert stammen noch die beiden seitlichen Portale der Fassade, verziert mit orientalisch anmutenden Ornamenten, die als Rückfluß normannischer, in Sizilien mit der Araberkunst verschmolzener Elemente angesehen werden. Zwischen der Mitte des 13. und des 16. Jahrhunderts werden Seitenkapellen eröffnet, die Fenster erhöht, die Marienkapelle in der Apsis wird vergrößert, die Portale des Querschiffs werden angelegt (das *Portail des Libraires* an der Nordseite und das Portail de la Calende an der Südseite), es wird der Vierungsturm errichtet und mit einem Helm versehen. Die Tour Saint-Romain aus dem 12. Jahrhundert links der Fassade wird im 15. Jahrhundert aufgestockt, und als ihr Pendant entsteht um die Wende vom 15. zum 16. Jahrhundert rechts an der Fassade die *Tour de Beurre,* der 77 Meter hohe, filigranfein verzierte «Butterturm» im Flamboyantstil. Selbst beim Anblick architektonischer Meisterwerke wie diesem von Jacques le Roux vollendeten Bau denken die Normannen noch ans Essen. Denn seinen Namen verdankt der Turm wahrscheinlich nicht – wie oft behauptet – den Abgaben, mit denen die Bewohner von Rouen sich Fastendispensen erkauft hatten, sondern wohl eher der ehemals satten, goldgelben, eben butterähnlichen Farbe des Gesteins.

Dann schließlich das schon erwähnte *Hauptportal:* mit dem Baum Jesse, diesem in der Normandie relativ häufig vorkommenden Motiv, im Tympanon und seiner überreichen Ausschmückung mit Plastiken. Überhaupt ist die Kathedrale von Rouen weit üppiger, als man es sonst von normannischen Kirchen gewöhnt ist, mit Statuen und Reliefs verziert – unter einem für uns Heutige, Eilige unvorstellbaren Aufwand an

Zeit und Arbeitskraft: Nach Urkunden sollen am Hauptportal 15 Steinmetzen 15 Jahre lang an der Fertigung der Statuen und Figuren gearbeitet haben.

Man müßte sich in die mittelalterliche Welt mit ihrer Bildersprache und ihrer damals allgemeinverständlichen Symbolik und Allegorik zurückversetzen können, um all die Szenen, die Bestiarien, die Ornamente korrekt und in ihrem ursprünglichen ikonographischen Sinn und Wert entschlüsseln und interpretieren zu können: am Hauptportal die Jungfrau Maria, die Propheten, Patriarchen und Sibyllen und die 356 Statuen religiösen und profanen Inhalts, am Portail des Libraires die Auferstehung, das Jüngste Gericht, die Schöpfung, Szenen um Adam und Eva, die Heiligen Drei Könige, Tierdarstellungen nach dem mittelalterlichen «Physiologus», und dazu Engel, Apostel, Märtyrer und Jungfrauen, am Portail de la Calende alttestamentarische Geschichten um Jakob und Joseph, Szenen aus dem Leben der einheimischen Heiligen Romain und Ouen, der Leidensweg, die Auferstehung und die Himmelfahrt Christi, die Seelenwaage, die Krönung Mariens, und dazu wieder Engel, Apostel, Märtyrer und Propheten. Wir stehen heute eher verwirrt als beeindruckt vor dieser überreichen und doch anschaulichen und einprägsamen Bildersprache, die der Kunstgeschichte so umfassendes Material geliefert hat. Wenn wir dazu noch bedenken, daß einzelne Fassadenteile wie Wimperge, Kapitelle und Fialen durch kräftige Farben betont wurden, daß die Glaspasten und Vergoldungen auf Dächern und Turmspitzen funkelten und schimmerten – dann mögen wir eine kleine Vorstellung von dem Wunderwerk Kathedrale gewinnen, das die Menschen des Mittelalters so in seinen Bann zog.

Ein Stück normannischer Geschichte könnte man dann angesichts der Grabdenkmäler im hohen *Kircheninneren* skizzieren. Da findet man im Chorumgang die Gräber von Rollo, dem Begründer des normannischen Herzogtums, von seinem 943 ermordeten Sohn Wilhelm Langschwert, vom 1199 bei einer Belagerung gefallenen Richard Löwenherz. Auch der englische Herzog von Bedford liegt, davon war schon die Rede, in der Kathedrale begraben und dazu der Kanoniker Denis Gastinel, einer der Richter der Jeanne d'Arc. Doch das weitaus schönste Grabdenkmal in der Kathedrale ist einer Frau zu verdanken: Scheinbar aus trauernder Liebe, aber vielleicht eher aus dem Wunsch zur Selbstdarstellung hat *Diane de Poitiers* in der Marienkapelle zwischen 1536 und 1544 ihrem wenige Jahre zuvor gestorbenen Mann Louis de Brézé eine seinem Rang als Seneschall der Normandie mehr als würdige Grabstätte schaffen lassen, hatte den aus der Normandie stammenden *Jean Goujon* mit dem Entwurf dazu beauftragt. Daß Goujon später Hofbildhauer König Heinrichs II. wurde, geht sicher auf den Einfluß Dianes zurück. Als 37jährige, schon leicht ergrauende Witwe wurde sie die Geliebte des 17jährigen Dauphins Heinrich, blieb seine mit Juwelen, Schlössern und Titeln beschenkte Geliebte, aber auch seine Beraterin in Fragen der Kunst und der Politik bis zum Tod des 1547 gekrönten Heinrich im Jahr 1559. Als *«bèle à voyr, honneste à anter»*, «schön von Angesicht, aufrichtig im Umgang», wurde sie von ihren Zeitgenossen gerühmt. Ob man diesen lobrednerischen Sprüchen glauben will oder nicht: schön mag sie vielleicht wirklich gewesen sein, und ohne Zweifel war sie gebildet, klug, charmant und diplomatisch geschickt genug, um mehr als 20 Jahre lang einen Herrscher so

263   Im Aître Saint-Maclou von Rouen, einem früheren Pestfriedhof

beherrschen zu können. Daß Diane trotzdem aufrichtig ihrem um 40 Jahre älteren Mann nachtrauerte, wie sie es auf dem Grabmal in Rouen und im Schloß Anet nahe der normannischen Grenze bekundet, braucht nicht unbedingt angezweifelt zu werden – Historiker bestreiten dagegen heute, daß sie schon zu Lebzeiten ihres Mannes die Geliebte von Heinrichs Vater, König Franz I., gewesen sein soll, wie Victor Hugo es in seinem Drama «Le roi s'amuse» darstellt.

Der später am königlichen Hof so erfolgreiche Bildhauer Jean Goujon hat übrigens auch am Grabmal der Kardinäle d'Amboise in der Kathedrale mitgearbeitet: Von ihm stammt der Kopf von Georges II. d'Amboise. Und sowohl Goujon als auch die Kardinäle d'Amboise führen uns von der Kathedrale zur Kirche Saint-Maclou. Auf dem Weg dorthin noch einmal Erinnerungen an Jeanne d'Arc, die hier in Rouen zwar sorgfältig und wie pflichtgemäß gepflegt, aber nicht übermäßig hochgespielt werden. Durch die Rue Saint-Romain, eine dieser malerischen Altstadtstraßen, kommt man am *Archevêché* vorbei, am Erzbischöflichen Palais, in dessen Kapelle 1431 die letzte Sitzung des Prozesses gegen Johanna stattfand und wo 25 Jahre später ihre Rehabilitation verkündet wurde.

Kirche und Aître von Saint-Maclou

Begonnen wurde die *Kirche Saint-Maclou* 1436 auf Initiative von John Herzog von Bedford, der durch die Gefangennahme und die Hinrichtung der Jeanne d'Arc an Macht und Geltung gewonnen hatte. Doch ohne die freigebigen Zuschüsse der Kardinäle d'Amboise hätte sie 1521 wahrscheinlich noch nicht geweiht werden können. In weniger als 100 Jahren entstand hier einer der einheitlichsten Flamboyantbauten, dessen Kriegswunden durch Restaurierungen beseitigt worden sind: mit seiner leicht geschwungenen, fünfarkadigen Vorhalle und den drei von hohen, fein durchbrochenen Wimpergen überragten Portalen in der Hauptfassade ein Musterbeispiel der französischen Spätgotik. Doch auch die beginnende Renaissance ist hier nicht spurlos vorübergegangen. Dem Bildhauer Jean Goujon werden die Säulen der Orgelempore zugeschrieben, und er gilt auch als Schöpfer wenigstens eines Teils der Schnitzereien an den Portalflügeln. Stilistische Vergleiche mit seinen Arbeiten im und am Pariser Louvre erlauben diese Zuschreibungen – sonst aber weiß man recht wenig über diesen Künstler: daß er vielleicht um 1510 in einem wahrscheinlich normannischen Ort geboren ist, daß er um 1566 in Bologna, seinem italienischen Exil, starb, wohin er trotz seines hochrangigen, königlichen Gönners als Hugenotte hatte flüchten müssen.

Die Kirche Saint-Maclou ist von schönen, schön restaurierten Fachwerkhäusern umgeben, die den idealen, geschmackvollen Rahmen für Antiquitätenläden und typische Lokale abgeben. Hinter einer dieser Fachwerkfronten verbirgt sich in der Rue Martainville der *Aître Saint-Maclou*. Man muß gut aufpassen, um am Haus Nr. 184–186 das Eingangstor zu diesem ehemaligen Friedhof zu finden, der eines der wenigen erhaltenen Beispiele eines mittelalterlichen Beinhauses darstellt. Im Juni 1348 war die schwarze Pest auch bis in die Normandie vorgedrungen, hatte in Rouen mehr als ein Drittel der Bevölkerung dahingerafft. Der alte Friedhof in der dicht bevölkerten Pfarre Saint-Maclou – sie war das traditionelle Viertel der Textilarbeiter – reichte nicht mehr aus. So entsteht zwischen 1357 und dem beginnenden 16. Jahrhundert der «Grand Aître Saint-Maclou», wird gerade rechtzeitig beendet, um die Opfer der neuen, verheerenden Pestepidemie von 1521/22 aufnehmen zu können. Mehr als 250 Jahre lang werden hier nun die Toten bestattet, bis ein 1781 erlassenes Gesetz es verbietet, die Leichen inmitten der Wohnviertel zu begraben.

Was den Aître bis heute so makaber-anziehend macht, sind die ungewöhnlichen Dekorationen am Fachwerkgebälk des rechteckigen Innenhofs. Über der jetzt vermauerten Galerie des Erdgeschosses ziehen sich Tragbalken hin, deren Ornamente den Beschauer auf eindringliche Art mit dem Tod konfrontieren. Es sind in Holz geschnitzte Kieferknochen, Rippen, Schulterblätter, Schienbeine und Hüftknochen, die bei Totenfeiern verwendeten liturgischen Geräte wie Stola und Meßbuch, Kreuz und Kerze, und dazu als Arbeitsgeräte des Totengräbers Schaufeln, Hacken und offene Särge. Und dazwischen immer wieder Schädel, grinsende, hohläugige Totenschädel in den unterschiedlichsten Formen. Auf den kannelierten steinernen Säulen des West- und Ostflügels dagegen wickelt sich einer dieser Totentänze ab, wie sie vom 14. Jahrhundert an zu Ermahnung und Memento mori der Menschen gern an Kirchen und Friedhöfen angebracht wurden: meistens gemalt, selten – wie hier in Rouen – in plastischer Darstellung. An der Westseite folgen, von Kaiser und König angeführt, die Nichtgeistlichen dem alle gleichmachenden Tod, ihr gegenüber tanzen die Geistlichen, vom Papst über den Kardinal, den Bischof und den Benediktinerabt bis zum Karthäusermönch, ihren letzten Tanz. Die meisten Statuen sind zwar verstümmelt und kaum noch zu erkennen, da der Friedhof während der Religionskriege um die Mitte des 16. Jahrhunderts von Hugenotten geplündert und ein Opfer fanatischen ikonoklastischen Eifers geworden war. Doch der Baukomplex und seine Geschichte erfüllen den Besucher noch heute mit einem Gefühl, das ein Gemisch ist aus Faszination und Unbehagen.

Saint-Ouen: größer als Notre-Dame

Von Saint-Maclou zur *Kirche Saint-Ouen* sind es nur wenige hundert Meter. Der Weg kann freilich sehr lang werden für den, der sich gern in Antiquitätengeschäften, Innenhöfen und alten Seitengassen umschaut, von denen gerade dieses Viertel viele bietet. Doch dann steht man vor der Fassade der alten, ruhmreichen Benediktinerkirche – und ist enttäuscht über den Mangel an Stil- und Feingefühl, mit dem hier ein Architekt der Mitte des 19. Jahrhunderts Gotik des 14. Jahrhunderts nachzuahmen versucht hat. Doch er hat sich zum Glück auf die Fassade beschränkt. Alles übrige ist wirklich echte, schöne, klare Gotik des 14. und 15. Jahrhunderts.
Eine Kirche hatte an dieser Stelle schon zur Frankenzeit bestanden, war auch von Saint-Ouen, Ratgeber des Königs Dagobert und eifriger Förderer des monastischen Lebens, im Jahr 641 wiederaufgebaut worden, und das Grab und die Reliquien dieses Heiligen machten sie bald zu einem vielbesuchten Pilgerziel. Das Leben von Saint-Ouen wird mit mittelalterlicher Erzählfreudigkeit in 40 Medaillons am *Portail des Marmousets* ausgemalt (seinen Namen «Portal der Fratzenbilder» hat es aber sicher nicht von diesen Heiligendarstellungen). Das Kircheninnere sollte man ganz einfach auf sich einwirken lassen, sollte das Raumgefühl der Gotik nachempfinden. Die in der Romanik noch voneinander abgesetzten, da unterschiedlich strukturierten Teile wie Hochschiff, Apsis und Querschiff verschmelzen in diesem Bau – obwohl mehr als 200 Jahre lang daran gearbeitet wurde – zu einer einzigen, riesigen Raumeinheit. Und das Adjektiv «riesig» ist nicht fehl am Platz: Saint-Ouen übertrifft das mit seinen 130 Metern schon lange Schiff von Notre-Dame in Paris, die in Frankreich immer wieder als Maßstab dient, noch um vier Meter.

Ein Flügel der früheren Abtei Saint-Ouen, die im Jahr 1001 den Benediktinern übergeben worden war, ist im 18. Jahrhundert zum *Hôtel de Ville* umgebaut worden. Auf dem verkehrsreichen Platz vor dem Rathaus steht ein *Reiterstandbild Napoleons:* Der kleine, große Kaiser, dessen Figur und Pferd aus der Bronze der in Austerlitz erbeuteten Kanonen geschmolzen worden sind, wirkt noch kleiner vor dem 82 Meter hohen Vierungsturm, der Kirche, Rathaus und Platz in seinem sehr noblen, sehr eleganten Flamboyantstil überragt.

Museen in Rouen

Was in anderen Städten oft nur eine Abwechslung für fade Regentage ist, gehört in Rouen zu den touristischen Pflichtetappen: ein Besuch seiner Museen. Man kann das *Musée des Beaux-Arts* wegen seiner italienischen, holländischen, spanischen Meister besuchen, man sollte sich hier aber vor allem mit den normannischen oder in der Normandie heimisch gewordenen Malern beschäftigen: mit dem 1594 in Les Andelys geborenen Nicolas Poussin, der von seinem 30. Lebensjahr an in Rom lebte und dort auch 1665 starb; mit Théodore Géricault aus Rouen (1794–1824), von dem hier im Museum vier Skizzen zu seinem «Floß der Medusa» zu sehen sind, in denen das leidenschaftliche, unruhige Temperament des Künstlers noch stärker zum Ausdruck kommt als in seinen Gemälden; mit Claude Monet, von dem auch hier in Rouen eines seiner *Kathedralenportale* gezeigt wird; mit Raoul Dufy, Othon

269 Das Napoleon-Denkmal auf der Place Général de Gaulle in Rouen, im Hintergrund die Kirche Saint-Ouen

Friesz und der Malergruppe aus Le Havre, mit den Brüdern Duchamp, von denen Gaston (unter dem Pseudonym Jacques Villon) und Marcel als Maler zwischen Kubismus, Futurismus, Dadaismus und Surrealismus berühmt sind und Raymond Duchamp-Villon als dem Kubismus nahestehender Bildhauer. Über die rein lokale Bedeutung gehen unter kulturgeschichtlichem Gesichtspunkt auch die Bilder von Jacques-Emile Blanche (1861–1942) hinaus: Als Sohn des Nervenarztes Dr. Blanche, dessen Klinik in der zweiten Hälfte des 19. Jahrhunderts vielen Künstlern und Literaten Zufluchtsort war, kam er auch mit den mondänen, intellektuell tonangebenden Kreisen in Paris in Berührung. Mehr als siebzig seiner Porträts berühmter Persönlichkeiten aus Kunst und Kultur sind im Museum ausgestellt, darunter auch vom Normannen André Maurois und vom Wahlnormannen André Gide. So tun sich ständig Beziehungen auf, und kleine Steinchen verbinden sich zu einem großen Mosaik, das davon zeugt, daß die Normandie seit dem vorigen Jahrhundert wieder im Mittelpunkt des kulturellen Lebens in Frankreich stand.

Zeitweise hatte sich auch ganz Frankreich künstlerische Anregungen aus Rouen geholt. In die erste Hälfte des 18. Jahrhunderts fällt der Höhepunkt der einheimischen *Keramikproduktion,* die im Museum ebenfalls reichhaltig vertreten ist. 200 Jahre zuvor hatte sie – mit anfangs sehr aufmerksamen Blicken auf die italienischen Fayencen – begonnen, eigene Wege zu gehen. Mit einem strahlenförmigen, unverkennbaren Motiv fand sie zu einem charakteristischen Stil, der von anderen Zentren französischer Keramikherstellung vielfach imitiert wurde. Anregungen für diesen «style rayonnant», für dieses «Strahlendekor», hatten sich die Keramiker aus Rouen auch beim normannischen Handwerk geholt: bei Stickereien, Spitzen, Holzintarsien und schmiedeeisernen Erzeugnissen.

Hausfassade in der Altstadt von Rouen

Wer sich eingehender eben mit schmiedeeisernen Erzeugnissen beschäftigen möchte, hat dazu Gelegenheit im benachbarten *Musée Le Secq des Tournelles*. Im ungewöhnlichen, stimmungsvollen Rahmen der spätgotischen Kirche Saint-Laurent ist eine ungewöhnliche Sammlung zu sehen. Rund 15 000 aus Eisen, Kupfer, Bronze, Blech und Stahl geschmiedete Gegenstände legen Zeugnis ab von der Kunstfertigkeit, mit der man von der Römerzeit bis gegen Ende des 19. Jahrhunderts diese spröden Materialien zu feinsten, phantasievollen Formen zu gestalten wußte: zu Gittern und Schildern, zu Schlössern, Schlüsseln und Türklopfern, zu Rosten, Scheren, Kaf-

feemühlen, Bügeleisen, zu Knöpfen, Schnallen, Schmuck und originellen chirurgischen Instrumenten. Gleich neben dem Museum in der Kirche dann noch eine zweite Kirche: die gotische *Eglise Saint-Godard.* Eines ihrer berühmten Glasfenster stammt von Arnold von Nymwegen, der vielen Glasmalern des beginnenden 16. Jahrhunderts Vorbild war. Dieser Arnold von Nymwegen ist auch der Schöpfer des dem heiligen Stefan geweihten Fensters in der barocken *Kirche Saint-Romain,* der früheren Kapelle des Karmeliterklosters in Bahnhofsnähe. Man sollte von hier noch einmal gegen die Altstadt absteigen, bis zur *Tour Jeanne d'Arc,* dem einzigen, mehrfach restaurierten Überbleibsel des Schlosses, das Philipp August im 13. Jahrhundert gebaut hatte, um den Bewohnern von Rouen auch sicht- und greifbar zu zeigen, wer jetzt, nach dem Ende des unabhängigen Herzogtums, Herr in der Stadt war. Zwischen Dezember 1430 und Mai 1431 wurde Johanna von Orléans hier gefangengehalten, verhört und mit Folter bedroht.
Es wird recht still in den Straßen, die vom Turm der Johanna zur *Place de la Rougemare* führen, zu diesem Platz mit seiner friedlichen, wie verschlafenen Atmosphäre und seinem bluttriefenden Namen: «Platz der roten Lache». Denn Blut soll in Strömen geflossen sein, als Herzog Richard Ohnefurcht, der Enkel von Rollo, hier im Jahr 949 seine Schlacht gegen drei respektierliche Gegner schlug: Der deutsche Kaiser Otto I., der französische König Ludwig IV. und Arnold Herzog von Flandern hatten sich gegen den mächtig gewordenen Emporkömmling Richard verbündet, wurden aber von ihm geschlagen. Das kämpferische Wikingerblut seines Großvaters war noch stürmisch genug.
Auf die Jagd sollen sie gern gegangen sein, diese wikingischen Eroberer – aber auf die Jagd waren 1000 Jahre vor ihnen hier im Seinegebiet auch schon die römischen Eroberer gegangen.

Kostbarstes Stück des *Musée des Antiquités de la Seine-Maritime* ist ein aus Lillebonne stammendes römisches Mosaik aus dem 3./4. Jahrhundert nach Christus, das eine Hirsch- und eine Wolfsjagd darstellt. Neben Sextus Felix aus Pozzuoli bei Neapel hat an diesem Werk – wie man auf dem Mosaik lesen kann – auch sein Schüler Amor gearbeitet: ein wahrscheinlich einheimischer Gehilfe und damit der erste namentlich bekannte normannische Künstler.

Hier im Museum und im Park davor in Statuen, Plastiken, Kirchenfenstern, Email- und Elfenbeinarbeiten, Holzschnitzereien und Gobelins Bruchstücke aus der normannischen Geschichte – im nahen *Lycée Corneille* ein winziger, doch vielsagender Ausschnitt der französischen Geschichte: 1614 legte Maria de' Medici, die Witwe König Heinrichs IV. und Regentin anstelle ihres minderjährigen Sohns Ludwig, hier den Grundstein zur Kapelle des Jesuitenkollegs. Die Königin stand damals unter dem Einfluß von Concino Concini, einem Adeligen aus ihrer toskanischen Heimat, den sie kurz darauf zum Gouverneur der Normandie ernannte. Doch schon 1617 wurde Concini, mit dessen umstrittener Persönlichkeit sich Historiker und Schriftsteller beschäftigt haben, auf Geheiß des eben großjährig gewordenen Ludwig XIII. ermordet, seine Frau Eleonora Galigai als Hexe verbrannt. Der Unwille der französischen Adeligen über ihre Entmachtung durch die Medici-Tochter machte sich im Haß auf die am Hof einflußreichen Ausländer Luft.

Am Ende der Rue Louis-Ricard, an der das Lycée Corneille liegt, steht, im sehr heroisch-theatralischen Stil des Klassizismus, die *Fontaine Sainte-Marie.* Von hier aus überschaut man das Stadtzentrum mit seiner typischen, von gotischen Türmen durchsetzten Skyline. Victor Hugo hatte nicht ganz unrecht, wenn er Rouen als «Stadt der 100 Kirchtürme» bezeichnete.

ABTEIEN UND SEEBÄDER: DAS SEINE-MARITIME

Erinnerungen an Emma Bovary in Ry – Auf den Spuren von Michelet und Maurois – Auf der «Straße der Abteien» – Mittelalterliches Großkloster: Jumièges – Reges religiöses Zentrum: Saint-Wandrille – Kleine germanische Namenskunde – Im Pays de Caux: Caudebec – Victor Hugos Drama in Villequier – Aus Ruinen neu erstanden: Le Havre – An der Alabasterküste – Etretat und seine Klippen – Fécamp und seine Abtei – Künstlerfriedhof in Varengeville – Wagemutiger Reeder: Jehan d'Ango – Aufs Meer ausgerichtet: Dieppe – Schloß Miromesnil: Maupassants Geburtsort? – Le Tréport und Eu: noble Vergangenheit – Im Pays de Bray

Erinnerungen an Emma Bovary in Ry

Mit Emma Bovary haben wir Rouen betreten, auf ihren Spuren wollen wir die Stadt verlassen. In Flauberts Roman lebt Emma in Yvonville-l'Abbaye, hat mit 17 Jahren den verwitweten Landarzt Charles Bovary geheiratet, bringt eine Tochter zur Welt, nimmt sich sechs Jahre später das Leben. Ihr Mann stirbt ebenfalls bald darauf. Der Roman erregte bei seinem Erscheinen großes Aufsehen, wirbelte durch den Prozeß wegen vorgeblicher Unmoral viel Staub auf, und nach Sensationen schnüffelnde Journalisten machten sich auf die Suche nach den Quellen des Romans. Sie entdeckten, daß in *Ry,* knapp 20 Kilometer östlich von Rouen, Adelphine Couturier

gelebt und mit 17 Jahren den verwitweten Landarzt Eugène Delamare geheiratet hatte, daß sie eine Tochter zur Welt gebracht und sich sechs Jahre später das Leben genommen hatte. Ihr Mann war bald darauf, 1849, gestorben. 1850 hat Flaubert – auf dem Gipfel eines Berges im Nahen Osten! – plötzlich eine Eingebung: «Ich hab's! Ich werde sie Emma Bovary nennen!», und wenige Monate später fragt ihn sein Freund Maxime Du Camp: «Kommst du mit der Geschichte von Madame Delamare gut zurecht?» Die Parallelen sind frappant, und die Einwohner von Ry hatten wohl recht, als sie 1977 eine «Galerie Bovary – Musée des Automates» errichteten: mit 300 automatisch betriebenen Puppen, die Szenen aus dem Roman «Madame Bovary» darstellen, und mit Dokumenten und Erinnerungsstücken an den Arzt Delamare (Bovary) und seine Zeit. So bewegt man sich, das unglückliche Leben der Emma Bovary im Sinn und vor Augen, mit einem eigenartigen Gefühl der Beklemmung durch diesen Ort, wo Emmas tragische Abenteuer beginnen: «Emma hatte sich mit den Ellbogen auf das Fensterbrett gestützt», schreibt Flaubert. «Sie saß oft dort (das Fenster ersetzt in der Provinz das Theater oder die Promenade), und sie amüsierte sich beim Anblick der sich lärmend drängenden Bauern, als sie einen Mann in einem Gehrock aus grünem Samt bemerkte...» Literarische Reminiszenzen sind oft lebendiger, eindringlicher als die Realität.
Den Abstecher in diese Gegend östlich von Rouen mag man durch einen Besuch des *Château Martainville* ergänzen. Es ist einer der typisch normannischen Adelssitze, die so gar nichts von der großsprecherischen Repräsentationsfreude der Loireschlösser haben. Überschaubar und leicht erfaßbar in der Größe, vergleichsweise einfach in der Form und handfestbodenständig im Ziegel-Stein-Material, passen sie sich bruchlos in die ländliche Umgebung ein. Hier in Martainville wird

der Kontrast zwischen nobler Adelskultur und bäuerlichen Bräuchen und Traditionen zudem durch ein volkskundliches Museum aufgehoben, das in den Räumen des Schlosses untergebracht ist.

Auf den Spuren von Michelet und Maurois

Im nahen *Château Vascœuil* verfaßte der Historiker *Jules Michelet* (1798–1874) einen Teil seiner «Histoire de France», deren weitläufige, ungestüme Prosa ihm den Ruf eintrug, einer der größten romantischen Dichter der französischen Literatur zu sein. Seine ebenfalls sehr romantiknahe These von der «Auferstehung des Lebens der Vergangenheit» ist hier in Vascœuil recht wörtlich genommen worden. Man hat das lieblich im Grünen gelegene Schloß aus dem 14. bis 16. Jahrhundert piekfein restauriert und zum Sitz eines internationalen Kulturzentrums gemacht, wo beachtenswerte Kunstausstellungen stattfinden.
Eventuell über Rouen, sonst aber auf den immer reizvollen, immer gut befahrbaren Landstraßen kommt man von Vascœuil im Osten der normannischen Hauptstadt nach *Elbeuf* in ihrem Süden. In dieser lebhaften Industriestadt, die bald mit Rouen zu einem riesigen Großstadtkomplex verschmelzen dürfte, haben die Kirchen Saint-Jean und Saint-Etienne sehenswerte Glasfenster aus dem 16. Jahrhundert. Um jene Zeit nämlich hatte die Stadt begonnen, durch die Tucherzeugung zu Wohlstand zu gelangen. Jean-Baptiste Colbert, der als Minister König Ludwigs XIV. zum Schöpfer der modernen Industrie in Frankreich wurde, gab diesem Gewerbe im 17. Jahrhundert durch die Gründung einer steuerbegünstigten Manufaktur neuen Aufschwung. Ihre Blütezeit erlebte die einheimi-

sche Tuchherstellung im 19. Jahrhundert, als sich hier – nach dem Anschluß des Elsaß an das Deutsche Reich 1871 – elsässische Industrielle niederließen. Auch die Familie Herzog gehörte zu den neu zugezogenen Fabrikanten, und der 1885 in Elbeuf geborene Emile Herzog wäre sicher der väterlichen Berufstradition gefolgt, wenn ihn der normannische Essayist und Philosoph Alain nicht zum Schreiben ermutigt hätte: Aus Emile Herzog wurde *André Maurois*. In einigen seiner Romane taucht die Geburtsstadt Elbeuf als Pont-de-l'Eure auf, und eindeutig autobiographische Elemente enthält «Bernard Quesnay», in dem er das Verhalten eines Industriellen gegenüber streikenden Arbeitern schildert.

Auf der «Straße der Abteien»

Seit Rouen schon wartete eine Fahrt auf uns: eine Reise an der Seine entlang, auf der «Route des Abbayes», der **«Straße der Abteien»**. Hier zeugen alte, berühmte Klöster davon, wie gut normannisch-wikingischer Pragmatismus und benediktinisch-praktisches Wirken zusammenpassen, zu welch bedeutenden Bauwerken sie im 11. Jahrhundert zusammenfanden und wie vital sich in diesen Abteien, die von den Herrschern mit Privilegien und Schenkungen bedacht wurden, Religion und Wirtschaft entwickeln konnten. Saint-Martin-de-Boscherville, Jumièges und Saint-Wandrille sind die Stationen dieser lebhaft propagierten und gut beschilderten Tour.
Bevor wir diese Fahrt in die normannische Religions-, Kunst- und Geistesgeschichte antreten, ist nahe bei Elbeuf noch ein Ziel mit einem sehr unfrommen Namen zu erwähnen: das *Château de Robert le Diable,* die «Burg von Robert dem Teufel». Von den normannischen Herzögen war diese heute zur

Ruine verfallene Festung im 11. Jahrhundert errichtet worden; auf den normannischen Herzog Robert den Großzügigen, den Mörder seines Bruders Richard und Vater Wilhelms des Eroberers, geht die Legende um «Robert den Teufel» zurück, und die Heldentaten der normannischen Eroberer werden hier im *Musée des Vikings* in einprägsamen Wachsfiguren erzählt. Vom Turm der Burg aus blickt man auf die Seine, auf eine ihrer weiten, trägen Schleifen, die den Unterlauf dieses Flusses prägen. Das Gefälle bis zur Mündung ist äußerst gering, der Höhenunterschied macht auf den letzten hundert Kilometern Luftlinie nur 16 Meter aus, und man merkt es den Mäandern der Seine um Rouen an, mit welcher Mühe sie sich bis zum Meer vorschiebt.

Vom Château de Robert le Diable aus wäre man rasch im rund 15 Kilometer nördlich gelegenen Saint-Martin-de-Boscherville: mit der Autofähre von La Bouille über die Seine und dann am 4000 Hektar großen Forêt de Roumare entlang. Aber abgesehen davon, daß man es an diesen Seinefähren niemals eilig haben sollte – hier in der Normandie laden außerdem ständig Erinnerungen an bekannte Persönlichkeiten, an geschichtliche Ereignisse zum Verweilen und Nachdenken ein, und übermäßig knapp gefaßte Reisepläne geraten leicht durcheinander, wenn man nicht nur ein Touristen-Muß-Programm absolvieren will. Gleich jenseits der Seine, bei Sahurs, liegt die *Chapelle de Marbeuf,* in der sich bis zur Revolution und ihren Bilder- und Kirchenschatzstürmen eine silberne Marienstatue befand: vom Gewicht des erstgeborenen Sohns der französischen Königin Anna von Österreich, die sie aufgrund eines Gelübdes gestiftet hatte. Im etwas weiter nördlich gelegenen *Château de la Rivière-Bourdet* hielt sich im frühen 18. Jahrhundert der junge Voltaire auf, der hier einen Teil seiner «Henriade» verfaßte.

Man wundert sich, im schläfrigen Dorf *Saint-Martin-de-Boscherville* auf einmal vor einer mächtigen ehemaligen Abteikirche im schönsten, vielleicht etwas zu säuberlich restaurierten Stil der Romanik zu stehen: vor der *Kirche Saint-Georges-de-Boscherville* mit typisch normannischen geometrischen Ornamenten am Hauptportal und den für uns so anziehenden, da meist rätselhaften Säulenkapitellen am Portal und im Kircheninneren, die auf auswärtige Einflüsse – von Chartres oder von der Ile-de-France her – verweisen. Im 11. Jahrhundert hatten die normannischen Herzöge und ihre Barone darin gewetteifert, christlichen Glauben, Ansehen, Vermögen und Großherzigkeit im Bau von Abteien und Klöstern zur Schau zu stellen. Raoul de Tancarville, erst Hofmeister, denn Kämmerer von Herzog Wilhelm und einer seiner mächtigsten Lehnsmänner, wollte ihnen darin nicht nachstehen, und so gründete er um die Mitte des 11. Jahrhunderts auf seinen Besitzungen in Boscherville ein Augustinerkloster. Er versprach, ihm alles zu vermachen, «was er in seinem Leben besessen hatte und was ihm an Gold, Silber, Viehherden und anderen Gütern zugefallen war», wogegen sich die Mönche verpflichteten, für das ewige Seelenheil der Tancarville zu beten. Da sie sich aber neben dem Gebet allzu ausgiebig der Poesie widmeten, mußten sie Boscherville 1144 auf Veranlassung eines Sohns des Klostergründers Raoul verlassen und ihre Privilegien an herbeigerufene Benediktiner abtreten. Diese Mönche errichteten um 1170 den bis heute erhaltenen Kapitelsaal in frühgotischem Stil, an dessen steinernen Gesimsen und Konsolen auch von arabischer Kunst beeinflußte Motive auffallen. Daß wenigstens Kirche und Kapitelsaal noch bestehen, ist im Grunde einem Färber aus der Umgebung von Rouen zu verdanken. Im Zuge der kirchenfeindlichen Politik während der Revolution erwarb er 1791 den gesamten Klosterkomplex,

um eine Spinnerei darin unterzubringen. Als er Kreuzgang, Dormitorium und Gästehaus schon abgerissen hatte, bewahrte eine behördliche Verfügung die weiteren Gebäude vor dem Abbruch. Die Dorfkirche war baufällig, und so machte man die Klosterkirche zur Pfarrkirche und rettete sie auf diese Weise.

Mittelalterliches Großkloster: Jumièges

Nicht so viel Glück im Unglück hatte die **Abtei Jumièges,** die man von Boscherville aus über das Seinestädtchen Duclair erreicht. Sie war zu Beginn des 19. Jahrhunderts 25 Jahre lang als Steinbruch benutzt worden, zum Bau von Häusern in Jumièges selbst, in Rouen und in Duclair. Doch auch die dach- und fensterlose Ruine ist eindrucksvoll genug, um ein Bild von einer mittelalterlichen Klosterkirche zu vermitteln.
Die Abtei geht – ebenso wie das nur 13 Kilometer entfernte Kloster Saint-Wandrille – auf den Glaubens- und Missionseifer von Saint Ouen zurück und damit im Grunde auf die Atmosphäre christlicher Gläubigkeit, die damals am fränkischen Königshof geherrscht haben muß. Saint Ouen selbst, ein Ratgeber König Dagoberts, zieht sich von weltlichen Geschäften zurück und gründet in Rouen die nach ihm benannte Kirche. Ähnlich hohe Ämter am fränkischen Königshof haben auch Wandrille und Philibert bekleidet, bevor sie sich ebenfalls für das Klosterleben entscheiden.
Saint Ouen, inzwischen Erzbischof von Rouen, behält weiterhin großen Einfluß, und auf seine Fürsprache hin kann Wandrille 649 eine Abtei in Fontenelle bei Caudebec-en-Caux

Die Ruine der romanischen Abteikirche Jumièges

gründen, bekommt Philibert «im Rotomagensischen Gau einen Platz gewährt, den das Altertum Gemeticum (= Jumièges) zu nennen pflegte» – wie es in der anonymen Lebensgeschichte des heiligen Philibert heißt. Die Zahl der Mönche, anfangs 70, wächst in Jumièges in kürzester Zeit auf 800 oder gar 900 an: unvorstellbare Zahlen in unseren heute von Nachwuchsproblemen und Berufungsmangel geplagten Klöstern, und fast unvorstellbare Ausmaße hatte auch – wenn man den zeitgenössischen Quellenangaben glauben darf – das 97 mal 16 Meter große Dormitorium der Mönche. Wir haben in Jumièges eines dieser Großklöster vor uns, die sich während der Frankenherrschaft zu einer politischen Institution und wirtschaftlichen Macht entwickelten.

Als Hauptaufgabe obliegt den Mönchen in diesen Klöstern das Predigen in den umliegenden Dörfern. Doch sie sind bald mächtig genug, um Schiffe auszurüsten, sie nach England zu schicken und dort Sklaven freizukaufen, die auf den Kontinent gebracht, im christlichen Glauben unterwiesen und getauft werden. Viele dieser Sklaven tauschen die eben errungene Freiheit umgehend gegen den selbstauferlegten Freiheitsentzug in der Klosterzelle ein – ob allerdings wirklich ganz freiwillig, mag dahingestellt bleiben. Denn man konnte zu jener Zeit auch zum Mönchstum «verurteilt» werden – wie das Beispiel des bajuwarischen Herzogs Tassilo zeigt: Wegen eines an seinem Onkel Pippin begangenen Verrats wurde er Jahre später von Karl dem Großen (seinem Vetter) zum Tod verurteilt, dann aber zum Klosterleben «begnadigt», und einer allerdings nicht durch Dokumente belegten Überlieferung nach hat er zumindest einen Teil dieser seiner Klosterhaft in Jumièges verbracht. Klöster also als Zwangsaufenthaltsort für politische Gegner oder in ihrer Herrschertreue Suspekte.

Von der *Abteikirche Notre-Dame* ist in Jumièges am besten

die Fassade, die erste große Zweiturmfassade in der Normandie übrigens, mit dem vorgeschobenen Mittelbau erhalten. Doch auch die nackten Steinmauern, die offenen, leeren Bögen geben ein Bild davon, wie die Kirche ausgesehen haben mag, als sie 1067 in Anwesenheit von Wilhelm dem Eroberer geweiht wurde. Wie stark politisches Geschehen und religiöses Leben zu dieser Zeit miteinander verknüpft sind, merkt man schon wenige Jahrzehnte später. Als nach dem Tod von Herzog Wilhelm sich seine Söhne das Erbe streitig machen, leidet auch das Klosterleben so sehr unter der vorübergehenden Anarchie, daß der damalige Bischof von Lisieux dem Papst schreibt: «Jumièges wird sich nie mehr von dem moralischen und materiellen Ruin erholen, in den es gefallen ist» – worin er sich zum Glück täuschte: Die im frühen 13. Jahrhundert hier in Jumièges entstandenen, mit herrlichen Miniaturen geschmückten Manuskripte, sie liegen jetzt in der Stadtbibliothek Rouen, widerlegen diese pessimistische Prophezeiung.
Der romanische Chor des dreischiffigen Kirchenbaus wurde Ende des 13. Jahrhunderts durch einen gotischen ersetzt, von dem nur noch Spuren der Grundmauern sichtbar sind. Unvollständig ist auch die der Abteikirche unmittelbar benachbarte, ältere *Kirche Saint-Pierre* erhalten, deren Fassade ein Beispiel der karolingischen Sakralarchitektur aus dem 10. Jahrhundert ist. Vom Ende des 12. Jahrhunderts stammt noch das Cellarium rechts von der Abteikirchenfassade. Eine Geschichte der Abtei in Bildern und Kunstwerken kann man im Abthaus aus dem 17. Jahrhundert, in dem heute ein Museum untergebracht ist, an sich vorüberziehen lassen. Neben den Grabsteinen der Äbte fällt ein Grabstein für Agnès Sorel auf, die Geliebte König Karls VII. Selbst fromme, sittenstrenge Klosterinsassen mußten den Herrschern eine besondere, großzügige Auslegung der gängigen Moralbegriffe einräumen.

Am 5. Januar 1450 hatte der französische König während des Hundertjährigen Krieges gegen England in der Abtei Jumièges Quartier bezogen. Wenige Tage später folgte die ihm seit damals 16 Jahren treu ergebene, schöne und kluge Agnès Sorel, die niemals von seiner Seite wich. Sie wohnte auf einem Herrensitz im nahen Mesnil-sous-Jumièges, wo sie am 9. Februar unvermittelt an den Folgen einer Frühgeburt starb. Ihr Herz wurde in der Abtei Jumièges beigesetzt (daher der Grabstein), während sie selbst im Königlichen Palais von Loches (Indre-et-Loire) begraben liegt: als Grabplatte die Statue einer anmutigen, jungen Frau mit fromm gefalteten Händen.

Diese Verquickung klösterlicher Strenge und mondänen Lebens finden wir auch bei *Antoine-François Prévost* (1697–1763), der in Jumièges zum Priester geweiht worden war. Mehr denn als Benediktinermönch machte er sich mit dem Roman «Manon Lescaut» einen Namen, mit dieser «Histoire du Chevalier Des Grieux et de Manon Lescaut», die er allerdings verfaßte, nachdem er die Klostergemeinschaft schon verlassen und sich in allerlei weltliche Abenteuer und Unternehmungen gestürzt hatte. Er fand später wieder in den weiten Schoß der Kirche zurück, wurde sogar mit der einträglichen Pfründe eines Priorats bei Le Mans bedacht.

Reges religiöses Zentrum: Saint-Wandrille

Während Jumièges nach Aufhebung des Klosters 1790 und nach Vertreibung der letzten Mönche Ruine blieb, ist die nur

285   Im Benediktinerkloster Saint-Wandrille hat das Leben noch einen anderen, ruhigen Rhythmus

wenige Kilometer nördlich gelegene **Abtei Saint-Wandrille** (früher auch als Abtei Fontenelle bekannt und so noch in manchen modernen Büchern angeführt) heute wieder ein reges Zentrum religiösen Lebens. Aber von der ehemaligen Stiftskirche sind nur die Mauern des nördlichen Querschiffs erhalten, und man braucht schon die nach den Besuchen von Saint-Georges-de-Boscherville und Jumièges geübte Phantasie, um sich beim Anblick der wenigen Reste auszumalen, wie die gotische Kirche bis ins 16. Jahrhundert, als sie teilweise einstürzte, ausgesehen haben mag. Ruinen stehen hier auf Ruinen: Die im 13./14. Jahrhundert errichtete Kirche war nichts anderes als ein Neubau anstelle mehrerer Vorgängerkirchen, die vom 7. Jahrhundert an aufeinandergefolgt waren. Das im Jahr 649 von Saint-Wandrille gegründete Kloster wurde bald zu einem lebendigen Kulturzentrum. Abt Eginhard ist Geschichtsschreiber Karls des Großen, und die «Gesta abbatum Fontanellensium» stellen die erste, von einem unbekannten Mönch um die Mitte des 9. Jahrhunderts verfaßte Chronik eines abendländischen Klosters dar. Ebenfalls im 9. Jahrhundert wird die Abtei von den auf der nahen Seine einfallenden Wikingern geplündert und zerstört, vom 10. Jahrhundert an dann auf Wunsch der inzwischen seßhaft, mächtig und zu Christen gewordenen Wikingerherzöge wiederaufgebaut und zu neuem Leben erweckt. Auf eine Blütezeit im Mittelalter folgt der Niedergang im 16. Jahrhundert und nach einer neuen, durch die benediktinische Reformkongregation von Saint-Maur bewirkten Blütezeit ein neuer Niedergang während der Revolution. Die Abteigebäude werden von einem Privatmann aufgekauft und in eine Spinnerei verwandelt, später von einem englischen Marquis erworben und teilweise restauriert. 1894 kehren die Benediktinermönche zurück, werden sieben Jahre später erneut vertrieben. Von 1906 an lebt der belgische Schriftsteller Maurice Maeterlinck einige Jahre im Kloster, das kein Kloster mehr ist, das er aber für aufsehenerregende Freilichtaufführungen klassischer Theaterstücke benutzt.

1931 ziehen hier wieder Benediktiner ein: in die Wohn- und Wirtschaftstrakte aus dem 18. Jahrhundert, in den Kreuzgang aus dem 14. bis 16. Jahrhundert, wo eine gotische Marienstatue des 14. Jahrhunderts die wechselvollen Zeiten zwar mit argen Verstümmelungen, aber doch in ihrer ganzen, sanften Madonnenschönheit überstanden hat. Was der aufs neue blühenden Klostergemeinschaft noch fehlte, war eine ausreichend große Kirche – bis die Mönche im Herbst 1966 jenseits der Seine eine Scheune aus dem 13. Jahrhundert entdeckten, sie Stein für Stein und Balken für Balken abbrachen, numerierten, über den Fluß transportierten und hier wiederaufbauten. Die feierliche Weihe dieses ungewöhnlichen Gotteshauses fand 1970 statt. Seither kann man täglich dem gregorianischen Meßgesang der Mönche zuhören und das rituelle Schauspiel der Männer in weißen, roten und schwarzen Gewändern vor dem Weiß und Braun der schlichten, stimmungsvollen Scheunenkirche beobachteten.

Kleine germanische Namenskunde

Wandrille und Philibert haben auch Frauenklöster gegründet, darunter das Nonnenstift in *Pavilly,* östlich von Saint-Wandrille. Im 12. Jahrhundert stand ihm die später heiliggesprochene Austreberthe als Äbtissin vor. Germanischer könnte ein Name kaum klingen, und tatsächlich nehmen auch die Ortsnamen eindeutig germanischer Herkunft auffallend zu, je mehr wir uns der Küste nähern. Besonders zahlreich werden die aus einem germanischen Vornamen oder Wort und der Endung -ville zusammengesetzten Toponyme: Gueutteville, Thérouldeville, Etoutteville, Thietteville, Hattenville, Ancourteville, Ermenouville, Oinnemerville, Ecretteville, Rouville und Ingouville sind nur einige der Dorfnamen, auf die man in diesem Gebiet trifft, wo der germanische Einfluß des Mittelalters sprachwissenschaftlich bis heute zu spüren ist: «Rouville» war der «Herrschaftsbereich von Rou (Rolf)», Ingouville der von Ingo usw.

In der Vallé de l'Austreberthe gleich bei Pavilly liegt *Barentin,* ein für den Reisenden im Grunde unbedeutendes Industriestädtchen, das sich als Freiluftmuseum einen Namen gemacht hat. In seinen Straßen, auf seinen Plätzen stehen zahlreiche Statuen aus drei Jahrhunderten, unter denen Werke von Nicolas Coustou (1658–1733), von Jean-Jacques Caffieri (1723–1792), vom Rodin-Schüler Emile-Antoine Bourdelle (1861–1929) und von *Auguste Rodin* selbst (1840–1917) auffallen. Jahrhundertelanger Umgang und Handel mit Textilien, wie er vom Mittelalter an von Rouen aus auf die Orte im Umkreis übergegriffen hatte, hat die Bewohner offenbar für die Kunst aufgeschlossen gemacht.

Um noch einmal auf den erwähnten germanischen Einfluß in normannischen Ortsnamen zurückzukommen: rund 20 Kilometer nordwestlich von Barentin liegt das Städtchen *Yvetot,* die «Wiese von Ivo». Es ist heute für seine moderne Rundkirche *Saint-Pierre* mit den Glasfenstern von Max Ingrand bekannt, diesem Künstler, der nach den Zerstörungen des Zweiten Weltkriegs besonders in der Normandie viel beschäftigt war. Früheren französischen Generationen war Yvetot durch den Liederdichter Pierre-Jean Béranger (1780–1857) bekannt, der in einem seiner sehr populären Chansons den «Roi d'Yvetot» besang. Diesen König eines Mini-Reichs hat es tatsächlich gegeben: Von 1392 bis 1551 führten die einheimischen Herren diesen hohen Titel – was den französischen Königskollegen Heinrich IV. zu allerlei Frotzeleien und herabwürdigenden Witzen veranlaßte.

Mit einer originellen Sehenswürdigkeit wartet das nahe bei Yvetot gelegene Dorf *Allouville-Bellefosse* auf. Im enormen, hohlen Stamm einer mehr als tausendjährigen Eiche befinden sich übereinander zwei Kapellen, von denen die untere aus dem 17. Jahrhundert stammt.

Im Pays de Caux: Caudebec

Mächtige, alte Eichen und Buchen sind keine Seltenheit im *Parc Régional de Brotonne.* Er beginnt gleich bei Yvetot und Allouville-Bellefosse und umfaßt ein rund 40000 Hektar großes Gebiet beiderseits der Seine mit einem der schönsten normannischen Wälder, der 6785 Hektar großen Forêt de Brotonne. Mitten durch den Naturpark, den man auf markierten Wegen zu Fuß, mit dem Fahrrad oder mit dem Pferd durchstreifen kann, führt ein Meisterwerk moderner Brückenbautechnik: der auf 125 Meter hohen Pfeilern ruhende, 1280 Meter lange *Pont de Brotonne,* der seit 1977 die Seine bei *Caudebec-en-Caux* überquert. Außer einem Zeitgewinn (der aber niemals ganz die Freude am gemächlichen Tuckern einer Seinefähre ersetzen kann) bietet diese Mautbrücke einen reizvollen Ausblick eben auf Caudebec. Wie säuberlich zu Gruppen und Reihen geordnete Puppenstubenbauten wirken von hier die Häuser, die nach den achtzigprozentigen Zerstörungen des Zweiten Weltkriegs wiederaufgebaut worden sind und von der spätgotischen, außen wie innen reich verzierten *Kirche Notre-Dame* überragt werden.

Bis zur Revolution war Caudebec die Hauptstadt des *Pays de Caux.* Dieses mächtige, landwirtschaftlich intensiv genutzte Kreideplateau dehnt sich mit offenen, großzügigen Linien von der Seine bis zur Kanalküste aus, fällt gegen Fluß und Meer mit seinen hellen, berühmten Steilküsten ab. Seine bewohner gelten geradezu als Prototypen des Normannen: «Der Bauer, Meister Picot, erwartete uns vor der Haustür», schreibt Guy de Maupassant 1885 in seinen «Contes de la Bécasse». «Auch er ist ein lustiger Typ, nicht groß, dafür aber untersetzt und gedrungen, kräftig wie eine Dogge, schlau wie ein Fuchs, immer lächelnd, immer zufrieden und mit der Gabe, aus allem Geld zu machen... Der Bauernhof ist weiträumig..., umgeben von vier Reihen Buchen, die das ganze Jahr über mit dem Wind kämpfen.» Maupassant bleibt eine einzigartige, unerschöpfliche Quelle zum besseren Sich-Einfühlen in normannische Landschaften und Menschen, die der Schriftsteller mit wenigen Sätzen zu charakterisieren versteht.

Victor Hugos Drama in Villequier

Der Wind, von dem Maupassant spricht, ist ein allgegenwärtiger Feind in dieser Gegend, die vom Klima nicht besonders begünstigt ist. Man sagt von den Bewohnern des Pays de Caux, daß sie im Schlamm geboren werden, im Schlamm leben, im Schlamm arbeiten und im Schlamm sterben. Zu Feuchtigkeit und Wind kamen auf der Seine vor der Flußregulierung um die Mitte des vorigen Jahrhunderts vor allem in Caudebec gefährliche Springfluten. Und damit kommen wir von Caudebec ins benachbarte **Villequier,** ins *Musée Victor Hugo,* das wahrscheinlich nicht eingerichtet worden wäre, wenn die Tochter und der Schwiegersohn Hugos hier nicht

Opfer einer solchen Springflut geworden wären. Im Februar 1843 hatten Léopoldine Hugo und Charles Vacquerie geheiratet, am 4. September 1843 unternahmen sie eine Kahnpartie auf der Seine. Eine plötzlich heranrollende Welle brachte das Boot zum Kentern, das junge Paar und zwei Verwandte ertranken. Victor Hugo, der mit seiner lebenslangen Freundin Juliette Drouet gerade von einer Spanienreise zurückkehrte, erfuhr von dem Unglück durch die Zeitung, die er in einem Café las. In Gedichten suchte er diese Tragödie zu bewältigen, aber die Zäsur blieb. Und seine Gedichtsammlung «Les Contemplations» wird durch den Tod der Tochter in «Autrefois» (Früher) und «Aujourd'hui» (Heute) geteilt. Das Museum in dem Landhaus der Familie Vacquerie am Seineufer zeugt unter anderem die Bemühungen Victor Hugos um eine Ehrenrettung der bis dahin verachteten gotischen Kunst, mit der der Dichter und talentierte Zeichner auf seinen Reisen durch die Normandie in Berührung gekommen war.

Aus Ruinen neu erstanden: Le Havre

Auf Reste aus der römischen Antike stößt man in der Normandie recht selten. Umso mehr Beachtung gebührt deshalb *Lillebonne* mit seinem römischen Theater aus dem 1./2. Jahrhundert nach Christus, von dem allerdings kaum mehr als die Konturen im Gelände erhalten sind. Lillebonne, heute eine kleine Industriestadt mit rund 10 000 Einwohnern, war zur Römerzeit das von Julius Cäsar begünstigte und nach ihm benannte *Juliobona,* eine bedeutende Hafenstadt mit 25 000 Einwohnern. Doch im Lauf der Jahrhunderte verlandeten der Hafen von Lillebonne und auch das nahe Harfleur immer mehr, und zu Beginn des 16. Jahrhunderts konnten sie den

Anforderungen eines ständig wachsenden Handelsverkehrs endgültig nicht mehr genügen. So beschloß König Franz I. 1517, an der Seinemündung einen neuen Hafen zu gründen. Nach einer kleinen, von den Seeleuten vielbesuchten Kapelle Notre-Dame-de-Grâce wurde er Havre-de-Grâce benannt. Im Laufe der Zeit wurde dann **Le Havre** daraus: «der Hafen» schlechthin. Vielleicht wollte Franz I. mit dem Zusatz «de Grâce» dem zwischen Sümpfen und Felsen recht unglücklich gelegenen Hafen eine glückliche Zukunft heraufbeschwören. Doch die *grâce,* die «Gnade», ließ anfangs auf sich warten. Der noch nicht vollendete Hafen wurde von einer verheerenden Sturmflut heimgesucht, und einige der in einheimischen Reedereien gebauten Prestigeschiffe nahmen ein ruhmloses Ende.

Der eigentliche, glänzende Aufschwung Le Havres begann erst im 19. Jahrhundert, als hier die großen Passagierdampfer der Nordatlantikroute ausliefen. Und die Geschichte von Le Havre entsprach nun den Erwartungen, die man schon bei der Gründung in den Namen «Le Havre» gesetzt hatte. Die Bevölkerung, die im frühen 19. Jahrhundert 20 000 Personen zählt, wächst bis 1852 auf 56 000 an, bis 1911 auf 136 000. Trotz schwerster Zerstörungen während des Zweiten Weltkriegs ist Le Havre heute wieder der zweitgrößte Hafen Frankreichs, und die Bevölkerungszahl hat sich auf 220 000 erhöht.

Die Stadt, die seit einem Jahrhundert Zuwanderer aus dem Pays de Caux und aus der Bretagne angezogen hat und die heute das Ziel nordafrikanischer Einwanderer ist, wird jetzt von Linksparteien verwaltet. Doch noch zu Beginn unseres Jahrhunderts hatten die Arbeiter lange, heftige Kämpfe führen müssen, um zu ihren Rechten zu kommen. Ein besonders eklatanter Fall in diesem Klassenkampf war der um Jules Durand. Dieser Gewerkschaftler wird 1910 wegen angeblichen Mords zum Tode verurteilt, dann aber dank des leidenschaftlichen Einsatzes eines jungen einheimischen Rechtsanwalts in eine Nervenheilanstalt eingewiesen, wo er kurz darauf stirbt. Der Anwalt ist René Coty, 1882 in Le Havre geboren und von 1953 bis 1959 französischer Staatspräsident. Der aus Rouen stammende, aber in Le Havre aufgewachsene, moderne Dramatiker *Arnaud Salacrou* behandelt dieses Ereignis aus der bewegten politisch-sozialen Geschichte der Hafenstadt in seinem Theaterstück «Boulevard Durand» (1961).

Die Arbeiterquartiere, in denen diese Kämpfe ausgetragen worden sind und die sich im Osten der Stadt immer wieder zwischen Industrie- und Hafenanlagen schieben, interessieren den Touristen wenig, und auch das Stadtzentrum mag ihm, der meist auf der Suche nach Altem oder zumindest Malerischem ist, allzu modern und unpersönlich erscheinen. Doch der 1948 begonnene Wiederaufbau Le Havres ist das durchaus sehenswerte Werk des Architekten *Auguste Perret* (1874–1954), der als «Magier des Stahlbetons» gilt. Le Havre wurde während des Zweiten Weltkrieges bei 172 Bombenangriffen zu fast 90 Prozent zerstört und hatte 4000 Opfer zu beklagen. Auf einem schachbrettförmigen Grundriß des 16. Jahrhunderts schuf Perret aus Volumen und offenen Räumen eine geometrische Stadt, deren Straßen und Plätze durch das Wechselspiel von waagerechten und senkrechten Linien Spannung und Harmonie bekommen – wobei das Rathaus und die Kirche Saint-Joseph zu den gelungensten, kühnsten Schöpfungen gehören. Doch trotz der Vitalität, mit der die *Havrais* auch heute wieder jeden Winkel ihrer Stadt erfüllen, schwebt um diese auf dem Reißbrett entworfenen Bauten und Straßenzüge eine Atmosphäre des etwas Kühlen, da Künstlichen.

Was Le Havre vor allem besuchenswert macht, ist sein *Musée des Beaux-Arts André Malraux,* das – 1961 vom damaligen Kultusminister Malraux als beispielhafter moderner Museumsbau eingeweiht – in einem Pavillon aus Stahl, Aluminium, Beton und Glas untergebracht ist. Auch hier sollte man sich – sofern man nicht sehr viel Zeit hat – besonders auf die einheimischen, normannischen Künstler konzentrieren: auf Jean-François Millet aus Cherbourg, auf Gustave Courbet aus Caen, auf Théodore Géricault aus Rouen – und dann vor allem auf die Impressionisten und die Fauvisten, die so eng mit Le Havre verbunden sind. *Eugène Boudin,* 1824 in Le Havre geboren und hier anfangs als Papierwarenhändler tätig, wandte sich auf Anregung von Millet der Malerei zu, fand unter dem Einfluß von Courbet zu seinen berühmten, weiten Himmeln, die auch Baudelaire faszinierten, und nach der Begegnung mit dem holländischen Maler Johann Barthold Jongkind begann er mit dem Malen im Freien. Er gilt zu Recht als Vorläufer und Vorkämpfer der Impressionisten, von denen ihm besonders Claude Monet viel zu verdanken hat. In Le Havre geboren sind auch *Raoul Dufy* (1877–1953) und Othon Friesz (1879–1949), machen mit ihrer Annäherung an die Fauvisten, dann an Cézanne und seine südfranzösische Welt auch die gleichen künstlerischen Erfahrungen, kommen allerdings zu verschiedenen und qualitativ unterschiedlichen Ergebnissen. Friesz ist im Museum unter den Fauvisten zu sehen, während Dufy mit einer eigenen, reichen Sammlung vertreten ist: Seine Orchester, seine Pferderennen, seine Regatten und seine Porträts zeigen alle den gleichen, leichten, wie spielerischen Strich und die charakteristischen, kräftigen Farben.

Von Raoul Dufy hängt im Kunstmuseum Basel ein «Blick auf Sainte-Adresse»: Das tiefblaue Meer, die in dunkelgrüne

Parks eingetauchten, kräftigfarbenen Villen atmen eine sehr mediterrane Atmosphäre – diese typische, nostalgiegeladene Fin-de-siècle-Atmosphäre der um die Jahrhundertwende entstandenen Badeorte. Aber in Sainte-Adresse, im Westen von Le Havre, ist von dieser Welt nach dem Zweiten Wektrieg nur wenig übriggeblieben. Der Ort ist heute ebenso mit Le Havre verschmolzen wie Harfleur im Osten. Doch *Harfleur,* das schon vom 9. Jahrhundert an ein bedeutender Hafen gewesen war, ist bis heute eines dieser pittoresken, mittelalterlichen Städtchen geblieben, wie sie im Gebiet um Rouen und Le Havre öfter anzutreffen sind, allesamt auf der Suche nach ihrer Identität. Aber eben Harfleur beweist, daß alte Fachwerkhäuser und betriebsame Moderne bruchlos und ohne falsche Romantik zusammenleben können.

An der Alabasterküste

Das *Cap de la Hève* bei Sainte-Adresse ist ein schöner Aussichtspunkt – und zugleich der westlichste Punkt der 120 Kilometer langen *Alabasterküste* zwischen Le Havre und Le Tréport, die uns jetzt so schnell nicht mehr losläßt. Der Name ist wohlklingend, aber irreführend, denn von durchscheinendem, feinem Alabaster ist hier keine Spur. Die Küste besteht aus hellen Kreidefelsen, mit denen das mächtige, aus der Kreidezeit stammende Kalksteinplateau des Pays de Caux gegen das Meer abfällt. Das Meer und die Niederschläge, die ständig an dem leicht erodierenden Gestein fressen, schwemmen von

296/297 Die berühmten, seltsam geformten Kreidefelsen von Etretat

dieser Küste jährlich drei Millionen Kubikmeter Material fort. An Stellen wie dem Cap de la Hève, die dem Wetter besonders stark ausgesetzt sind, geht die Küstenlinie bis um zwei Meter jährlich zurück, und 1400 Meter vor dem Kap ist im Meer noch das einstige Ufer zu erahnen, auf dem sich das heute längst von den Wellen verschlungene Dorf Saint-Denis-Chef-de-Caux befand. Zurück bleiben die ungewöhnlichen Felsformationen, die die Alabasterküste so reizvoll machen und viele Besucher anlocken: die großen Badeorte ebenso wie die kleinen Fischerdörfer. Als Inbegriff dieser bizarren, eindrucksvollen Küste gilt das vielgemalte, vielfotografierte, vielbeschriebene Etretat. Von Le Havre aus erreichen wir es mit einigem Kreuz- und Quergefahre: über *Montivilliers* mit seiner romanischen Kirche, die einst von einem im 7. Jahrhundert gegründeten Frauenkloster abhing, über das abseits gelegene, winzige Dorf *Manéglise* mit seiner romanischen Kirche aus dem 11. Jahrhundert und über *Cuverville,* wo André Gide 1895 seine normannische Cousine geheiratet hatte und auf dessen kleinem Dorffriedhof er 1951 begraben wurde.

Etretat und seine Klippen

Da **Etretat** sonst nicht viel anderes zu bieten hat als die üblichen Seebäder, wobei es nicht einmal zu den elegantesten gehört, begibt man sich am besten gleich zum Strand, um einen ersten Blick auf die Falaise d'Amont rechts und die Falaise d'Aval links zu werfen. Durch Bilder von Courbet, von Delacroix, vor allem aber von Monet war man vielleicht auf den Anblick dieser hellen, deutlich geschichteten *Klippen* vorbereitet. Aber die Wirklichkeit ist noch überraschender als die Bilder, die Monet malte – wie Guy de Maupassant es wirkungsvoll beschreibt: Er kam mit fünf oder sechs angefangenen Gemälden an den Strand, die dasselbe Motiv zu verschiedenen Tageszeiten und bei unterschiedlichem Licht zeigten und an denen er abwechselnd arbeitete. «Ich habe gesehen, wie er auf diese Weise einen Lichtreflex auf einem weißen Felsen erfaßte und ihn mit zahllosen gelben Pinselstrichen darstellte, die seltsamerweise die plötzliche, flüchtige Wirkung dieses ungreifbaren Lichtscheins wiedergaben.» Monet fing das Aussehen der Steilfelsen von Etretat bei jeder Stimmung ein, auch bei dem wie verdichteten, schwefelgelben Licht vor einem Gewitter. Was er aber nicht einfangen konnte, war die Größe dieser Kreideklippen. Bis zu 85 Meter hoch steigen sie aus dem Meer auf, und ein eindrucksvolles Bild von den Naturgewalten, die hier am Werk waren und sind, bekommt man bei einem insgesamt einstündigen Spaziergang auf die Falaise d'Aval. Die Felsen, unter denen sich die spitzbogige, «gotische» Porte d'Aval und die noch größere, mächtigere Manneport auftun, eröffnen immer neue, ständig wechselnde Ausblicke auf die Küste, vor der die spitze Aiguille, die «Nadel», 70 Meter hoch aus dem Wasser ragt. Sie hat die Form eines robusten Obelisken und ist – seltsam genug für eine geologische Erscheinung – in die Geschichte des Kriminalromans eingegangen: Der Arsène-Lupin-Schöpfer *Maurice Leblanc,* ein Normanne aus Rouen, läßt hier seinen Gentlemandieb herumturnen und den im Roman durchlöcherten und zerfressenen, in Wirklichkeit allerdings glatten Felsturm als Versteck benutzen.

Interessant für die Geschichte der Fliegerei ist das bei Etretat gelegene Denkmal für Nungesser und Coli mit Museum: Es ist zwei Fliegern gewidmet, die am 8. Mai 1927 als erste den Transatlantikflug Paris–New York versuchen wollten, aber an der normannischen Küste zum letztenmal gesichtet wurden.

Kunsthistorisch interessant ist dagegen die *Kirche Notre-Dame* in Etretat selbst: romanisch aus dem 12. Jahrhundert das Portal und die ersten sechs Joche des Hauptschiffs, gotisch aus dem frühen 13. Jahrhundert dagegen der Rest – einschließlich des schlanken Vierungsturms. Daß er Ähnlichkeiten mit dem Vierungsturm von Sainte-Trinité in Fécamp aufweist, braucht nicht zu verwundern. Etretat hing früher von der dortigen Abteikirche ab.

Fécamp und seine Abtei

Von Etretat nach Fécamp gibt es eine direkte Straße über Les Loges im Landesinneren, aber malerischer, wenn auch schmaler und kurvenreicher, ist zweifellos die Küstenstraße über Benouville, Vattetot und Yport. Man lernt unterwegs hübsche, kleine Fremdenverkehrsorte kennen, zu denen sich alte Fischerdörfer gemausert haben. Der Fischfang und das Auf-die-See-Fahren liegen den Bewohnern dieser Orte seit Jahrhunderten im Blut, und lange, bevor es vom Tourismus entdeckt wurde, war **Fécamp** als Fischereihafen bekannt. Seit dem frühen 16. Jahrhundert fahren die *Fécampois* bis nach Neufundland auf Kabeljaufang, und bis Neufundland, Spitzbergen und zur Barents-See fahren sie immer noch. Doch dem «gemeinen» Kabeljau werden heutzutage andere, feinere Fische vorgezogen, und da zudem die fischverarbeitende Industrie in Fécamp nicht rasch genug den Anschluß an die moderne Entwicklung gefunden hat, gerät dieser besondere Fischereisektor immer mehr ins Hintertreffen. Selbst die traditionelle Prozession der «Terre-Neuvas», wie die Neufundlandfischer genannt werden, findet seit Jahren nicht mehr statt. Doch die Atmosphäre der Hafenstadt, mit der besonderen Stimmung in den kleinen Cafés in Hafennähe, wo die Männerwelt den Ton angibt, ist Fécamp geblieben.

Daß in der Stadt ein gewisser Wohlstand herrscht, ist unter anderem dem Mönch Bernardo Vincelli zu verdanken, einem Benediktiner offensichtlich italienischer Herkunft, der hier im 16. Jahrhundert lebte. Aus einheimischen Kräutern brannte er einen Likör, den er, der Benediktiner, «Bénédictine» nannte und dessen Rezept um die Mitte des 19. Jahrhunderts vom Kaufmann Alexandre Le Grand aus Fécamp wiederentdeckt und neu aufgelegt wurde. Da man damals oft in die Vergangenheit blickte und phantasievolle Restaurierungen und Revivals liebte, ließ auch Le Grand sich ein älteres Bauwerk zu dem fast orientalisch anmutenden Spätgotik-Renaissance-Palast erweitern, in dem die *Distillerie de la Bénédictine* und ein *Kunstmuseum* (beide zu besichtigen) ihr Domizil haben. Einige der Exponate im Bénédictine-Museum stammen aus der Abteikirche Sainte-Trinité: benediktinisch-praktischer Geist im Kräuterbrauen neben benediktinischer Tradition in der Kunst.

Ein wahres Museum mit bemerkenswerten Kunstwerken ist bis heute auch noch die *Stiftskirche Sainte-Trinité* selbst – bemerkenswert schon wegen ihrer Größe, die Notre-Dame in Paris, diesem Maß aller Kirchen in Frankreich, um nur wenig nachsteht. Sie ist bei einer Länge von 127 Metern nur drei Meter kürzer und der Vierungsturm mit seinen 65 Metern nur vier Meter niedriger als Notre-Dame. Stilistisch irreführend ist das im 18. Jahrhundert erneuerte Barockportal der Hauptfassade, durch das man die Kirche betritt. Doch dann präsentiert sich Sainte-Trinité mit einem schönen, stilreinen gotischen Inneren aus der Zeit des Wiederaufbaus 1175 bis 1220 nach einem Brand: ein dreischiffiger, relativ schmuckloser Bau anstelle der um 1100 errichteten romanischen Kirche, von der nur noch wenige Fragmente erhalten sind. Die Kapitelle im Chorumgang aus dem 11. Jahrhundert, die fein ziselierten Basreliefs am Grab des baufreudigen Abts Guillaume de Ros aus dem 12. Jahrhundert vermitteln einen Eindruck von der Kraft normannischer Skulptur der Romanik, der polychrome, in Stein gehauene Altar mit dem Tod Mariä zeigt, welche Intensität in Ausdruck und Geste und wieviel Individualität die französischen Künstler des ausgehenden 15. Jahrhunderts ihren Plastiken zu verleihen wußten. Ein Meisterwerk italienischer Steinmetzkunst des frühen 16. Jahrhunderts ist das Tabernakel mit dem *Précieux-Sang,* dem «kostbaren Blut». Und mit einigen Tropfen vom Blut Christi beginnt die Geschichte der Abtei und des Ortes Fécamp.

Im 1. nachchristlichen Jahrhundert war – so will es die eifrig geschürte Legende – ein primitives Boot, in dem sich ein Bleigefäß mit dem Blut Christi befand, hier an der normannischen Küste gelandet. Bei dem Boot soll es sich um einen ausgehöhlten Feigenbaumstamm gehandelt haben, und so wurde das Feld, auf dem er an Land gegangen war, *Fici campus* genannt: eben Fécamp. Dieses «Feigenbaumfeld» wird – vor dem Mont-Saint-Michel – das meistbesuchte Pilgerziel der Normandie und im Jahr 665, nach der legendären Vision eines fränkischen Verwalters, Sitz eines Nonnenstifts. Es wird in Gegenwart der um normannische Klostergründungen zur Frankenzeit so verdienten Heiligen Ouen und Wandrille geweiht, geht aber schon weniger als 200 Jahre später in Flammen auf. Die wikingische Zerstörungswut macht selbst vor den flehenden Nonnen, die sich das Gesicht entstellt haben, nicht halt. Doch die eben etablierten normannischen Herzöge machen mit Bauten, Schenkungen und Privilegien gut, was ihre Vorväter an Schäden angerichtet hatten. Wie einen Augapfel hüteten und pflegten die Herzöge die Abtei Fécamp, in der sie traditionsgemäß an der Ostermesse teilnahmen. Richard I. rief anstelle der Nonnen Kanoniker herbei, sein Sohn Richard II. ersetzte sie durch (sitten)strengere Cluniazensermönche, und beide Herzöge ließen sich hier begraben.

Immer wieder kommen den Herzögen wunder-hafte Ereignisse zu Hilfe, die Fécamp in den Mittelpunkt der Aufmerksamkeit rücken. Als Wilhelm Langschwert um 915 die Kirche wiederherstellen läßt, landet am Strand eine Holzdecke, die genau auf das Bauwerk paßt. Als man nach einem Namen für die Kirche sucht, hilft ein Engel aus der Verlegenheit: Er legt auf dem Altar ein langes Messer mit der Inschrift *In nomine Sanctae et Individuae Trinitatis* nieder und suggeriert damit eindeutig, daß das Gotteshaus der Dreifaltigkeit geweiht werden soll. Außerdem hinterläßt er den Abdruck seines Fußes auf einem Stein, der bis heute – als «Pas de l'Ange», «Schritt des Engels» – in einem Reliquienschrein der Kirche aufbewahrt wird.

Die prunkvolle Ausstattung in Gold und Silber, Samt und Seide brachte dem Kloster in Fécamp bald den Beinamen «Pforte des Himmels» ein. Es wurde so reich, daß ein Sprichwort im Umlauf kam: *De quelque côté que le vent vente, l'abbaye de Fécamp a rente* (Von welcher Seite der Wind auch weht, die Abtei Fécamp wirft Einkünfte ab). Es war so mächtig, daß Abkömmlinge des hohen und höchsten Adels sich um die Klosterführung bewarben, die außer dem Abtstitel auch die Gerichtsbarkeit und satte Pfründe einschloß. So sind Angehörige des Hauses Lothringen, König Johann Kasimir von Polen, ein Fürst Neubourg, ein Kardinal de la Rochefoucauld Äbte in Fécamp. Rochefoucauld war der letzte, während der Revolution abgesetzte Abt. «Abgesetzt» im wörtlichen Sinn wurde auch die heilige Susanne, deren Statue auf dem Markt von Fécamp als «Göttin der Freiheit» verehrt wurde, während die Revolutionäre in der zum Jakobinerklub umgestalteten Abteikirche dem Kult der Raison huldigten.

Nicht gerade in bester Erinnerung lebt der Abt Gilles de Duremort fort, der sich beim Prozeß gegen Jeanne d'Arc als devoter Parteigänger der Engländer und keineswegs gerechter, objektiver Be- und Verurteiler der *Pucelle* hervortat. Vielleicht hatte er mit dieser diplomatischen Haltung dem Schicksal seines Vorgängers entgehen wollen, des Abtes Estod d'Estouteville, der als loyaler Vertreter der französischen Sache während der englischen Besatzung der Normandie im 15. Jahrhundert hatte ins Exil gehen müssen.

Auf diese bedeutende Familie Estouteville trifft man auch im östlich von Fécamp gelegenen *Valmont*. Seit dem 11. Jahrhundert waren sie Herren dieses Gebiets, hatten hier eine Abtei gestiftet und eine Festung errichtet. Die Abteikirche ist verfallen; nur die Marienkapelle im Renaissancestil steht noch, darin sind die Gräber von drei Angehörigen der Familie Estouteville zu sehen. Die Klostergebäude stammen aus dem 18. Jahrhundert. Von der ursprünglichen Festung ist noch der romanische Donjon erhalten; die übrigen Gebäudeteile sind im 15. und 16. Jahrhundert entstanden.

Im Umkreis von nicht mehr als 10 Kilometern liegen noch zwei Schlösser: Südlich von Valmont das *Château de Bailleul* aus der frühen Renaissance, mit flämischen Gobelins und Werken hauptsächlich holländischer Meister im Inneren, und östlich von Valmont das um die Mitte des 17. Jahrhunderts gebaute *Château de Cany,* ein von Wassergräben umgebener Stein-Ziegel-Bau.

Es gäbe noch viel über Land zu fahren im Pays de Caux, das bis heute die landwirtschaftliche Hochburg der Oberen Normandie geblieben ist. Die weiten Horizonte mögen nicht sehr abwechslungsreich sein, aber sie sind wohltuend entspannend und nervenberuhigend und zudem von grafischem Reiz. Grafisch reizvoll sind oft auch die Außenmauern der Bauernhöfe mit ihren Stein-Ziegel-Feuerstein-Motiven in Weiß, Rotbraun und Dunkelgrau, und in fast jeder Dorfkirche gibt es etwas zu entdecken. Doch wir wollen, müssen durch das grüne *Tal der Durdent* zum Meer zurück, das mit aufsehenerregenderen Landschaftsbildern auf uns wartet, an diesen Strand, der im vorigen Jahrhundert die Creme der Pariser Gesellschaft anzog, jetzt aber auch für bescheidenere Geldbeutel gute Einrichtungen bietet.

Künstlerfriedhof in Varengeville

Die Durdent mündet beim Badeort *Veulettes* ins Meer, nur wenige Kilometer weiter östlich liegt an der Küste *Saint-Valéry-en-Caux,* das geradezu beispielhaft ist für die relativ bescheidene Geschichte dieser Küstenorte: Es war einst ein bedeutender Fischerhafen, wurde im 19. Jahrhundert vom aufkommenden Tourismus entdeckt, im Zweiten Weltkrieg beschädigt, nach dem Krieg wiederaufgebaut und mit Erfolg als modernes Seebad lanciert. Diese Etappen haben im Grunde alle Orte hier an der Alabasterküste durchgemacht. Das benachbarte *Veules-les-Roses* kann sich zudem rühmen, daß es Schriftsteller, Maler, Musiker und Schauspieler zum Baden, Leben, Das-Leben-Genießen anzog – das nur wenig weiter östlich gelegene **Varengeville-sur-Mer** dagegen ist als Begräbnisstätte von Künstlern bekannt. Aber es ist wirklich ein ganz besonderer, sanfter Reiz, der von seiner abseits gelegenen, schlichten alten Kirche und dem aussichtsreichen, gegen Meer und Klippenküste offenen Friedhof ausgeht. Neben dem Dramatiker Georges de Porto-Riche (1849–1930) und dem Musiker Albert Roussel (1869–1938), der zu den bemerkenswertesten französischen Komponisten des frühen 20. Jahrhunderts gehört, liegt auch der Maler *Georges Braque* (1882–1963) begraben. *Vor* der Kirche die letzte Ruhestätte von Braque, *in* der Kirche ein von diesem Meister des Kubismus entworfenes und gestiftetes Fenster, dazu ein zweites, dessen Vorlage vom zeitgenössischen belgischen Maler Raoul Ubac stammt. Neben diesen Werken eine originelle Arbeit der Volkskunst: In Stein gemeißelte Nixen, Muscheln, Seefahrerporträts und symbolische Motive an einer Säule erinnern daran, daß man hier schon immer mit dem Meer zu tun hatte, daß man es mit derlei Zeichen vielleicht zu beschwichtigen und zu beschwören suchte.

Wagemutiger Reeder: Jehan d'Ango

Ohne das Meer und die Seefahrerei wäre auch *Jehan d'Ango* aus Dieppe nicht reich geworden, und ohne Reichtum hätte er sich bei Varengeville nicht den reizvollen Landsitz errichten lassen, diesen sehenswerten *Manoir d'Ango* – eine gelungene Mischung aus weitläufigem Gutshof und elegantem, italienisch anmutendem Renaissanceschloß. Die Unternehmungen von Jehan Ango (1480–1551) fallen in die Zeit, in der – nach der Entdeckung von Amerika und dem Seeweg nach Indien – alle Länder und Herrscherhäuser ihr Glück auf dem Meer und Wohlstand durch Gold, Gewürze und Elfenbein suchen. Ihr Glück suchten auch private Einzelgänger – wie eben Jehan Ango. Als Sohn eines Walfisch-, Kabeljau- und Heringsfischers von Kindheit an auf Schiffen zuhause, tauschte er die mühsame, gefahrvolle Arbeit an Bord bald gegen die einträglichere Tätigkeit im Büro ein. Er gründete eine eigene Reede-

Der Manoir d'Ango bei Varengeville-sur-Mer

rei und rüstete Schiffe aus, die – wie es der Zeit entsprach – auf Kaper- und Entdeckungsfahrt zugleich gingen. Er war wagemutig und draufgängerisch, dieser «amiral de Normandie», der sich ständig auf des Messers Schneide zwischen dem weitblickenden Reeder und dem gefürchteten Kaperchef bewegte. Er war so mächtig, daß er dem portugiesischen König die Stirn bieten und den Hafen von Lissabon mit 17 Schiffen blockieren konnte, weil der König eines der Angoschen Segelschiffe beschlagnahmt hatte. Er war so einflußreich, daß der französische König Franz I. ihn zum Gouverneur und Vicomte von Dieppe und außerdem zu seinem Berater in Seefahrtsfragen ernannte. Auf eine Initiative von Jehan Ango geht die Unternehmung des florentinischen Seefahrers Giovanni da Verrazzano zurück, der im Auftrag von Franz I. die nordamerikanische Ostküste erforschte und den Platz zur Gründung von New York entdeckte. Franz I. hatte Ango gefördert und protegiert, da er ihn und seine Schiffe brauchte. Sein Nachfolger Heinrich II. hatte mit Religionskämpfen im Lande genug zu tun und kein Interesse, sich auf dem Meer und in der Ferne noch weitere Probleme und Unannehmlichkeiten zu schaffen. So kam Ango gegen Ende seines Lebens um Wohlstand und Ansehen, erhielt aber dennoch eine würdige Grabstätte: in einer von ihm selbst erneuerten Kapelle der Kirche Saint-Jacques in Dieppe.

Aufs Meer ausgerichtet: Dieppe

Auch Jehan Ango hatte auf seinen Schiffen allerlei Schätze aus fernen, exotischen Ländern in die Normandie bringen lassen. Dazu gehörte das in Europa so gefragte Elfenbein. Seit 1384, als normannische Seeleute aus **Dieppe** im afrikanischen Guinea gelandet waren, kam Elfenbein in die Stadt, und seither spezialisierten sich einheimische Handwerker auf die Verarbeitung dieses Materials zu Tabakdosen, Besteckgriffen und Schmuckschatullen, Rosenkränzen, Kruzifixen und allerlei Statuen. Vom 14. bis ins 19. Jahrhundert hinein hielten die *Dieppois* ihre Vorrangstellung auf diesem Bereich – wovon eine einzigartige Sammlung von einheimischen Elfenbeingegenständen des *Stadtmuseums* im Schloß aus dem 15. Jahrhundert zeugt.

Ein Teil des Museums führt auf ein ganz anderes Gebiet der Kultur: Das *Musée Saint-Saëns* enthält Erinnerungsstücke an

Familie, Leben und Wirken des Komponisten Camille Saint-Saëns (1835–1921), der – als Sohn normannischer Eltern in Paris geboren – seinen Schaffenseifer auf sehr normannische Art resümierte: «Ich komponiere, wie ein Apfelbaum Äpfel hervorbringt.» Musikpartituren von Saint-Saëns und seinem Bewunderer Franz Liszt und Auszüge aus seinem Briefwechsel mit den größten Komponisten seiner Zeit spiegeln ein Stück internationaler Musikgeschichte wider.
Camille Saint-Saëns war eine Zeitlang auch Organist in *Saint-Rémy*, einer gotischen Kirche des 16. Jahrhunderts mit Renaissanceelementen. Bedeutender ist die *Kirche Saint-Jacques*, an der von 1250 an jahrhundertelang gebaut wurde. Hier liegt Jehan Ango begraben, und hier findet man auf einem Fries kuriose Darstellungen von Menschen und Tieren exotischer, unbekannter Länder, in denen Bewohner aus Dieppe vom 14. Jahrhundert an gelandet waren. Das Wikingerblut scheint in ihren Adern besonders stürmisch zu strömen, und so hatten sie sich seit dem Mittelalter als Seeleute und Seeräuber hervorgetan. Zu den größten Unternehmungen dieser wagemutigen, abenteuerlustigen *Dieppois* gehört die Besiedlung von Kanada, mit der sie im 16. Jahrhundert begonnen hatten. Auf dem Square du Canada in Dieppe, gleich am Fuß des Schlosses, steht eine 1930 errichtete Gedenksäule, die an die 350 Jahre gemeinsamer normannisch-kanadischer Geschichte erinnert. Die frankophonen Kanadier sehen in Dieppe und der Normandie bis heute das Land ihrer Ahnen. Und viele Kanadier mit französischen, normannischen Namen waren unter den alliierten Soldaten, die am 19. August 1942 einen Angriff auf die in Dieppe verlaufende Front wagten – eine (mißglückte) Generalprobe gewissermaßen der geglückten Invasion vom 6. Juni 1944.
Hafenstädte – vor allem, wenn sie alt und traditionsreich sind

wie Dieppe, das schon im 12. Jahrhundert als Handelszentrum Bedeutung hatte – haben immer eine ganz besondere Atmosphäre, in der es nach Freiheit und etwas Draufgängertum riecht, und man möchte sich gern länger an den Kais von Dieppe und in den Männercafés rund um den Hafen aufhalten. Doch um auch einen Blick in die früheste Geschichte der Stadt zu tun, wollen wir sie verlassen – auf zwei Straßen, deren Namen neugierig machen: die Rue de la Cité-de-Limes führt nach Puys, der Chemin du Camp de César vom Strand von Puys in eine Talsenke. Hier sind die Reste einer gallo-römischen und noch im Mittelalter bewohnten Siedlung zutagegetreten, die als Wiege von Dieppe angesehen werden kann.

Schloß Miromesnil: Maupassants Geburtsort?

In und um Dieppe begegnet man wieder zwei Künstlern, die uns auf der Normandiereise so oft begleiten: *Claude Monet* und *Guy de Maupassant*. Mit fast besessenem Eifer hält Monet 1882, als er sich mehrere Monate lang in *Pourville* bei Dieppe aufhält und «wie ein Verrückter» arbeitet, seine Eindrücke von Klippen, Meer und Himmel fest. Im *Schloß Miromesnil* dagegen, das – als fries- und girlandengeschmückter, eleganter Stein-Ziegel-Schiefer-Bau des 16./17. Jahrhunderts in einem großen Park – wenige Kilometer südlich von Dieppe liegt, wurde am 5. August 1850 Guy de Maupassant geboren: in einem der seitlichen Türme zwar nur, aber immerhin in einem Schloß – wenn man der Geburtsurkunde Glauben schenken will. Nicht wenige sind freilich der Meinung, daß er im Haus seiner Großmutter in Fécamp zur Welt gekommen, dann aber unverzüglich ins Schloß Miromesnil gebracht worden ist. Ein ehrgeiziger Börsenmakler hatte seinem Sohn, für den er und die Mutter große Pläne hegten, mit diesem feudalen, wohlklingenden Geburtsort ein Sprungbrett für gesellschaftliches Ansehen verschaffen wollen.

Im benachbarten *Arques-la-Bataille,* einem Marktflecken mit malerischer Burgruine und hübscher spätgotischer Kirche, hatte sich König Heinrich IV. Ansehen verschafft. Am 21. September 1589 schlug er hier die Truppen der katholischen Liga, die ihm, dem Hugenotten und Bourbonen, das Anrecht auf den französischen Thron streitig machten. Sein Gegner, Karl, Herzog von Mayenne, hatte zwar versprochen, Heinrich IV. «gefesselt und geknebelt» nach Paris zu bringen, mußte aber das Schlachtfeld fluchtartig verlassen und Heinrich wenige Jahre später als obersten Landesherrn anerkennen. Allerdings war der König inzwischen zum Katholizismus übergetreten («Paris vaut bien une messe») und hatte damit seine anfangs prekäre, unsichere Stellung gefestigt.

Le Tréport und Eu: noble Vergangenheit

Zwischen Dieppe und Le Tréport, dem normannischen Küstengrenzort gegen die Pikardie, liegen mehrere kleine Badeorte, die meist von ruhigen, ruheliebenden französischen Familien besucht werden. Noblere Gäste dagegen kannte schon im letzten Jahrhundert *Le Tréport,* das von keinem Geringeren als König Ludwig Philipp lanciert worden war. Der 1830 an die Macht gekommene Herrscher hatte am Strand von Le Tréport, dem der Hafen- und Touristenbetrieb heute seine Lebhaftigkeit und die «Terrassen» hoch auf der Steilküste ein weites Panorama geben, eine erste Villa errichtet. Hof hielt er allerdings, zuerst als Herzog von Orléans, dann als König, gern im Nachbarort **Eu,** wo ein altehrwürdiges *Schloß* ihm würdiger Aufenthaltsort war.

Es ist eine lange Geschichte voller glänzender Namen, mit der das Château d'Eu, das kaum noch sehenswert ist, aufwarten kann. Karl der Große soll hier schon eine Festung gegründet haben – als Bollwerk gegen die heranstürmenden Normannen. Sie kamen trotzdem: Rollo, der erste Herzog der Normandie, starb 932 im Château d'Eu. Wilhelm II. heiratete hier 1050 die zuerst von dieser Ehe gar nicht begeisterte Mathilde von Flandern. 1475 brannte die Festung, die Jahrzehnte zuvor den Engländern vorübergehend als Gefängnis für Jeanne d'Arc gedient hatte, nieder. Mit dem Neubau begann Heinrich von Guise 1578, nachdem er sechs Jahre zuvor in der Bartholomäusnacht als unerbittlicher Hugenottenfeind zweifelhaften Ruhm errungen hatte. Hundert Jahre später ging das Schloß in den Besitz von Anne-Marie Louise d'Orléans über, der Herzogin von Montpensier (1627–1693). Sie ging in die Geschichte als «La Grande Mademoiselle» ein, und ihre unglücklichen Herzensgeschichten machten sie geradezu berühmt: Ihr Verlobter Ludwig von Bourbon starb 1641, ein mit ihr verlobter österreichischer Herzog kam 1642 ums Leben, den verwitweten Philipp IV. von Spanien wollte sie nicht, ihr königlicher Cousin Ludwig XIV. wollte ihre Ehe mit dem Herzog von Lauzun nicht. Sie soll Lauzun trotzdem heimlich geheiratet haben, er wurde eingekerkert. So suchte diese zum Alleinsein bestimmte «Mademoiselle» Trost in karitativen Unternehmen und künstlerischen Werken. Im Château d'Eu legte sie eine vorbildliche Bildergalerie an, und zur Ausgestaltung des Parks berief sie *den* französischen Gartenarchitekten – nämlich André Le Nôtre.

Die Reihe illustrer Schloßverschönerer ging dann in Eu im vergangenen Jahrhundert mit Ludwig Philipp, dem sich demokratisch gebenden «roi citoyen», zu Ende. Hand an den Bau legte noch *Eugène Viollet-le-Duc,* dessen im 19. Jahrhundert vorgenommene, rigorose Eingriffe als Restaurator heute mit einiger Skepsis beurteilt werden. Viollet-le-Duc hat auch die *Kirche Saint-Laurent* in Eu restauriert. Sie ist dem heiligen Lawrence O'Tool gewidmet, dem Erzbischof von Dublin, der 1181 in Eu im Geruch der Heiligkeit gestorben war. Kurz nach seinem Tod wurde daher mit dem Bau der Kirche begonnen, die 1280 im Stil der frühen normannischen Gotik beendet war. In der Kirche befinden sich mehrere bemerkenswerte Statuen und Bilder aus dem 15. bis 17. Jahrhundert, in der Krypta die Grabsteine der Grafen d'Artois, die auf dem Schloß nebenan residiert hatten. In der Kapelle des ehemaligen *Jesuitenkollegs* steht das manieristische Grabdenkmal für Heinrich von Guise und seine Frau Katharina von Kleve, die Kolleg und Kapelle gegründet hatten. Das heute im Collège untergebrachte Lyzeum trägt den Namen der aus Eu gebürtigen Bildhauerbrüder François und Michel Anguier, die von einem Romaufenthalt um die Mitte des 17. Jahrhunderts italienische Einflüsse in die Heimat mitgebracht hatten.

Im Pays de Bray

Vom Département Seine-Maritime bliebe nun noch der an die Pikardie grenzende Streifen im Osten zu besuchen, diese Gegend, wo man aus der großzügigen, weitläufigen Open-field-Landschaft des Pays de Caux in die wie zerhackte, nervösere Heckenlandschaft des *Pays de Bray* kommt. Bedeutende künstlerische Sehenswürdigkeiten sind hier dünner gesät als

in anderen Gebieten der Normandie. *Neufchâtel-en-Bray,* die frühere Verwaltungshauptstadt des Pays de Bray, hat zwar noch eine große Kirche aus dem 12. bis 16. Jahrhundert, in der sich Romanik und Gotik mit Renaissanceelementen verbinden, ist sonst aber nach den Kriegszerstörungen fast völlig neu wiederaufgebaut worden und kaum sehenswert. *Forges-les-Eaux* erinnert mit seinem Namen («forge» = Schmiede) noch an eine von der Römerzeit bis ins 15. Jahrhundert blühende metallverarbeitende Industrie, die dann von der Nutzung der 1573 als heilkräftig entdeckten eisenhaltigen Quellen abgelöst wurde. Die Heilkraft des Wassers wird durch einen wahrhaft königlichen Erfolg unterstrichen: Königin Anna von Österreich, die Frau von Ludwig XIII., die 23 Jahre lang vergeblich auf eine Schwangerschaft gewartet hatte, brachte 1638 den Thronfolger, den späteren Ludwig XIV., zur Welt. Man schreibt dieses freudige Ereignis einer Kur zu, die sie sechs Jahre zuvor in Gesellschaft ihres Mannes und des Kardinals Richelieu in Forges-les-Eaux unternommen hatte.
Dann doch noch kunsthistorische Sehenswürdigkeiten in und um *Gournay-en-Bray:* In der *Kirche Saint-Hildevert* aus dem 11. und 12. Jahrhundert romanische Säulenkapitelle, die außer Ranken-, Flecht- und Blattwerk im rechten Seitenschiff auch originelle menschliche Figuren zeigen. Sie gehören – eindrucksvoll mit ihren Masken- und Fratzengesichtern und in ihren seltsam steifen, pantomimehaften Haltungen – zu den frühesten Versuchen dieser Darstellung zur Zeit der Romanik. Bei Gournay und schon auf pikardischem Boden, allerdings unmittelbar jenseits der normannischen Grenze, liegt die alte *Abteikirche* in *Saint-Germer-de-Fly,* ein frühgotischer Bau aus dem 12. Jahrhundert, mit der an den Chor angebauten gotischen *Sainte-Chapelle.* Und dann noch das Dörfchen *Gerberoy,* im Mittelalter ein oft umkämpfter Grenzort zwi-

schen der Normandie und der Ile-de-France. Es bezaubert heute mit dem Charme geschmackvoll und sehr behutsam restaurierter alter Häuser, und die Zeit scheint stehengeblieben zu sein.

Um Gournay fällt der feuchte, fette Boden auf, der schwer zu bearbeiten ist und hauptsächlich für die Weidewirtschaft genutzt wird. Er hat das Pays de Bray zur Heimat bekannter Käsesorten gemacht. Eine einheimische Bäuerin «erfand» im 19. Jahrhundert, allerdings von einem Schweizer Senn beraten, einen zarten, milden Weichkäse. Ein Prokuristengehilfe der Pariser Markthallen verschickte ihn in die französische Hauptstadt: Der «Petit Suisse» und Charles Gervais (dies der Name des weitblickenden jungen Mannes) stehen damit am Anfang eines Milch-Käse-Imperiums, das bis heute – als Gervais-Danone – sein Hauptwerk in Gournay-Ferrières und seinen Hauptlieferanten in den satten Weiden des Pays de Bray hat. Landwirtschaft und Gastronomie stehen in der Normandie gleichberechtigt neben Kunst und Kultur.

316 Romanische Kapitelle in der Kirche Saint-Hildevert in Gournay-en-Bray

SANFT UND GRÜN: DAS EURE

*Ehemaliges Grenzland – Wo Monet sich niederließ: Giverny –
Stille Provinzstadt: Vernon – Die Burgen Gaillon und Gaillard –
An Seine und Andelle – Ecouis und Louviers – Wechselvolle
Geschichte: Evreux – Berühmte Kirchenfenster – Einstige
Grenzfeste: Verneuil – Im Pays d'Ouche: Jean de La Varende
und die Physiker Broglie – Kunstreiches Bernay – Die
Adelsfamilie Harcourt und ihre Schlösser – Die glorreiche Abtei
Bec-Hellouin – Corneville: Normandie im Operettentakt*

Ehemaliges Grenzland

Eine Reise durch die Normandie wird unweigerlich – will man sich nicht nur auf die größten Orte beschränken, sondern auch die Atmosphäre im Landesinneren erfassen – zu einer Kreuz-und-quer-Fahrt auf den immer schönen, angenehmen Landstraßen. Als roter Faden einer Tour durch das ostnormannische Département Eure sollen uns die Seinenebenflüsse Epte, Eure, Risle und die Seine selbst dienen. Es ist eine ruhige Fahrt durch eine ruhige, grüne, waldreiche Landschaft. Das Eure kennt keine schroffen Kontraste, weder in der Landschaft noch im Alltag. Die Bevölkerungszahl nimmt langsam, doch stetig zu, ist aber im Laufe der Jahrzehnte vor starken, durch Zu- oder Abwanderung verursachten Schwankungen bewahrt geblieben. Der Einfluß von Paris ist hier, in diesem parisnächsten normannischen Département, stärker

als in der übrigen Normandie. Er zeigt sich unter anderem auch darin, daß – Statistiken können oft allerlei aussagen – auf einen Bauernhof schon fast zwei Zweitwohnungen kommen. Aber bis heute hat sich das Eure seinen eigenen Charakter bewahrt – Tradition und Moderne halten sich die Waage.
Wir wollen unsere Fahrt dort fortsetzen, wo wir sie in der Seine-Maritime vorläufig beendet hatten: im Pays de Bray an der *Epte.*
Gleich südlich von Gournay-en-Bray reicht die *Forêt de Lyons* bis an die Epte heran. Den normannischen Herzögen war dieser heute rund 10 000 Hektar große Laubwald ein beliebtes Jagdgebiet, und auf Heinrich I. Beauclerc, König von England und Herzog der Normandie, geht der hübsche Ort *Lyons-la-Forêt* zurück, mit seiner Burgruine, den konzentrisch angelegten, fachwerkgesäumten Straßen und den Markthallen aus dem 15. Jahrhundert ein Muster dieser normannischen Marktflecken, die nicht wissen, ob sie sich die bescheidenländliche Atmosphäre eines Dorfs oder den prätentiöseren Anstrich eines Städtchens geben sollen.
Auf ein eindrucksvolles Beispiel normannischer Militärbaukunst trifft man in **Gisors**, einem Städtchen südlich der Forêt de Lyons an der Epte. Wir sind hier in einem ehemaligen Grenzland, denn seit dem 911 in Saint-Clair geschlossenen Vertrag bildete die Epte, dieser liebliche Nebenfluß der Seine, die Grenze zwischen der Normandie und Frankreich (und blieb es für alteingesessene, eingefleischte Normannen bis heute). Da die normannischen Herzöge mit den französischen Königen, ihren Lehnsherren, nicht immer die besten Erfahrungen gemacht hatten, sorgten sie für eine gute, feindliche Angriffe entmutigende Befestigung der Grenzlinie – in Gisors mit einem Donjon, der im 11. Jahrhundert auf einem künstlich aufgeschütteten Hügel errichtet worden war, und mit

Mauern und Türmen, die 1124 angelegt wurden, um die Festung uneinnehmbar zu machen. Eingenommen wurde sie trotzdem schon 1193 vom französischen König Philipp August, der die normannische Widerstandsfähigkeit mit Geduld und Ausdauer nach und nach zersetzte, bis er die Normandie 1204 wieder mit der Krone vereinen konnte. Es war ein hart erkämpfter Anschluß: Bei der Eptefahrt von Gisors nach Vernon kommt man in Neaufles-Saint-Martin und in Château-sur-Epte zu zwei weiteren Festungen – ein vielsagender Beweis des wenig vertrauensvollen Verhältnisses zwischen den normannischen Herzögen (und englischen Königen) und den französischen Königen.

Wo Monet sich niederließ: Giverny

Besonders angenehm ist die Fahrt am rechten, grünen Ufer der Epte entlang, wo Straße und Fluß oft von langen Reihen Pappeln gesäumt sind – wie Claude Monet sie so gern gemalt hat mit ihrem zitternden Laub, das das helle Licht noch flimmernder und unsteter macht. **Giverny**, wo man die Seine erreicht, wäre heute nicht mehr als ein hübsches Dorf, wenn hier nicht über vierzig Jahre lang *Claude Monet* gelebt hätte. Nicht, daß er den Ort verwandelt hätte – aber kein Freund impressionistischer Malerei wird bei einer Normandiereise eine Pilgerfahrt zu diesem Musentempel versäumen wollen. Ein blühender Obstgarten hatte Monet bezaubert, hatte ihn 1883 veranlaßt, nach Giverny zu ziehen, in dieses von Blumenbeeten und einem Wassergarten umgebene Haus, das heute besichtigt werden kann. Als sein bedeutendstes Spätwerk sind hier die «Nymphéas» entstanden, diese zwölf in ihrer Größe fast verwirrenden Seerosenbilder von zwei mal vier

Meter, die jetzt größtenteils in der Orangerie des Pariser Louvre hängen. «Ich arbeite eifrig an meinen Dekorationen» (gemeint sind eben die Seerosen), schreibt Monet 1923 aus Giverny, als das Augenleiden seine Schaffenskraft schon stark beeinträchtigt, und 1925 gesteht er: «Ihretwegen schlafe ich nicht mehr... Aber ich möchte nicht sterben, ohne all das gesagt zu haben, was ich zu sagen hatte. Und meine Tage sind gezählt... Vielleicht morgen...» Er stirbt am 6. Dezember 1926, wird zwei Tage später ohne Aufheben und feierliche Reden beerdigt. Anwesend ist – außer der gesamten Bevölkerung von Giverny – auch Georges Clemenceau, der ehemalige Ministerpräsident, der Monet seit Jahren in tiefer Freundschaft verbunden war und ihm oft in schwierigen Momenten beigestanden hatte.

Stille Provinzstadt: Vernon

Vor dem letzten Krieg und seinen Schäden mag **Vernon**, gleich gegenüber von Giverny am anderen, linken Seineufer, den typischen Fachwerkbautencharme der normannischen Provinzstädte ausgestrahlt haben. Geblieben ist ihm der beruhigende, sanfte Reiz, wie er immer von Städtchen ausgeht, die an einem Fluß liegen. Besonders an der Seine glaubt man überall etwas von der spritzigen Luft der Pariser Seineufer und vom heiteren Rhythmus der Seinewalzer zu hören. Aber schon in Villequier, wo Victor Hugos Tochter und Schwiegersohn bei einer Bootsfahrt ums Leben kamen, haben wir gese-

*322/323   Die Ruine der Burg Gaillard über der Seine
bei Les Andelys*

hen, daß die sanft plätschernde Seine so harmlos nicht immer ist. Hier in Vernon machte den Schiffern einst ein heftiger Strudel das Leben schwer. Doch Adjutor, ein 1131 gestorbener Graf von Vernon, soll diesen wilden Wasserwirbel unschädlich gemacht haben – weshalb er heute als Schutzheiliger der Seeleute verehrt wird. Seine Statue steht in einer Kapelle der *Kirche Notre-Dame,* an der in verschiedenen Epochen der Gotik gebaut wurde. In der Sakristei ist ein Porträt des Maréchal de Belle-Isle zu sehen, der zu Beginn des 18. Jahrhunderts das *Château de Bizy* bei Vernon angelegt hatte. Das Attraktivste an diesem Schloß, das in seiner klassizistischen, im 19. Jahrhundert rekonstruierten Schönheit fast etwas kühl wirkt, sind noch die ursprünglichen Stallgebäude und der Park: Terrassen, Kaskaden und wasserspeiende, steinerne Statuen der Mythologie als Beispiel französischer, barock anklingender Gartenbaukunst.

Die Burgen Gaillon und Gaillard

Rund 15 Kilometer weiter seineabwärts eine andere Adelsresidenz, die es zu ihren Glanzzeiten sicher auch mit vielen Loireschlössern hatte aufnehmen können: das *Château Gaillon.* Die Erzbischöfe von Rouen hatten hier seit dem 13. Jahrhundert eine Festung besessen, und eben als Erzbischof von Rouen kam Georges I. d'Amboise um 1500 in ihren Besitz. Er ist ein Kirchenfürst und zudem seit 1498 Kardinal, aber er ist auch ein sehr weltlicher Politiker, ist Minister Ludwigs XII. und gerade aus Italien zurückgekehrt. Dort hatte er vergebens nach dem Papstthron ausgeschaut, sich dafür aber aufmerksam im aufwendigen, luxuriösen Lebensstil der italienischen Fürsten umgeschaut. Auf den Grundmauern der früheren Fe-

stung ließ er ein prächtiges Palais bauen, die erste auf französischem Boden in italienischem Renaissancestil errichtete Adelsresidenz, und von auswärtigen, teilweise aus Italien herbeigerufenen Künstlern ließ er sie ausschmücken. Doch die Dekorationen waren noch nicht einmal ganz fertig, als der Kardinal d'Amboise 1510 starb.
Die namhaftesten Künstler seiner Zeit rief im 17. Jahrhundert auch Jacques-Nicolas Colbert zur Ausschmückung und Verschönerung des Schlosses herbei. Er war ein Sohn des mächtigen Ministers Jean-Baptiste Colbert, war als Abkömmling einer so einflußreichen Familie wohl auch Erzbischof von Rouen geworden und konnte es sich leisten, hier in Gaillon den Baumeister Jules Hardouin-Mansart und den Gartenarchitekten André Le Nôtre für sich arbeiten zu lassen, beide mit allerhöchsten, königlichen Aufträgen überhäufte Künstler. Was im Château Gaillon nicht niet- und nagelfest war, ist während der Revolution nach Paris transportiert worden. Den größten Reiz des Schlosses macht daher heute der Blick auf die Seine aus, bis hin zum **Château Gaillard**.
Es sollte eine fröhliche, dreiste Burg sein («gaillard» = fröhlich, keck), die Richard Löwenherz in herrlicher Lage über der Seine hatte errichten lassen. «Que voilà un château gaillard!», soll er, der König von England und Herzog der Normandie, ausgerufen haben, als sie 1197 nach nur vierzehn Monaten Bauzeit fertig war als Ersatz für die Festung Gisors, die der französische König erobert hatte, während Richard als Kreuzfahrer fern seines Reiches weilte. Der Kreuzzug hatte Richard Gelegenheit gegeben, in Palästina und Syrien die großartigen Befestigungsanlagen zu bewundern. Hier im Château Gaillard wandte er modernste, ausgeklügelte Kriterien der Festungsbaukunst an, wie sie damals im Abendland noch unbekannt waren. Doch selbst diese für damalige Zeiten weit

entwickelte Burgenbautechnik half wenig. Château Gaillard, das als uneinnehmbar gegolten hatte, wurde im März 1204 nach fünfmonatiger Belagerung von König Philipp August eingenommen (drei Monate später, am 24. Juni 1204, brachte er Rouen in seinen Besitz). Die französischen Kapetinger hatten auf dem Festland endgültig den Sieg über die anglonormannischen Plantagenets davongetragen – über den zaudernden, neurotischen und skrupellosen Johann Ohneland allerdings, der nach dem Tod seines Bruders Richard die Burg Gaillard nicht zu verteidigen gewußt hatte, der sie vielleicht auch nicht bis zum äußersten hatte verteidigen wollen. Das Geschick Englands und die Geschehnisse nördlich des Ärmelkanals lagen ihm mehr am Herzen als die Normandie. Er war es auch gewesen, der dem trutzigen Werk seines Bruders einen Latrinenbau angefügt, ihn aber nicht ausreichend befestigt hatte, so daß die französischen Angreifer an dieser Stelle eine Schwäche im normannischen Verteidigungssystem von Château Gaillard finden und siegreich nutzen konnten.

An Seine und Andelle

Die romantische Ruine der Burg Gaillard thront auf einem Kreidefelsen über der *Seine,* schiebt ihren noch immer eindrucksvollen Donjon gegen den Fluß und den Ort *Les Andelys* am Fuß des Burgberges. Les Andelys – das sind eigentlich zwei miteinander verschmolzene Dörfer: Le Petit-Andely, das sich direkt an der Seine und am Fuß von Château Gaillard um die romanisch-gotische Kirche Saint-Sauveur drängt, und Le Grand-Andely, das mit der schönen gotischen Kirche Notre-Dame und einem kleinen *Poussin-Museum* aufwartet. Normannische Einflüsse sind im Werk von Nicolas Poussin,

Die ehemalige Abtei Fontaine-Guérard liegt mitten im Grünen an der Andelle

der 1594 in Les Andelys geboren wurde, aber vom 30. Lebensjahr an fast ständig in Rom lebte, freilich kaum zu spüren – wenn er in einem 1650 gemalten Selbstporträt auch noch stolz auf seinen Heimatort hinweist: «Effigies Nicolai Poussini Andelyensis Pictoris» ist auf dem Bild zu lesen. Doch die eindrucksvolle Seinelandschaft um Les Andelys könnte schon im jungen Poussin das Interesse für die Natur geweckt haben, das sich vor allem in seinen Spät- und Meisterwerken zeigt.
Sie ist wirklich stimmungsvoll, diese Seinelandschaft, und zum rechten Einstimmen auf diese Welt tragen allerlei senti-

mentale Legenden und bewegende Geschichtchen bei. Die poetischste spielt an der *Côte des Deux-Amants,* dem «Ufer der zwei Liebenden», das als 138 Meter hoher Felssporn und berühmter Aussichtspunkt über der Mündung der Andelle in die Seine aufragt. Ein so schöner Ort mußte eine schöne Geschichte eingeben, die die Dichterin *Marie de France* schon im 12. Jahrhundert in eine ihrer Erzählungen aufnahm – die übliche Geschichte vom strengen Vater, der sich dem Liebesglück seiner Tochter in den Weg stellt, von den beiden Liebenden, die (es gibt da mehrere unterschiedliche Versionen) gemeinsam ums Leben kommen oder sogar gemeinsam in den Tod gehen, vom untröstlichen, zu spät reumütigen Vater, der eine Priorei stiftet.

Es ist in jedem Fall eine tragisch endende Geschichte, aber sie ist erfunden. Weit tragischer war dagegen ein Ereignis, das sich um das Jahr 1400 in der *Abbaye de Fontaine-Guérard* zugetragen hat, die östlich der Côte des Deux-Amants an der Andelle liegt, in einer lieblichen, von Quellen und Wasserarmen umspielten Uferau. Marie de Ferrière, Tochter eines Kammerherrn von König Karl VI., wird von ihrem Mann verstoßen und sucht Zuflucht bei den Zisterziensernonnen in Fontaine-Guérard. Doch ihr Mann, der ihren Tod braucht, um seine Geliebte heiraten zu können, läßt sie von gedungenen Mördern auf grausamste Art töten. Der Witwer zeigt nun Reue und errichtet später die *Chapelle Saint-Michel* links der eigentlichen Abtei. Vom Kloster, das im 12. Jahrhundert gebaut und 1218 geweiht wurde, sind nur noch die Ruine der Abteikirche und der Ostflügel mit einigen Räumen erhalten, unter denen der dreischiffige gotische Kapitelsaal im Erdgeschoß und das Dormitorium im ersten Stock durch ihre klare, lichte Eleganz bestechen. Das übrige Mauerwerk diente während der Revolution zum Bau von Brücken (wie bequem, daß man in Frankreich alle Beschädigungen und Zerstörungen von kunstreichen Bauten den «kulturfeindlichen» Revolutionären von 1789 und den Folgejahren in die Schuhe schieben kann!).

Ecouis und Louviers

Aus etwa der gleichen Zeit wie Fontaine-Guérard (dies als Tip für einen Abstecher von der Abtei oder schon von Les Andelys aus) stammt die Kirche Notre-Dame in *Ecouis,* die mit ihren zwei kräftigen, schwerfälligen Fassadentürmen auf den ersten Blick eher abweisend als einladend wirkt. Geld, Ehrgeiz und Familienstolz – der Kirchenstifter Enguerrand de Marigny war Finanzminister von König Philipp dem Schönen, sein Bruder Jean Erzbischof von Rouen – haben hier im frühen 14. Jahrhundert eine Kirche entstehen lassen, die eine wahre Skulpturengalerie des 14. und 15. Jahrhunderts ist. Unter den rund zwanzig Statuen und Altargruppen fallen zwei Steinplastiken auf: die Notre-Dame d'Ecouis durch ihre sanfte, lächelnde Zartheit und die heilige Agnes (oder ist es die Maria Magdalena?) durch die unterschwellig sinnliche Ausstrahlung ihres Körpers, der von bodenlangem Haar bedeckt und doch nicht verborgen ist.

Es gibt hübsche Landsträßchen, auf denen man von Ecouis nach **Louviers** gelangt, einer an der Eure gelegenen Kleinstadt mit großstädtisch anmutenden, schattigen Boulevards. Mitten

330 Engelgruppe des 15. Jahrhunderts in der Kirche von Ecouis
331 Die spätgotische Südflanke der Kirche Notre-Dame in Louviers

in der Stadt liegt die *Kirche Notre-Dame:* An einen Bau in der relativ schlichten Gotik des 13. und 14. Jahrhunderts wurde Ende des 15. Jahrhunderts die südliche Seitenfassade angefügt. Mit ihrem überreichen Schmuck an Statuen, Fialen und Wasserspeiern gehört sie zu den eindrucksvollsten Werken der kaum noch zu zügelnden Spätgotik auf normannischem Boden, wirkt wie eine in Stein umgesetzte und ins Maßlose vergrößerte Arbeit feinster, ziselierter Goldschmiedekunst.

Als diese Flamboyant-Flanke ausgeführt wurde, nannte Louviers sich stolz Louviers-le-Franc, das «freie Louviers»: vom französischen König Karl VII. mit Freirechten und Privilegien überhäuft, da es sich selbst und einige Nachbarstädte 1440 von englischer Besatzung befreit hatte. Durch Tucherzeugung war die Stadt schon im 13. Jahrhundert wohlhabend geworden, zählte damals mit 18 000 Menschen ebenso viele Einwohner wie heute. Colbert, der eifrige Minister, kurbelte im 17. Jahrhundert die etwas schläfrig gewordene Tuchindustrie wieder an, deren Geschichte im *Musée municipal* dokumentiert wird. Daß dieses Museum im 19. Jahrhundert durch Legate gegründet und vergrößert werden konnte, zeugt von Bürgersinn und Gemeinschaftsgeist, wie sie in alten Handels- und Gewerbestädten wie Louviers immer besonders ausgeprägt waren.

Wechselvolle Geschichte: Evreux

In Louviers solider Kaufmannsgeist – eitle Titelsucht dagegen im weiter südlich gelegenen **Evreux,** der 50 000-Einwohner-Hauptstadt des Eure. Nach ihrer Scheidung von Napoleon, 1809, erhielt die schöne Joséphine Beauharnais als Trostpflästerchen einen Teil der früheren Grafschaft von Evreux und wurde zur Herzogin von Navarre erhoben – dieses Navarre ist nichts anderes als ein fader Bauernweiler bei Evreux, der mit dem früheren, glanzvollen Königreich Navarra nichts als den Namen gemeinsam hat. Aber auf einer Burg in Navarre (Dorf) hatte im 14. Jahrhundert Karl II. gelebt, der Graf von Evreux und König von Navarra (nordspanische Provinz) war. Die Ex-Kaiserin Joséphine bekam auf diese Weise einen wohlklingenden, hochtönenden Titel – und die (theoretische) Herrschaft über ein Dutzend Bauernfamilien.

Hier ging es um einen Titel. Die wirkliche Herrschaft hatte bei einem Geschehnis auf dem Spiel gestanden, in dem Johann Ohneland, der letzte unabhängige Herzog der Normandie, eine üble Rolle übernahm. In Abwesenheit seines Bruders Richard Löwenherz hatte Johann – vielleicht aus Geldnot, vielleicht aus Geltungssucht – die Stadt Evreux an den französischen König verkauft. Als er sich bei der Rückkehr seines Bruders 1193 seiner zumindest ungeschickten Handlung bewußt wurde, lud er die Stadtoberhäupter zu sich zum Essen und ließ sie allesamt ermorden, als hätten sie allein die Schuld an der schmachvollen Transaktion gehabt. Für König Philipp August war dieser Verrat Grund genug, die Stadt grausamen Repressalien auszusetzen und wenige Jahre später alles daranzusetzen, um Johann Ohneland ohne Erbarmen zu bekriegen, zu besiegen und ihm die ganze Normandie abzunehmen.

Evreux erstand bald neu – wie es sich im Laufe seiner langen Geschichte daran gewöhnt hat, sich von Belagerungen, Eroberungen und Verwüstungen nicht entmutigen zu lassen und sich immer wieder rasch zu erholen. Die Geschichte der Stadt ist eine einzige, ununterbrochene Folge von Kämpfen, Brandschatzungen, Zerstörungen und couragierten Arbeiten des Wiederaufbaus, und sie ist emblematisch für das Schicksal vieler Städte der Normandie, die sich von allen Seiten her, vom Land wie vom Meer, immer wieder Angriffen und Eroberungsversuchen ausgesetzt sahen. Im Jahr 892 wurde Evreux ein Opfer der Wikingereinfälle. Im 10. Jahrhundert wurde es bei Zwistigkeiten zwischen aufkommenden Adelsfamilien, die um die Vorherrschaft rangen, in Mitleidenschaft gezogen, im 12. Jahrhundert von Heinrich I. von England und vom französischen König niedergebrannt, im 14. Jahrhundert von Johann dem Guten und von Karl dem Bösen (Karl II. von Navarra). Im 15. Jahrhundert hatte es unter den englisch-französischen Kriegen zu leiden und im Zweiten Weltkrieg unter den Kämpfen, die Deutsche und Alliierte sich auf französischem Boden lieferten.

Man muß sich wundern, wie viele Bauten sich trotzdem in Evreux erhalten haben. Da wäre vor allem mitten in der Stadt die *Kathedrale Notre-Dame,* an der seit dem 12. Jahrhundert fast ständig gebaut wurde. Holzgeschnitzte Choreinfriedungen aus der Renaissance und Glasfenster aus dem 14. und 15. Jahrhundert im Chor gehören unter den vielen Kunstwerken zu denen, die man nicht übersehen sollte. Interessante Glasfenster aus dem 15. und 16. Jahrhundert findet man auch im Chor der *Kirche Saint-Taurin* im Westen der Stadt. Sie war im 11. Jahrhundert über dem Grab des heiligen Taurinus, der Ende des 4. Jahrhunderts das Bistum gegründet hatte, errichtet worden. Seine Gebeine werden in einem Reliquienschrein aufbewahrt, der mit seinen unglaublich fein gearbeiteten Figuren, Flachreliefs und Ornamenten ein kostbares Meisterwerk mittelalterlicher Goldschmiedekunst ist.

Bliebe noch ein Besuch des *Museums* im bischöflichen Palais neben der Kathedrale. Zwei römische Bronzestatuen aus dem 1. Jahrhundert nach Christus – Jupiter Stator und Apollo – sind 1840 in Le Vieil-Evreux ans Tageslicht gekommen – womit wir bei den Anfängen von Evreux wären: Auf dem Plateau von *Le Vieil-Evreux* (6 Kilometer südöstlich der Stadt) dürfte sich eine galloRömische Siedlung namens Mediolanum Aulercorum befunden haben, und in Evreux selbst sind die Reste eines großen römischen Theaters aus dem 1. nachchristlichen Jahrhundert sowie frühmittelalterliche *Ringmauern* aus dem 5. Jahrhundert zu erkennen. Erst bei großzügigen Arbeiten zur Stadtsanierung in den letzten Jahren sind diese Ringmauern so recht zur Geltung gekommen. Bei einem Spaziergang längs der Mauern kann man noch den Charme einer Provinzstadt im menschengerechten Maß genießen, der Evreux bis heute geblieben ist.

Berühmte Kirchenfenster

Es wird vielleicht nicht mehr lange dauern, bis die organisationsfreudigen Normannen, die schon eine «Apfelweinstraße», eine «Granitstraße», eine «Ginsterstraße», eine «Käsestraße» und eine «Mühlenstraße» erfunden, markiert und mit praktischen Prospekten propagiert haben, auch eine «Straße der Kirchenfenster» zusammenstellen werden. Das Département Eure ist besonders reich an diesen Werken, die – als Zeugen großen kunsthandwerklichen Könnens – bei aller Zerbrechlichkeit die Jahrhunderte und die Kriege erstaunlich gut überstanden haben.
Neben den Fenstern der Kathedrale von Evreux, auf denen Porträts von Bischöfen, Königen und Fürsten zu sehen sind, verdienen die Fenster der Kirche Sainte-Foy in *Conches-en-Ouche* Aufmerksamkeit. Romain Buron, ein Schüler der berühmten Le-Prince-Werkstatt aus Beauvais, und *Arnold von Nymwegen* werden als Schöpfer genannt – eindeutig belegt ist

keiner von beiden. Aber auch als Werke eines anonymen Meisters des 16. Jahrhunderts verlieren diese Fenster nichts von ihrem farbigen, eindringlichen Reiz einer *biblia pauperum.*

Wir von visuellen Eindrücken überhäuften Menschen des 20. Jahrhunderts können uns nur schwer vorstellen, welch ungeheuren Eindruck diese bunten, das Heilsgeschehen und Heiligenlegenden ausmalenden Glasfenster auf die meist schreibe- und leseunkundigen Kirchgänger früherer Jahrhunderte ausgeübt haben müssen. Einen außergewöhnlich einheitlichen Zyklus stellen in Conches die sieben, fast elf Meter hohen Chorfenster dar, auf denen auch das legendäre Leben der Sainte-Foy breit und schön erzählt wird.

Einstige Grenzfeste: Verneuil

In **Verneuil-sur-Avre,** wohin man von Conches-en-Ouche aus einen Abstecher (25 Kilometer) machen kann, ist man noch einmal der (einstigen) französischen Grenze nahe. Die Stadt war im frühen 12. Jahrhundert als Feste gegründet worden, vom dritten, eigentlich von der Erbfolge ausgeschlossenen Sohn Wilhelms des Eroberers. Im Streit zwischen seinen Brüdern Robert Kurzhose und Wilhelm dem Roten war Heinrich allerdings der lachende Dritte. Während Robert und Wilhelm sich nach dem Willen ihres Vaters die Herrschaft über England und die Normandie hätten teilen sollen, besetzte er als Heinrich I. Beauclerc zugleich den englischen Königs- und den normannischen Herzogsthron. Durch derlei innerfamiliäre Erfahrungen klug und mißtrauisch geworden, setzte er alles daran, um die Normandie wenigstens nach außen, gegen Frankreich hin, zu sichern. Neben Nonancourt und Tillières stellte Verneuil einen der Stützpunkte an dieser Avre-Linie dar.

In Verneuil wurde am 18. Februar 1800 Louis Graf de Frotté hingerichtet, einer der letzten Anführer der konterrevolutionären Bewegung der *Chouans* in der Normandie. In der Normandie kam es zu kaum mehr als zu improvisierten Handstreichen von kleinen, partisanenähnlichen Banden, die aber seltsamerweise nur in der südlichen, «französischen» Normandie Widerhall fanden, während die nördliche, stärker von normannischem Einfluß durchsetzte Normandie immun blieb. Aus der südlichen Normandie stammte auch Louis de Frotté, dem in der *Kirche Sainte-Madeleine* in Verneuil ein Denkmal errichtet worden ist. Der schöne, fast 60 Meter hohe Turm dieser Kirche, der in seiner Flamboyant-Bewegung dem «Butterturm» der Kathedrale in Rouen ähnelt, wirkt fast erdrückend mächtig neben dem flachen Kirchenbau, und er ist über das Städtchen mit seinen sauber gereihten, meist zweistöckigen Häusern hinweg weithin sichtbar. Kirchen waren früher immer auch Orientierungspunkte für die Reisenden – und oft Museen der Zur-Schau-Stellung lokalen Kunstschaffens. Das gilt auch für Notre-Dame in Verneuil, die eine regelrechte Sammlung einheimischer Plastiken des beginnenden 16. Jahrhunderts zu bieten hat.

Im Pays d'Ouche: Jean de La Varende und die Physiker Broglie

Conches und Verneuil liegen am Ostrand des **Pays d'Ouche,** das sich als recht melancholisches, einförmiges Plateau zwischen Risle und Charentonne ausdehnt. Bis gegen Ende des 19. Jahrhunderts war hier ein eisenverarbeitendes Gewerbe stark verbreitet, und die Schmiede galten als sozialistisch-radikale Freidenker mit tief verwurzeltem Antiklerikalismus – ganz im Gegensatz zu den Kleinbauern, Häuslern und Tagelöhnern, unter denen bis vor gar nicht so langer Zeit die Furcht vor den Hexen ebenso normal war wie der Glaube an den Teufel, im Gegensatz aber auch zur konservativ-reaktionären Einstellung der Junker und Großgrundbesitzer, die sich im Schutz einer starren, hierarchischen Sozialordnung auch leutselig im Umgang mit den Untergebenen zeigen konnten.

Der Schriftsteller *Jean de La Varende* hat in unserem Jahrhundert diese seine Heimat besungen, ihre feuchte Kälte, ihre Abgeschiedenheit, ihre Atmosphäre und die Mentalität ihrer Bewohner: «Die Ebene des Pays d'Ouche ist nichts anderes als ein Plateau, auf dem die Wolken vom Horizont zerschnitten werden. November: der Boden ist naß, die Straßengräben glänzen, überall sinkt man mit den Füßen ein... Unendlich viele Raben steigen auf, wenn man mit dem Wind vorbeifährt... Sie sind der schwere, der schwarze Staub dieser Erde.» De La Varende war 1887 als Jean-Balthazar Malard, Vicomte de La Varende, auf Schloß Bonneville, am Westrand des Pays d'Ouche bei Broglie, zur Welt gekommen. Als er 1959 stirbt, geht ein Vertreter und Verherrlicher dieser Welt unter, die von einem klar ausgeprägten Klassenbewußtsein getragen wurde.

Nichts von dieser nostalgisch zurückblickenden Haltung ist einer Adelsfamilie anzumerken, deren Werdegang man im Dorf **Broglie** an der Charentonne verfolgen kann. Die im 17. Jahrhundert aus Oberitalien zugewanderte Familie Broglia mußte sich, um vom alteingesessenen, an Grundbesitz reichen Adel ernstgenommen zu werden, mit Waffen und mutigen Taten einen Namen machen und Geltung verschaffen. Aufgrund militärischer Verdienste wird Francesco Maria Broglia 1654 zu François-Marie Broglie naturalisiert. Ebenfalls militärische Verdienste bringen die Familie 1716 in den Besitz des Dorfs Chambrais, das von nun an Broglie heißt, und kurz darauf bekommt sie den Herzogstitel verliehen. Die Broglie stellen Generäle und Staatsmänner, werden Minister, wie Achille-Charles de Broglie, der 1816 Albertine, die Tochter von Madame de Staël, heiratet.

Um 1900 schließlich beginnen Maurice und sein jüngerer Bruder Louis-Victor in einem Flügel des väterlichen Schlosses in Broglie, den sie in ein Versuchslabor verwandelt haben, mit physikalischen Experimenten. Sie betreiben ihre Untersuchungen über Röntgenstrahlen und Wellenmechanik so intensiv und genial, daß *Louis-Victor de Broglie* 1929, erst 37 Jahre alt, mit dem Nobelpreis für Physik ausgezeichnet wird.

Broglie hat jetzt rund tausend Einwohner, hatte vor 100, 200 Jahren gewiß nicht mehr. Doch außer den beiden Physikern Broglie brachte es noch zwei weitere bekannte Naturwissenschaftler hervor: 1757 wurde hier der Vater des Schriftstellers und Kunstkritikers Prosper Mérimée geboren, der sich als Maler Ruhm, aber als Chemieprofessor den Lebensunterhalt verdiente. 1788 kam in einem bescheidenen, in einer Seitengasse gelegenen Haus *Augustin Fresnel* zur Welt, der die Wellennatur des Lichts nachwies und die Kristalloptik begründete.

In der Kirche Saint-Martin-de-Chambrais von Broglie findet man Zeichen einer alten, besonders im Eure und im Calvados verbreiteten Tradition: die der Laienbruderschaften, die in dieser Kirche ihre reich und naiv verzierten Umgangs- und Prozessionsstangen aufbewahren.

Kunstreiches Bernay

Diese Laienbruderschaften bringen uns nach **Bernay**, 10 Kilometer nördlich von Broglie an der Charentonne, das sehr viel größer wirkt als ein Städtchen von 11000 Einwohnern. In der am südlichen Stadtrand gelegenen *Basilika Notre-Dame-de-la-Couture* treffen sich alljährlich am Ostermontag Dutzende dieser *Confraternités de la charité* zu einer malerischen Prozession, die nichts mit falscher, organisierter Folklore und Zugeständnis an den Tourismus zu tun hat. Mit ihren gestickten Kappen und den langen Röcken wirken die *Charitons* wie Hinterbliebene längst vergangener Zeiten, und das Glockengeklingel, mit dem sie ihre Umzüge begleiten, evoziert grausame Pestepidemien, als die Überlebenden beim Vorbeizug eines Toten durch Gebimmel gewarnt wurden. Eine grausame Seuche war 1521/22 über die Dörfer und Städte der Normandie hergefallen und hatte die Bevölkerung regelrecht dezimiert. Da niemand die undankbare, gefährliche Aufgabe des Leichenverscharrens übernehmen wollte, wurden diese Bruderschaften gegründet – wie die *Charitons* bis heute das Begräbnis verstorbener «Brüder» übernehmen. Rund 100 solcher *Confraternités* leben in diesem Teil der Normandie fort: anachronistische Vereine besonderer Art, die im sozialen Leben vieler Dörfer und Städtchen des Eure noch eine bedeutende Rolle spielen.

Die Kirche Notre-Dame-de-la-Couture in Bernay, Schauplatz dieser eindrucksvollen, bei aller Farbigkeit doch etwas makabren, da an den Tod gemahnenden Prozession, stammt aus dem 15. Jahrhundert. Älter ist die *Kirche Sainte-Croix*

341 Ein Arm der Charentonne in der Altstadt von Bernay

(14. Jahrhundert), deren Kunstwerke und Grabsteine teilweise aus der 20 Kilometer entfernten, berühmten Abtei Bec-Hellouin stammen. Noch älter und kunsthistorisch wichtiger ist allerdings die *Abteikirche* in Bernay, die – als gut erhaltener Sakralbau des frühen 11. Jahrhunderts – eine bedeutungsvolle Etappe in der Entwicklung der normannischen Romanik darstellt. Berühmt ist sie auch für ihre phantasievoll dekorierten Säulenkapitelle. Mit Tieren, Menschen und Tier-Mensch-Fabelwesen gibt uns das Mittelalter auch hier wieder Rätsel auf, die noch nicht ganz entschlüsselt sind. In den ehemaligen Klostergebäuden, die heute als Rathaus und Gericht dienen, befindet sich im früheren, reizvollen Abtpalais des 16./17. Jahrhunderts auch das Museum. Sein Prunkstück ist eine Sammlung von Keramiken, die im frühen 16. Jahrhundert in Rouen hergestellt wurden, vom großen Keramiker Masséot Abaquesne, der die Einflüsse italienischer Renaissancemajoliken aufgenommen und zu einem eigenen Stil verarbeitet hatte.

Mit Glück und Spürsinn kann man alte Keramiken auch noch in den Antiquitätengeschäften von Bernay aufstöbern. Die relative Nähe zu Paris und die Lage des Städtchens an der Strecke von Paris zum Meer haben hier Trödlerläden wie Pilze aus dem Boden schießen lassen, besonders in der *Rue Gaston-Folloppe* mit ihren hübsch restaurierten Fachwerkhäusern. Fast ebenso zahlreich wie die Antiquitätenhändler sind die Immobilienbüros. Wer *antiquités* sucht, könnte sich, so scheint man hier nicht ganz unlogisch zu folgern, auch für *maisonettes normandes* und *fermettes* interessieren (oder umgekehrt) – für diese stroh- und schindelgedeckten Fachwerkbauten auf dem Land, die als Inbegriff des normannischen Lebens gelten.

Bernay kann sich zu Recht rühmen, Heimat des um 1160 geborenen *Alexandre de Bernay* zu sein, eines der fruchtbarsten Autoren der altfranzösischen Alexanderepik. Zu groß geraten dürfte allerdings das Ruhmesblatt sein, das Bernay diesem seinem Sohn anhängt: Es feiert ihn als Schöpfer des Alexandriners, des berühmten, in der französischen Klassik und im deutschen Barock so gern benutzten Reimverses. Doch der Name des Alexandriners geht wohl eher auf den Stoff (Alexander der Große) als auf den Autor zurück – mag Alexandre de Bernay mit seinem «Roman d'Alexandre» in 17952 (!) Versen auch einen zumindest quantitativ bedeutsamen Beitrag zur Verbreitung dieses Epos geleistet haben. Durch die Namensgleichheit wird sein Geburtsort hier zu einem Fehlschluß verleitet worden sein.

Die Adelsfamilie Harcourt und ihre Schlösser

Ein zeitgenössischer Literat dagegen, der schon erwähnte Jean de La Varende, hat mit dazu beigetragen, das **Schloß Beaumesnil** südöstlich von Bernay und seinen riesigen, 80 Hektar großen Park zu einem beliebten Sonntagnachmittagsausflugsziel der sehr geschichtsbewußten Franzosen zu machen. «... in der Tat gibt es in Frankreich kein anderes Louis-Treize-Schloß von solcher Schönheit», begeistert sich La Varende über Beaumesnil (das bei ihm zu «Mesnilroyal» wird). «Kann man es überhaupt mit irgendeinem Landsitz vergleichen?» Zum wirklichen Vergleich, bei dem eine Entscheidung allerdings schwerfällt, bieten sich zwischen Bernay und Le Neubourg außer Beaumesnil noch zwei weitere Schlösser an: Harcourt und Champ-de-Bataille. Und alle drei sind mit den Harcourt verbunden, einer der alten, berühmten normannischen Adelsfamilien.

Wo sich heute das **Château du Champ-de-Bataille** (= Schlachtfeld) erhebt, soll im Jahr 935 tatsächlich eine Schlacht stattgefunden haben, aus der Bernhard der Däne, ein Kampfgefährte von Rollo, als Sieger hervorgegangen ist. Auf einem Gelände, das eben dieser Bernard le Danois, Stammvater der Harcourt, von eben diesem Rollo als Geschenk erhalten haben soll, steht die *Burg Harcourt*. Und ein mittelalterlicher Vorgängerbau von Schloß Beaumesnil war um 1250 von Robert II d'Harcourt errichtet worden.

Daß diese Familie darüber hinaus im Calvados und im Cotentin weitere Sitze, Schlösser und Dörfer besaß, zeugt von Macht und Einfluß ihrer Namensträger, die unter verschiedenen französischen Königen höchste Kommandoposten in Heer und Politik einnahmen. Beaumesnil wurde zwischen 1633 und 1640 als Stein-Ziegel-Bau mit überreichen, wie überzuckerten Barockdekorationen neu errichtet und ist heute Sitz der kulturellen Stiftung Fürstenberg-Beaumesnil und eines Buchbindemuseums der Nationalbibliothek. Harcourt, ein eindrucksvolles Beispiel mittelalterlicher, normannischer Militärbaukunst, gehört seit 1826 der französischen Landwirtschaftsakademie, und Natur- wie Naturkundefreunde kommen hier im Forstmuseum, in einem Arboretum und bei stundenlangen, markierten Parkwanderungen auf ihre Kosten. Das zwischen 1680 und 1701 gebaute, wie eine idealisierte Bühnenkulisse in eine weite Ebene gebettete *Champ-de-Bataille* ist mittlerweile wieder im Besitz der Herzöge von Harcourt, die es seit seinem Entstehen schon mehrmals besessen hatten. Gerade rechtzeitig zum tausendjährigen Bestehen der

345 Renaissanceportale im weiten Innenhof des Schlosses Champ-de-Bataille

Familie *Harcourt* 1966 hatten sie es als vorbildlich restaurierten Familienbesitz präsentieren können – in Anwesenheit von 120 Trägern dieses glanzvollen Namens und unter der vom Familienoberhaupt feierlich verkündeten Devise: «Die einzig wirkliche Tradition des einzig wirklichen Adels besteht darin, der Kollektivität mehr zu geben, als er von ihr erhält.» Auf dieses anachronistische Fest mit livrierten Dienern in gepuderten Perücken wird bei Führungen durch das Schloß hingewiesen, das sich mit zwei langgestreckten Gebäudetrakten gegen einen weiten Innenhof öffnet. Diese beiden einander gegenüberliegenden Flügel, deren klassische Strenge Barockdekorationen auflockern, sehen auf den ersten Blick völlig gleich aus. Erst beim näheren Hinschauen merkt man, daß das Gesindehaus keinen Balkon hat und spärlicher verziert ist als der Wohntrakt: Das ist der kleine, feine Unterschied.

Die glorreiche Abtei Bec-Hellouin

Eine fast tausendjährige Geschichte kann auch die **Abbaye du Bec-Hellouin** vorweisen. Im Jahr 1034 wahrscheinlich war sie vom Ritter Herluin (oder Hellouin), der sich bis dahin einem eleganten, mondänen Leben hingegeben hatte, gegründet worden, und 1959 wurden seine sterblichen Reste vor dem Hauptaltar beigesetzt – vor dem neuen Altar aus grünem Marmor aus dem Aostatal in Oberitalien. Denn Herluin hat der Abtei zwar den Namen gegeben, aber Glanz und Ruhm verschafften ihr bald nach der Gründung zwei oberitalieni-

347 Ein Benediktinerpater der Abtei Bec-Hellouin im weißen Habit der Olivetaner-Kongregation

sche Mönche: *Lanfranco aus Pavia* und der heilige *Anselmo aus Aosta.*

Der 1003 in Pavia geborene, einer langobardischen Adelsfamilie entstammende *Lanfranco* hatte 1042 an die Pforte des Klosters Bec geklopft, angeblich aufgrund eines Gelübdes, das er bei einem Raubüberfall, dessen Opfer er geworden war, abgelegt hatte. Der Jurist Lanfranco genoß damals schon einen guten Ruf als Lehrer, und auch der Mönch Lanfranco zog bald Scharen bildungshungriger Jugendlicher an. Der «Bec» wurde zu einer der Hochburgen geistigen Lebens, und zu den berühmtesten Schülern gehörten Anselmo d'Aosta und Anselmo da Baggio, der spätere Papst Alexander II.

Anselmo d'Aosta (1033–1109) war von 1093 bis zu seinem Tod Erzbischof von Canterbury und ist in die Kirchengeschichte als heiliger Anselm von Canterbury eingegangen. Die Kirche verehrt ihn als *Doctor ecclesiae,* Theologie und Philosophie sehen in ihm den Hauptvertreter der Frühscholastik. Er war sanft und bescheiden und ganz den Studien ergeben, und in das politische Ränkespiel seiner Zeit wurde er – als Primas der englischen Kirche – wider seinen Willen hineingezogen. Von ganz anderer Natur war da sein Landsmann Lanfranco, der sich auf dem glitschigen Boden der Politik und Diplomatie erst so recht wohlgefühlt zu haben scheint. Daß er, der Mönch aus Gelöbnis (aber vielleicht nicht unbedingt aus Neigung), aus dem Kloster wieder in die Welt fand, ist die Folge seiner Begegnung mit dem jungen Herzog Wilhelm, dem späteren «Eroberer». Eine lebenslange, wenn auch nicht immer reibungslose Freundschaft verbindet Lanfranco mit dem 20 Jahre jüngeren Wilhelm. Sie lernen einander kennen und schätzen, als der Herzog sich bei der Belagerung von Brionne in der Abtei Bec einquartiert, sie verfeinden sich, als auch Lanfranco die Heirat Wilhelms mit Mathilde von Flandern

aus vorgeblichen Motiven der Blutsverwandtschaft mißbilligt. Doch der Krieger und der Kirchenmann, beides schlaue, umsichtige Politiker, wissen nur zu gut, daß sie einander brauchen. So wird Lanfranco Prior im Bec, wird Botschafter Wilhelms in Rom, wo er die päpstliche Anerkennung der umstrittenen herzoglichen Ehe erreicht, wird erster Abt des Klosters Saint-Etienne in Caen, das Wilhelm auf päpstlichen Wunsch und als Zeichen seiner Buße gründet, wird schließlich 1070 Erzbischof von Canterbury. Papst Alexander II. hatte Stigand, der dieses Amt bis dahin ausgeübt hatte, absetzen lassen. Denn er hatte keinen Zweifel, in Lanfranco einen würdigen Verwalter dieser Diözese zu sehen – schließlich war er, der jetzige Papst, bei Lanfranco, dem jetzigen Erzbischof, Jahre zuvor in der Abtei Bec in die rechte Schule gegangen. Daß Lanfranco selbst vor Urkundenfälschungen nicht zurückschreckte, um den Primat des Erzbistums Canterbury in England zu rechtfertigen, wirft nur einen kleinen Schatten auf diesen geschickten, klugen Rechtsgelehrten des 11. Jahrhunderts.
Längst nicht so dauerhaft wie Ruhm und Nachhall der Abtei Bec-Hellouin als Zentrum eines vitalen Geisteslebens von europäischer Ausstrahlung war das Mauerwerk ihrer Bauten. Die Geschichte der 1077 erstmals geweihten Klosterkirche ist eine einzige Abfolge von Einstürzen, Feuersbrünsten und Zerstörungen, von denen sich die Abtei Jahrhunderte hindurch immer wieder erholt hatte – bis zu Beginn des 19. Jahrhunderts die Kirche und der Kapitelsaal des schon zuvor aufgelösten Klosters bis auf die Grundmauern abgerissen wurden. 150 Jahre lang diente es als Kaserne, als Remontedepot des französischen Heers, als Nervenheilanstalt, bis 1948 wieder die *Benediktinermönche* im weißen Habit der Olivetaner einzogen. Besonders hatte sich für ihre Rückkehr und damit

für einen Neubeginn dieser glorreichen Stätte katholischer Kultur ein radikaler Abgeordneter jüdischer Abstammung eingesetzt: Pierre Mendès-France. Die Mönche leben heute in den eleganten Gebäuden des 17./18. Jahrhunderts, die errichtet worden waren, als die Reformkongregation Saint-Maur dem Kloster einen neuen Aufschwung gegeben hatte. Sie singen und beten in der neuen, mit ihrem schlichten Tonnengewölbe außergewöhnlich stimmungsvollen Abteikirche, die aus dem früheren Refektorium hervorgegangen ist. Sie führen mit geistreichen und vorurteilslosen Erklärungen durch den Klosterkomplex, den die *Tour Saint-Nicolas* aus dem 15. Jahrhundert überragt. Eine Gedenkplatte am Turm erinnert an die engen, vom «Bec» ausgegangenen normannisch-englischen Beziehungen im 11. und 12. Jahrhundert – um die Verwirklichung ökumenischen Geistes bemühen sich die aufgeschlossenen Mönche der Abtei Bec-Hellouin in unserer Zeit.

Corneville: Normandie im Operettentakt

Zum Abschluß dieser Fahrt durch das Eure sei – nach soviel Kunst und Kultur und Geistesgeschichte – noch ein Abstecher an der Risle abwärts erlaubt: vom Bec-Hellouin rund 20 Kilometer weiter dem Meer zu, bis nach **Corneville-sur-Risle**. Das Dorf bietet nichts besonders Sehenswertes, verdient aber doch eine Bemerkung. 1877 wird in Paris die Operette «Les Cloches de Corneville» («Die Glocken von Corneville») uraufgeführt, mit der der normannische Komponist Robert Planquette sich einen Platz in der Geschichte der leichten Muse erwirbt. Das Werk wird ein Riesenerfolg, die Lieder werden regelrechte Gassenhauer, und die Franzosen sehen die Normannen im heiteren Licht der Operette. Um normannische Tradition bemühte Normannen nutzen diese Gelegenheit, um die erlöschende Glut normannischen Selbstbewußtseins anzufachen: Der Marquis Stanislas de La Rochetulon-Grente und der Vicomte Jehan Soudan de Pierrefitte (beide führen ihren Adel auf Wilhelm den Eroberer zurück) veranstalten 1900 in Corneville eine Freilichtaufführung dieser eben in Corneville spielenden Operette. Gleichzeitig weihen sie ein Glockenspiel ein: Jede der zwölf Glocken ist von einem Land gestiftet worden, das den Normannen in der Vergangenheit Heimat oder Eroberungsterritorium gewesen war – von Norwegen und Dänemark bis Sizilien und Kanada. So träumten die Normannen im Operettentakt noch einmal von normannischer Brüderlichkeit und Größe.

STILLE PROVINZ: DAS ORNE

Wiege des Trappistenordens – Heimat der heiligen Therese: Alençon – Im Naturschutzpark Normandie-Maine – Argentan und seine Spitzen – Die Schlösser O und Le Bourg-Saint-Léonard – Das «Versailles der Pferde»: der Haras-du-Pin

Wiege des Trappistenordens

Ein Ereignis aus der jüngsten Geschichte rückt die Normandie noch einmal für kurze Zeit in den Mittelpunkt des Weltgeschehens: die alliierte Invasion vom Juni 1944. Begonnen hatte sie an den normannischen Küsten der Manche und des Calvados. Aber auch im Département Orne, dem südlichsten Teil der Normandie, ist ihr ein aufschlußreiches Museum gewidmet: das *Musée Juin 1944* in **L'Aigle,** wo man auf einer 36 Quadratmeter großen Reliefkarte den Ablauf der Kampfhandlungen verfolgen und sich durch die Stimmen der Protagonisten in die rechte Atmosphäre versetzen lassen kann.
15 Kilometer westlich des Industriestädtchens L'Aigle steht die Ruine der *Abteikirche Saint-Evroult-Notre-Dame-du-Bois.* Der 707 gestorbene heilige Evroult, vor seinem Eremitendasein ein angesehener Magistrat in der Normandie, hatte hier in einsiedlerischer Zurückgezogenheit gelebt. An der Stelle der Eremitage war im 8. Jahrhundert eine Abtei errichtet worden, die im 11. und 12. Jahrhundert Ansehen als kulturelles Zentrum genoß. Prestige bekam sie im frühen 12. Jahrhundert

durch Orderic Vital, einen angelsächsischen Historiker, der hier den größten Teil seines Lebens verbrachte. Er sollte eine Geschichte der Abtei verfassen, weitete sie aber zu einer dreizehnbändigen *Historia ecclesiastica* aus, wobei er besonderen Akzent und Schwerpunkt auf die normannische Geschichte setzte.

Oft sind es einzelne, herausragende Persönlichkeiten, die den Ruf eines Klosters ausmachen. Bei der **Abbaye de la Trappe,** 20 Kilometer südlich von L'Aigle, ist dies zweifellos *Armand-Jean le Bouthillier de Rancé* (1626–1700). Der Maler Hyacinthe Rigaud, der offizielle Porträtist Ludwigs XIV., der mit seinem Werk ein interessantes Zeugnis von der Entourage des Sonnenkönigs ablegt, hat auch ein Bild von Rancé hinterlassen: ein schmales Gesicht mit feinen Gesichtszügen und wachen, kritischen Augen, umrahmt von der hellen Kapuze der Zisterziensermönche. Nach dem Tod seiner Freundin hatte er sich in die seit dem 12. Jahrhundert bestehende Abbaye de la Trappe zurückgezogen, war 1664 zum Abt ernannt worden. Innerhalb von wenigen Jahren macht er seine Abtei zu einem Modell strengen Klosterlebens, und seine Reform wird 1705 gebilligt: In einem abgelegenen Kloster der Normandie wird der Orden der reformierten Zisterzienser geboren, wird nach seinem Geburtsort als Trappistenorden bekannt, der trotz (oder wegen?) seiner rigorosen Gebote rasch in aller Welt Verbreitung findet.

Die Trappistenreform kam auf Initiative eines Mannes zustande, den der Schmerz über den Tod seiner Geliebten ins Kloster gebracht hatte, und die Abbaye de la Trappe war aus Schmerz über den Tod einer Frau gegründet worden: Am 25. November 1120 kamen bei einem Schiffsunglück vor Barfleur an der Halbinsel Cotentin (dort ist noch ausführlicher die Rede davon) die Kinder von König Heinrich I. Beauclerc und ihr gesamtes Gefolge ums Leben – darunter auch die Frau des Grafen Rotrou III. du Perche. Auf seinen Besitzungen in der Fôret du Perche, an einem «Trappe» genannten Ort, ließ der Witwer 1122 eine der Gottesmutter geweihte Kirche errichten: das Dach in der Form eines umgekehrten Schiffskiels, das Innere in der Form eines Schiffsschnabels – zur Erinnerung an die tragisch versunkene «Blanche-Nef».

Von dieser ersten Klosteranlage hat sich außer einem Steinbau des 13. Jahrhunderts an der Südseite nichts erhalten. Die heutige Abtei ist Ende des vorigen Jahrhunderts im damals beliebten neugotischen Stil gebaut worden, daher von nur geringem architektonischem Interesse und im übrigen auch nicht zu besichtigen – eine Enttäuschung für den Besucher, der gerade hier einen Schlüssellochblick in das verborgene, verschwiegene Leben der Trappisten erhofft hatte.

Nur wenige Kilometer weiter gegen Süden, und man ist im Städtchen **Mortagne-au-Perche** und damit im Mittelpunkt der grünen, sanft gewellten Landschaft des Perche: in der Heimat des *Percheron*. In jüngster Zeit ist dieses massige, muskulöse Pferd, das jahrhundertelang Pflüge, Postkutschen und sogar die ersten Omnibusse gezogen hat, von Traktor und Lastwagen verdrängt worden, ist aber immer noch eine der Attraktionen bei den Schauveranstaltungen der im Département Orne besonders zahlreichen Gestüte.

In Mortagne selbst kann man sich im *Musée Alain,* im ehemaligen Palais der Grafen des Perche, über Leben und Werk des Schriftstellers und Philosophen *Emile-Auguste Chartier* (1868–1951) informieren lassen, der in der Stadt geboren und unter dem Pseudonym *Alain* bekannt wurde.

Der Rang der Hauptstadt des Perche wurde Mortagne eine Zeitlang von **Bellême** streitig gemacht, diesem reizvoll gelegenen Städtchen, in dessen Altstadthäusern die Reste einer mittelalterlichen Festung verbaut sind. Sie war von den Grafen von Bellême errichtet worden, die wegen ganz besonderer Verdienste zu ihrem Adelstitel gekommen waren. Ihr Ahnherr war Yves de Creil, der im 10. Jahrhundert als Ingenieur Kriegsmaschinen herstellte, den normannischen Herzögen daher zur Verteidigung ihres eben gewonnenen Landes sehr gelegen kam. Und bis ins 12. Jahrhundert leisteten die Grafen von Bellême ihren Landesherren treue Dienste als Festungsbaumeister.

Heimat der heiligen Therese: Alençon

Mit den Grafen von Bellême kommen wir nach **Alençon,** wo diese Adelsfamilie seit dem 11. Jahrhundert eine Festung besaß. Die heutige Hauptstadt des Orne scheint aus einer bronzezeitlichen Siedlung an der «Zinnstraße» hervorgegangen zu sein, auf der sich schon im 2. Jahrtausend vor Christus ein lebhafter Warenverkehr zwischen England und Spanien abgewickelt hatte. Die Gallier gründeten und befestigten eine regelrechte Stadt, und von den Anfängen des normannischen Herzogtums an stellte sie eine wichtige Grenzfeste gegen das französische Königreich dar. Als Alençon 1040 vom Grafen von Anjou erobert worden war, beeilte sich der Normannenherzog Wilhelm, diesen strategisch bedeutsamen Ort so rasch wie möglich wieder in seine Gewalt zu bringen. Er war damals noch der umstrittene, knapp zwanzigjährige «Guillaume le Bâtard» und noch nicht der selbstsichere, unumstritten herr-

356/357 Gehöfte bei Bellême, in der südöstlichen Normandie

schende «Guillaume le Conquérant». So wagten es die Verteidiger der Stadt noch, ihn wegen seiner unehelichen Geburt zu verspotten: «A la pel! A la pel!» höhnten sie beim Anblick Wilhelms, der Sohn zwar eines normannischen Herzogs, aber auch einer einfachen Gerberstocher war – was Wilhelm zu einem so heftigen, erfolgreichen Angriff und zu so grausamen Vergeltungsmaßnahmen an seinen Verspottern veranlaßte, daß jeder Widerstand augenblicklich gebrochen war.
Doch nicht Eroberungen und Gewalttaten, sondern einem sehr zarten, weiblichen Handwerk verdankt Alençon seinen Ruf. Seit dem 17. Jahrhundert ist es für seine *Spitzen* berühmt. Es war in der verschwenderischen Spitzen-Rüschen-Perükken-Zeit des Sonnenkönigs, als Jean-Baptiste Colbert sich begeistert über venezianische Spitzen ausließ: «... Blätter breiten sich aus und verflechten sich auf das Anmutigste miteinander, um sich dann zu reliefgestickten Blumen zu entfalten.» Aber Colbert war eigentlich kein schwärmerischer, wirklichkeitsferner Ästhet, sondern vor allem ein realistischer, auf die Gesundung und Sicherung der Staatsfinanzen bedachter Minister. Als er angesichts der Unsummen, die der Adel für duftige Spitzen ausgab, negative Folgen für die französische Außenhandelsbilanz befürchtete, verbot er die Einfuhr. Als das nichts fruchtete, da sich keine Dame mehr ohne diese hauchfeinen Gebilde am Hof zeigen wollte, gründete er in Alençon mit zwanzig zugewanderten Venezianerinnen eine staatliche Spitzenmanufaktur. Namhafte Künstler wurden – da venezianische Vorlagen nicht platt imitiert werden sollten – mit dem Entwurf von Spitzenmustern beauftragt, und mit dem Point d'Alençon, dem Point d'Argentan, dem Point Colbert und dem Point de France hatte Alençon einen solchen Erfolg, daß zu Beginn des 19. Jahrhunderts 3000 Arbeiterinnen mit der Spitzenherstellung beschäftigt waren. Im *Musée*

de Peinture und im *Musée de la Dentelle* kann man sich eingehend über Techniken, Muster und Geschichte dieser Handarbeiten informieren.

«Es ist dieser niederträchtige Point d'Alençon, der mir das Leben schwer macht», beklagt sich um 1860 *Zélie Martin* aus Alençon in einem Brief an ihren Bruder. «Ich habe wirklich Mühe mit diesem verwünschten Point d'Alençon, der all meinen Leiden die Krone aufsetzt», schreibt sie ein anderes Mal. Mit 20 Jahren war sie in die Spitzenschule in Alençon eingetreten, mit 22 Jahren hatte sie sich selbständig gemacht, und neben Haushalt und Familie mußte sie sich auch noch um ihre «Fabrique de Point d'Alençon Louis Martin» kümmern. Am 2. Januar 1873 bringt sie – als neuntes, jüngstes Kind – Thérèse Martin zur Welt, die spätere «Sœur Thérèse de l'Enfant-Jesus»: die heilige **Therese von Lisieux**. Thereses Mutter bedauerte bis zu ihrem Tod, nicht Nonne geworden zu sein. Thereses Eltern hatten beschlossen, auch nach der Heirat keine sexuellen Beziehungen zu haben (wurden dann allerdings von ihren Beichtvätern umgestimmt), vier der fünf überlebenden Martin-Schwestern traten ins Karmeliterinnenkloster ein. Therese lernt mit zwei Jahren beten, weint untröstlich, wenn sie nicht zum sonntäglichen Kirchgang mitgenommen wird, kann mit drei Jahren lesen, läßt sich mit vier Jahren nicht mehr von ihrem Rosenkranz trennen und tritt durch rigorose Tugendübungen hervor. Von der Kindheit an sind schon Zeichen gesetzt, die aus dem frühreifen, übersensiblen, äußerst ehrgeizigen Mädchen eine die Liebe predigende und praktizierende Heilige machen. «Ich bedaure nicht, mich der Liebe hingegeben zu haben. Oh nein, ich bedaure es nicht – im Gegenteil.» Das ist einer der letzten Sätze, den die 24jährige wenige Stunden vor ihrem Tod am 30. September 1897 ausspricht.

Der große, offizielle Kult um die heilige Therese vom Jesuskind spielt sich heute in Lisieux ab. In Alençon erinnert kaum mehr als ihr Geburtshaus in der Rue Saint-Blaise an die «kleine Therese» – wie sie zur Unterscheidung von der «großen» heiligen Therese von Avila genannt wird.
Getauft wurde Therese in der *Kirche Notre-Dame,* einem schönen Flamboyant-Bau aus dem 14. bis 16. Jahrhundert, der in das lebendige Treiben in der Altstadt von Alençon wie selbstverständlich mit einbezogen wird. Am Vormittag bildet er die Kulisse des Obst- und Gemüsemarkts, am Nachmittag gibt sich die Jugend vor seinem dreibogigen spätgotischen Hauptportal unbefangene Rendezvous.

Im Naturschutzpark Normandie-Maine

Alençon, in den letzten 30 Jahren von 17 000 auf 40 000 Einwohner gewachsen, hätte mit seinen Industriebetrieben Schwierigkeit, sich einem Naturpark einzufügen. Das war wohl der Grund, warum die Stadt aus dem **Parc Naturel Régional Normandie-Maine** ausgeklammert worden ist. Denn sicher war es schon schwierig genug, 151 Gemeinden aus vier Départements (Orne, Manche, Mayenne und Sarthe) in Einklang zu bringen und zu einem 234 000 Hektar großen Naturpark zusammenzuschließen, der zahllose Möglichkeiten zum Wandern, Klettern, Reiten, Segeln, Kanufahren und ganz einfach zum Erholen in abwechslungsreicher Landschaft bietet. Die Parkverwaltung (Maison du Parc) hat ihren Sitz in einem ehemaligen Pfarrhaus von Carrouges, nicht weit vom *Château*

Markt vor der Kirche Notre-Dame in Alençon

Carrouges, einem granitgerahmten, von Wassergräben umgebenen Ziegelbau des 16./17. Jahrhunderts, dessen weiter Park von eleganten Steinbalustraden eingefaßt ist.
Das stille, heitere, einst kloster- und kirchenreiche Städtchen *Sées* mit seiner festlich anmutenden gotischen Kathedrale aus dem 13. und 14. Jahrhundert gehört ebenso zum Gebiet des Normandie-Maine-Parks wie der malerische, winzige Weiler *Saint-Céneri-le-Gérei* mit seiner schlichten romanischen Kirche aus dem 11. Jahrhundert. Im Park liegt das Kurbad *Bagnoles-de-l'Orne,* dessen gepflegte Parkanlagen nicht den Schauplatz eines politischen Attentats vermuten ließen: Am 9. Juni 1937 wurden in Bagnoles – von der französischen Terroristenorganisation der *Cagoulards,* aber angestiftet von der faschistischen Mussolini-Regierung in Italien – die Brüder *Carlo* und *Nello Rosselli* ermordet, zwei italienische, sozialistisch orientierte Historiker und Politiker. Im Parkgebiet liegt auch das Städtchen **Domfront.** Von den Ruinen einer Festung des 11. Jahrhunderts aus sieht man unten im Tal die mit ihrem kräftigen Vierungsturm typisch normannisch-romanische *Kirche Notre-Dame-sur-l'Eau.* Trotz der Einwände von Prosper Mérimée, der damals französischer Denkmalpfleger war, wurde sie 1836 um vier Joche gekürzt, um Platz für eine neue Straße zu schaffen. Das so verstümmelte, schmucklose Innere ist darum nicht weniger eindrucksvoll mit seinen unverputzten Granitwänden, den harmonischen Rundbögen, den originellen Säulenkapitellen, den Nischenfresken aus dem 12. Jahrhundert und den volkstümlichen, farbigen Holzstatuen. Dank jüngster Restaurierungsarbeiten ist die Kirche wieder ein sehenswertes Beispiel der normannischen Romanik.
Burgen und Schlösser, alte Kirchen und Abteien, charakteristische Marktflecken: das alles kann man bei einer Fahrt durch diesen Naturpark am Südrand der Normandie entdek-

ken. Wer allerdings auf der Suche nach dem verbreiteten Klischeebild der Normandie ist (= vor Fachwerkhäusern blühende Apfelbäume und weidende Kühe), wird enttäuscht. Denn an die Stelle der malerischen und fotogenen Fachwerkhäuser in ihrer gestreiften Hell-Dunkel-Eleganz treten Bauten aus Stein. Vom jüngeren, bis 200 Millionen Jahre alten Sedimentärplateau der Kreidezeit, das die Landschaft der östlichen Normandie prägt, kommt man hier auf die Ausläufer des bis zu 600 Millionen Jahre alten Armorikanischen Massivs. Der graue Granit dieses Berglands liefert das logische, da an Ort und Stelle vorhandene Baumaterial für eine herbere Architektur, in den Städten wie auf dem Lande. Die Bretagne beginnt sich allmählich anzudeuten – auch in den Megalithbauten der Dolmen und Menhire, wie man einige im Normandie-Maine-Park findet.

Argentan und seine Spitzen

Schon außerhalb des Parkgebiets liegt **Argentan,** das zwar nicht einmal halb so groß ist wie die Orne-Hauptstadt Alençon, ihr aber die Bedeutung als Verkehrsknotenpunkt streitig machen möchte. Auch auf einem anderen Gebiet wetteifern Argentan und Alençon ernsthaft miteinander: Sie möchten sich in der Schönheit gestickter *Spitzen* übertreffen, möchten den etwas offeneren, lockereren Point d'Argentan über den feineren, dichteren Point d'Alençon setzen (und umgekehrt). Vor 100 Jahren ist die einst blühende, dann verkümmerte Spitzenherstellung in Argentan wiederaufgenommen worden – von den Benediktinernonnen, denen man bis heute im neu gebauten *Kloster Notre-Dame* bei der Arbeit zusehen kann. Vom kunstgeschichtlichen Standpunkt her sehenswerter sind

die *Kirche Saint-Martin* und besonders die zentral gelegene *Kirche Saint-Germain:* In beiden werden Bauelemente der Renaissance von einer spätgotischen Struktur getragen.

Die Schlösser O und Le Bourg-Saint-Léonard

15 Kilometer südöstlich von Argentan liegt das **Château d'O.** Man wäre kaum verwundert, auf einmal Feen und Märchenprinzen aus dem Eingangstor treten zu sehen – so verzaubert und verwunschen wirkt das ganz von Wassergräben und Teichen umgebene Schloß mit seinen Türmen und Türmchen und Spitzdächern, mit spätgotisch verzierten Erkern und Dachlukarnen und reizvoll unregelmäßigen Stein-Ziegel-Ornamenten an den Außenwänden. Der ganze, aus drei Flügeln bestehende Baukomplex sieht spielerisch zusammengesetzt und wie improvisiert aus – und durch allzu großzügige Improvisationen hatte sich François d'O, der letzte der Grafen d'O, der jahrelang in der Gunst von zwei französischen Königen gestanden hatte, im 16. Jahrhundert an den Rand des Ruins gebracht.

Man kann sich kaum zwei unterschiedlichere Schlösser vorstellen als Château d'O, das von jeder Seite her neue, unerwartete Ansichten bietet und sich keinem klaren Bauschema unterwirft – und das nördlicher gelegene **Château Le Bourg-Saint-Léonard,** das ganz in der Tradition des französischen Schloßbaus mit ihren klassischen, fixierten Formenkanons steht. Das zusammengedrängte Château d'O läßt sich von al-

364 Die Benediktinernonnen im Kloster von Argentan fertigen bis heute Spitzen an

len Seiten fotografieren, reizt mit seiner unsymmetrischen, unruhigen Form zu immer neuen Fotos – das Château Le Bourg-Saint-Léonard dagegen kann man eigentlich nur aus einem einzigen Blickwinkel ganz in seiner linearen Schönheit genießen: von der Eingangsallee her durch das elegante Parkgittertor, das in seiner Symmetrie die Symmetrie des zweigeschossigen Wohnbaus noch unterstreicht. In der unterschiedlichen Architektur spiegeln sich unterschiedliche Lebenshaltungen wider: Auf Château d'O hatte Graf François, Abkömmling einer alten, traditionsreichen Adelsfamilie, seinen Reichtum in Luxus verschwendet – mit Château Le Bourg-Saint-Léonard wollte ein Generalintendant Ludwigs XV. im 18. Jahrhundert beweisen, daß er zu Reichtum und Ansehen gekommen war.

Das «Versailles der Pferde»: der Haras-du-Pin

Versailles und seine Erbauer und Verschönerer, der Baumeister Jules Hardouin-Mansart und der Gartenarchitekt André Le Nôtre, waren den französischen Musterschloßbauten unumgängliches Vorbild, und ihre Namen klingen auch in der Baugeschichte des **Haras-du-Pin** an, des «Kieferngestüts» östlich von Argentan. Der Sonnenkönigsminister Jean-Baptiste Colbert, von dem es heißt, daß er nichts dem Zufall überlassen habe, hatte auch hier mit klugem Weitblick richtig geplant. 1665 ließ er einige reinrassige Hengste gewissermaßen in den Adel erheben: Sie wurden zu «königlichen Hengsten», gehegt und gepflegt in einem neu gegründeten staatlich-

367   Wie einem Märchenbuch entstiegen: das Château d'O

königlichen Gestüt, das 1730 an seinen heutigen Standort verlegt wurde. Das «Versailles des chevaux», wie der Haras-du-Pin sich heute noch selbstbewußt nennt, war geboren, und bis heute ist es eines der bedeutendsten staatlichen Gestüte Frankreichs geblieben. Die Reitveranstaltungen im Juli und September finden reichlich Zulauf von einem begeisterten, sachkundigen Publikum. Aber besser als bei diesen organisierten, perfekt ablaufenden Paradeschauen läßt sich die Atmosphäre des Gestüts unter der Woche erfassen, wenn die Hengste – vom leichten, nervösen Arabertraber bis zum massigen Percheron-Zugpferd – ihrer täglichen Arbeit nachgehen. Sie werden zum Ausritt ausgeführt, werden aber auch vor Stroh- und Futterkarren gespannt, und die Kutscher, ganz von ihrer Aufgabe erfüllt, wirken wie stolze, selbstbewußte Junker, die einer Maupassant-Novelle entstiegen sein könnten. Der schloßartige Bau im Hintergrund, die eleganten Seitenflügel mit Ställen und Wirtschaftsgebäuden, das sehr nobel sich gebende Milieu – das alles hinterläßt im Besucher ein Bild lebendigen normannischen Traditionsbewußtseins, das er nicht so bald vergißt.

Bewußte Pflege einer normannischen Tradition auch in *Vimoutiers,* einem Städtchen im nördlichsten Zipfel des Orne. Vor dem Rathaus steht seit 1956 das Denkmal für Marie Harel, die «Erfinderin» des Camembert. Denn nahe bei Vimoutiers liegt das Dorf *Camembert,* wo Marie Harel zu Beginn des 19. Jahrhunderts auf der Ferme du Beaumoncel gelebt und Käse hergestellt hatte – darunter eben die berühmteste unter den berühmten französischen Käsesorten: den weichen, runden Camembert mit seiner Schimmelkruste. Während andere die Bastille eroberten, habe Marie Harel – so erzählt man gern in ihrer Heimat – auf ihre Art eine Revolution bewirkt: eine Revolution mit fetter normannischer Milch.

INBEGRIFF DER NORMANDIE: DAS CALVADOS

*Fernand Léger in Lisores – Normannische Gastronomie –
Saint-Pierre-sur-Dives und Crèvecœur-en-Auge –
Normannischer Manoir: Coupesarte – Lisieux: der große Kult
um die kleine Therese – André Gide, Schriftsteller und
Dorfbürgermeister – Baudelaires «liebster Traum»: Honfleur –
Nostalgie und mondäne Gesellschaft: Deauville und Trouville –
Wie ein Phönix aus der Asche: Caen – Burg und Museen – Die
Männer- und die Frauenabtei – Gang durch die Stadt – Der
Geburtsort des «Eroberers»: Falaise – Fahrt durch die Suisse
Normande – 6. Juni 1944: der längste Tag – Der Bildteppich
von Bayeux – Die Kathedrale von Bayeux – Wieder an der
Kanalküste – Museen in Balleroy, Littry und Cérisy-la-Forêt –
Berühmt für seine Butter: Isigny*

Fernand Léger in Lisores

Wenn man das *Musée Fernand Léger* in **Lisores** besucht, fällt als erstes ein riesiges Mosaik an der Wand des Bauernhauses auf, das nach dem Tod des Künstlers zu einem Museum umgestaltet worden ist: «La laitière et la vache» («Das Milchmädchen und die Kuh»), in den starken Konturen und den kräftigen Farben, die das Werk dieses normannischen Malers (1881–1955) so unverkennbar machen. Den Entwurf zu dem Mosaik soll Léger bei einer Wette skizziert haben. Freunde hatten einmal gespottet, daß er, der in seinen Bildern die Me-

chanik und die Technik verherrlichte, nicht imstande sei, eine Kuh zu malen. So zeichnete er, der normannische Bauernsohn aus Argentan, die schöne, dicke, ein wenig spöttisch dreinblickende Kuh, die uns in Lisores begrüßt.

Das Léger-Museum in Lisores, in dem hauptsächlich Zeichnungen und Gouachen, aber auch Glasfenster, Mosaiken, Bronzeplastiken und Teppiche ausgestellt sind, liegt im südöstlichen Calvados, in der allerlieblichsten, grünen Hügellandschaft des *Pays d'Auge*. Das Pays d'Auge, auch geographisch im Herzen der Normandie gelegen, gilt als Konzentrat normannischer Merkmale und Besonderheiten. Und die zufriedene Léger-Kuh ist willkommene Überleitung zu den landwirtschaftlichen Produkten, für die die Normandie mit Recht so berühmt ist: für ihre Käsesorten, ihren Apfelwein Cidre und ihren Apfelbranntwein Calvados.

Normannische Gastronomie

Eine Wissenschaft für sich ist das Herstellen, Beurteilen und Auftischen des **Camemberts,** dessen Schöpferin Marie Harel wir im Orne, nahe der Grenze zum Calvados, begegnet sind. Dieser Weichkäse wird heute in ganz Frankreich und auch im Ausland hergestellt. Aber das rote Etikett des «Erzeugerverbands des echten Camemberts aus der Normandie» darf er nur tragen, wenn er aus dem Gebiet des früheren Herzogtums Normandie stammt: Mindestens 90 Prozent der Milch müssen normannischer Herkunft sein. Die feine Kruste muß von

370 Das Musée Fernand Léger in Lisores mit einem Mosaik des 1955 verstorbenen Malers

einer dünnen, weißen Schimmelschicht mit rötlichen Pünktchen überzogen sein, und auf der leicht runzligen Ober- wie Unterseite sollte man noch die Abdrücke des Trockensiebs erkennen, auf dem der Käse während des Reifeprozesses lagerte. Der Camembert muß «durch» sein, darf keinen festen Kern mehr haben, und eine Stunde vor dem Servieren soll er aus dem Kühlschrank genommen und ausgepackt werden. Soviel Aufmerksamkeit verlangt (und verdient) ein guter normannischer Camembert.

Ein echter Normanne ist auch der *Pont-l'Evêque,* der – nach einem Städtchen des Pays d'Auge benannt – nur aus Milch gewonnen werden darf, die aus den fünf normannischen Départements oder der angrenzenden Mayenne kommt. Noch viel begrenzter ist das Herstellungsgebiet des *Livarot,* der seinen Namen nach einem Marktflecken des Pays d'Auge hat. Er wird nur im Calvados erzeugt, und er gehört zu den wenigen französischen Käsesorten, die eine Ursprungsbezeichnung tragen. Am besten schmeckt er zu trockenem **Cidre** – wobei wir schon beim normannischen «boisson» schlechthin wären, bei *dem* Getränk der Normandie.

Äpfel werden in der Normandie seit dem 12. Jahrhundert angebaut, ihre Erfolgszeit beginnt im 14. Jahrhundert, und im Laufe der Zeit finden sie hier eine derartige Verbreitung, daß eifrige Inventarisierer normannischer Agrarprodukte im vorigen Jahrhundert nicht weniger als 750 Apfelsorten namentlich anführen. Wahrscheinlich wurde aus diesen Äpfeln auch schon von Anfang an Cidre gewonnen. Aber mit dem heutigen, als gesund, vitaminreich und alkoholarm deklarierten Getränk, dem Einheimische wie Besucher gern zusprechen, dürfte der damalige Cidre nur wenig gemein gehabt haben. Er wurde von Heiligen zur Buße getrunken, mag demnach recht sauer gewesen sein. Mit der Zeit wurde das wohlschmeckende, erfrischende normannische Nationalgetränk daraus, das heute in Fremdenverkehrsgebieten auf bald jedem Bauernhof offeriert wird. Aber bevor man sich an diese Angebote vom «Cidre à la ferme» traut, sollte man zwischen *Cidre doux, Cidre brut, Cidre sec* und dem renommierten *Cidre bouché,* der in verkorkten Champenoise-Flaschen verkauft wird, unterscheiden lernen. Und eins ist zu bedenken: Cidre muß jung getrunken werden, spätestens ein Jahr nach seiner Herstellung – ganz im Gegensatz zum **Calvados,** der mit jedem Jahr an Wert und Geschmack gewinnt. Zwei Jahre mindestens muß dieser Apfelbranntwein vor der Abfüllung in Eichenfässern lagern, darf dann sein Etikett – sofern das Alter überhaupt angegeben ist – mit drei Sternen oder drei Äpfeln zieren. Die Attribute «vieux» oder «réserve» stehen für drei Jahre Lagerung. «V.O.» oder «vieille réserve» für vier Jahre, «V.S.O.P.» für fünf Jahre, «extra», «Napoléon», «hors d'âge» oder «âge inconnu» für mehr als fünf Jahre. Den Angaben auf dem Etikett ist noch mehr zu entnehmen: ob es sich um einen gewöhnlichen Calvados handelt («eau-de-vie de cidre de Normandie»), um Calvados mit Ursprungsbezeichnung («appellation d'origine») oder gar um einen «Calvados du Pays d'Auge» mit kontrollierter Ursprungsbezeichnung, der die Krönung aller Calvados darstellt.

Es ist übrigens normannischer Brauch, sich bei üppigen Mahlzeiten durch ein zwischendurch gekipptes Gläschen Branntwein im Magen neuen Platz zu schaffen. «On fait un trou», sagen die Tischgenossen: «Man macht ein Loch.» Von dieser Sitte wußte auch der Normanne Maupassant, der in seiner «Farce normande» eine echt normannische, laute, fröhliche Hochzeitsfeier beschreibt: «Zwischen jedem Gang machte man ein Loch, ein normannisches Loch, mit einem «Glas Branntwein, der Feuer in die Körper und Übermut in die Köpfe jagte.» Und selbst bei der Astérix-Lektüre geht einem viel Ironie verloren, wenn man die Anspielungen auf die «beaux trous normands», die die in Gallien gelandeten Normannen am Strand machen wollen, nicht im rechten Sinn versteht.

Saint-Pierre-sur-Dives und Crèvecœur-en-Auge

In **Saint-Pierre-sur-Dives,** einem Marktflecken im westlichen Pays d'Auge, werden noch heute die Spanschachteln für den größten Teil der normannischen Weichkäse hergestellt. Sehenswert ist in Saint-Pierre-sur-Dives die alte gotische *Abteikirche,* die im 11. Jahrhundert gegründet und nach einem Brand vom 12. bis zum 15. Jahrhundert wiederaufgebaut wurde – in der inzwischen schon zum gültigen Kanon gewordenen Struktur der normannischen Kirchenbauten, zu der die beiden Fassadentürme ebenso gehören wie der Vierungsturm und der von Kapellen umgebene Chorumgang. Ein Wunderwerk des Zimmerhandwerks ist die *Markthalle* im Ort. Der Bau aus dem 11./12. Jahrhundert, der während des Zweiten Weltkriegs zerstört worden war, ist originalgetreu wiederaufgebaut worden. Das offene Holzgerüst im Inneren, das durch fast 300 000 Holzstifte zusammengehalten wird, ist ein eindrucksvolles Beispiel für die reizvolle Schönheit des Bauens in Holz.

Ähnlich schöne Holzstrukturen findet man 15 Kilometer weiter nördlich, in **Crèvecœur-en-Auge:** in den vorbildlich restaurierten Bauten des *Musée Schlumberger.* Die im Elsaß geborenen, aber in Paris aufgewachsenen Brüder Conrad (1878–1936) und Marcel Schlumberger (1884–1953), zwei Pioniere der elektrischen Erforschung des Erdinneren und der Erdölbohrung, hatten ihre ersten Experimente im Pays d'Auge vorgenommen, und hier gründeten ihre Nachkommen ein wissenschaftlich aufschlußreiches Museum. Im ersten Augenblick wird man stutzig beim Anblick der elektronischen Meßgeräte und Pumpen und Versuchslabors in diesen sauber herausgeschälten Fachwerkbauten. Doch dann auf einmal ist der Kontrast zwischen traditioneller Adelsarchitektur und modernster Technik wie aufgehoben: Das vor 700 Jahren entworfene Holzgerippe der Kapelle, das ganz in Holz ausgeführte Innere des originellen Taubenturms aus dem 15. Jahrhundert verbinden Zweckmäßigkeit und Schönheit so gut miteinander, daß sie als Vorbild für modernes Design dienen könnten. Jahrhundertealte *manoirs* sind nicht unbedingt Ausdruck einer veralteten, auf die Vergangenheit ausgerichteten Mentalität.

Normannischer Manoir: Coupesarte

Vom schlichten, aber immer nobel angehauchten Gutshof bis zum eleganten, etwas rustikalen Schloß reichen die Spielarten dieser normannischen *manoirs,* und das Pays d'Auge ist von solchen anmutig-anheimelnden bis distinguiert-distanzierenden Bauten geradezu übersät. Als Musterbeispiel eines solchen Herrenhauses gilt der **Manoir de Coupesarte** im Pays d'Auge. Von Saint-Pierre-sur-Dives, von Crèvecœur-en-Auge, von Lisieux her erreicht man ihn auf einer dieser schmalen, verwirrend sich schneidenden Landstraßen, auf denen man sich leicht verfahren kann, auf denen sich aber auch der ländliche Charme der Normandie so recht erleben läßt.
Man hält den Normannen oft ihr Übermaß an Rationalität und realistischem Sinn vor, vergißt dabei aber offensichtlich

Der romantisch gelegene Manoir de Coupesarte im Pays d'Auge

ihre zweite, romantisch-schwärmerische Seele, die man vor Bauten wie dem Manoir de Coupesarte erahnen kann. Wie verwunschen scheint der 400 Jahre alte Fachwerkbau über den Wassergräben zu schweben, die ihn auf allen Seiten umgeben. Man fühlt sich unvermittelt in eine Welt der Träume versetzt, und wenn man sich in diese magische Kindheitsatmosphäre nur etwas hineinsteigert, möchte man in den gakkernden, quakenden und grunzenden Haustieren, die rundum frei herumlaufen, einen kurzen Augenblick lang verzauberte Märchenprinzen sehen.

Bäuerlich-bodenständige Elemente, zugleich aber auch die prätentiöse Nachahmung «großer» französischer Schloßbauten machen aus zwei weiteren Herrensitzen im Umkreis des Manoir de Coupesarte eigenartige Mischbauten: Aus *Grandchamp* und *Saint-Germain-de-Livet*. Man weiß nicht recht, ob man sie mit ihren Fachwerkgebäudeteilen als *manoir* oder mit ihren Steinbauten als *château* bezeichnen soll, wie man sich auch nur schwer entscheiden kann, welchem von beiden man den Vorzug geben möchte: Saint-Germain-de-Livet mit seinem Fachwerkbau aus dem 15. und dem Steintrakt aus dem 16. Jahrhundert, der mit zartrosa und sanftgrün glasierten Ziegeln im effektvollen Schachbrettmuster verziert ist – oder Grandchamp mit seinem vierstöckigen Fachwerkbau, den auffallend hohen Spitzdächern, dem hellen, sehr noblen Barocktrakt und den wappenschildhaltenden Löwen über dem Eingangstor. Schön und von ungekünstelter normannischer Spontaneität, bei der das harmonische Ebenmaß immer wieder von Spitzen und Kanten zersetzt und unterbrochen wird, sind sie beide, und beide liegen schön in die Landschaft eingebettet.

Ein angenehm zu durchschlenderndes Städtchen des Pays d'Auge ist **Orbec**. Bei Prozessionen und Veteranenfeiern hat man das Gefühl, daß hier jeder seinen festen, sicheren Platz in der Gemeinschaft kennt, daß die menschlichen Beziehungen noch intakt sind. An der Rue Grande, die sich ganz durch den Ort zieht, stehen alte Fachwerkhäuser, darunter der *Vieux Manoir* von 1568 als einer der schönsten Fachwerkbauten der normannischen Renaissance. Die Stadtverwaltung war gut beraten, als sie dieses Gebäude mit seinen kunstvoll-eleganten Schnitzereien und den Ziegeldekorationen gerade noch rechtzeitig vor dem Verfall bewahrt und zum Sitz eines neuen *Musée municipal* bestimmt hat.

Lisieux: der große Kult um die kleine Therese

Hauptstadt des vielgerühmten Pays d'Auge ist **Lisieux**. Wer hier allerdings eine Quintessenz all der Elemente und Merkmale erwartet, die das Pays d'Auge so sehenswert, fotogen und damit leicht zu propagieren machen, wird enttäuscht. Im Zweiten Weltkrieg ist Lisieux bei verheerenden Bombardements um den größten Teil seiner alten Fachwerkbauten gekommen, und heute zählt in dieser 25000-Einwohner-Stadt – außer der *Kathedrale Saint-Pierre* aus dem 12. bis 15. Jahrhundert mit ihren interessanten Neben- und Seitenportalen – eigentlich nur der große Kult um die «kleine» *Sainte-Thérèse.*

Nach dem Tod ihrer Mutter war die vierjährige Thérèse Martin mit ihrer Familie aus der Geburtsstadt Alençon nach Lisieux gezogen, wo sie mit 15 Jahren in den Karmeliterinnenorden eintrat – nach Ansicht des Klostergeistlichen zu früh: «Als Vertreter des Bischofs», so führte er Therese in die Gemeinschaft ein, «präsentiere ich Euch dieses 15jährige Kind, dessen Eintritt ins Kloster Ihr gewollt habt. Ich hoffe, daß sie Eure Erwartungen nicht enttäuscht; sollte dies dennoch der Fall sein, dann tragt Ihr allein die Verantwortung dafür.»

Leicht wird ihr das Klosterleben von Anfang an nicht gemacht. Die Priorin behandelt sie außergewöhnlich streng: «Sie ist weitaus hochmütiger, als Sie glauben, und sie muß ständig gedemütigt werden», sagt sie von Therese, die sich im übrigen nie Illusionen über ihr Leben in der winzigen Klosterzelle hingegeben hatte. Als «prisionnière du Carmel», als «Gefangene des Karmel», wie sie selbst trocken kommentiert,

379 Das Hauptportal der modernen Basilika der heiligen Therese in Lisieux

überwindet sie alle Schwierigkeiten und Hindernisse, alle Prüfungen und Anfechtungen mit der großen Gabe ihrer Liebe. An einem regnerischen Herbstabend im September 1897 stirbt die junge Sœur Thérèse de l'Enfant-Jesus an zu spät erkannter und unsachgemäß behandelter Tuberkulose. Obwohl dieses Mädchen mit den wachen, aufmerksamen Augen und dem sanften, traurigen Lächeln zu Lebzeiten keine Wunder gewirkt, keine Visionen und keine Ekstasen gekannt hatte, setzte im Volk bald ein glühender Kult ein. Dadurch sah sich die katholische Kirchenhierarchie gezwungen, den Heiligsprechungsprozeß einzuleiten – schon zwölf Jahre nach dem Tod Thereses, als ihre drei älteren Schwestern Marie, Pauline und Céline noch als Nonnen im Karmeliterinnenkloster in Lisieux lebten. Und die Kirche machte ein weiteres Zugeständnis: Sie wartete nicht die mindestens 50 Jahre ab, die zwischen dem Tod eines «im Geruch der Heiligkeit» gestorbenen Menschen und seiner Kanonisierung vergehen müßten. Am 27. Mai 1925 wurde die kleine Karmeliterin heiliggesprochen.

All dies und noch viel mehr Details bekommt man in Lisieux an den Stätten der Therese-Verehrung erzählt, ausgemalt und in Filmen, «Son-et-lumière»-Vorführungen, Wachsfigurenausstellungen und Diorama-Schauen gezeigt: im Haus «Les Buissonets», wo Therese ihre Kindheit und Jugend verbrachte, im Karmeliterinnenkloster, und dann vor allem in der *Basilika*.

Drei Generationen der Architektenfamilie Cordonnier haben ab 1929 an dieser kuppelgekrönten, riesenhaft auf einem Hügel thronenden Kirche im diskutablen neubyzantinischen Stil gearbeitet. 1954 konnte sie eingeweiht werden – mit einer dreischiffigen unterirdischen Krypta, die allein 4000 Menschen fassen kann. Der Pilgerzustrom ist gewaltig und ununterbrochen, ganz Lisieux steht im Zeichen seiner Heiligen. Sicher hätte die junge Therese, die zeitlebens sehr ehrgeizig war und immer die Erste hatte sein wollen, ihre Freude an so viel Aufheben um sie gehabt – und mit der ihr eigenen, heiteren Ironie, die sie trotz schwerster Krankheit nie verlor, hätte sie die Exzesse verurteilt, die in Lisieux teilweise um ihre Existenz getrieben werden.

André Gide, Schriftsteller und Dorfbürgermeister

Literarische Reminiszenzen an André Gide (1869–1951) erweckt das Gebiet um Lisieux. Auf dem Schloß von *La-Roque-Baignard* verbrachte er von Kindheit an den größten Teil seiner Ferien; hier war er, der damals junge, aber schon vielversprechende Schriftsteller, von 1896 bis 1900 Dorfbürgermeister, und in dieser Gegend spielen mehrere seiner Werke: La-Roque-Baignard kommt als «La Morinière» in «L'Immoraliste» vor, auf dem Schloß von Formenton spielt seine «Isabelle», und die frühere *Abbaye du Val-Richer,* vom französischen Minister und Historiker François Guizot im 19. Jahrhundert zu einem schloßartigen Landsitz ausgebaut, taucht in «Si le grain ne meurt» als «Blanc-Mesnil» auf.
Es gäbe noch allerlei zu entdecken im Pays d'Auge um Lisieux, aber wir sind nur noch 30 oder 35 Kilometer von der Küste entfernt – von einer berühmten Küste mit dem vielversprechenden Namen *«Côte Fleurie».* Zwischen der Orne- und der Rislemündung zieht sich – mit überwiegend mondänen, exklusiven Badeorten – ein einziger Strand hin, der nur rund zwei Autostunden von Paris entfernt ist (was man bei einer Urlaubsplanung während der sommerlichen Hochsaison bedenken sollte). Groß-Paris bringt es auf rund zehn Millionen Einwohner, die ihre Wochenenden und Sommerferien am

liebsten am Meer verbringen, und zudem ist die «blühende Küste» per Schiff und Flugzeug mit England verbunden, das seit 100 Jahren das traditionelle Stammpublikum der nordfranzösischen Seebäder stellt.

Baudelaires «liebster Traum»: Honfleur

Nicht Badetouristen, sondern Künstler und Literaten waren allerdings die ersten, die sich im letzten Jahrhundert vom Fischerstädtchen **Honfleur** in seiner schieferfarbenen, graublauen Schönheit in Bann ziehen ließen. «Honfleur war immer der liebste meiner Träume», erinnert sich Charles Baudelaire in Paris. Die *«Ferme Saint-Siméon»,* wo sich um 1860/70 bei der gastlichen Mère Toutain die künftigen Impressionisten zu heftigen Diskussionen und heiteren Gelagen versammelt hatten, ist zwar inzwischen in ein feudales Hotel-Restaurant verwandelt worden. Sonst aber scheint sich der Ort kaum verändert zu haben. Im Zentrum noch die gleichen, winkligen Gassen, am Hafenbecken des *Vieux Bassin* noch die gleichen, hohen, schmalbrüstigen Häuser, die Raoul Dufy in die lebhafte Rot-Gelb-Grün-Blau-Farbigkeit übertragen hat, mit der um 1905 seine «Fauve»-Periode anfing. Der Maler Eugène Boudin mit seinen weiten Himmeln, die gegen Lebensende sein «einziges und unzähliges Thema» wurden, hatte um die Mitte des letzten Jahrhunderts den Anstoß dazu gegeben, daß seine Heimatstadt Honfleur und die ganze «Côte Fleurie» – neben Cézannes Provence und Gauguins südlicher Bretagne – zu einer *der* französischen Kunstlandschaften werden konnten.

Netzflickender Fischer am Vieux Bassin in Honfleur

Das *Musée Eugène Boudin* bezeugt, wie viele Künstler sich seit damals von Honfleur haben faszinieren und anregen lassen. Unter den ausgestellten Werken ist auch das Monet-Ölbild «Le clocher de Sainte-Cathérine». Tatsächlich könnte die originelle *Kirche Sainte-Cathérine* mit ihrem charakteristischen, spitzhelmigen Turm geradezu als Wahrzeichen des Fischer- und Schifferstädtchens Honfleur gelten. Schiffszimmerleute haben sie im 15. Jahrhundert gebaut: ganz aus Holz wie damalige Schiffe, die beiden parallelen, im Abstand von 50 Jahren angelegten (Kirchen-)Schiffe mit einer schiffskielförmigen Decke – und das alles in allerkürzester Zeit und zum Dank dafür, daß die Engländer nach mehr als hundertjähriger Besatzung das Land verlassen hatten.

Aus Dank für Errettung aus Schiffbruch und Meeresgefahr wurde die *Kapelle Notre-Dame-du-Grâce,* zu der ein schöner Spaziergang führt, im frühen 16. Jahrhundert errichtet und im Laufe der Zeit mit allerlei Exvotos vollgestopft, die an die Seemannsseele von Honfleur erinnern. Eine Seitenkapelle ist den normannischen Auswanderern gewidmet, die vom 17. Jahrhundert an Kanada besiedelt haben und sich an dieser Seinebucht zu einer ungewissen Zukunft eingeschifft hatten. Von Honfleur dürften auch einige der Schiffe abgefahren sein, mit denen den zur Verteidigung der französischen Siedlung nach Kanada verfrachteten Soldaten junge Mädchen nachgeschickt wurden. Sie mußten «äußerlich in keiner Weise abstoßend und gesund und kräftig für die Feldarbeit» und spätestens zwei Wochen nach ihrer Ankunft in Kanada verheiratet sein. Da es dabei um die Sicherung der französischen Kolonien und damit des französischen Prestiges auf kanadischem Boden ging, soll sich die Königin höchstpersönlich um die Auswahl dieser Mädchen gekümmert haben.

Daß Honfleur seit dem 13. Jahrhundert schon ein bekannter

Hafen war, erfährt man auch im *Musée du Vieux Honfleur* dicht am alten Hafenbecken, und der lange Umgang mit dem Meer wirkt bis heute im Wesen der *Honfleurais* nach. Sie sind schlagfertig und trocken, wie nur lebenserfahrene und abgeklärte Menschen es sein können. Es muß daher nicht verwundern, daß sich zwei Söhne der Stadt – der Schriftsteller Alphonse Allais (1855–1905) und der Komponist Erik Satie (1866–1925) – auf ihre Weise durch ihren ausgeprägten Sinn für Ironie und Nichts-ernst-Nehmen ausgezeichnet haben. Allais ist bis heute einer der beliebtesten französischen Humoristen geblieben. Satie – ein bißchen in Vergessenheit geraten und eben wiederentdeckt – machte zu Beginn unseres Jahrhunderts in Paris Furore, als er in seinen Kompositionen die etablierten Musikerkreise und -Schulen parodierte und provozierte. Er schrieb auch die Musik zu Balletten, die als Beispiele eines außergewöhnlichen Zusammenwirkens außergewöhnlicher Künstler in die moderne Theatergeschichte eingegangen sind: Für «Parade» verfaßte Jean Cocteau den Text, Picasso entwarf Szenenbilder und Kostüme, Léonide Massine besorgte die Choreographie, und aufgeführt wurde das damals heftig angegriffene Werk 1917 vom russischen Diaghilev-Ballett. So große Namen fanden nicht oft zusammen.

Nostalgie und mondäne Gesellschaft: Deauville und Trouville

Daß Honfleur trotz allsonntäglichem und ganzsommerlichem Touristenzustrom sich selbst treu geblieben ist, hat vor allem zwei Gründe: Das Städtchen selbst hat keinen eigenen nahen Badestrand, und nur 15 Kilometer weiter westlich lenken zwei berühmte Seebäder die Aufmerksamkeit und die Badegäste auf sich: **Deauville** und **Trouville.** Die Geschichte dieser beiden Fremdenverkehrsorte, die nur durch die schmale Touquesmündung voneinander getrennt werden, ist die Geschichte ständigen Konkurrenzneides und scheelen Aus-den-Augenwinkeln-Beobachtens. Trouville wurde zuerst lanciert, und es rühmt sich gern, daß hier schon 1821 Alexandre Dumas (Vater) nackt über den Strand wanderte. Gustave Flaubert verliebte sich hier als 15jähriger frühreifer Jüngling in Madame Elise Schlesinger, die die wahre, große Liebe seines Lebens blieb und später als Madame Arnoux in seinen Roman «L'éducation sentimentale» einging. Dann kommt Eugène Boudin aus dem nahen Honfleur an den sich belebenden Strand von Trouville und stellt seine Staffelei auf. «Drei Pinselstriche vor der Natur sind mehr wert als zwei Tage im Atelier», äußert er, und in seinen Bildern registriert er ein Strandleben, das sich nur durch den Schauplatz vom Salonleben unterscheidet: Hier wie da zylinderbehutete Herren im eleganten, steifen Gehrock, hier wie da Damen mit breitkrempigen Hüten, flatternden Schals und Umhängen, raschelnden Krinolinen. Der Badebetrieb zieht rasch ein gemischtes Publikum an, doch die «bessere» Pariser Gesellschaft möchte auch am Strand unter sich sein. So setzt der Herzog von Morny alles daran, um aus Deauville, dem bisher vergessenen Ort am anderen, linken Touquesufer, ein perfekt ausgestattetes Seebad zu machen, in dem die verwöhntesten Pariser keinen Komfort zu missen brauchen. Als Halbbruder Kaiser Napoleons III. hat Morny Geld, Einfluß und Beziehungen genug, um seine Ziele zu verwirklichen. Deauville kommt rasch in Mode, wird mit seiner Pferderennbahn zum Treffpunkt nicht nur von «Tout-Paris», sondern auch von russischen Großfürsten, türkischen Paschas und indischen Maharadschas.

Doch der eifersüchtige Wettstreit zwischen Deauville und

Das Spielcasino in Trouville: Zeuge der «belle époque»

Trouville geht weiter. Der Sturz der Monarchie 1870 und der Beginn der Dritten Republik gibt dem «populären», volkstümlicheren Trouville neuen Aufschwung, kurz vor und besonders nach dem Ersten Weltkrieg neigt sich die Gunst eines vergnügungssüchtigen, lebenshungrigen Publikums wieder Deauville zu. Auch Raoul Dufy gehört zu den Deauville-Fans: Seine Besuche gelten vor allem der Pferderennbahn, deren elegant-frivoles Treiben um Pferde und Jockeys er mit nervösen Pinselstrichen einfängt, eingetaucht in das starke, farblich verdichtete Licht, in dem er seine normannische Heimat immer gesehen hat.

Deauville mit seinen herrlich kitschigen Villen ist auch heute noch Ziel und Zufluchtsort einer geschlossenen Gesellschaft der Reichen, Reichsten und Sich-reich-Gebenden. Aber hier wie noch mehr in Trouville hat sich der Massentourismus allmählich einschleichen und ausbreiten können. Doch das gewisse Fluidum zwischen Nostalgie und Snobismus ist den beiden Orten ebenso geblieben wie dem 20 Kilometer weiter westlich gelegenen **Cabourg**, wo *Marcel Proust* im August 1907 von Asthma und Neurosen genesen wollte. Er stieg im «schrecklichen und prunkhaften» Grand-Hotel ab und zwang sich, dem Nachtmenschen, den «normalen» Tagesrhythmus der Badestrandbesucher auf. Um bei Tag wach zu bleiben, trank er fast zwanzig Tassen Kaffee täglich und war – obwohl vom Asthma scheinbar geheilt – unglücklich wie noch nie: «Das Leben einer abgeschossenen Kanonenkugel, das ich hier führe, ohne auch nur einen Augenblick lang das Herumfahren und das Kaffeetrinken zu unterbrechen, hindert mich daran, auch nur ein einziges Wort zu schreiben.»

Wie ein Phönix aus der Asche: Caen

Proust war ein Sprachkünstler – und kühne, gekünstelte sprachliche Wendungen zeichnen auch das Werk des Dichters *François de Malherbe* aus, der 1555 in **Caen** geboren wurde. Man braucht sich nicht zu wundern, daß Malherbe seine Geburtsstadt bald gegen die Provence eintauschte. Denn gerade im 16. Jahrhundert hatte Caen unter Brandschatzungen während der Religionskämpfe und unter mehreren Pestepidemien zu leiden. Doch an Zerstörungen und Wiederaufbau hat sich die Hauptstadt des Calvados bis in die jüngste Vergangenheit hinein gewöhnen müssen. Im Zweiten Weltkrieg wurde sie zu drei Vierteln dem Erdboden gleichgemacht, und wer jemals Bilder vom bombardierten Caen gesehen hat, kann beim Anblick der heute (fast) narbenlos wiederaufgebauten Stadt so viel Willen zum Neubeginn nur ehrlich bewundern.

Dabei war man sich zuerst angesichts der immensen Ruinenfelder nicht sicher gewesen, ob man die Stadt wiederaufbauen sollte. Doch die Optimisten siegten, und die künftige Entwicklung gab ihnen recht. Caen, heute mit fast 120 000 Einwohnern die drittgrößte Stadt der gesamten Normandie, ist als Hauptstadt der Unteren, westlichen Normandie ein wichtiger Bezugspunkt für den parisferneren Teil der Region.

Wie ein Phönix aus der Asche erstand die Stadt neu: dies die einleuchtende, symbolhafte Bedeutung des riesenhaften bronzenen Phönix vor der *neuen Universität,* vor dieser Universität, die vor mehr als 500 Jahren und im Abstand von 20 Jahren gleich zweimal gegründet worden war. Der Herzog von Bedford, der während der englischen Besatzung im 15. Jahrhundert Regent der Normandie war, ließ in Caen 1432 eine Hochschule gründen. «Die Normandie den Normannen» war das Leitwort dieses klugen Eroberers, der einen intensiven Prozeß der «Wiedernormannisierung» der Normandie in die Wege geleitet hatte und auch dem Geistesleben einen einheimischen, normannischen Mittelpunkt geben wollte (bis dahin mußten Normannen entweder in Paris oder in Oxford studieren). Doch der französische König Karl VII., der Caen 1450 wieder in seine Hände gebracht hatte, erkannte die von den eben vertriebenen, feindlichen Engländern gegründete Hochschule nicht an. Auf französischem Boden wollte er, der französische Herrscher, als Förderer von Kunst und Wissenschaft gelten, wollte diesen Ruhm nicht mit verfeindeten Ausländern teilen müssen. Und so kam es zur zweiten Gründung der Universität Caen 1452.

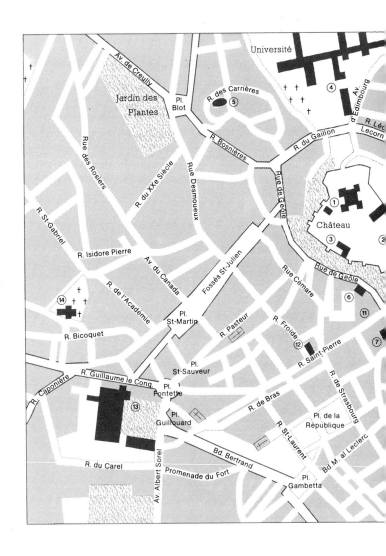

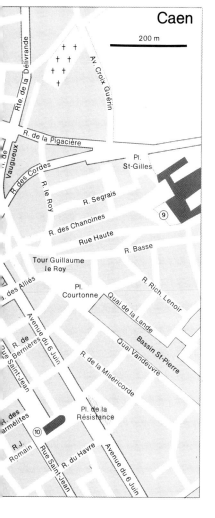

1 Burg
2 Musée des Beaux-Arts
3 Musée de Normandie
4 Universität
5 St-Julien
6 Maison des Quatrans
7 Hôtel d'Escoville
8 St-Pierre
9 Ste-Trinité,
  Abbaye aux Dames
10 St-Jean
11 Rue St-Pierre
12 St-Sauveur
13 St-Etienne,
  Abbaye aux Hommes
14 St-Nicolas

Burg und Museen

Die heutige Universität steht oberhalb des Schloßhügels, auf dem schon Wilhelm der Eroberer im 11. Jahrhundert eine Festung angelegt hatte – wie er überhaupt Caen sehr zugetan war. Er hatte erkannt, daß Rouen für das angewachsene normannische Herzogtum nicht die geeignetste Hauptstadt war. Seinen wikingischen Vorfahren, die auf der Seine in das Land eingefallen waren, mochte sie als wichtiger Stützpunkt gedient haben – ihm lag sie zu sehr abseits, um ein weites, noch nicht überall beschwichtigtes und befriedetes Herzogtum zusammenzuhalten. So zog er oft mit dem gesamten Hofstaat in die neue *Burg* von Caen, verlegte den Schwerpunkt des Herzogtums vom Rand ins geographische Zentrum (die gleichen Überlegungen – und da zeigt sich der politische Weitblick des «Eroberers» – veranlaßten die Administratoren 900 Jahre später, die Normandie nach dem Zweiten Weltkrieg in eine Obere Normandie mit Rouen und eine Untere Normandie mit Caen aufzuspalten; die westlichen, wirtschaftlich sowieso schon benachteiligten Gebiete der Normandie hätten sich sonst noch mehr vernachlässigt gefühlt).

Eine wahre Zitadelle muß der Bau auf dem Burghügel von Caen zu Wilhelms und seiner Nachkommen Zeiten gewesen sein. Heute ist er nur noch in Spuren erhalten, und das ausgedehnte Plateau, um das sich noch ein Teil der Befestigungsmauern zieht, ist jetzt Grünanlage, Treffpunkt der Studenten der nahen Universität und Sitz von zwei sehenswerten Museen: dem *Musée de Normandie,* einem modern gestalteten Volkskundemuseum mit gut zusammengestellten Sammlungen über Landwirtschaft, Handwerk, Volksglauben, politisch-soziales Leben und frühere Freizeitbeschäftigungen in der Normandie, und dem *Musée des Beaux-Arts.* Das Kunstmuseum wurde schon 1801 gegründet, stellte aber bis zum Zweiten Weltkrieg kaum mehr dar als ein Sammelsurium – wenn auch ein Sammelsurium teilweise sehr bedeutender Kunstwerke. In einem neuen, hellen, rational untergliederten Bau hat das Museum seit 1970 einen adäquaten Sitz. Besonders gut sind das 16. und 17. Jahrhundert vertreten, hauptsächlich mit Werken holländischer und italienischer Meister. Vor allem Raffael-Verehrern ist ein Besuch dieses Museums dringend anzuraten. Sie begegnen hier einem Künstler und einem Werk, ohne die Raffaels Schaffen vielleicht eine andere Richtung genommen hätte. Es ist die «Vermählung der Jungfrau Maria» von Perugino, und bei aufmerksamem Betrachten wird einem bewußt, wie vieles an Gesten, Haltungen, Figurengruppierungen der große Raffael vom weit weniger berühmten Perugino übernommen hat, von dem er sich auch zum sanften, lieblichen Typ seiner «schönen Madonna» hat anregen lassen. Napoleon hat auf einem seiner Kriegszüge, die auch zu künstlerischen Beutezügen ausarteten, dieses Bild aus Perugia nach Frankreich mitgehen lassen – wie auch sein Onkel, der Kardinal Joseph Flesch, ein eifriger, allerdings «legalerer» Kunstsammler war. Aus seinem Nachlaß stammt die *Sammlung Pierre-Bernard Mancel,* die mit ihren rund 50 000 Stichen zu den Kostbarkeiten des Museums gehört.

Vom Burgplateau aus genießt man schöne Ausblicke auf Caen, auf ihr eben doch etwas allzu regelmäßiges und gleichförmiges, da ex novo geschaffenes Stadtbild. Zum Glück wird die monotone Reihung der hellen, grau bedachten Bauten immer wieder durch romanische und gotische Kirchtürme unterbrochen und aufgelockert. Gleich gegenüber dem Eingang zur

394/395   Die Männerabtei in Caen

Burg steht die *Kirche Saint-Pierre.* Sie wurde im 13. Jahrhundert in gotischem Stil begonnen, aus dem 14. Jahrhundert stammen die Hauptfassade und der 78 Meter hohe Turm, aus dem 15. und 16. Jahrhundert der Chor, der innen wie außen auf spätgotischer Grundlage schon Renaissanceelemente trägt – fast verwirrende und verwirrend viele Dekorationen, die wieder einmal beweisen: Neureichen Bürgern, die ihren Wohlstand zur Schau stellen wollen, fehlt es oft an Maß und Stilgefühl. Das war schon so im Mittelalter und zur beginnenden Neuzeit, als Saint-Pierre von Bürgern als Zeichen bürgerlichen Auch-Könnens gebaut wurde. Was freilich keineswegs heißen soll, daß der Chor dieser Kirche in seiner Zuckerbäckerausschmückung nicht äußerst angenehm anzusehen wäre.

Die Männer- und die Frauenabtei

Doch den Ruhm der Kunststadt Caen machen bis heute seine zwei Abteikirchen aus: die *Kirche Saint-Etienne* der *Abbaye aux Hommes* und die *Kirche Sainte-Trinité* der *Abbaye aux Dames.* Die Vorgeschichte der Gründung dieser beiden Abteien, die einen Markstein in der Entwicklung der romanischen Kunst nicht nur auf normannischem Boden darstellen, ist schon angedeutet worden (s. Bec-Hellouin). Sie ist ein Beispiel dieser heiklen, vielfach verflochtenen Beziehungen und Verstrickungen, die im Mittelalter zwischen weltlicher und geistlicher Macht bestanden – in unserem Fall zwischen dem normannischen Herzog und dem Papst. Wilhelm, der Noch-nicht-Eroberer, hätte zu seiner Heirat mit Mathilde von Flandern die Einwilligung des Papstes gebraucht, bekam sie aber nicht. Sie wurde ihm vorgeblich wegen zu enger Blutsverwandtschaft verweigert, in Wirklichkeit aber wahrscheinlich

aus Gründen politischen Kalküls und Drahtziehens. Doch dann wurde Wilhelm immer mächtiger, und nun hätte der Papst einen kirchenfreundlichen normannischen Herzog (und späteren englischen König) gebraucht. Der Mönch-Diplomat Lanfranco handelte einen Kompromiß aus, der beide befriedigte und aussöhnte: Der Papst gab seine Anerkennung zu Wilhelms Ehe und hob die verhängte Exkommunikation auf, der normannische Herzog und seine Frau aber mußten – als auch äußeres Zeichen ihrer Reue – versprechen, zwei Abteien in Caen zu bauen. Dies das Vorspiel zur Gründung der Männerabtei, die der Führung des klugen Mönchs Lanfranco unterstellt wurde, und der Frauenabtei, der eine Tochter Wilhelms und Mathildes als zweite Äbtissin vorstand.
Die Abbaye aux Hommes wurde 1059 gegründet, die Abbaye aux Dames drei Jahre später, und in beiden liegen die jeweiligen Stifter begraben: Mathilde in der Kirche Sainte-Trinité mit ihrem ruhigen, von hohen Rundbogenarkaden getragenen Inneren – Wilhelm in der lichteren, höher aufstrebenden, durch Spitzbogenarkaden lebendiger wirkenden Kirche Saint-Etienne, dem wohl schönsten romanischen Bau auf normannischem Boden. Die Kirche der Frauenabtei ist bei wohlgemeinten Restaurierungen im 19. Jahrhundert an Fassade und Türmen nicht zu ihrem Vorteil verändert worden, die Männerabtei dagegen präsentiert eine der stilreinsten und klarsten Zweiturmfassaden des 11. Jahrhunderts.

Gang durch die Stadt

Caen hat – im Gegensatz zu Rouen – keine Altstadt mehr, und nur mit viel Phantasie kann man sich aus den Bruchstücken hier und da zusammenreimen, wie die *Innenstadt* früher ausgesehen haben könnte, bevor am 7. Juli 1944 7000 Tonnen Bomben aus mehr als 2000 Flugzeugen auf sie abgeworfen wurden. Doch die neuen, breiten Boulevards, die Plätze und die Fußgängerstraßen setzen Akzente und Ruhepausen und sind zudem so ausgerichtet und angelegt, daß die Bauwerke der Vergangenheit meist recht gut in Szene gesetzt werden. So lohnt sich auch hier ein Gang durch die lebhafte Geschäftsstadt: von der Place Saint-Pierre, wo man sich das *Hôtel d'Escoville,* einen italienisch beeinflußten Bau der Frührenaissance mit elegantem Innenhof, anschauen sollte, ein Stück hinauf und am Fuß des Burghügels entlang durch die Rue de Geôle zur *Maison des Quatrans,* einem reich und originell verzierten Fachwerkbau des 16. Jahrhunderts. Zwei besonders fotogene Fachwerkhäuser des frühen 16. Jahrhunderts in der *Rue Saint-Pierre* zeigen in ihren Dekorationen deutlich den Übergang von der Gotik zur Renaissance, und diese beiden Stile nebeneinander prägen auch das Innere der nahen *Kirche Saint-Sauveur:* Das linke der beiden parallelen Schiffe wurde im 15. Jahrhundert in gotischem Stil erbaut, das rechte um die Mitte des 16. Jahrhunderts im Renaissancestil.

Man kann noch die anderen Kirchen Caens besichtigen: die *Eglise Saint-Jean* im gotischen Flamboyantstil oder die moderne *Eglise Saint-Julien* mit ihrem ellipsenförmigen Grundriß. Man sollte aber *einen* Gang nicht versäumen: den zur romanischen *Kirche Saint-Nicolas* mit ihrem alten Friedhof. Beide, Kirche wie Friedhof, werden heute nicht mehr benutzt.

399 *Reizvolles Fachwerkgebälk an einem Haus der Rue Saint-Pierre in Caen*
400/401 *Weite Horizonte bestimmen das Bild der normannischen Landschaft, wie hier südlich von Caen*

Vom Kirchendachrand blicken steinerne Tierköpfe aus dem 11. Jahrhundert herab auf grasüberwucherte, vernachlässigte Gräber. Romantische Spukmärchen und Gespenstergeschichten hätten hier einen idealen Schauplatz.
Caen platzt aus allen Nähten, und die umliegenden Dörfer werden allmählich alle in moderne Wohn- und Industrievororte verwandelt und der Stadt einverleibt. Auch *Mondeville,* heute eine von Autobahn und Umgehungsstraßen durchschnittene Siedlung, war ein winziges Dorf, als um 1100 ein Monsieur Becquet von hier nach England auswanderte. Er ließ sich als Kaufmann in London nieder, brachte es zu Wohlstand und änderte seinen Namen in Becket. Der um 1118 geborene Sohn *Thomas Becket,* der dank königlich-herzoglicher Gunst zum Erzbischof von Canterbury aufgestiegen ist, wird am 29. Dezember 1170 vor dem Altar seiner Kathedrale ermordet: von vier normannischen Rittern und auf Geheiß von Heinrich II., König von England und Herzog der Normandie.

Der Geburtsort des «Eroberers»: Falaise

Das Erzbischofsamt von Canterbury genoß damals (wie auch heute noch) allerhöchstes Prestige innerhalb der englischen Kirche, und das seit den Zeiten Wilhelms des Eroberers. An diesen größten unter den normannischen Herzögen erinnert vieles in der mittleren Normandie – ganz besonders natürlich **Falaise,** sein Geburtsort. Um seine Geburt rankt sich eine schöne, romantische Liebesgeschichte, die von mittelalterlichen Minnesängern wie von modernen Medienschreibern immer gern und reichlich ausgemalt worden ist: Der siebzehnjährige Herzog verliebt sich in die Gerberstochter Arlette, läßt sie auf das Schloß führen. Die zeitgenössischen Chronisten beschließen ihren weitschweifigen Bericht dann mit diesem lapidaren Satz: «... und als die Zeit gekommen war, brachte Arlette ein Kind namens Wilhelm zur Welt.» Und das ist im Grunde der einzige konkrete Fakt in dieser Liebesromanze. Denn daß Robert das junge Mädchen vom Schloß aus beim Wäschewaschen (oder war es beim Baden?) beobachtet habe, wie und wie lange er nun um sie geworben hat, wie er sie auf das Schloß geführt hat, in welchem Raum sich ihre erste Liebesnacht abspielte – das alles sind Details, die den Troubadours des 11. wie den Romanciers des 20. Jahrhunderts Anlaß zu phantasievollsten Ausschmückungen gegeben haben, die aber in Wirklichkeit durch nichts belegt werden. Aber Liebesgeschichten, vor allem zwischen einem adeligen Herrscher und einer schönen Bürgerstochter, haben zu allen Zeiten die Herzen gerührt.

Auf ihre Weise ein Denkmal Wilhelms ist darum die Burg von Falaise, in der er zur Welt kam und von der kräftige Mauern, zwei Donjons und ein mächtiger Rundturm erhalten sind. Ein wirkliches Denkmal aber wurde dem «Eroberer» 1851 gesetzt: ein großes *Reiterstandbild* in Bronze auf dem Platz vor dem Burgeingang. Die Festrede hielt der frühere Minister François Guizot, ein Südfranzose, der sich von der politischen Bühne zurückgezogen und in der Normandie niedergelassen hatte. Er, der Zugereiste, hatte lange darum kämpfen müssen, bis die Normannen ihm gegenüber die skeptische Haltung abgelegt hatten, mit der sie jedem Fremden begegnen. Doch als er bei seiner Rede in Falaise begann: «Nous autres, Normands», «Wir, Normannen» – da fühlten sich auf einmal die 30 000 Gäste und Zuschauer angesichts der Statue «ihres» Herzogs durch ein tiefes, überwältigendes Gefühl normannischen Nationalbewußtseins verbunden. Die Messe nach der Denkmalsenthüllung fand in der benachbarten *Kirche Sainte-*

Trinité statt, die trotz ihrer architektonischen Unregelmäßigkeit und stilistischen Uneinheitlichkeit die sehenswerteste Kirche von Falaise ist: besonders originell der Portalvorbau aus der Renaissance, der nur leider durch die Verwitterung des weichen Gesteins stark in seiner Wirkung gelitten hat.

Fahrt durch die Suisse Normande

Falaise ist ein günstiger Ausgangspunkt zu Fahrten in die westlich gelegene *Suisse Normande,* die «normannische Schweiz». Wer tatsächlich an Schweizer Landschaftsbilder gewöhnt ist, wird hier beim Vergleich – zu dem der Name einlädt – etliches von dem vermissen, was Ruf und Image der Helvetischen Konföderation ausmacht. Aber immerhin ist auch die Suisse Normande ein angenehmes Erholungs- und Ausflugsgebiet. Die felsigen Orne-Ufer fallen steil ab, fast überall tun sich Ausblicke auf die Hügel- und Heckenlandschaft auf, wie sie für die westliche Normandie so typisch ist, und hier und da liegen kleine, säuberlich gepflegte Häuschen am Weg, wie sie mit ihren zarten Gittertoren, ihren weiß gestrichenen Fensterrahmen, ihren blühenden, duftenden Gärten von einem naiven Maler nicht verträumter hätten erfunden werden können.

Am Nordrand der Suisse Normande liegt *Thury-Harcourt.* Der Name dieses Orts erinnert an die bedeutende normannische Adelsfamilie Harcourt, die hier ein Schloß besaß, das 1944 bei Bombenangriffen völlig niederbrannte. *Schloß Fon-*

405 Das Schloß Fontaine-Henry ist halb im gotischen, halb im Renaissancestil gebaut

taine-Henry nordwestlich von Caen, das den Harcourts fast 200 Jahre lang gehörte, ist bis heute sichtbares Zeugnis vom Kunstsinn und vom Wunsch dieser Familie, auch in ihren Bauten durch stilistisches Auf-der-Höhe-Sein aufzufallen: Vom rechten gotischen Wohntrakt über den spätgotischen Mittelbau bis zum Renaissancepavillon mit seinem überhohen Dach lassen sich hier interessante Stilvergleiche anstellen, im Inneren kann man ein Bild vom traditionsreichen, kultivierten Lebensstil des großen normannischen Adels gewinnen.

Neben eleganter Gotik und Renaissance dann bodenständige, ländliche Romanik: die nur etwa einen Kilometer vom Château Fontaine-Henry gelegene Kirche von *Thaon.* Fast noch stimmungsvoller als der eigentliche Bau aus dem 11./12. Jahrhundert ist seine Lage unter rauschenden Bäumen und an plätschernden Bächen (treffender als mit diesen abgegriffenen Formulierungen könnte man die Atmosphäre um die Kirche nicht beschreiben).

Ganz klassisch mit seiner ionischen Säulenvorhalle gibt sich das *Schloß Bénouville,* an der Orne zwischen Caen und dem Meer. «Aux mères et aux enfants» steht am Architrav des Bauwerks, das heute ein staatliches Heim für Mütter und Kinder ist. Es wäre interessant zu wissen, welche vielleicht andere Gestalt der Architekt *Claude-Nicolas Ledoux* (1736–1806) seinem Bau gegeben hätte, wenn er diese heutige Zweckbestimmung hätte voraussehen können. Er war zeit seines Lebens ein revolutionärer Verfechter der «sprechenden Architektur»: Sein Haus der Flußaufseher wird auch vom Wasser durchflossen, sein Gefängnis in Aix-en-Provence hat winzige, monoton gereihte Fenster in hohen, nackten Wänden – zu seiner Zeit heftig umstrittene Versuche, Zweck und Form zur Deckung zu bringen.

6. Juni 1944: der längste Tag

In Bénouville führt eine Brücke über den Kanal, der – parallel zur Orne – Caen mit dem Meer verbindet. «Pont de Bénouville» hieß diese Brücke bis 1944, als *Pegasus Bridge* ist sie heute bekannt. Denn hier, an diesem unscheinbaren Kanalübergang, begannen am 6. Juni 1944 um 0.25 Uhr die Kampfhandlungen des D-Day, des «längsten Tages» der modernen Kriegsgeschichte.

Die Entscheidung zur **Invasion der Normandie** war im Januar 1943 auf der Konferenz von Casablanca gefallen. Im August 1943 wurden die Monate Mai bis Juli 1944 als möglicher Landungstermin festgesetzt, im Dezember 1943 bekam der amerikanische General *Dwight D. Eisenhower* das Oberkommando zur Befreiung Europas, zur Organisation «Overlord», während der britische Feldmarschall *Bernard Lord Montgomery* für die taktische Koordinierung aller alliierten Landstreitkräfte verantwortlich war. Hitler hatte schon 1940 mit dem Bau des Atlantikwalls von Holland bis zur spanischen Grenze begonnen. Doch als im Januar 1944 dem Generalfeldmarschall *Erich Rommel* die Leitung der Heeresgruppe B in Frankreich und damit die Verantwortung zur Verteidigung der nordfranzösisch-belgischen Küste übertragen wird, ist der Atlantikwall noch nicht vollendet, ist unzureichend befestigt.

Die Landung der Alliierten dagegen ist bis ins haarkleinste Detail geplant. Die Amerikaner werden an der Ostküste des Cotentin und im Calvados landen, die Engländer und die Kanadier an der Küste des Calvados, und die gesamte Küstenstrecke wird in fünf Abschnitte unterteilt: Utah Beach im Cotentin, Omaha, Gold, Juno und Sword Beach im Calvados – Codenamen, die diesen Stränden teilweise bis heute geblieben sind. Ursprünglich ist der 5. Juni für die Alliiertenlandung

vorgesehen, aber schlechtes Wetter zwingt Eisenhower, das Unternehmen um einen Tag zu verschieben. *Les sanglots longs / des violons / de l'automne* – diese Verse einer Verlaine-Strophe werden in der Nacht vom 1. auf den 2. Juni von der BBC übertragen, *blessent mon cœur / d'une langueur / monotone* – geht die Strophe am 5. Juni um 20.15 Uhr zu Ende. In diesen unendlich melancholischen Versen von *Paul Verlaine* scheint schon die ganze, grenzenlose Trauer enthalten zu sein, die auf eine militärische Aktion von derlei Ausmaßen unweigerlich folgen muß. Poesie als militärische Parole: die französischen Widerstandskämpfer haben das Signal bekommen, daß die Invasion innerhalb der nächsten 48 Stunden anfängt und sie sich bereithalten sollen. Um 0 Uhr beginnt die Landung per Luft, um 6.30 Uhr die vom Meer her. 100 000 Männer haben normannischen Boden betreten, und gegen Abend kann bereits zwischen den amerikanischen und den britisch-kanadischen Einheiten ein schmaler Brückenkopf hergestellt werden. Die größte Invasion der Geschichte ist geglückt. Beendet ist sie allerdings erst – nach härtestem, verzweifeltem Widerstand der deutschen Truppen – zehn Wochen später: am 21. August, mit der Schlacht um Falaise. Das Unternehmen hat auf beiden Seiten Zehntausende von Opfern gekostet. 27 Soldatenfriedhöfe erinnern an diese Ereignisse, auf dem größten, deutschen – in *La Cambe* bei Isigny im Calvados – liegen 21 160 Soldaten begraben. Endlose Reihen von Grabkreuzen auf diesen Friedhöfen, Panzer und Bunkerreste an der Küste bilden heute den Hintergrund zu Urlaubsfotos. In acht Museen – *Arromanches, Bayeux, Bénouville, Ouistreham* und *Sur-*

408 *Auf dem deutschen Soldatenfriedhof in La Cambe bei Isigny im Calvados*

rain im Calvados, *Cherbourg, Sainte-Marie-du-Mont* und *Sainte-Mère-Eglise* in der Manche – kann man sich die einzelnen Phasen der Operation noch einmal einprägsam vor Augen halten lassen.

Eine rührende menschliche Episode spielte sich in diesen grausamen, unvorstellbaren Stunden in *Bernières-sur-Mer* ab, im Abschnitt «Juno Beach», wo kanadische Soldaten an Land gegangen waren, von denen viele französischer, normannischer Abstammung waren. Sie sangen bei der Landung ein Lied, das Frédéric Bérat, ein normannischer Liederdichter aus Rouen, im frühen 19. Jahrhundert geschrieben hatte und das sehr populär geworden war: «J'irai revoir ma Normandie» – «Ich werde meine Normandie wiedersehen». Und in einer aus Algier übertragenen Rundfunkansprache erklärte der kanadische Botschafter, General Georges Vanier, dessen Vorfahren aus dem normannischen Honfleur stammten: «In Kanada singt man bis heute ‹J'irai revoir ma Normandie›. Dieser Traum ist für die Kanadier, die in diesem Augenblick bei Caen kämpfen, in Erfüllung gegangen.» Auf normannischen Soldatenfriedhöfen liegen jetzt 5000 Kanadier begraben.

Der Bildteppich von Bayeux

Die Geschichte einer Invasion ebenfalls über den Ärmelkanal hinweg erzählt der berühmte, vielbeschriebene **Bildteppich von Bayeux.** Die Alliiertenlandung 1944 in der Normandie war von der englischen Küste ausgegangen – die englische Küste dagegen war das Ziel einer Eroberung gewesen, zu der der Normannenherzog Wilhelm 1066 von der Normandie aufgebrochen war. Die Geschichte weist manchmal sonderbare Parallelen auf. In diesem Sinn ist auch das Denkmal zu verstehen, das die Engländer 1955 in **Bayeux,** der ersten, am 7. Juni 1944 befreiten Stadt auf französischem Boden, errichteten und mit der folgenden Inschrift versahen: «Nos a Guillelmo victi, victoris patriam liberavimus» – «Wir von Wilhelm Besiegten haben das Vaterland des Siegers befreit». Mit Wilhelm ist natürlich der normannische Herzog und spätere englische König gemeint, der mit der siegreichen Schlacht von Hastings zum «Eroberer» wurde und dessen Sieg ihm die Engländer immer noch nicht ganz verziehen haben. Mehr als 900 Jahre haben diese Wunde nicht ganz zu heilen vermocht. Von dieser Schlacht nun, die am 14. Oktober 1066 um 9 Uhr anfing und nach wenigen Stunden mit der Niederlage der Engländer endete, berichtet die *Telle du Conquest,* die «Leinwand der Eroberung» in Bayeux, auch als «Wandteppich der Königin Mathilde» bekannt. Doch es wäre falsch und irreführend, in Mathilde deshalb eine normannische Penelope zu sehen, die mit ihren Hofdamen an diesem Werk gestickt hätte. Zu Lebzeiten Mathildes ist es allerdings entstanden: zwischen 1066 und 1077 – zwischen dem Sieg Wilhelms in Hastings und dem Jahr, in dem das gestickte Epos bei der feierlichen Einweihung der Kathedrale von Bayeux der Öffentlichkeit gezeigt wird. Ob es diesseits oder jenseits des Ärmelkanals entstand, ist schwer zu beurteilen, denn normannische und angelsächsische Stilelemente beeinflußten und durchdrangen sich zu jener Zeit stark. Sicher ist nur, daß der Künstler, der den Entwurf geliefert hat, über scharfe Beobachtungsgabe, Abstraktionsvermögen und Synthesefähigkeit ebenso verfügte wie über Phantasie und eine gute Portion Ironie.

412/413 Ausschnitt aus dem Bildteppich von Bayeux: Männer und Frauen nehmen Platz an Bord der Schiffe

Das Thema der Darstellung ist äußerst ernsthaft. Es berichtet, wie Wilhelm – vom englischen König Eduard dem Bekenner zu seinem Nachfolger bestimmt – von Harold, dem Grafen von Wessex, verraten wird: Harold selbst läßt sich nach Eduards Tod zum König von England krönen. Wilhelm beschließt daher, die für ihn bestimmte, aber ihm vorenthaltene Krone mit Gewalt zurückzugewinnen. Er arbeitet einen Plan zur Eroberung Englands aus, schifft sich mit seinen normannischen Getreuen ein, landet in Levensey an der südenglischen Küste, trifft bei Hastings auf das Heer Harolds. Als der Ausgang der Schlacht noch unentschieden ist, wird König Harold von einem Pfeil getötet, seine Truppen geraten in Verwirrung und flüchten. Dies alles ist in 58 Szenen auf dem rund 70 Meter langen Leinenstreifen mit Wollstickerei dargestellt – wobei allein 35 Szenen der Vorgeschichte der Invasion gewidmet sind. Der mit der Ausfertigung beauftragte Künstler sollte nicht nur den Sieg Wilhelms verherrlichen, sondern auch den Einfall in englisches Territorium rechtfertigen, sollte die Gründe dafür auch öffentlich und eindringlich publik machen: mit einer gestickten Bilderfolge in der Art eines heutigen Dokumentarfilms, die die offizielle Version der Eroberung lieferte und damit auch ein Werk geschickter politischer Propaganda darstellte. Bildteppiche dieser Art waren übrigens für damalige Zeiten nichts Außergewöhnliches – außergewöhnlich ist, wie gut sich die Stickerei in Bayeux bis auf den heutigen Tag erhalten hat.

Das ernste, heroische Unternehmen wird auf das schönste ausgemalt und mit humorvollen Details versehen. Man spürt noch heute, welchen Spaß der entwerfende Künstler bei der Arbeit hatte, mit welchem Augenzwinkern er König Harold mit nackten Beinen durch knietiefes Wasser waten läßt, wie er sich beim Zeichnen eines lachenden Pferdes amüsiert haben mag und in welch scheinheiliger Haltung er Harold, der sich später als falsch und verräterisch herausstellen wird, vor König Eduard auftreten läßt. Der Autor hebt mit seiner Erzählung breit und episch beschreibend an, steigert sich aber mit der wachsenden Spannung des Geschehens in einen immer schnelleren, reportagehaften und noch heute mitreißenden Rhythmus hinein – wobei er einen raffinierten Kunstgriff benutzt: Die Randstreifen, die am Anfang der Erzählung reine Dekoration sind, werden nach und nach immer stärker in das Geschehen und das Schlachtengetümmel mit hineingezogen. Zu alledem geht der Künstler aber auch mit gründlicher Sachkenntnis vor, schildert Kleidung und Haarschnitt der Krieger, Kriegswaffen und Schiffe und das tägliche Leben mit solch sicherer Präzision und psychologischer Einfühlung, daß dieser Bildteppich, den knappe lateinische Kommentare begleiten, ein wichtiges, auf seine Weise einzigartiges Dokument des Lebens im 11. Jahrhundert darstellt. Noch eindringlicher aber als der Ablauf des Geschehens ist das Gelächter, das man beim Betrachten der fesselnden Erzählung zu hören glaubt – dieses schallende normannische Gelächter über den gelungenen Coup.

Die Kathedrale von Bayeux

Ob die *Telle du Conquest,* wie die Wissenschaftler vermuten, früher noch um einige Szenen länger war, wird für immer ungeklärt bleiben – mit Sicherheit weiß man lediglich, daß sie sich ursprünglich im Inneren der *Kathedrale von Bayeux* befand. Doch auch ohne das gestickte Kunstwerk ist diese Kirche attraktiv genug, um einen aufmerksamen Besuch zu verdienen. Sie stammt ursprünglich aus dem 11. Jahrhundert, ist aber bis ins 13. Jahrhundert hinein zu der eleganten gotischen

Kathedrale ausgebaut worden, die man heute betritt. Von rätselhaftem Reiz sind die Plastiken über den Pfeilern des Hauptschiffs: äußerst stark, fast starr stilisierte Darstellungen von Bischöfen, Raubtieren und Monstren, die auf irische oder angelsächsische Buchmalereien verweisen, die aber auch an skandinavische und sogar fernöstliche Einflüsse denken lassen. Von melancholischer Anmut sind die «Musizierenden Engel», in Ocker und Rotbraun gehaltene Wandmalereien des 15. Jahrhunderts in der Krypta aus dem 11. Jahrhundert.

So reizvoll ein Gang durch die zu jeder Tageszeit lichte wie strahlende Kathedrale von Bayeux ist – man sollte nicht versäumen, sie auch außen zu umgehen und sie mit ihrem auffallend reichen Skulpturenschmuck auf sich einwirken zu lassen. Von ikonographischem Interesse ist dabei der Tympanon des südlichen Querschiffs. Hier sind, knapp hundert Jahre nach seinem Tod, Leben und Ermordung von Thomas Becket dargestellt worden, und darüber – als exhibitionistischer Mea-Culpa-Akt – die öffentliche Buße, die König Heinrich II., der den Mord veranlaßt hatte, am Grab des in aller Eile heiliggesprochenen Erzbischofs von Canterbury tat.

Die Initiative zum Kathedralenbau und wahrscheinlich auch zur Anfertigung des Bildteppichs war von Odo de Conteville ausgegangen, dem Bischof von Bayeux und Halbbruder Herzog Wilhelms. Der «Eroberer» besetzte die höchsten weltlichen wie geistlichen Ämter im Land gern mit Verwandten. Zu Bayeux hatten die Normannenherzöge schon immer eine enge Beziehung gehabt. Rollo, Begründer der wikingisch-normannischen Dynastie, hatte mit Popa, der Tochter des Gouverneurs von Bayeux, gelebt, ihr Sohn Wilhelm «Langschwert» kam hier zur Welt. Und auf normannische Traditionen hielten die *Bajocasses,* wie sich die Bewohner von Bayeux nach dem gallischen Namen ihrer Stadt nennen, lange: Als Rouen längst französisiert war, sprach man in Bayeux noch Jahrzehnte hindurch eine – wenn auch mit französischen Ausdrücken durchsetzte – altnordische Sprache.

Wieder an der Kanalküste

Es gibt bis heute Orte in der Normandie, in deren Namen die Franzosen die ihnen fremdländisch und hart klingenden Laute skandinavischer Herkunft zu hören glauben. Einer davon ist *Ouistreham,* zusammen mit Riva-Bella ein Seebad an der Ornemündung. Bemerkenswert ist seine robuste Kirche mit der romanischen Fassade aus dem 12. Jahrhundert. Die steinernen Blendbögen wirken durch ihre geometrischen Ornamente festlich wie facettierte Diamanten, durch den rätselhaften Figurenschmuck an Kapitellen und Bögen fremd und unergründlich und von diesem faszinierenden Reiz des Nichtmehr-Verständlichen umgeben, den mittelalterliche Formen oft auf uns ausüben.

Wir sind damit noch einmal an die Kanalküste zurückgekehrt und finden hier auch endlich eine – mehr oder weniger glaubwürdige – Erklärung für den seltsamen Namen dieses Departements – für «Calvados». Zwei Kilometer vor der Küste ragen zwischen Asnelles-sur-Mer und Arromanches-les-Bains einige Klippen aus dem Meer: *Les Calvados.* Die Bezeichnung wird als Verballhornung des spanischen Wortes «Salvador» interpretiert, eines der Schiffe der «Unbesiegbaren Armada» Philipps II., die so unbesiegbar nicht war. Die «Salvador» war 1588 gegen eines dieser Riffe gerammt und untergegangen, die restliche Armada wurde von den Engländern vernichtend geschlagen. Die Strände des Calvados haben nicht erst bei der Landung 1944 tragische Ereignisse gesehen.

Museen in Balleroy, Littry und Cérisy-la-Forêt

Auf Spuren der Alliierteninvasion trifft man unweigerlich fast überall im Calvados, nicht nur an der Küste. Im *Museum der Ballonschiffahrt,* das im *Château de Balleroy* südwestlich von Bayeux seinen Sitz hat, erläutert ein Diorama den Einsatz auch von Luftschiffen während der Landung im Juni 1944. Das originelle Museum gibt einen Einblick in die Geschichte der Ballonschiffahrt von den ersten Versuchen der Brüder Jacques und Joseph Montgolfier 1783 bis heute, und im Schloßpark findet alljährlich ein internationales Ballonfahrer-Meeting statt. Diese modernen, aber doch vom Flair des Märchenhaften umgebenen Luftschiffe – man denke nur an Jules Verne und seine «Cinq semaines en ballon» – machen sich nicht schlecht aus vor dem sehr klassischen Stein-Ziegel-Bau, den *François Mansart* entwarf und der zwischen 1626 und 1636 errichtet wurde. Nicht nur die Wirtschaftstrakte und der Park treten bescheiden zur Seite, um den mächtigen, symmetrischen Bau so recht zur Geltung zu bringen – auch die Hauptstraße des Dorfs Balleroy ist schnurgerade auf den Schloßeingang ausgerichtet, und die Häuser am Platz scheinen ehrfurchtsvoll Spalier zu stehen: als habe die Französische Revolution mit ihren *égalité*-Forderungen noch nicht stattgefunden. Und tatsächlich wird man im Schloß mit einem Stück der glänzenden, aufgeputzten Welt des französischen Hofs im 17. Jahrhundert konfrontiert. Die Porträts im Empfangssalon, die Ludwig XIII., seine Frau Anna von Österreich, seine Söhne Ludwig XIV. und Philipp von Orlé-

*418 Bauerngehöft mit noblem Anstrich bei Bernesq
im Calvados*

ans, Ludwigs XIV. Heerführer Louis de Condé, Ludwigs Cousine Anne-Marie Louise d'Orléans und Ludwigs Favoritin, die Marquise de Montespan, mit vier ihrer sieben Kinder darstellen, könnten unendlich viel erzählen von Affären und Intrigen aller Art, die sich am Hof des Sonnenkönigs und seines Vaters zugetragen haben. Die Bilder stammen von *Pierre Mignard* (1612–1695), der diese oberflächliche Welt des schönen Scheins meisterhaft einzufangen wußte.

Nach dem Ballon-Museum wartet noch ein zweites originelles Museum hier im westlichen Calvados auf Besucher: das *Bergwerksmuseum* in *Le Molay-Littry,* 6 Kilometer nördlich von Balleroy. Es war ein Marquis de Balleroy, der in Littry 1743 die erste Kohlengrube eröffnet und den Bergbau in diesem kohlenreichen Gebiet gefördert hatte. Kohle wurde in der Gegend bis 1880 abgebaut, dann noch einmal während der deutschen Besatzung im Zweiten Weltkrieg. Schon 1902 war das «Musée de la Mine de Littry» gegründet worden, aber erst im Laufe der letzten Jahre wurde es mit Einrichtungen und Strukturen ausgestattet, die auch modernen Vorstellungen von einem didaktisch gelungenen Museum entsprechen. Glanzstücke der Ausstellung sind ein 1:10-Modell der Grubenanlagen von Littry und ein Bergwerksstollen mit den verschiedenen Zimmerungstechniken, die vom 18. Jahrhundert bis heute zur Abstützung der unterirdischen Gänge verwendet wurden. Und das vielleicht Schönste, das man über dieses Museum sagen kann: daß sich die gesamte Bevölkerung von Littry, darunter viele Bergleute und Nachkommen von Bergleuten, für die Verwirklichung und Erweiterung der Ausstellung eingesetzt, daß Jugendliche aus der ganzen Normandie und Schulkinder aus Littry bei der Anlage des Musterstollens tatkräftig mit zugegriffen haben.

Ein schönes Beispiel normannischer Romanik ist die *Abteikir-*

che Cérisy-la-Forêt, 8 Kilometer südwestlich von Le Molay-Littry und schon zur Manche gehörig. Ihr Schicksal ist dem so vieler anderer Abteien der Normandie ähnlich: Zur Frankenzeit gegründet (angeblich von Vigor, dem späteren Bischof von Bayeux), von den Normannen im 9. Jahrhundert zerstört und von ihnen im 11. Jahrhundert wiederaufgebaut, konnte Cérisy es in der Bedeutung fast mit Saint-Etienne in Caen aufnehmen, dem es in Wandgliederung und Chorausgestaltung auch stilistisch ähnlich ist. Weit weniger als von der Kirche, der fünf der ursprünglichen acht Joche des Schiffs fehlen, ist von den Klosterbauten erhalten, in denen heute ein *Museum* mit Gegenständen religiöser Kunst, Manuskripten und Pergamenten des 14. und 15. Jahrhunderts sowie Büchern und Möbeln aus späterer Zeit untergebracht ist.

Berühmt für seine Butter: Isigny

Unsere Fahrt durch das Calvados geht in *Isigny-sur-Mer* zu Ende, wo uns wieder einmal greifbar vor Augen geführt wird, daß das Bild von der «fetten» Normandie nicht ohne Grund entstanden ist. Seit dem 17. Jahrhundert haben die Kaufleute von Isigny die Butter der umliegenden Bauernhöfe gesammelt, gesalzen und geknetet, um sie dann – und sie genossen ein eigenes königliches Privileg – in Rouen und Paris zu vermarkten oder sogar über den Kanal nach England zu verschicken. Dutzende von Hektolitern Milch werden in der Molkereigenossenschaft von Isigny noch heute zur in ganz Frankreich gefragten *beurre de Normandie* verarbeitet – zu dieser «dunkelgelben Butter, die nach Veilchen riecht», wie der bretonische Dichter François-René de Chateaubriand in seinen «Mémoires d'Outre-tombe» rühmte.

PARISFERNE NORMANDIE: DIE MANCHE

Schon der Bretagne ähnlich – An der Ostküste des Cotentin – Heimat traditionsreicher Viehzucht – Cherbourg und die Hague-Halbinsel – Valognes, das «normannische Versailles» – Barbey d'Aurevilly in Saint-Sauveur – Meisterwerke der Baukunst in Coutances und Hambye – In Granville – Altes Handwerk in Villedieu – Auf den «Mont» ausgerichtet: Mortain und Avranches

Schon der Bretagne ähnlich

Auf drei Seiten ist das Département Manche mit der Halbinsel Cotentin vom Meer umgeben, es hat 300 Kilometer Küste – und ist doch ganz nach innen, auf die Landwirtschaft ausgerichtet. Mehr als 40 Prozent der Bevölkerung leben hier noch direkt von der Landwirtschaft, 60 Prozent wohnen in Dörfern (und die wiederaufgebaute Hauptstadt *Saint-Lô* hat mit ihren 20 000 Einwohnern nur wenig Ambitionen, als Zentrum städtischer Kultur zu wirken).

Aber nicht immer sind Feldarbeiten und ländliche Atmosphäre gleichbedeutend mit Idylle. Die Manche ist das normannische Département mit der höchsten Abwanderungsquote: rund ein Prozent der Bevölkerung verläßt alljährlich die Heimat, um anderswo Arbeit zu suchen. Das ergibt zehn Prozent in zehn Jahren, könnte zwanzig Prozent in zwanzig Jahren ergeben, wenn dem Land nicht neue Zukunftsaussichten geboten werden. Aber die Autobahn reicht bisher nur bis Caen im Calvados, und die Hauptverkehrsstraßen in der Manche sind nur deshalb nicht verstopft, weil Handel und Tourismus an diesem Gebiet bisher weniger Interesse zeigen als an der übrigen Normandie (daß der Mont-Saint-Michel und sein Hinterland dabei eine Ausnahme darstellen, braucht nicht betont zu werden).

Man merkt es im Landschaftsbild und in der bäuerlichen Architektur, daß man sich der Bretagne nähert, daß die Manche unter geologischem Gesichtspunkt nicht mehr Normandie, sondern schon Bretagne ist: Teil nämlich des Armorikanischen Massivs, das sich von der bretonischen Halbinsel gegen Osten vorstreckt. Die unregelmäßige Heckenlandschaft im Süden, die weiten Weiden und die ausgedehnten Heideflächen im Norden der Manche, die grauen Granithäuser mit den an den Giebeln hochgezogenen, charakteristischen Kaminen: das unterscheidet sich kaum von der herben Landschaft und den strengen Bauten der bretonischen Nachbarn. Daß auch die Menschen hier verschlossener und starrsinniger sind als in anderen Teilen der Normandie, ist nur eine logische Folge der anderen, problematischeren Umweltverhältnisse.

An der Ostküste des Cotentin

Mit Starrsinn und in hundertjähriger, geduldiger Arbeit haben die Menschen dem Meer an der Ostküste des Cotentin ausgedehnte Landstriche abgerungen, haben Sümpfe trocken-

424/425 *Am Strand von Ravenoville-Plage, an der Ostküste des Cotentin*

gelegt und in fruchtbares Weideland verwandelt. Als *plaine,* als «Ebene» schlechthin wird das Gebiet bezeichnet, das sich von der Viremündung bis Saint-Vaast-la-Hogue hinzieht. Auch dem Touristen hat es wenig zu bieten – außer den Museen zur Alliiertenlandung von 1944 in *Sainte-Marie-du-Mont* und in *Sainte-Mère-Eglise* sowie dem *Musée de la ferme du Cotentin* ebenfalls in Sainte-Mère-Eglise, wo man sich in das ländliche Leben um die Jahrhundertwende zurückversetzen lassen kann. Von charmantem Reiz sind die dicht aneinandergereihten, kleinen Strandhäuser von *Ravenoville Plage* in ihrer bonbonfarbenen Buntheit. Sonst ist die Küste monoton, flach und sandig. Doch ein außergewöhnlich mildes Klima läßt hier sogar Palmen und Mimosen gedeihen, und *Saint-Vaast-la-Hogue* ist dank seiner ausgeglichenen Temperaturen ein gern besuchter Badeort geworden. Die Welt scheint auf einmal nur noch aus Steinen zu bestehen: in Saint-Vaast der lange Granitkai, die kleine, steinerne *Chapelle des Marins* mit ihrer rührend weiß getünchten Apsis, die Befestigungsanlagen im Ort und auf der vorgelagerten *Ile de Tatihou* lassen fast vergessen, daß es auf der Welt noch anderes Baumaterial gibt als ernsten, grauen Stein.

Daß Saint-Vaast über so unerwartet ausgedehnte Befestigungen verfügt, ist die Folge schlechter Erfahrungen, die Ludwig XIV. und sein großer, als Korsarenbekämpfer so erfolgreicher Admiral Anne-Hilarion de Cotentin, Graf von Tourville, mit ihrer Flotte und dem nicht ausreichend gesicherten Hafen von Saint-Vaast gemacht hatten. Als sie 1692 Jakob II. wieder auf den englischen Thron verhelfen wollten, von dem er vier Jahre zuvor wegen allzu starker pro-katholischer Neigungen von seinem Schwiegersohn Wilhelm von Oranien vertrieben worden war, erlebte Tourville (ein Normanne aus dem Cotentin übrigens) mit seinen 44 Schiffen eine verheerende

Niederlage gegen die 90 Schiffe der verbündeten Engländer und Holländer, und zwölf Schiffe wurden im Hafen von Saint-Vaast in Brand gesteckt und versenkt. Der Exkönig Jakob gab damit seine Versuche auf, den englischen Thron zurückzugewinnen, und starb 1701 in französischem Exil. Der französische König Ludwig XIV. dagegen ging resoluter vor. Er gab seinem Festungsbaumeister *Sébastien Le Prestre, Marquis de Vauban* (1633–1705), den Auftrag, Saint-Vaast ebenso gut wie das bretonische Brest vor feindlichen Einfällen vom Meer her zu schützen. Und Vauban, der vom 20. Lebensjahr an Forts und Festungen entworfen und einige Erfahrungen gesammelt hatte, schuf auch hier eine seiner technisch wie künstlerisch gelungenen Anlagen.

An ein anderes Schiffsdesaster erinnert der Ort *Barfleur,* der von einer wilden, windigen Felsenküste umgeben ist. Heinrich I. Beauclerc, wie sein Vater Wilhelm der Eroberer Herzog der Normandie und zugleich König von England, schifft sich am 25. November 1120 in Barfleur zur Überfahrt nach London ein. Auf der «Blanche Nef», einem nagelneuen, blendend weiß gestrichenen Schiff, folgen ihm seine Kinder (mit Ausnahme der mit Kaiser Heinrich V. verheirateten Mathilde), begleitet von rund 300 Angehörigen der unbeschwerten anglonormannischen *jeunesse d'orée.* Das königliche Schiff gewinnt Vorsprung, die «Blanche Nef» will den Abstand aufholen, erhöht die Geschwindigkeit: Sie läuft am Raz de Gatteville auf eine Klippe auf, geht in Sekundenschnelle unter – und mit ihr die Königskinder und die Töchter und Söhne der besten Adelsfamilien Englands und der Normandie. Der anglonormannische Dichter Robert Wace beschließt in seinem um 1170 verfaßten «Roman de Rou» den Bericht über die Katastrophe mit den Worten: «Und von diesem Augenblick an sah man den König nie mehr lächeln.»

Heimat traditionsreicher Viehzucht

Die Küste an der Nordspitze des Cotentin, zwischen Barfleur und Cherbourg, ist abweisend und öde, und auch die Dörfer wenden sich vom Meer ab. Nicht Fischer leben hier, sondern Bauern, und als eine Hochburg der *Viehzucht* gilt die einige Kilometer landeinwärts gelegene *Val de Saire,* ein liebliches, ländliches Tal mit fruchtbaren Ackerfeldern und Weiden. Hier wurde – und auch das ist ein Stück normannischer Geschichte – am 19. August 1898 der Stier «Silencieux» geboren: Er wird als Vater der modernen normannischen Rinderrasse angesehen, dieser kräftigen, gescheckten Milchkühe, die angeblich von dem Vieh abstammen, das die wikingischen Eroberer im 9. und 10. Jahrhundert mit in die Normandie gebracht hatten. Als fast legendäre Gestalt ist der Züchter dieses Stiers, der junge Casimir Noël, in die Annalen der Agrargeschichte eingegangen. Bei landwirtschaftlichen Ausstellungen in Paris heimste fast immer er die ersten Preise ein, und seinen Landsleuten wurde dieser wortkarge und selbstbewußte Mann fast zum Inbild ihrer Träume und Aspirationen.

Es ist eine eigene Welt, die der Viehzüchter aus dem Cotentin, und ein Bild von ihrer Mentalität und Lebensart vermittelt der einheimische Schriftsteller Louis Beuve: «Wer wird uns diese Männer aus dem Cotentin zeigen, die ihre Gäste in herrlichen Sälen empfangen, umgeben von Pferdeporträts und hohen landwirtschaftlichen Auszeichnungen? Wer wird uns von ihnen erzählen, wie sie ihre Rinder mit einem besonderen Brot füttern, wie sie sie mit mütterlicher Fürsorge umgeben, sie mit Tee tränken?» Der 1869 im Cotentin geborene

Louis Beuve hatte es sich in den Kopf gesetzt, das Normannentum in allen seinen Ausdrucksformen zu verherrlichen, «unsere alte Provinz in ihrer eigenen Sprache zu besingen». In der Zeit um die Jahrhundertwende, als der französische Zentralismus sich schärfer denn je auswirkte, korrespondierte er mit dem Provençalen Frédéric Mistral, der im Süden Frankreichs für die gleichen Ideale kämpfte wie Beuve in der Normandie: für ein neues Bewußtsein der eigenen, überlieferten Bräuche und Werte.

Cherbourg und die Hague-Halbinsel

Den Anstoß zu seiner Aktion für eine «Normandie im Herzen der Normannen» hatte Louis Beuve in **Cherbourg** bekommen, wo er eines Tages ein in normannischem Dialekt verfaßtes Lied gehört hatte, als er hier seinen Militärdienst leistete. Eine Stadt mit militärischem Charakter ist Cherbourg im übrigen immer gewesen, und sein im Krieg umkämpfter, heute wiederaufgebauter Militärhafen war auf Initiative Napoleons I. angelegt worden. Bei einer Besichtigung der Bauarbeiten hatte der Korsenkaiser ausgerufen: «Hier in Cherbourg werde ich die Wunder Ägyptens erneuern.» Ironie des Schicksals: in Cherbourg ging am 30. November 1840 die Fregatte «La Belle Puole» an Land, auf der die Asche Napoleons von seiner Verbannungs- und Sterbeinsel Sankt Helena nach Frankreich zurückgebracht wurde, um im Pariser Invalidendom würdig beigesetzt zu werden.

*431   Die einsame Dorfkirche von Jobourg an der
       Nordwestspitze des Cotentin*

Ein Denkmal für Napoleon steht heute an den Hafenanlagen, die der Kaiser selbst gewünscht hatte. Sonst hat Cherbourg kaum mehr zu bieten als die laute, belebende Betriebsamkeit eines Hafens und das neue *Kulturzentrum* in der Rue Vastel, in dem verschiedene, vorher über die ganze Stadt verstreute Museen und Sammlungen vereinigt worden sind. Zu einem Heimatmuseum, einer archäologischen und einer ethnologischen Abteilung kommt das Kunstmuseum, das sich mehr durch Qualität als durch Quantität auszeichnet: neben Werken von Fra Angelico, Jacob Jordaens, Jacques-Louis David und dem Normannen Nicolas Poussin umfaßt es auch rund zwanzig Gemälde von *Jean-François Millet*. Dieser Wegbereiter des Realismus war 1814 als Sohn eines wohlhabenden Bauern im Weiler *Gruchy* nahe Cherbourg geboren, hatte aber – trotz seiner Kontakte mit Bauern und bäuerlichem Leben von Kindheit an – erst durch die Begegnung mit der Malerschule von Barbizon zu seiner Verherrlichung des einfachen Lebens und der auf den Feldern arbeitenden Menschen gefunden.

Von der malerisch gelegenen *Chapelle Saint-Germain* in *Querqueville,* die mit ihrem kleeblattförmigen Grundriß als älteste Kirche der Manche mit allerdings ungewisser Entstehungszeit gilt, hat man einen schönen, weiten Blick auf Cherbourg und seine Bucht. Überhaupt fehlt es an der Küste der *Hague-Halbinsel,* dieses nordwestlichsten Zipfels des Cotentin, nicht an eindrucksvollen Aussichtspunkten: Am *Rocher du Castel-Vendon* bei Gréville, im winzigen Hafenort *Goury* an der Spitze der Halbinsel und am *Nez de Joburg* kann man sich – beim Blick auf das weite Meer auf der einen, auf die wilden Felsen und die öden Heideflächen auf der anderen Seite – am Ende der Welt glauben. Die Gegend ist dünn besiedelt; bei Joburg hat ein Atomkraftwerk seinen Betrieb aufgenommen, auch in Zukunft ist deshalb kaum mit Touristenscharen zu rechnen. So wird die stämmige Dorfkirche von *Jobourg* aus dem 12./13. Jahrhundert wohl bald von Gräbern und Kreuzen umgeben sein, die immer mehr verfallen und von Gras überwuchert werden. Wer nicht weiß, was Einsamkeit und Verlassenheit bedeuten, kann es an manchen trüben Tagen hier lernen.

Valognes, das «normannische Versailles»

Außer einigen kleinen, ruhigen Seebädern, unter denen *Carteret* das größte ist (Überfahrtsmöglichkeit zur britischen Insel Jersey), hat die Westküste des Cotentin nun bis Granville hinunter wenig zu bieten – deshalb ist eine Fahrt durch das Landesinnere abwechslungsreicher. *Bricquebec* drängt sich um seine alte Burg mit dem Donjon aus dem 14. Jahrhundert, und in **Valognes** spürt man noch etwas von der Atmosphäre aus Wohlstand und Adel, die dem Städtchen im 18. Jahrhundert den Beinamen eines «normannischen Versailles» eingebracht hat. Viel von seinem noblen Flair ging dem Ort durch Bombenschäden verloren, und als schönstes unter den ehemaligen Stadtpalais der Adeligen ist das *Hôtel de Beaumont* aus dem 18. Jahrhundert erhalten. Eine gelungene Verbindung zwischen Vergangenheit und Gegenwart ist die *Kirche Saint-Malo*. An einen Chor und Seitenschiffe aus dem 15. Jahrhundert wurde ein hochmoderner Bau angefügt, in den seinerseits wieder Elemente aus der alten Kirche aufgenommen wurden: Die glatte westliche Außenwand wird von Bruchstücken mittelalterlicher Skulpturenfriese belebt. – Wer schon einmal Cidre getrunken hat, wird auch mehr über dessen Herstellungsverfahren wissen wollen. Im *Musée du Cidre* in Valognes hat man ausgiebig Gelegenheit dazu. In den Räumen einer alten Färberei kann man die Keltern, Mahlwerke, Quetschen und all die anderen Geräte sehen, die vom 16. Jahrhundert an zur Herstellung des Apfelweins benutzt wurden.

Barbey d'Aurevilly in Saint-Sauveur

In Valognes ist *Jules Barbey d'Aurevilly* (1808–1889) in die Schule gegangen, ein heute nur noch wenig gelesener Schriftsteller, der aber hier in seiner Heimat eine Erwähnung verdient. Er stammte aus dem nahen **Saint-Sauveur-le-Vicomte,** wo eine Rodin-Plastik vor der alten Burg in das Museum einführt, das Barbey gewidmet ist. Man braucht nur seine Briefe anzuschauen, diese in gelber, grüner, roter und schwarzer Tinte geschriebenen, von Pfeilen und Herzen und Anmerkungen durchsetzten Briefe, um sich ein Bild vom Charakter des Dichters zu machen. Zeit seines Lebens war er wie von Unruhe getrieben, war damit beschäftigt, sich in übertriebenen Gesten und Haltungen darzustellen. Seine antirevolutionären, antirepublikanischen Ansichten sind sehr deutlich aus seinen Werken herauszulesen, die in einem heftigen, glühenden Stil geschrieben sind. Im Auftreten war er exaltiert, trug in exhibitionistischer Zur-Schau-Stellung selbst in seinem provinziellen Heimatort die seltsamsten, ausgefallensten Gewänder spazieren und jagte den Kindern Angst ein, gefiel sich in der Rolle des Dandy, des Schürzenjägers, des ewigen Romantikers. Aber bei all dem war er ein Normanne: Er beschimpfte seine normannischen Landsleute, weil sie die Sprache ihrer Ahnen vergessen hatten, und er fühlte in seinen Adern einen letzten Tropfen «des Bluts dieser ersten normannischen Geschlechter, dieser stolzen skandinavischen *Iarls*» fließen.

Doch gerade er, der so protzig und säbelrasselnd auftrat, hat der normannischen Heimat in seinen Romanen Seiten voller zarter, zärtlicher Poesie gewidmet, hat in ihrer Geschichte, vor allem in den antirevolutionären Kämpfen der Chouans, Anregung und Stoff für seine Werke gefunden.

Besonders fasziniert hatte ihn immer die Landschaft des Cotentin, und in «L'ensorcelée» gibt er eine stimmungsvolle Beschreibung der Heide von Lessay: «Es war diese doppelte Poesie des unbebauten Bodens und der ungebildeten Menschen, ... der man bis vor einigen Jahren auf der wilden und berühmten Heide von Lessay begegnete. Von dieser normannischen Einöde, die zwischen La-Haie-du-Puits und Coutances liegt und auf der man weder Bäume, noch Häuser, noch Hecken, noch Spuren von Menschen und Tieren antraf, außer denen des morgendlichen Wanderers oder der Herde im Staub, wenn es trocken war, oder auf den schlammig-feuchten Wegen, wenn es regnete – von dieser Einöde ging eine Größe der Einsamkeit und betrübter Traurigkeit aus, die man nicht leicht vergessen konnte.»

Am Rand dieser Heide, auf der bei Dunkelheit noch Hexen und Teufel zu spuken scheinen, liegt der Marktflecken **Lessay,** der alljährlich im September Schauplatz eines mehrtägigen Herbstmarktes ist. Noch älter als diese traditionsreiche Messe ist das *Kloster* von Lessay. Es soll um die Mitte des 11. Jahrhunderts von einem normannischen Adeligen mit dem sehr skandinavisch klingenden Namen Turstin Haldup gegründet worden sein. Die Gründung wird 1080 von Wilhelm dem Eroberer bestätigt, und es entsteht eine Abteikirche, die in ihrer Schmucklosigkeit zu den stilreinsten, harmonischsten Schöpfungen der normannischen Romanik gehört.

Meisterwerke der Baukunst in Coutances und Hambye

20 Kilometer südlich dieses Meisterwerks der Romanik, in dessen Kreuzrippengewölbe im Schiff sich schon die aufkommende Gotik ankündigt, dann wirklich einer der bedeutendsten Bauten gotischer Architektur: die *Kathedrale* von **Coutances**. Was sie so berühmt und bewundernswert macht, ist nicht nur der achteckige Vierungsturm, dessen Laterne eher einem Diamanten gleicht als einem massiven Steinbau, sondern die Tatsache, daß der gotische, im 13. Jahrhundert errichtete Bau auf romanische Grundmauern aus dem 11. Jahrhundert gestülpt wurde. Und wer die Metapher vom «Säulenwald» einer gotischen Kathedrale für übertrieben hält, sollte einmal im Chorumgang von Coutances nach oben schauen: Er wird sich in einen verzauberten, versteinerten Märchenwald versetzt fühlen.

Noch stärker empfindet man dieses Gefühl, in einem Wald aus Säulen zu stehen, in der Ruine der **Abteikirche Hambye,** rund 20 Kilometer südöstlich von Coutances. Hier recken sich Säulen, Pfeiler und Mauerreste direkt aus dem grasüberwachsenen Boden gegen den offenen, freien Himmel. Dächer, Fenster und ein großer Teil der Außenmauern sind der Kirche verlorengegangen, als sie – wie fast alle anderen Klöster – während und nach der Revolution als Steinbruch diente. Doch die tragenden Mauern und Pfeiler sind der Kirche größtenteils erhalten geblieben, und das nackte Gerippe vermittelt in seiner Wesentlichkeit, von der kein Ornament und kein Zusatz ablenkt, besser als eine perfekt erhaltene oder

437 Die Ruine der gotischen Abteikirche von Hambye

sauber wiederhergestellte Kirche einen Eindruck von der Struktur gotischer Sakralbauten: als sähe man das Gerippe eines Hochhauses, bevor Türen und Fenster eingesetzt werden.

Die Benediktinerabtei Hambye war um 1145 von Guillaume Paynel, einem einheimischen Adeligen, gegründet worden, und bis ins 14. Jahrhundert wurde an der Kirche gebaut. Aus dem 12. Jahrhundert stammt der Chor, aus dem 13. stammen das Querschiff und ein Joch des Hauptschiffs, aus dem 14. Jahrhundert schließlich drei weitere Joche des Mittelschiffs. Der schönste Raum der Klostergebäude ist der gotische Kapitelsaal aus dem 13. Jahrhundert. Von einzigartiger Eleganz ist der letzte Mittelpfeiler mit den stark profilierten Rippen, die fächerartig wie Palmwedel aus dem Säulenstamm herauszuwachsen scheinen. Die Gotik, oft ein nervöses Spiel aus Formen, Linien und Kanten, erreicht hier eine außergewöhnliche Harmonie.

Bei Ausgrabungen sind 1933 im Chor die Gräber von Louis d'Estouteville und seiner Frau zum Vorschein gekommen. Mit diesem Ritter, der im 15. Jahrhundert die Bucht des Mont Saint-Michel heldenhaft gegen die Engländer verteidigt hatte, nähern wir uns schon dem Klosterberg, der als Höhepunkt einer Fahrt durch Bretagne und Normandie gilt: dem Mont Saint-Michel. Wer ausreichend Zeit zur Verfügung hat, sollte sich aber vorher auch in den Städtchen und Dörfern der südlichen Manche noch etwas umschauen.

In Granville

Granville an der Küste war bis ins 15. Jahrhundert ein unbedeutendes Fischerdorf, war dann die Heimat unerschrockener Korsarenführer, die auch in königlichem Dienst und Auftrag handelten. Und mit der gleichen Kühnheit, mit der sie Schiffe kaperten und ausraubten, fuhren die Bewohner von Granville auch auf Kabeljaufang bis Neufundland. 110 Schiffe und 4000 Matrosen waren gegen Ende des 18. Jahrhunderts in Granville in der Hochseefischerei eingesetzt.

Erinnerungen an diese seine Glanzzeit pflegt Granville jetzt im *Musée du Vieux-Granville* in der Altstadt, die sich auf einem gegen das Meer vorgeschobenen Felsrücken zusammendrängt: mit schmalen Gassen, schlichten Granithäusern und einer fast intakten Ringmauer ein ansprechendes Beispiel eines normannischen Seestädtchens des 18. Jahrhunderts – und (bis heute noch) erfreulicher Kontrast stiller Beschaulichkeit zur modernen Bade- und Hafenstadt, die sich an ihrem Fuß immer mehr ausbreitet.

Altes Handwerk in Villedieu

Die Bewohner von Granville haben ihre traditionellen Beschäftigungen – den Kabeljaufang auf Neufundland und die Austernfischerei in der Bucht von Mont-Saint-Michel – seit mehreren Jahrzehnten aufgegeben. Alte Handwerke dagegen leben in **Villedieu-les-Poëles** fort, einer kleinen Stadt 30 Kilometer östlich von Granville. Zwei Anlässe haben dem Ort seinen seltsamen, paradoxen Namen «Villedieu-les-Poëles» eingebracht: «Gottesstadt der Pfannen». König Heinrich I. Beauclerc, der Sohn des «Eroberers», stattete um 1130 ein hier gelegenes Haus des Johanniterordens mit reichen Benefizien aus – weshalb das bescheidene Dörfchen Siennètre sich von nun an klangvoll «Villedieu» nennen durfte. Nicht viel später ließen sich – vielleicht sogar von den Johannitern herbeigerufen, die in Jerusalem gesehen hatten, wie geschickt die

Araber mit Kupfer und Bronze umgingen – die ersten Kupferschmiede nieder. Neben Kirchendekorationen und Kannen stellten sie auch Töpfe und Pfannen (= «poëles») her: Villedieu-les-Poëles war geboren.

Einem Kupfertreiber kann man noch heute bei der Arbeit zusehen: Im Erdgeschoß des *Musée de la Pœslerie,* das Schmiedeerzeugnisse des 16. bis 20. Jahrhunderts aus Villedieu zeigt, ist die Werkstätte eines Kupferschmieds rekonstruiert worden, und ein Handwerker veranschaulicht die Techniken dieses alten, fast ausgestorbenen Handwerks. Noch faszinierender ist ein Besuch der *Glockengießerei,* wo wirklich wie vor Jahrhunderten gearbeitet wird, wo noch immer Glocken für Dorfkirchen und Dome gegossen werden. Dann schließlich in Villedieu noch das *Musée du meuble normand:* Von sanfter Musik im Hintergrund begleitet, geht man durch Räume, in denen 140 Ausstellungsgegenstände einen Überblick über die Geschichte des normannischen Möbels von der Renaissance bis in unser Jahrhundert geben: Kommoden, Buffets, Uhren, Truhen, Tische, Bänke – und dann natürlich Schränke, die sprichwörtlich massiven, robusten normannischen Kleiderschränke. Diese kräftigen Eichenschränke tragen Dekorationen, an denen einmal mehr der Unterschied zwischen der reicheren Haute-Normandie und der ärmeren Basse-Normandie auffällt. Die Ornamente sind üppiger, gewundener, phantasievoller in der Oberen, östlichen Normandie, sie sind geradliniger, schlichter, strenger in der Unteren, westlichen Normandie.

Wie in den Möbeln zeigt sich der Unterschied zwischen Oberer und Unterer Normandie auch in den Häusern, auf dem

441   In der Glockengießerei von Villedieu-les-Poëles

Land wie in der Stadt: Im Osten, wo es kaum Steinbrüche gibt, überwiegen Fachwerkhäuser, ganz im Osten, an der Grenze zur Pikardie, auch Ziegelbauten, während in der gesamten westlichen Hälfte der Normandie in Stein gebaut wird, überwiegend in grauem oder braunem Granit. Mehr über den Abbau dieses Eruptivgesteins aus Feldspat, Quarz und Glimmer, über seine Bearbeitung und die dabei benutzten Geräte, über seine Verwendung in Architektur, Landwirtschaft und Handwerk kann man bei einem Abstecher von Villedieu nach *Saint-Michel-de-Montjoie* erfahren, wo ein *Musée du granit* eingerichtet worden ist.

Auf den «Mont» ausgerichtet: Mortain und Avranches

Saint-Michel: das klingt schon nach dem «Mont», der von hier immerhin noch rund 40 Kilometer Luftlinie entfernt liegt. Doch man braucht nur – klares Wetter vorausgesetzt – zur Kirche von Saint-Michel-de-Montjoie hinaufzusteigen, um in der Ferne die unverkennbare Silhouette des Mont-Saint-Michel zu entdecken. Der Beiname «Montjoie» («Berg der Freude») ist nicht zufällig gewählt, er erinnert an die mittelalterlichen Pilgerzüge zum Mont-Saint-Michel. Einer der erregendsten Momente einer solchen Wallfahrt war der Augenblick, in dem den Gläubigen das Ziel ihrer Mühen und ihrer Hoffnungen zum erstenmal vor Augen trat – wie eben hier in Saint-Michel-du-Montjoie. Ein ähnlich weiter Blick von Saint-Michel zu Saint-Michel tut sich auch in **Mortain** auf, einem hübsch gelegenen Städtchen im südöstlichen Zipfel der Manche. Auch von der etwas oberhalb des Orts gelegenen *Chapelle Saint-Michel* wird der «Mont» sichtbar. Der Hügel, auf dem die Kapelle steht, ist 314 Meter hoch. Doch die weitläufige, nur ganz sanft und weich gewellte Heckenlandschaft dieser Gegend macht auch einen bescheidenen Buckel zu einem bedeutenden Aussichtspunkt.

Rings um Mortain treten steile Granitfelsen zutage. Aus Granit sind die Kapitelle in der *Abbaye Blanche,* einem modernen Missionszentrum der Pères Blancs, in dem aber noch einige Teile der früheren Zisterzienserabtei aus dem 12. Jahrhundert zu sehen sind, darunter ein Teil des romanischen Kreuzgangs.

Ganz aus Granit besteht die *Kirche Saint-Evroult* mitten im Ort, 1082 gegründet, im romanischen Stil errichtet und im 13. Jahrhundert in gotischem Stil wiederaufgebaut. Von der ersten, romanischen Kirche ist noch das Westportal erhalten – in Gliederung und Dekoration ein eindrucksvolles Beispiel normannischer Romanik: Klarheit und Geometrie waren die Kennzeichen dieses Baustils.

Aus derselben Zeit wie dieses Kirchenportal in Mortain, das durch seine diamantene Reinheit besticht, stammte auch die einstige Kathedrale in **Avranches.** Sie war um das Jahr 1100 errichtet worden, stürzte aber 1796 ein, und 40 Jahre später waren auch die letzten Überreste des Mauerwerks verschwunden. Vor einem der Portale dieser Kathedrale (die genaue Stelle ist durch eine Steinplatte bezeichnet) spielte sich am 22. Mai 1172 eine Szene ab, die in ihrer Hypokrisie ein Musterbeispiel (damaligen) politischen Handelns ist: Heinrich II., Herzog der Normandie und König von England, heuchelte öffentlich Reue für den 17 Monate zuvor begangenen Mord an Thomas Becket.

Mit der Ermordung des Erzbischofs von Canterbury war die jahrzehntelange, wechselvolle Geschichte einer Freundschaft zu Ende gegangen, die sich allmählich in bitterste Feindschaft verwandelt hatte. Als der junge Heinrich II. und der um 15 Jahre ältere Geistliche sich kennenlernten, spürten sie sich sofort zueinander hingezogen. Becket, eleganter Kleidung und mondänem Leben zugetan, war machthungrig und vergnügungssüchtig – wie der König. Dann wird Becket gegen den Willen des Adels und zur Verblüffung des Klerus von Heinrich zum Erzbischof von Canterbury ernannt. Und in diesem Augenblick beginnt ihr Zerwürfnis. Thomas Becket weist mit heftigster Intransigenz jeglichen Einfluß und Eingriff weltlicher Macht auf kirchlichen Bereich zurück, bietet – vom Papst unterstützt – der königlichen Autorität Trotz und exkommuniziert seine Feinde, die dem König treuen Adeligen und Geistlichen. Heinrich verbringt die Weihnachtstage 1170 in Lisieux. Als er von diesem neuen Affront hört, ruft er aus: «Wer befreit mich nur endlich von diesem vermessenen Geistlichen?» Vier normannische Ritter nehmen diesen Satz wörtlich, überqueren den Kanal, töten Becket am 29. Dezember – wie *Thomas S. Eliot* es in seinem Drama «Mord in der Kathedrale» dargestellt hat. Heinrich merkt bald, daß er zu weit gegangen ist, daß er die Gunst der Kirche braucht: daher sein Reueakt in Avranches, daher nur zwei Jahre nach dem Tod Beckets seine Heiligsprechung. Pilger beginnen zum Grab des Heiligen in der Kathedrale von Canterbury zu strömen. Auch der Krone sind damit neue Einkünfte gesichert.

Die Stadt Avranches, eine schon gallische Niederlassung und seit 511 Bischofssitz, hat heute eigentlich vor allem eine Funktion: auf den Mont-Saint-Michel hinzuweisen. Der Gründer des «Mont», der heilige Aubert, war Bischof von Avranches, das *Musée de l'Avranchin* birgt eine einzigartige Sammlung mittelalterlicher Manuskripte und Inkunabeln, die größtenteils vom «Mont» stammen, und vom gepflegten, auch botanisch interessanten *Jardin des Plantes* von Avranches aus genießt man eine vielgerühmte Aussicht auf den «Mont» und seine Bucht. Da die Klosterinsel von hier aus kleiner und unscheinbarer wirkt, als man – Reiseführer bei der Hand – erwartet hatte, ist das am Rand des Gartens aufgestellte und gegen den Mont-Saint-Michel gerichtete Fernrohr immer von Besuchern belagert.

DER MONT-SAINT-MICHEL

*Bischof Auberts Traum – Verwickelte Baugeschichte –
Niemals bezwungene Zitadelle – Aus bretonischem Stein
auf normannischem Boden*

Bischof Auberts Traum

Im Jahr 708 hat Aubert, seit kurzem Bischof von Avranches, einen sonderbaren Traum. Der heilige Michael ordnet an, ihm ein Heiligtum zu errichten. Aubert gehorcht und baut dem Erzengel ein Oratorium: auf dem Mont-Tombe genannten Berg, auf dem schon Kelten und Römer ihren Göttern Opfer dargebracht hatten. Die Kelten hatten hier zu Lug, ihrem Lichtgott, und zu Benelus, einem göttlichen Drachentöter, gebetet, die Römer zu ihrem Lichtgott Apoll und dem geflügelten Merkur. Die Christen errichteten hier zu Beginn des 8. Jahrhunderts eine Kultstätte für den Erzengel Michael, den geflügelten Drachentöter: Beim Übergang vom Heidentum zum Christentum änderten sich die Namen, nicht aber die Symbole und Funktionen der Heiligen.

Doch die Geschichte des **Mont-Saint-Michel** beginnt im Grunde schon 200 Jahre früher, auf dem Monte Gargano im süditalienischen Apulien. Hier war dem Bischof von Siponto

447   Der Chor der Klosterkirche des Mont-Saint-Michel

zwischen 490 und 493 dreimal der Erzengel Michael erschienen, hatte ihn zum Bau eines Heiligtums aufgefordert und zur Bekräftigung seines Befehls den Abdruck seines Fußes hinterlassen. Da das Michaelsheiligtum am Monte Gargano inzwischen durch königliche und päpstliche Schenkungen und Gaben zu Reichtum und weitem Ansehen gekommen war, lief auch Auberts Traum ganz ähnlich ab wie der des Bischofs von Siponto: Auch Aubert erscheint der Erzengel, auch ihm zur Sicherheit gleich dreimal, und er drückt dem normannischen Bischof ein Stirnmal auf, damit er seinen Traum in der Öffentlichkeit glaubhaft darlegen und seinen Wunsch, eine Wallfahrtsstätte zu errichten, rechtfertigen und ihm Nachdruck verleihen kann.

Aubert gründet eine Kapelle, versammelt die ersten Mönche um sich, läßt vom Monte Gargano einige Michaelsreliquien herbeischaffen. Und im Laufe der Jahrhunderte entwickelt sich aus der kleinen (noch existierenden) Chapelle Saint-Aubert am Fuß des Inselbergs die mächtige Klosteranlage des Mont-Saint-Michel, die mit allen Bauwundern der Welt verglichen worden ist. Schon 1368 soll sie von mehr als 15 000 Pilgern besucht worden sein, heute strömt alljährlich eine halbe Million Touristen herbei. Sie bestaunen die Flutwellen, die hier zweimal täglich mit unglaublicher Geschwindigkeit heranrollen und einen Tidenhub von 12,6 Metern erreichen können. Sie bewundern die wirklich einzigartige Lage der Klosterbauten auf der Insel, die nur durch einen schmalen Damm mit dem Festland verbunden ist. Sie drängen sich durch die Grande Rue, an Souvenirläden und Restaurants vorbei, zum Klostereingang hinauf, sie besichtigen das auf engem Raum zusammengefügte Übereinander und Nebeneinander der Bauten, die ein wahres Musterbuch normannischer Architektur der Romanik und der Gotik sind.

Verwickelte Baugeschichte

Die Baugeschichte des Mont-Saint-Michel ist komplex und verwickelt, und selbst nach mehrmaligen Besichtigungen ist es nicht leicht, die einzelnen Bauabschnitte auseinanderzuhalten und die Räume der dreistöckigen Anlage richtig zu orten. Im 10. Jahrhundert wurde auf der Spitze des Felskegels die Kirche *Notre-Dame-sous-Terre* in frühromanischem Stil errichtet, die im 11. Jahrhundert zur Krypta der großen romanischen *Abteikirche* wurde. Der ganze Berg mußte dabei mit kühnen Substruktionen ummäntelt werden, um diesem mächtigen Neubau Halt und eine solide Unterlage zu geben. Im 12. Jahrhundert wurden die Konventsgebäude neu errichtet, im 13. Jahrhundert wird der gotische Bau angelegt, die *Merveille:* Es ist der nordöstliche, seitlich und unterhalb der Abteikirche an den Felsen angeschmiegte Trakt, der im Erdgeschoß Pilgerherberge und Cellarium umfaßt, im ersten Stock das Refektorium und den Rittersaal, im zweiten Stock das Dormitorium und den neuen Kreuzgang. 1421 stürzt der romanische Kirchenchor ein, wird zwischen 1450 und 1521 durch den heutigen, spätgotischen Chor ersetzt. Danach wird an der Klosteranlage des Mont nicht mehr viel verändert, doch sie bleibt durch die Jahrhunderte hindurch eine ständige Baustelle, wird besonders im 19. Jahrhundert umfassend und sehr gründlich restauriert.

Diese knappen, trockenen Angaben können nichts von der Atmosphäre vermitteln, die von jedem Bauteil des Mont ausgeht – von der schlichten, frühes Christentum evozierenden

450/451 Am Fuß des Mont-Saint-Michel liegt die Kapelle Saint-Aubert aus dem 13. oder 14. Jahrhundert

Kirche Notre-Dame-sous-Terre und der schmucklosen Chapelle Saint-Martin über den strengen, frühgotischen Wandelgang der Mönche und den gotischen Rittersaal bis hinauf zur festlichen Abteikirche und dem lichten, heiteren Kreuzgang. Es ist schade (aber wahrscheinlich unvermeidlich), daß man die Bauten des Mont-Saint-Michel nur in Gruppen besichtigen kann, daß man sich dem Tempo des Fremdenführers anpassen muß und keine Zeit hat, in Ruhe die Stimmung eines Raums oder die Schönheit eines Baudetails zu genießen.

Niemals bezwungene Zitadelle

Doch der Mont-Saint-Michel ist nicht nur ein Bauwerk. Er ist auch ein Stück religiöser, politischer und sozialer Geschichte. Umkämpft wurde er zum erstenmal, als sich die normannischen Eroberer im 9. Jahrhundert seiner bemächtigen wollten. Aber der Mont widerstand und konnte sogar verängstigten Familien Schutz bieten, die sich vom Festland hierher geflüchtet hatten. Diese Familien gründeten das kleine Dorf, das sich um den Fuß des Felsens legt und mit seinen winzig wirkenden Häusern einen Maßstab gibt, um die ungeheure Größe und Mächtigkeit zu ermessen: 80 Meter ragt der Granitfelsen aus dem Meer hoch, in 170 Meter Höhe schwebt die Figur des Erzengels Michael auf der Kirchturmspitze.

Im Mittelalter erlebte das Benediktinerkloster des Mont, das 966 mit Mönchen aus der normannischen Abtei Saint-Wandrille bei Rouen gegründet worden war, eine große Zeit kultureller Blüte. Doch dabei war und blieb der Mont vor allem Pilgerziel. «Die kleinen Lumpen gehen zum Mont-Saint-Michel, die großen zum heiligen Jakob», hieß es zwar im Umkreis des Mont. Aber das war ganz und gar keine Abwertung des Michaelsheiligtums, war nur ein etwas ironisches, bitteres Konstatieren der sozialen Unterschiede, die sich auch bei Pilgerfahrten zeigten: Nur wer reich und begütert war, konnte die lange, kostspielige Reise nach Santiago de Compostela auf sich nehmen. Die anderen, Ärmeren mußten sich mit der zum heiligen Michael begnügen. Aber der Mont war von seiner frühesten Entstehungszeit an auch von Pilgern hohen und höchsten Ranges besucht worden. Kein normannischer Herzog, kein französischer König ließ es sich nehmen, den Mont und seinen Mönchen devoten Besuch abzustatten.

Der Mont-Saint-Michel wurde mehrmals belagert, doch nie eingenommen, hatte aber im Laufe der Zeit der ursprünglichen, monastischen Funktion auch eine militärische hinzufügen müssen. 1203 versuchte der französische König vergebens, den Klosterfelsen einzunehmen, steckte die Bauten aus Zorn über seinen Mißerfolg in Brand (um diesen Racheakt wenige Jahre später mit der Anlage der «Merveille» wiedergutzumachen). Als sich die Engländer im 15. Jahrhundert der Normandie bemächtigt hatten, widerstand einzig der Mont-Saint-Michel, der von Louis d'Estouteville heroisch verteidigt wird: Der Mont, vom Kloster zur Festung geworden, wird zum Symbol französischen Widerstandsgeistes.

Was später folgt, ist ein Schicksal, das dem anderer französischer Abteien nicht unähnlich ist. Der moralische Niedergang des mönchischen Lebens wird durch die Reformkongregation Saint-Maur gebremst, das Kloster wird schon vor der Revolution Verbannungsort für politische Gegner des französischen Königs, nach der Revolution und bis 1863 Haftanstalt. Victor Hugo, der den Mont-Saint-Michel zu dieser Zeit mit seiner Freundin Julienne Drouet besuchte, nahm einen tristen Eindruck mit von diesem «unheimlichen Haufen aus Kerkern, Türmen und Felsen».

Aus bretonischem Stein auf normannischem Boden

Von dieser beklemmenden Atmosphäre ist nichts mehr vorhanden – allerdings auch nichts von den Zeiten tiefen Glaubens, als hier die ersten Mönche in Abgeschiedenheit, Gebet und Gesang lebten. Der Mont-Saint-Michel ist heute – mit allen positiven und negativen Auswirkungen – eine der Hochburgen des französischen Fremdenverkehrs. Und angesichts der Berühmtheit, die er seit langem genießt, ist nur zu gut zu verstehen, daß die Bretonen mit Bedauern und etwas Neid sagen: *«Et le Couesnon en sa folie / A mis le Mont en Normandie»* – «Und der Couesnon in seiner Narrheit / hat den Mont in die Normandie gelegt.»

Den Lauf des Couesnon, dieses Grenzflusses zwischen Normandie und Bretagne, konnten die Bretonen nicht ändern. So bleibt ihnen als einzige Genugtuung, daß der Mont-Saint-Michel zwar auf normannischem Boden liegt, aber aus bretonischem Stein gebaut wurde: aus dem grauen, festen Granit des Armorikanischen Massivs.

ANHANG

Literaturhinweise

Barbey d'Aurevilly, Jules: L'Ensorcelée und andere Romane

Baudot, Marcel: Normandie bénédictine, Association «Les Amis du Bec-Hellouin», Pacy-sur-Eure, 1979

Beaujard, Brigitte u. a.: Histoire religieuse de la Normandie, Editions C. L. D., Chambray, 1981

Bély, Lucien: Le Mont Saint-Michel, monastère et citadelle, Ouest France, Rennes, 1978

Boithias, Jean Louis/Mondin, Corinne: La maison rurale en Normandie, Editions Creer, Nonette, 1978

Boivin, Marcel u. a.: La Normandie de 1900 à nos jours, Edouard Privat éditeur, Toulouse, 1978

Braunfels, Wolfgang: Abendländische Klosterbaukunst, DuMont, Köln, 1978

Decaëns, Henry: Itinéraires romans en Normandie, Zodiaque, 1979

Debidour, Victor-Henry: L'art de Bretagne, Arthaud, Paris, 1979

Debidour, Victor-Henry: Croix et calvaires de Bretagne, Editions Jos, Chateaulin, 1979

Debidour, Victor-Henry: Initiation à l'art des imagiers bretons, Editions Jos, Chateaulin, 1978

Flaubert, Gustave: Par les champs et par les grèves, Encre Editions, Paris, 1979

Flaubert, Gustave: Madame Bovary, dtv 2075, 1980

Fleuriot, Léon: Les origines de la Bretagne, Payot, Paris, 1980

Frémont, Armand: La Normandie – Atlas et géographie de la France moderne, Flammarion, Paris, 1977

Frémont, Armand: Paysans de Normandie, Flammarion, Paris, 1981

Hélias, Pierre-Jakez: Les autres et les miens, Plon, Paris, 1977

Hélias, Pierre-Jakez: Le Cheval d'Orgueil, Plon, Paris, 1975

Honoré, P. u. a.: Histoire de la Bretagne et des Pays celtiques, 3 Bde., Edition «Skol Vreiz», Morlaix, 1973–1978

Honoré, P.: Géographie de la Bretagne, Edition «Skol Vreiz», Morlaix, 1976

Krier, Henri/Ergan, Louis: Bretagne de 1975 à 1985, Informations et Conjoncture, Paris, 1976

Lebesque, Morvan: Comment peut-on être Breton? Seuil, Paris, 1970

Letenoux, Guy: Architecture et vie traditionnelle en Normandie, Berger-Levrault, Paris, 1980

Loti, Pierre: Islandfischer, Koehlers Verlagsgesellschaft, Herford, 1973

Mabire, Jean/Ragache, Jean-Robert: Histoire de la Normandie, Hachette, Paris, 1976

Maupassant, Guy de: Meistererzählungen, Diogenes, Zürich, 1977

Merian: Bretagne, Hoffmann & Campe, Hamburg 1982

Merian: Normandie, Hoffmann & Campe, Hamburg 1967

Nouailhat, Y.-H. u. a.: Bretagne, Christine Bonneton Editeur, Le Puy, 1979

Nourissier, François: Die Franzosen, Fischer-Bücher 1902, 1977

Pape, Louis: Les saints bretons, Ouest France, Rennes, 1981

Pelletier, Yannick: Les enclos paroissiaux, Ouest France, Rennes, 1981

Perpere, Jean-Claude: Les pierres qui parlent, Editions France-Empire, Paris, 1977

Ragache, Jean-Robert u. a.: Normandie, Christine Bonneton Editeur, Le Puy, 1978

Reden, Sibylle von: Die Megalith-Kulturen – Zeugnisse einer verschollenen Urreligion, DuMont, Köln, 1979

Royer, Eugène: Les calvaires bretons, Ouest France, Rennes, 1981

Rüdiger, Wilhelm: Die gotische Kathedrale – Architektur und Bedeutung, DuMont, Köln, 1979

Schlink, Wilhelm: Die Kathedralen Frankreichs, Heyne, München, 1978

Serant, Paul: L'aventure spirituelle des Normands, Robert Laffont, Paris, 1981

Sévigné, Madame de: Briefe, Insel-Taschenbuch 395, 1979
Six, Jean-François: Vie de Thérèse de Lisieux, Seuil, Paris, 1975
Smith, Michel, Guide à la campagne: Normandie, Hachette, Paris, 1980
Vérard, René: Ry – Pays de Madame Bovary, Impresscoop, Rouen, 1980

Reiseführer:

Bretagne, Hachette, Paris, 1977
Bretagne, Michelin, Paris, 1978
Normandie, Hachette, Paris, 1972
Normandie, Michelin, Paris, 1978
Rother, Frank und Almuth, Die Bretagne, DuMont, Köln, 1978
Schäfke, Werner, Die Normandie, DuMont, Köln, 1981

Zeittafel Bretagne

etwa 6. Jh. v. Chr.	Keltische Gallier erreichen die Halbinsel, taufen sie «Armor» (= Land am Meer)
56 v. Chr.	Julius Cäsar besiegt die Veneter. «Armor» wird ein Teil des Römischen Reiches
5./6. Jh. n. Chr.	Von der britischen Insel verjagte Kelten suchen Zuflucht auf der Halbinsel. Aus «Armor» wird «Klein-Britannien» = Bretagne
826	Nominoë, ein einheimischer Adeliger, wird Herzog der Bretagne
9./10. Jh.	Normannen fallen in bretonisches Gebiet ein
1341	Beginn des bretonischen Erbfolgestreits
1364–1468	Herrschaft der Herzöge aus dem Haus Montfort
1488	Tod von Herzog Franz II. Anne de Bretagne als einzige Erbin
1491	Anne de Bretagne heiratet Karl VIII., der 1498 stirbt

1499	Anne de Bretagne heiratet König Ludwig XII.
1514	Tod von Anne de Bretagne
1532	Anschluß des Herzogtums Bretagne an die französische Krone
1598	Erlaß des Edikts von Nantes zur freien Religionsausübung
1675	Bretonische Revolten gegen die französische Herrschaft
1789	Die Revolution wird in der Bretagne mit Begeisterung aufgenommen
1794	Entstehung der Bewegung der Chouannerie
1940	Die Bewohner der Ile de Sein folgen General de Gaulles Aufruf zum Widerstand gegen die deutsche Besatzung
1944–45	Brest, Saint-Malo, Lorient und andere bretonische Städte werden bei Bombenangriffen schwer beschädigt

Zeittafel Normandie

Vor Christus	Keltische Volksstämme benutzen die Seine als «Zinnstraße» und Handelsweg zwischen dem Kontinent und England
56 v. Chr.	Der Widerstand gegen die römische Eroberung wird am Mont Castre endgültig gebrochen
260	Gründung des Bistums Rouen
6. Jh.	Gründung der ersten Klöster zur Zeit der Frankenherrschaft
709	Der Bischof von Avranches, Aubert, führt am Mont-Saint-Michel den Kult des Erzengels ein
820	Normannen plündern das Seinetal
911	Vertrag in Saint-Clair-sur-Epte zwischen dem französischen König Karl III. und dem Normannenführer Rollo, der zum Herzog erhoben wird

10./11. Jh.	Festigung der Macht der Normannenherzöge. Wiederaufbau und Neugründung bedeutender Klöster
1035–1087	Herrschaft Wilhelms des Eroberers, der 1066 mit dem Sieg in der Schlacht von Hastings auch König von England wird
1204	Das Herzogtum Normandie wird mit der französischen Krone vereint
1315	Die «Charte aux Normands» garantiert den Normannen besondere Privilegien
1431	Jeanne d'Arc wird in Rouen verurteilt und hingerichtet
1469	Ende des Herzogtums Normandie, das von nun an nur als französische Provinz besteht
1795–1800	Aktivität der Chouannerie in der Normandie
6. Juni 1944	Alliierte Invasion an der normannischen Kanalküste

Register

Kursiv gesetzte Zahlen verweisen auf Bildseiten

Abälard, Peter 129–132
Abaquesne, Masséot 342
(L')Aigle 352
Alabasterküste 295, 298
Alain 354
Alain Barbetorte 23
Alain der Große 23
Alençon 215, 217, 355–361, *360*, 363, 378
Alexander II., Papst 348, 349
Alexandre de Bernay 343
Allais, Alphonse 385
Allouville-Bellefosse 289

Amboise, Kardinäle 256, 264, 324, 325
Ana, keltische Göttin 36
Andelle 328
(Les) Andelys *225*, 268, 326–327, 329
Ango, Jehan 235, 306–308, 309
Ango (Manoir) 306, *307*
Anguier, François und Michel 314
Anna, Heilige 35, 36, 146, 147, 188
Anna von Österreich 278, 315, 419

Anne, Herzogin der Bretagne 25, 27, 40–41, 43–44, 50, 51, 61, 113, 120, 121, 128, 151, 163
Anselmo, Heiliger 348
Arcouest, Pointe de l' 98
Argentan 217, 363–365, *364*
Arlette 227
Arnold von Nymwegen 272, 335
Arques-la-Bataille 312
Arretche, Louis 251
Arromanches 409
Artagnan, Charles de 143
Artain 71
Artus, König 32, 86
Arz, Ile de 137
Aubert, Bischof 446, 448
Audierne 197
Auge, Pays de 217, 371, 372, 374, 375, 378, 381
Auray 24, 124, 142, 143–144, 146
Avranches 217, 236, 443, 444

Bagnoles-de-l'Orne 362
Bailleul, Schloß 304
Balleroy 419
Balzac, Honoré de 30, 70
Barbey d'Aurevilly, Jules-Amédée 238, 434–435
Barentin 288
Barfleur 353, 427, 429
Batz-sur-Mer 125–127, *126*
Baud 148, 149
Baudelaire, Charles 294, 383
(La) Baule 123, 124, 125
Bayeux 217, 409, 410–417

Bayeux, Bildteppich von 410–415, *412–413*
Beauharnais, Joséphine 332, 333
Beaumanoir, Baumeisterfamilie 106
Beaumesnil, Schloß 343, 344
Beauport, Abtei 96
Bec-Hellouin, Abtei 342, 346–350, *347*
Becket, Thomas 402, 416, 443–444
Bedford, John 248, 250, 262, 264, 389
Belain d'Esnambuc, Pierre 235
Belle-Ile 142–143
Bellême 354, *356–357*
Benedikt XV., Papst 250
Bénouville 300, 406, 407, 409
Béranger, Pierre-Jean 288
Bérat, Frédéric 410
Bernard, Emile 61, 203, 210, 212
Bernay 217, 230, 340–343, *341*
Bernhard von Clairvaux 129
Bernières-sur-Mer 410
Berry, Charles-Ferdinand, Herzog von 50
Berry, Marie-Caroline, Herzogin von 50–51
Béthencourt, Jehan de 234
Beuve, Louis 429, 430
Bigoudenland 200, 201
Bizy, Schloß 324
Blanche, Jacques-Emile 270
Blavet 110, 147
Blois, Adelsfamilie 128
Blois, Karl von 23, 24, 124

Bon-Repos, Abtei 107
Boscherville, s. Saint-Martin-de-Boscherville
Boudin, Eugène 49, 237, 294, 383, 386
Bourdelle, Emile-Antoine 288
(Le) Bourg-Saint-Léonard 365–366
Bovary, Emma 242, 274, 275
Braque, Georges 306
Bray, Pays de 314, 315, 317, 319
Bréhat, Ile de 98
Brest 25, 37, 163, 174–176, *175*, 427
Bretesche, Schloß 121, 122
Brézé, Louis de 262
Brière 121, *122*, 122–124, 128
Brignogan-Plage 170, *172*
Brionne 348
Briquebec 433
Brocéliande 32, 86
Broglie, Adelsfamilie 339
Broglie, Louis-Victor 339
Broglie 338–339
Brosse, Salomon de 53
Brotonne 289
Bulat 99
Bulat-Pestivien *105,* 106
Buron, Romain 335

Cabourg 388
Cadoudal, Georges 29, 144
Caen 96, 166, 215, 216, 217, 230, 231, 232, 238, 248, 294, 349, 388–402, *394–395, 399,* 407

Caffieri, Filippo 174
Caffieri, Jean-Jacques 288
Calvados (Apfelschnaps) 241, 373
Camaret-sur-Mer 180, 182–183
Camembert (Ort) 368
Camembert (Käsesorte) 368, 371–372
Cancale 74, 93
Cany, Schloß 304
Carentan 222
Carfantin 72
Carhaix-Plouger 16, 155, 156, 162
Carnac *31,* 72, *138–139,* 140–141, 148
Carrier, Jean-Baptiste 43
Carrouges 361, 362
Carteret 433
Cartier, Jacques 28, 75
Cäsar, Julius 12, 16, 17, 25, 87, 133, 222, 291
Cast 184
Castre, Mont 222
Cauchon, Pierre 249
Caudebec-en-Caux 281, 289, 290
Caumont, Arcisse de 230, 236, 237
Caux, Pays de 217, 220, 290, 292, 295, 304, 314
Cavelier de la Salle, Robert 235
Cerisy-la-Forêt 230, 421
Cézanne, Paul 294
Champ-de-Bataille, Schloß 343, 344–346, *345*

461

Champlain, Samuel de 235
Chapuis, Francis 42
Charentonne 337, 338, 340
Chartier, Emile-Auguste, s. Alain
Chateaubriand, François-René de 30, 51, 77–78, 82–83, 171, 421
Chateaubriand, René-Auguste de 77
Chateaubriant, Alphonse de 123
Château-sur-Epte 320
Cherbourg 294, 410, 429, 430–432
Chèvre, Cap de la 180
Chlodwig, Frankenkönig 223
Chouannerie, Chouans 29, 70, 144, 337, 435
Chrétien de Troyes 32
Cidre 241, 372–373
Clemenceau, Georges 321
Clisson, Olivier de 114, 143
Cocteau, Jean 385
Colbert, Jacques-Nicolas 325
Colbert, Jean-Baptiste 56, 143, 147, 174, 276, 325, 332, 358, 366
Coligny, Adelsfamilie 66
Colombe, Michel 42
Combourg 77, 82, *84–85*
Combrit 200
Commana 157, 159
Comorre 108
Conan Mériadec 111

Concarneau 208
Conches-en-Ouche 335–336, 337
Concini, Concino 273
(Le) Conquet 174
Corbière, Tristan 167, 194
Corday, Charlotte 237
Cordonnier, Architektenfamilie 380
Corentin, Heiliger 35, 205, 206
Corneille, Pierre 238, 253
Cornelius, Papst 141
Cornély, Heiliger 141
Corneville-sur-Risle 350–351
Cornouaille 19, 22, 32, 189, 204
Corret, Théophile-Malo, s. (La) Tour d'Auvergne
Corseul 16, 87
Cotentin, Halbinsel 217, 221, 222, 353, 422, 423, 429, 433, 435
Cottereau, Jean 29
Coty, René 293
Couesnon 454
Coupesarte, Manoir 375–376, *376*
Courbet, Gustave 49, 294, 298
Coustou, Nicolas 288
Coutances 165, 217, 435, 436
Coypel, Noël 53
Coysevox, Antoine 56, 57
Crèvecœur-en-Auge 374
(Le) Croisic 125
Crozon, Halbinsel 179, 180
Crucy, Mathurin 50
Cuverville 298

Dagobert, fränkischer König 267, 281
Danielo, Jean 134
Daoulas 177, *178*
David, Jacques-Louis 236, 432
Deauville 237, 386–388
Delacroix, Eugène 49, 298
Denis, Maurice 203, 210
Deux-Amants, Côte des 328
Dieppe 217, 234, 235, 237, 306, 307, 308–311, *310*
Dinan 87, 89–92, *90*
Dinard 81, 92, 93
Diokletian 222
Dol, Mont 73
Dol-de-Bretagne *26,* 35, 71–74
Domfront 362
Donatien, Heiliger 43
Douarnenez 192
Drouet, Juliette 70, 291, 453
Du Camp, Maxime 275
Duchamp, Gaston 270
Duchamp, Marcel 270
Duchamp-Villon, Raymond 270
Duclair 281
Dufy, Raoul 268, 294, 383, 387
Duguay-Trouin, René 77
Du Guesclin, Bertrand 24, 25, 83, 86, 89–91, 114, 143
Duhérissier de Gerville, Charles 230
Dumas, Alexandre 386
Durand, Jules 292
Durdent 305
Duremort, Gilles de 304

Ecouis 329, *330*
Eduard der Bekenner, englischer König 414, 415
Eginhard 286
Eisenhower, Dwight D. 407, 408
Elbeuf 276, 277
Eliot, Thomas S. 444
Epte 213, 318, 319, 320
Erispöe 23
Erquy 93
Espagnoles, Pointe des 180
Estouteville, Familie 304
Estouteville, Estod de 304
Estouteville, Louis de 438, 453
Etretat *239, 296–297,* 298–300
Eu 313–314
Eure (Fluß) 318
Evreux 215, 332–335
Evroult, Heiliger 352

Falaise 238, 402–404, 409
(Le) Faouët 151, 152, *152,* 153
Fécamp 223, 226, 300–304, 312
Fédrun, Ile de 123
Ferrer, Vicente 133–134
Flaubert, Gustave 10, 30, 91, 121, 140, 176, 203, 229, 238, 241, 242, 253, 258, 259, 274, 275, 386
Flesch, Joseph 393
Fleurie, Côte 381, 383
Foix, Françoise de 128
Foix, Margarete von 41
(Le) Folgoët 36, 168

463

Fontaine-Guérard, Abtei *327*, 328–329
Fontaine-Henry, Schloß 404, *405,* 406
Fontenelle, s. Saint-Wandrille
Forges-les-Eaux 315
Formigny 234
Fougères 15, 65, *68,* 69–71
Fouquet, Nicolas 143
France, Anatole 100
Franken 22, 222
Franz I., französischer König 27, 75, 128, 264, 292, 307, 308
Franz II., bretonischer Herzog 25, 41, 42, 44, 70, 111, 120
Fréhel, Cap 93
Fresnel, Augustin 339
Friesz, Othon 270, 294
Frotté, Louis de 337

Gabriel, Jacques 56
Gaillard, Burg 228, *322–323,* 325–326
Gaillon, Festung 324–325
Galigai, Eleonora 273
Gallier 125, 133, 355
Gauguin, Paul 10, 30, 61, 208–212
Gautier, Germain 53
Gaulle, Charles de 194
Gavrinis, Ile de 137
Gerberoy 315
Géricault, Théodore 240, 268, 294
Gervais, Charles 317
Gide, André 270, 298, 381

Gildas, Heiliger 108
Gisors 319, 320, 325
Giverny 320–321
Goujon, Jean 262, 264, 265
Gourin 153, 156
Gournay-en-Bray 315, *316,* 317, 319
Goury 432
Goy, Auguste 203
Gradlon 22, 179, 185, 189, 205, 206, 207
Grandchamp, Schloß 377
Granville 433, 438–439
Grouin, Pointe du 74, 75, 93
Gruchy 432
Guéhenno 117
Guénolé, Heiliger 179, 180, 192
Guérande 124–125
Guerlédan, Lac de 107
Guér-Malestroit, Clément de, s. Pont-Calleck, Marquis von
Guillaume le Conquérant, s. Wilhelm der Eroberer
Guimiliau 159, 177
Guingamp 106
Guise, Heinrich von 313, 314
Guizot, François 381
Guyon, Familie 93

Hague-Halbinsel 432
Hambye, Abtei 436–438, *437*
Haras-du-Pin 366–368
Harcourt, Burg 343, 344
Harcourt, Familie 343, 344, 346, 404

Harcourt, Robert II de 344
Hardouin-Mansart, Jules 325, 366
Harel, Marie 368, 371
Harfleur 295
Harold, englischer König 227, 414, 415
Hastings 227, 228, 259, 411, 414
(Le) Havre 216, 237, 243, 270, 292–294, 295, 298
Hédé 83
Heine, Heinrich 227
Heinrich I., englischer König, s. Henri I. Beauclerc
Heinrich II., englischer König 402, 416, 443–444
Heinrich V., englischer König 248
Heinrich VI., englischer König 248
Heinrich II., französischer König 52, 262, 308
Heinrich IV., französischer König 43, 66, 273, 289, 312
Hélias, Pierre-Jakez 14, 200
Héloïse 129–132
Héloury, Yves, s. Yves, Heiliger
Hennebont 148
Henri I. Beauclerc 214, 319, 334, 336, 353, 427, 439
Herluin (auch Hellouin) 346
Herzog, Emile, s. Maurois, André
Héve, Cap de la 295, 298
Honfleur 234, *382,* 383–385, 386

Hoche, Louis-Lazare 142
Huelgoat 156
Hugenotten 66, 235, 266, 312
Hugo, Léopoldine 291
Hugo, Victor 30, 70, 264, 273, 291, 321, 453

(Les) Iffs 83
Ingrand, Max 288
Ingres, Dominique 49
Invasion der Normandie 352, 407–410, 419
Isigny-sur-Mer 409, 421
Isolde 32

Jacob, Max 203
Jakob II., englischer König 426, 427
James, Thomas 72
Jeanne d'Arc, Heilige 232, 248–251, 262, 264, 272, 304, 313
Jobourg *431,* 432, 433
Johann II., bretonischer Herzog 119
Johann III., bretonischer Herzog 23, 24, 119
Johann IV. von Montfort, bretonischer Herzog 24, 25, 124, 125, 144, 205
Johann V. von Montfort, bretonischer Herzog 102, 133
Johann Ohneland 224, 326, 333
Johanna, Heilige, s. Jeanne d'Arc
Jongkind, Johann Barthold 294

Josselin 111–116, *112, 115,* 117
Jouvenet, Jean 53
Jugan, Jeanne 80
Julius Cäsar, s. Cäsar
Jumièges 223, 230, 277, *280,* 281–284, 286
Jungfrau von Orléans, s. Jeanne d'Arc
Juste, Antoine und Jean 72

Kalixtus, Papst 134
Karl III., der Einfältige, französischer König 214, 224
Karl IV., französischer König 246
Karl V., französischer König 24, 124
Karl VI., französischer König 125
Karl VII., französischer König 136, 250, 283, 332, 389
Karl VIII., französischer König 27, 65, 113
Karl X., französischer König 50, 142
Karl der Große 22, 282, 286, 313
Karl der Kahle 23
Karl Philipp, Graf von Artois, s. Karl X.
Kelten 15, 16, 221, 222
Kerazan, Manoir 202
Kerfons 106
Kérity 202
Kerjean, Schloß 167, *169*
Kerléano 144
Kerlescan *138–139,* 140
Kermaria-an-Isquit 95–96
Kermario 140
Kermartin 100
Kernascléden 149, 150–151
Kerouartz, Manoir 171
Kleve, Katharina von 314

La Cambe *408,* 409
Lafayette, Joseph de 70
La Latte, Fort 93, *94*
Lamballe 94
Lambour 200
Lamennais, Félicité-Robert de 80
Lamoricière, Louis Juchault de 42
Lampaul-Guimiliau 159
Lancelot 32, 86
Landévennec, Abtei 179
Landivisiau 162
Lanfranco 348–349, 397
Languivoa 200
Lanleff 96
Lannilis 171
Lanrivain 107
Lanvern 200
Larmor-Baden 137
La Rouërie, Armand Tuffin, Marquis de 70
La Tour, Georges de 49, 63
La Trémoille, Louis de 70
Laval, Adelsfamilie 83
Laval, Jean de 122
Laval, Jeanne de 83

La Varende, Jean de 338, 343
Le Bescond, Jean 162
Leblanc, Maurice 299
Ledoux, Claude-Nicolas 406
Léger, Fernand 369–371, *370*
Le Grand, Alexandre 301
Le Gras, Jean 246
Le Moal, Jean 106
Le Nobletz, Michel 173, 174
Le Nôtre, André 313, 325, 366
Le Prince, Glasmalerfamilie 252, 335
Le Prince, Engrand 252
Lerrel, François und Guillaume 162
Lesage, Alain-René 136
Lesneven 29
Lessay 230, 435
Lillebonne 222, 273, 291
Lisieux 217, 361, 378–381, *379*, 444
Lisores 369–371, *370*
Littry 420
Livarot (Käsesorte) 372
Locronan 184–188, *186*
Locmaria 204
Locmariaquer 137
Loctudy 203
(Les) Loges 300
Lorient 147, 148, 163
Loti, Pierre 97, 98
Louis le Hutin, französischer König 246
Louviers 329–332, *331*
(La) Lucerne 96

Ludwig IV., französischer König 272
Ludwig XI., französischer König 234
Ludwig XII., französischer König 27, 43, 65, 256, 324
Ludwig XIII., französischer König 315, 419
Ludwig XIV., französischer König 28, 43, 56, 61, 143, 162, 166, 198, 206, 235, 253, 276, 313, 315, 353, 419, 426, 427
Ludwig XVI., französischer König 49
Ludwig der Fromme 22
Ludwig Philipp, französischer König 51, 312, 314
Lyons, Forêt de 319
Lyons-la-Forêt 319

Maeterlinck, Maurice 287
Malherbe, François de 238, 388
Malraux, André 294
Malo, Heiliger 35, 80
Manéglise 298
Mansart, François 53, 419
Marat, Jean-Paul 236
Margarete von Bretagne 41
Marie de France 232, 328
Marigny, Enguerrand de 329
Marigny, Jean de 329
Marke, König 32
Martainville 275
Martin, Thérèse, s. Therese, Heilige

Martin, Zélie 359
(La) Martyre 159
Massine, Léonide 385
Masson, Emile 38
Mathilde von Flandern 227, 313, 348, 396, 411
Mathurin, Heiliger 94, 95
Maunoir, Julien 173, 206
Maupassant, Guy de 10, 200, 228, 238, 242, 290, 298, 311, 368, 373
Maupertuis, Pierre-Louis de 80
Maurois, André 270, 277
Maximilian von Österreich 27, 120
Mazzarin, Kardinal 253
Medici, Maria de' 273
Megalithbauten 15, *31,* 136–141, *138–139*
Mendès-France, Pierre 350
Ménec 140
Menez-Hom 180–181
Mercœur, Philipp 53
Mérimée, Prosper 87, 88, 128, 339, 362
Merlin 32, 86
Mesnil-sous-Jumièges 284
Michelet, Jules 276
Mignard, Pierre 420
Millet, Jean-François 294, 432
Minihy-Tréguier 102
Miromesnil, Schloß 311, 312
Missillac 121
Mistral, Frédéric 430
Moines, Ile aux 137

(Le) Molay-Littry 420
Moncontour 94, 95
Mondeville 402
Monet, Claude 10, 49, 237, 258, 268, 294, 298, 299, 311, 320–321, 384
Montagnes Noires 156, 180
Montauban, Philippe de 119
Montfort, Familie 24, 124, 128, 144
Montgomery, Bernard 241, 407
Montivilliers 298
Montmuran, Schloß 83
Mont-Saint-Michel 9, 37, 73, 74, 226, 302, 423, 438, 439, 442, 444, 445, 446–454, *447, 450–451*
Monts d'Arrée 156, 157
Morbihan, Golf von 17, 136, 137
Morgane 32
Morlaix 106, 159, 163–165, *164,* 167
Mortagne-au-Perche 354
Mortain 442–443
Morvan 22
Mûr-de-Bretagne 108

Nantes 12, 16, 23, 25, 32, 39–51, *45, 46, 48,* 52, 88, 132, 143, 149, 232, 235
Napoleon 109, 144, 217, 268, 332, 393, 430, 432
Napoléonville, s. Pontivy
Navarre 333
Neaufles-Saint-Martin 320

Neufchâtel-en-Bray 315
Nicolazic, Yvon 146
Nizon 211
Nominoë 23, 133
Nonancourt 336
Normandie-Maine-Park 361–363

O, Schloß 365–366, *367*
O, François de 365, 366
Odo de Conteville 416
Orbec *233,* 377
Orléans, Anne-Marie-Louise 313, 420
Orne (Fluß) 381, 404, 406, 417
O'Toole, Lawrence 314
Otto I., deutscher Kaiser 272
Ouche, Pays de 337–338
Ouen, Heiliger 267, 281, 302
Ouessant, Ile de 171–173, 174
Ouistreham 409, 417
Oust (Fluß) 114

Paimpol 95, 96, 97, 98
Paimpont 32, 81, 86
(Le) Palais 142
Parmentier, Brüder 234
Parzival 32
Paulmier, Binot 234
Pavilly 287
Pegasus Bridge 407
Pen-Hir, Pointe de 180
Pénicaud, Jean-Baptiste 66
Penmarc'h 192, 202
Penthièvre, Adelsfamilie 94, 96

Penthièvre, Alain von 96
Perche, Forêt du 354
Perche, Rotrou III. Graf du 354
Perréal, Jean 41
Perret, Auguste 293
Perros-Guirec 104
Pestivien 107
Pétain, Henri-Philippe 194
Pevsner, Nikolaus 231
Philibert, Heiliger 281, 282, 287
Philipp August, französischer König 272, 320, 326, 333
Picasso, Pablo 237, 385
Pinchon, Guillaume 95
Pippin, fränkischer König 22, 282
Planquette, Robert 350
Pleyben 157, 181–182
Ploërmel 116, *118,* 119
Plogoff 198
Plomeur 198
Plouay 149
Ploubazlanec 97, 98
Plougastel 176
Plougastel-Daoulas 177
Plougrescant 102, 104
Plouha 95
Plouharnel 143
Ploumanac'h 104
Plouzévédé 167
Poitiers, Diane de 262, 264
Pol-Aurélien, Heiliger 35
Pont-Aven *20–21,* 30, 61, 203, 208–212, *209*
Pont-Calleck, Marquis de 149–150

469

Pont-Calleck (Ort und Schloß) 149
Pont-Croix 99, 197, 205
Pontivy 109–111
Pont-l'Abbé 198, *199*, 200
Pont-l'Evêque (Käsesorte) 372
Pontusval, Pointe de 170
Pors-Even 97
Port-Louis 147, 148
Porto-Riche, Georges 305
Porz-Hir 104
Pouldavid 187
(Le) Pouldu *20–21*, 211
Pourville 311
Poussin, Nicolas 268, 326–327, 432
Prévert, Jacques 207
Prévost, Antoine-François 284
Primel-Trégastel 165
Priziac 151
Proust, Marcel 388
Ptolemäus 123
Publius Crassus 222

Querqueville 432
Quiberon 142, 143, 144
Quillivic, René 176
Quimper 14, 35, 185, 203–207
Quimperlé 208
Quinipily, Venus von 148
Quintus Titurius Sabinus 222

Racine, Jean 253
Raguenel, Tiphaine 91
Rance 19, 81, 92

Rancé, Armand-Jean le Bouthillier de 353
Ravenoville-Plage *424–425,* 426
Raz, Pointe du 192, 193, 198
Réal del Sarte, Maxime 251
Redon 23, 121
Renan, Ernest 99–100
Rennes 14, 15, 16, 23, 30, 37, 52–63, *58–59, 62,* 88, 91, 181
Rhuys 108, 128
Richard I., normannischer Herzog 303
Richard II., normannischer Herzog 226, 227, 230, 303
Richard III., normannischer Herzog 227
Richard Löwenherz 224, 262, 325, 326, 333
Richard Ohnefurcht 224, 226, 230, 272
Richelieu, Kardinal 147, 253, 315
Richemont, Arthur de 134
Riec-sur-Bélon 74
Rieux, Adelsfamilie 120
Rieux-Rochefort, Jean IV. de 120
Rigaud, Hyacinthe 353
Rimbaud, Arthur 167
Risle 318, 337, 350, 381
Riva-Bella 417
Rivière-Bourdet, Schloß 278
Robert der Großzügige 224, 227, 278
Robert le Diable, Schloß 277

(La) Roche-Bernard 128
Rochefort-en-Terre 119–121
(La) Roche-Maurice 159
(Les) Rochers, Schloß 63, 64, 65
Roc Toulaëron 156
Roc Trévezel 156
Rodin, Auguste 288, 434
Rogatien, Heiliger 43
Rohan, Adelsfamilie 107, 110–114, 120, 150
Rohan, Jean de 111, 113
Rohan, Margarete von 114
Roland 22
Rollo 214
Rollo 214–215, 224, 226, 227, 229, 241, 262, 272, 313, 344, 416
Römer 17, 18, 155, 204, 220, 221, 246
Rommel, Erich 241, 407
Ronan, Heiliger 184–185, 188
(La) Roque-Baignard 381
Ros, Guillaume de 302
Roscanvel 180
Roscoff 166–167
Rosselli, Carlo und Nello 362
Rothéneuf 75
Rouen 215, 216, 217, 220, 222, 223, 224, 232, 234, 237, 238, 242–273, *247, 254, 257, 263, 269, 271,* 274, 276, 281, 283, 293, 294, 337, 342, 392, 397
Roumare, Forêt de 278
Rousseau, Henri 98
Roussel, Albert 306
Roux, Jacques (le) 256, 260

Roux, Roulland (le) 256, 257
Rumengol 36, 157, 179
Ry 274, 275

Sables-d'Or-les-Pines 93
Sachsen 223
Sahurs 278
Saint-Aubin-du-Cormier 25, 70
Saint-Briac-sur-Mer 93
Saint-Brieuc 14, 35, 37, 95
Saint-Cast-le-Guildo 93
Saint-Céneri-le-Gérei 362
Saint-Clair-sur-Epte 214, 224, 319
Saint-Duzec 104
Saint-Germain-de-Livet, Schloß 377
Saint-Germer-de-Fly 315
Saint-Gildas-de-Rhuys 128, 129, 132
Saint-Gonéry 102–103, *103*
Saint-Guénolé 202
Saint-Herbot, Kapelle 156
Saint-Jacut-de-la-Mer 93
Saint-Jean-du-Doigt 165
Saint-Lô 422
Saint-Lunaire 93
Saint-Malo 19, 25, 28, 35, 75–81, *79,* 92, 93, 99
Saint-Martin-de-Boscherville 230, 277, 278, 279, 286
Saint-Michel, s. Mont-Saint-Michel
Saint-Michel-de-Montjoie 442
Saint-Nazaire 123, 124

Saint-Nicolas-du-Pélem 107
Saint-Pierre-sur-Dives 374
Saint-Pol-de-Léon 35, 165, 168
Saint-Saëns, Camille 309
Saint-Sauveur-le-Vicomte 434
Saint-Servan-sur-Mer 80–81
Saint-Suliac 99
Saint-Thégonnec 159, 162
Saint-Tugen *196,* 197–198
Saint-Vaast-la-Hogue 426, 427
Saint-Valéry-en-Caux 305
Saint-Vio 201, *201*
Saint-Wandrille, Abtei 223, 226, 277, 281, *285,* 286–287
Sainte-Adresse 294, 295
Sainte-Anne-d'Auray 36, *145,* 146–147
Sainte-Anne-la-Palud 36, 188–189, *190–191*
Sainte-Marie-du-Mont 410, 426
Sainte-Mère-Eglise 410, 426
Sainte-Tréphine, Kapelle 108
Saire, Val de 429
Salacrou Arnaud 293
Salomon 23
Samson, Heiliger 35
Satie, Erik 385
Scaër 99
Schlumberger, Conrad und Marcel 374
Sées 362
Sein, Ile de 193–194, *195*
Seine 213, 216, 221, 223, 228, 246, 277, 278, 286, 318, 321, 326, 392

Sérusier, Paul 61, 203, 212
Sévigné, Madame Marie de 63–65
Simon, Jules 136
Sisley, Alfred 49
Sizun 159
Sizun, Cap 192
Smaragdküste 93
Sonnenkönig, s. Ludwig XIV.
Sorel, Agnès 283, 284
Stivell, Alan 32
Suisse Normande 404
Surcouf, Robert 77
Surrain 409
Suscinio, Burg 128, *130–131*

Tancarville, Raoul de 279
Tassilo 282
Taurinus, Heiliger 334
Thaon 406
Therese von Lisieux, Heilige 359–361, 378–381
Thury-Harcourt 404
Tillières 336
Tonquédec, Burg 106
Toques 386
Toulinguet, Pointe du *34,* 180
(La) Tour d'Auvergne 154–155
Tourville, Anne-Hilarion de Cotentin, Graf von 426
Trappe, Kloster 353
Trébeurden 98, 104
Trégastel-Plage 98, 104
Tréguennec 200
Tréguier 33, 35, 97, 99–102, *101*

Trehorenteuc 86
Trémalo, Kapelle *209,* 211
Trémeur, Heiliger 108
Trépassés, Baie des 192, 193
Tréphine, Heilige 108
(Le) Tréport 237, 295, 312
Tristan 32
Tronoën 157, *160–161,* 201, *202*
Trouville 237, 386–388, *387*
Tugdual, Heiliger 35
Turoldus (Thérould) 229

Ubac, Raoul 306
Unelli 222

Vacquerie, Charles 291
(Le) Val-André 93
Valéry, Paul 78
Val-es-Dunes 227
Valmont 304
Valognes 222, 433–434
Val-Richer, Abtei 381
Vannes 14, 16, 19, 35, 37, 133–136, *135,* 142
Varengeville-sur-Mer 305–306
Vascœuil, Schloß 276
Vattetot 300
Vauban, Sébastien 93, 427
Veneter 16, 17, 18, 133
Vercingetorix 25
Verlaine, Paul 167, 409
Verneuil-sur-Avre 336–337
Vernon 216, 217, 320, 321, 324
Veules-les-Roses 305
Veulettes 305

Vexin 213, 220
Viaud, Julien, s. Loti, Pierre
(Le) Vieil-Evreux 335
Vilaine 122, 128
Villedieu-les-Poëles 439–440, *441*
Villequier 290, 321
Vimoutiers 368
Vincelli, Bernardo 301
Viollet-le-Duc, Eugène 314
Vire 217
Viridorix 222
Vital, Orderic 353
Vitré 64, 65, 66–69, *67,* 88
Viviane 32, 86
Voltaire 170, 278

Wace, Robert 214, 215, 427
Wandrille, Heiliger 281, 287, 302
Wikinger 214, 223, 286, 334
Wilhelm der Eroberer 224, 227, 230, 231, 238, 259, 278, 279, 283, 313, 336, 348, 349, 355, 358, 392, 396, 402–403, 410, 411, 414, 416, 427, 435
Wilhelm Langschwert 214, 224, 226, 230, 262, 303, 416
Wilhelm der Rote 224
Wolfram von Eschenbach 32

Yport 300
Ys 188, 192
Yves, Heiliger 33, 100–102
Yvetot 288

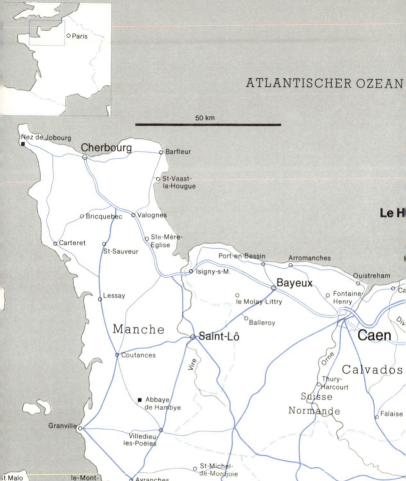